国家社会科学基金项目“纽约市犯罪问题的历史考察（1980～2004）”（09BSS013）
上海市浦江人才计划项目“纽约城市犯罪问题的历史考察”

纽约市犯罪问题的历史考察

（1980~2004年）

林　广◎著

科学出版社
北　京

内 容 简 介

20 世纪 80 年代至 21 世纪初，纽约市经历了犯罪率快速上升和明显下降的起伏过程，从美国的“犯罪之都”转变为“安全城市”。20 世纪 80 年代到 90 年代初，两届纽约市政府用传统方法治理犯罪，但收效甚微，以致纽约市犯罪率达到第二次世界大战以来的顶峰。1994 年朱利亚尼市长铁腕治理纽约犯罪终使纽约摆脱“犯罪之都”的困境。本书从城市经济、文化环境、人口构成、警务改革、“零容忍”政策、福利政策和教育培训等方面，探讨 20 世纪 80 年代至 21 世纪初纽约市犯罪率起伏的原因以及纽约市在治理犯罪过程中的启示、经验和教训。

本书材料丰富、个案典型、分析合理，可供历史相关学科研究人员及城市管理、警察系统人员参考使用。

图书在版编目（CIP）数据

纽约市犯罪问题的历史考察：1980～2004 年/林广著. —北京：科学出版社，2022.11

国家社会科学基金项目

ISBN 978-7-03-073458-7

Ⅰ. ①纽…　Ⅱ. ①林…　Ⅲ. ①犯罪-研究-美国-1980-2004　Ⅳ. ①D971.24

中国版本图书馆 CIP 数据核字（2022）第 190219 号

责任编辑：杨婵娟　刘巧巧/责任校对：王晓茜

责任印制：赵　博/封面设计：众聚汇合

科学出版社 出版

北京东黄城根北街 16 号

邮政编码：100717

http://www.sciencep.com

北京富资园科技发展有限公司印刷

科学出版社发行　各地新华书店经销

*

2022 年 11 月第　一　版　开本：720×1000　1/16

2024 年 8 月第二次印刷　印张：18

字数：332 000

定价：128.00 元

（如有印装质量问题，我社负责调换）

前言

自20世纪60年代以来的半个多世纪里，世界经历了从美苏争霸到90年代苏联解体、美国一家独大的变化过程。同时，资本主义世界也经历了调整和蜕变，似乎焕发出新的生机，但资本主义总的发展趋势和基本矛盾依然如故。一方面，随着世界科技革命的发展，美国产业结构和经济结构发生重大变化，以制造业为主的传统经济进入以现代科学技术为核心，以知识和信息的生产、分配和使用为特征的“新经济时代”；但是另一方面，美国社会贫富差距扩大，种族歧视依然存在，民粹主义高涨，道德衰败和公众文化危机频发，司法体系受到新保守主义的挑战。毒品犯罪、枪支犯罪、暴力犯罪交织在一起，造成社会动荡、治安恶化的局面，其中暴力犯罪尤为突出。

美国社会犯罪率曾出现两次大的起伏变化。第一次变化大约从1964年开始，犯罪率上升，到1974年达到高峰。10年间，凶杀案犯罪率增长了100%，抢劫、盗窃和强奸案增长率甚至超过了100%。除了在犯罪规模和具体时间上有一些波动外，这10年间大多数城市犯罪率都呈爆炸性增长趋势，整个美国的暴力犯罪数量翻了一番。从1974年到1983年，美国犯罪率基本上呈下降趋势，当然也不排除个别年份犯罪率有些许增长。

20世纪最后20年，美国经历了第二次犯罪率大的变化。从80年代初开始，美国犯罪率大体上呈上升趋势，无论是暴力犯罪还是财产犯罪，到90年代初达到顶峰；此后10多年呈整体下降趋势，特别是在90年代的10年间，主要的7项犯罪[1]的犯罪率都出现下降趋势，有5项的降幅集中在37%～44%，其中抢劫案下降44%，强奸案下降41%，盗窃案下降41%，凶杀案下降39%，机动车盗窃案下降37%。这次降幅是20世纪有记录以来的最大降幅（Zimring，2012：IX）。

犯罪率是社会稳定的“晴雨表”。每次犯罪率的增长都会对美国社会生

① 根据美国《统一犯罪报告》（Uniform Crime Reports，UCR），主要的7项犯罪分为暴力犯罪和财产犯罪。其中，暴力犯罪（violent crime）包括凶杀（含蓄意和过失杀人，murder and negligent manslaughter）、强奸（rape）、抢劫（robbery）及重伤害（aggravated assault），财产犯罪（property crime）包括入室盗窃（burglary）、盗窃（larceny-theft）和机动车盗窃（motor vehicle theft）。

活产生巨大的影响，尤其是暴力犯罪的增长，会对人们的精神和心理产生巨大的伤害，并影响公众对待刑事审判的态度和对政府治理犯罪能力的信任。

作为美国最大的城市，纽约同样经历着犯罪率从 20 世纪 80 年代到 90 年代初上升和之后明显下降的过程，而且纽约市犯罪率下降幅度比其他城市更大。据统计，1991～2000 年，美国城市的犯罪率下降幅度在 40%左右，2000 年之后城市的犯罪率保持稳定。纽约市凶杀、抢劫和盗窃的犯罪率在 19 年间下降了 80%，机动车盗窃的犯罪率下降了 94%。在以往美国政府和社会有连续记录期间，这是城市犯罪率下降幅度的最大纪录。

面对纽约市犯罪率下降的惊人事实，一些人承认纽约市犯罪率确实下降了，因而极力赞赏纽约市市长及警察局的工作能力和警务改革，特别是肯定纽约市警察局实施“零容忍”（zero tolerance）政策收到的奇效。但是，也有一些人对纽约市犯罪率大幅度下降持怀疑态度，认为犯罪率下降的数据不太可靠，有可能是警察为获得职务晋升而虚报数据，尤其认为警方津津乐道的“零容忍”政策效果有夸张成分和虚妄之嫌。

那究竟纽约市犯罪率起伏情况如何？“零容忍”政策效果如何？如何评价“零容忍”政策？纽约市政府采取哪些政策和策略治理犯罪？纽约市警察局公布的犯罪率下降数据是否真实可信？我们能够从纽约治理犯罪中吸取哪些经验和教训？这些问题都是我们研究纽约城市犯罪的重要内容。

犯罪是历史的重要组成部分，也是社会生活的反映。本书以 20 世纪最后 20 年间纽约市犯罪率的起伏历史为线索，分析纽约市犯罪概况及特点，呈现纽约市犯罪发生的政治、经济、文化、社会、家庭、警务等方面的历史状况，考察它们与纽约市犯罪之间的关系，总结纽约市治理犯罪的经验和教训，揭示现代化进程中犯罪类型的演变、本质及治理策略，为我国现代化进程、现代城市管理提供有益的借鉴。

本书是在国家社会科学基金项目“纽约市犯罪问题的历史考察（1980～2004）”（09BSS013）和上海市浦江人才计划项目“纽约城市犯罪问题的历史考察”的基础上研究完成的。在本书即将出版之际，我首先要感谢王斯德教授、郑寅达教授、余伟民教授、李宏图教授、崔丕教授、沐涛教授、王春来副教授、刘敏博士等专家学者，他们多次参加我为课题召开的学术沙龙，为本书提供了许多启发性的思考和有益的建议，使我获益良多。同时，我要感谢选修“国际大都市研究”课程并参与“纽约城市犯罪研究”课题讨论的宋会敏、钱入深、金娟、王巍巍等研究生，他们在教学互动中表现出来的创新精神和睿智的提问对我启发很大。他们为本书的第四章“纽约市犯罪率起伏的文化因素”、第五章“20 世纪 90 年代纽约市警务改革实践”、第六章

"'零容忍'政策与纽约市犯罪治理"、第七章"人口结构与纽约市犯罪率变化"等章节提供了较多资料。我要感谢张津瑞博士、李胜博士、王志永博士、吴小凡博士、张凯成博士、郭忠义博士及博士研究生柯弘毅、肖萧为本书提供参考资料并为本书的文字校对提供了许多帮助！

同时，我还要感谢国家社会科学基金和上海市浦江人才计划项目对本书的资助；感谢华东师范大学中国现代城市研究中心对本书出版的资助，尤其是该中心宁越敏教授、曾刚教授、汪明峰教授对本书的关心和帮助。华东师范大学人文与社会科学研究院吴文钰老师、王彤彤老师对本书研究给予了热切的关心；科学出版社杨婵娟女士对本书提出了许多指导性的修改意见，为本书的出版付出了辛勤的劳动。这些关心和帮助对我是一种莫大的鼓励和鞭策，在此一并向他们表示衷心的感谢。

本书原始资料得益于美国联邦调查局（Federal Bureau of Investigation，FBI）、美国司法部（U.S. Department of Justice）的《统一犯罪报告》，以及美国人口普查局（U.S. Census Bureau）与司法统计局（Bureau of Justice Statistics，BJS）的《全国犯罪受害者调查报告》（National Crime Victimization Survey，NCVS）。这是目前美国犯罪学家们研究犯罪率和犯罪趋势所依赖的主要资料。此外，美国商务部（U.S. Department of Commerce）、经济与统计局（Economics and Statistics Administration）和美国人口普查局编制的《美国统计概要》（Statistical Abstract of the United States）（Baldrige et al.，1985；Evans et al.，2001），美国财政部（U.S. Department of the Treasury）、司法部工作坊的专题报告等也是本书使用的主要史料。其他重要参考资料还有如科妮莉亚 · J. 斯特劳泽主编的《美国商务统计》（Strawser et al.，2002）、富兰克林 · E. 齐姆林的《转危为安：纽约城市犯罪及其治理的经验》（*The City That Became Safe: New York's Lessons for Urban Crime and Its Control*）（Zimring，2012）、安德烈 · 麦卡德尔和塔尼娅 · 埃尔曾的《零容忍：生活质量和纽约新警务暴行》（*Zero Tolerance: Quality of Life and the New Police Brutality in New York City*）（McArdle and Erzen，2001）、西尔弗曼的《纽约警察治理城市犯罪》（*NYPD Battles Crime: Innovative Strategies in Policing*）（Silverman，1999）、詹姆斯 · 威尔逊和乔治 · 凯林[①]的《破窗：警察与社区安全》（"Broken Windows: The Police and

① 乔治 · 凯林（George L. Kelling）是曼哈顿政策研究所（Manhattan Institute）高级研究员，罗格斯大学刑事司法学院（School of Criminal Justice）荣誉教授，哈佛大学约翰 · F. 肯尼迪政府学院（John F. Kennedy School of Government）资深研究员。

Neighborhood Safety”）（Wilson and Kelling，1982）、乔治·凯林和凯瑟琳·科尔斯的《修理破窗：恢复秩序和减少社区犯罪》（*Fixing Broken Windows: Restoring Order and Reducing Crime in Our Communities*）（Kelling and Coles，1996）及众多学者的研究成果。纽约大学历史系托马斯·本德（Thomas Bender）教授在我访学期间经常向我口述他了解的20世纪80年代纽约犯罪活动猖獗的情况，并赠我《未完成的城市：纽约与大都会观念》（*The Unfinished City: New York and the Metropolitan Idea*）（Bender，2002）一书；纽约友人陆庆扬先生经常放弃周末休息时间带我到翠贝卡（Tribeca）[①]、哈莱姆区、唐人街、法拉盛等犯罪活动频发的地方进行田野考察，并向我介绍1991年以来的纽约社会发展情况。对于这些直接和间接帮助过我的人，我都表示深深的谢意。

最后，我要感谢家人的帮助和支持，妻子陆晓红博士利用在美国工作的机会收集了很多有价值的资料，通读全书并提出不少修改意见；儿子林博为本书的图表制作提供了许多帮助。他们的鼓励和支持都是我完成本书的巨大动力。

林　广

2022年6月18日

① 翠贝卡（Tribeca）是纽约市曼哈顿一条名为 Triangle Below Canal Street 街道的缩写，它与运河街（Canal Street）和华尔街（Wall Street）构成三角形地带，距离充满艺术气息的格林威治村、苏活区和华尔街金融区都不算太远，且临近唐人街（“中国城”）。这条大街上分布着众多时尚商店、画廊、工作室，是纽约市重要的时尚商品市场之一。

目录

绪论

20 世纪 90 年代末，纽约市警察局公布了有关纽约市犯罪率下降的材料，社会各界对此反应不一，有持赞成态度的，有持反对意见的，也有质疑的。例如，美国加利福尼亚大学伯克利分校社会学家瓦克昆特（2002）坚持认为，“纽约城市犯罪率下降”只是神话而已，因为全美犯罪率都在下降，纽约并没有什么突出之处。他还指出，“纽约市于 1990 年所采取的步步警网策略并非犯罪率下降的必要条件”。同时，他还批评美国有关法律的不正当性以及“政府维护经济和社会正义之责任中的渎职失守”。目前人们对 90 年代纽约市犯罪率下降提出的质疑归纳起来有如下几点。①纽约市警察局提供的材料是真的吗？②《全国犯罪受害者调查报告》统计的数字准确吗？③纽约市犯罪率真的下降了吗？

要想回答这三个问题并非易事，因为处于风口浪尖的纽约市警察局一直没有给人们留下什么正面印象。从 20 世纪 80 年代到 90 年代初，纽约市犯罪活动一直比较严重，纽约市警察局和市政府经常受到市民的诟病。“纽约市犯罪率下降”是一种“短期效应”还是“彻底康复”也还是个未知数。笔者从以下几个方面的分析，说明纽约市犯罪率的确下降了。

第一，美国权威学者用权威材料证明纽约市犯罪率下降了。美国国家经济研究局（National Bureau of Economic Research，NBER）的霍普·科尔曼（Hope Corman）和纳西·莫坎（Naci Mocan）两位学者受纽约市独立预算办公室（Independent Budget Office，IBO）的资助，利用美国司法部、劳工统计局（Bureau of Labor Statistics）的材料，完成美国国家经济研究局的系列报告《胡萝卜、大棒和破窗》（“Carrots，Sticks and Broken Windows”）（Corman and Mocan，2005），学者兰根和杜罗斯用纽约市政府统计资料完成的报告《纽约市犯罪率明显下降》（“The Remarkable Drop in Crime in New York City”）（Langan and Durose，2004），弗朗西斯的论文《究竟是什么导致纽约市犯罪率下降？》（“What Reduced Crime in New York City”）（Francis，2002），均证明纽约市犯罪率下降了。

第二，世界各地的许多警察来纽约市警察局“取经”。随着纽约市犯罪率下降消息的传出，世界各国成千上万名警察争相来到纽约，美国其他城市的警察也纷纷来纽约市警察局观摩学习。此外，2000 年以来，西欧、南美的一些城市警察部门曾派员前去交流“取经”，有的直接观摩“情报制导战略会议”，了解纽约打击犯罪的经验和技术。英国和法国的许多警察带回去了他们所学到的东西，并采取了“情报制导战略”管理的一些方法，取得了显著成效。当年纽约市警察局局长威廉·布拉顿（William J. Bratton）还被邀请到英国讲学。我国杭州、广州、深圳等地公安局先后派人去纽约“取经”，并在城市管理中应用“零容忍”理论治理城市犯罪，也取得了明显成效，受到当地市民的好评。这些材料从一个方面证明，纽约在治理城市犯罪方面取得了一定的成效。

第三，民间组织调查的材料佐证纽约市犯罪率下降的事实。美国学者从美国人口普查局得到纽约市犯罪的统计资料，这就是美国人口普查局与司法统计局提供的《全国犯罪受害者调查报告》。这些统计资料具有较高的科学性。美国人口普查局与司法统计局委托独立的民间组织进行统计和调查。从事这项工作的研究人员在全国范围内抽取 6 万个家庭和 13.5 万名 12 岁以上的人口（未满 14 岁须经监护人同意）进行抽样调查，从他们在某一特定时期内的受害者经历中估算出每年的犯罪统计数据。采访人员深入家庭进行采访，偶尔也会采用电话方式采访。这些家庭要连续 3 年接受调查，并且每 6 个月都会有 1 万个家庭更新。该项调查限于强奸、重伤害、抢劫、偷盗（盗窃）、夜晚入屋行窃（入室盗窃）以及机动车盗窃（弗雷达·阿德勒等，2006：30）。每一年接受全国犯罪行为受害者调查采访的纽约市民占了 2.5%～3%。1980 年，全国有 24.6 万人接受《全国犯罪受害者调查报告》调查，其中纽约市民为 7378 人，占全国的 3%；1995 年，纽约有 4535 人接受了《全国犯罪受害者调查报告》调查，占全国的 2.5%。

这个调查资料比较客观地反映了纽约市犯罪率大幅度下降的情况。同时，调查资料也显示，“通过对受访者调查发现，纽约市的许多恶性犯罪都未报警，例如，有大约一半的抢劫、强奸、恶意攻击都没有报警”。这是否说明《全国犯罪受害者调查报告》的材料不能证明纽约市犯罪率下降呢？答案是否定的，因为纽约医疗检查机构也证明“现在纽约受害者报案率与以前相比，没有下降”。通过对《全国犯罪受害者调查报告》提供的纽约市犯罪材料与纽约医疗检查机构的证明进行比较，学者们认为两者统计数据基本相同：凶杀、抢劫、盗窃、机动车盗窃等的犯罪率都呈下降趋势，只在恶意攻击犯罪率上略有不同。因此，民间关于纽约市犯罪率的调查资料还是值得信赖的。

第四，纽约人的口述也证明纽约市犯罪率下降的事实。2006 年 8 月到

2007 年 8 月，笔者在纽约大学访学一年，采访了纽约大学的几位教授和当地居民；2014 年和 2016 年，笔者两次重访纽约，就 20 世纪 80～90 年代纽约市犯罪率起伏问题与长期在纽约工作和生活的朋友交谈，他们谈到的情况进一步证实 20 世纪 90 年代以来，纽约市犯罪率的确下降了。

20 世纪初，美国芝加哥学派曾提出“犯罪是城市的问题”的命题。这一命题虽然有遗漏农村犯罪存在的事实之嫌，但却反映了城市犯罪严重的程度与倾向，指出了现代社会犯罪的主要策源地和发案地是城市。20 世纪 90 年代以来，世界许多国家犯罪率有所上升。例如，1990～2000 年，英国的犯罪率增加了 15%，丹麦增加了 17%，南非增加了 23%，荷兰增加了 35%，法国增加了 36%，波兰增加了 49%，日本增加了 72%[①]。控制犯罪已经成为世界各国重要的公共政策（Mocan，2003）。与此相反，同一时期美国犯罪率却出现了显著的下降，1996～2000 年犯罪率下降了 14%（FBI，1997，2001）。这一现象应该引起我们的关注，那么究竟是何种因素导致美国出现犯罪率下降的情形呢?

事实上，从 20 世纪 60 年代末开始，美国也曾被经济萧条和犯罪所困扰。经济危机导致社会失业与日俱增，大量贫困人口的存在引发了各种社会问题。毒品走私泛滥、赌博盛行、传统道德沦丧、暴力犯罪严重，这些都如噩梦般困扰着美国社会。70～80 年代，经济危机以及随之而来的经济“滞胀”，使得美国失业率居高不下，暴力犯罪率和财产犯罪率都急剧增长。到 1991 年美国犯罪率达到顶峰，犯罪总数高达 14 872 900 起（FBI，1992）。犯罪引起的社会问题对美国整个社会造成了极大的负面影响，这种情况引起了政府和社会各界的关注和探究。

1991 年短期经济危机过后，尤其是 1992 年 11 月克林顿赢得总统大选之后，美国政府着手进行改革以振兴经济，实施有利于社会中下层民众的福利改革，呼吁限制枪支使用，号召人们重视家庭观念以及通过颁布各种法律打击犯罪。美国经济在 90 年代迅速恢复并创造了奇迹，成为第二次世界大战后第三次最长的经济发展景气时期，实现了低失业、低膨胀下连续多年稳定增长的态势——“两低一高”（低通货膨胀率、低失业率、高经济增长率）的发展态势。特别是 1991 年后美国摆脱了石油价格上涨带来的短期周期性危机，连续 9 年实现 GDP 增长率保持在 3%以上，1999 年达到 4.6%。与此同时，从 1992 年起美国犯罪率开始下降，到 2000 年犯罪总数为 11 608 072 起，9 年来下降了 22.0%（FBI，2001）。

在 20 世纪 90 年代美国总体犯罪率下降的大背景下，纽约市犯罪率下降得尤

① https://www.macrotrends.net/countries/USA/united-states/crime-rate-statistics[2022-07-13].

为显著。与1994年相比，1997年纽约市凶杀案犯罪率下降了50%以上，达到了纽约市近30年来犯罪率的最低点。之后，纽约市犯罪率呈持续下降趋势，2004年纽约市入围美国十大最安全的城市（O'Leary and Morgan，2005）。

纽约市是美国最大的城市，也是著名的国际性大都市。纽约市人口种族背景多元复杂，外来移民比例较高，人流、物流和信息流高度发达。20世纪60年代以后，民权运动、反战运动、经济危机及各种社会思潮层出不穷，社会动荡不安。20世纪80年代到90年代初的纽约市社会治安连年恶化，城市生活质量不断下降，这个昔日被称为"大苹果"的纽约市成了"烂苹果"。可是，90年代初以后，纽约市社会治安迅速好转，2004年成为美国十大最安全的城市之一。90年代纽约市犯罪率的逆袭现象引起了学术界的普遍关注，国内外学者从不同侧面和不同领域，运用各种方法去探讨这一现象，希望对纽约市犯罪率起伏的原因做出一个比较客观的解释。

一、国内外学术界的研究状况

从一个"犯罪之都""烂苹果"到美国十大最安全的城市之一，纽约市社会治安状况发生重大转变的事实，引起中国国内外学术界和警界的普遍关注。自20世纪90年代以来，国内外学者从不同侧面研究了纽约市犯罪率起伏的问题，已有相关成果问世。

（一）国内学者研究现状

1. 关于警务改革与城市犯罪的研究

20世纪90年代纽约市有76个相互独立的警区（precinct）[①]。为了保证高效地打击犯罪，纽约市警察局进行了大规模的警务改革，分层负责，简化层级，警力年轻化并实施业绩指数薪资升迁制等。章春明和刘华（2003）探讨警务改革的动力和背景，金诚（2007）着重论述20世纪80年代到90年代初美国犯罪猖獗、治安恶化、社会失控的严重形势，促使美国政府在全国范围内进行警务改革的历史过程，但涉及纽约市社区警务的地方较少。

纽约市警务改革最突出的成就，就是建立"情报制导战略"系统。该系统运用地理信息系统来绘制犯罪地图，确定侦查模式和危险地区，为警察局打击犯罪提供了情报技术支持（赵金萍，2007）。解玉泉（1996）认为，纽约市民在维护社会治安秩序中同样起到了积极的作用，如纽约市民组织的"尤玛防止犯罪巡逻

① 2013年增加1个警区，至今纽约市警察局有77个警区。

队”，在协助政府打击犯罪、维护社会秩序过程中起到了积极的作用。

社区是城市的有机组成部分，建设良好的社区是预防城市犯罪的重要途径。陈永球（2008）、王辉忠（2010）介绍了“零容忍”政策的概念，并把重点放在城市社区的建设上，同时指出我国公安机关与社区管理方面的不足，但没有分析“零容忍”政策出台的历史原因。王志永（2016）以警务改革为研究视角，研究纽约市警察局对地铁逃票、缉毒、可疑人员的盘查和青少年的特殊关注等措施，分析纽约市犯罪率下降的原因。国内研究纽约警务改革的著作甚少，比较有参考价值的著作当数王瑞平（2009）的《当代纽约警察——机制·策略·经验》。该书从不同的角度，运用多种方法，全面系统地介绍了纽约市警察局的职能与构架总揽、各个部门的构成、警察的招募与培训、警务策略改革及“零容忍”政策、警务工作的创新技术与手段、反恐、警务日常工作、地铁安全、社会警务、对群众的保护和群众的自我防范等内容，同时分析和总结了美国大都市警察工作中的利弊得失、经验与教训；但是该书对纽约警务改革介绍和描述较多，对纽约实施治理犯罪的政策的历史分析较少，同时该书所引用的大量文献和数据来源缺少说明。

2. 关于“零容忍”政策与城市犯罪的研究

自 1992 年之后，纽约市犯罪率急剧下降，而犯罪率下降的原因也成为各方争相讨论的问题。一些媒体、政治家、警务工作者将其归因于“零容忍”政策的有效推行，也有一些人认为犯罪率下降是因为人口的变化，还有人认为是统计学方面的原因，而时任纽约市市长朱利亚尼和纽约市警察局局长布拉顿等把犯罪率下降的主要原因归结于“零容忍”政策的运用，因此，对“零容忍”政策的研究开始兴起。蔡红（2008）就“零容忍”政策的理论内涵、实践以及在我国的实施情况做了比较全面的探讨，认为“零容忍”政策必须在依法执法的前提下实施，同时限定“零容忍”政策的适用对象，如此政策不应适用于未成年人。蔡红要求科学借鉴西方国家的经验，结合我国国情，明确“零容忍”政策的法律背景差异，而且需要社会多个部门协助和支持才能见效。

王世洲和刘淑珺（2005）考察了“零容忍”政策的含义、理论根据、历史、实践和社会评价等方面的意义，探讨将这一政策作为当前我国社会治安工作新方向的可能性，并指出“零容忍”政策是预防犯罪的有效手段，它符合社会治安科学规律；同时指出准确地选择“零容忍”政策适用的对象有着至关重要的意义，这种警务策略的有效运行需要配套的措施来辅助运行。他们驳斥“‘零容忍’政策与现代人权和民主的理念格格不入”的观点，认为这是对“零容忍”政策的误解；执法中警察滥用职权、种族歧视等问题不是

“零容忍”政策本身造成的问题，因此不应该对“零容忍”政策大加抨击。程式（2011）在肯定“零容忍”政策的正面效应的基础上，以温州为案例，把实行环境警务策略与“零容忍”政策结合起来研究，认为环境警务策略是对“零容忍”政策的继承与发展，并且提出了在“零容忍”政策指导下的一系列配套措施。与上述观点相近，黄豹和廖明会（2007）对“零容忍”政策基本上持肯定态度，认为在社会综合治理中就应该抓早、抓小、抓苗头，对轻微违法违纪的问题不能放任自流，而“零容忍”政策顺应了这个要求，是一项值得肯定的重要措施。

肖文波（2011）对我国吸收“零容忍”政策持否定态度，他认为现阶段中国国情不适合采用“零容忍”政策，因为它容易加剧社会对抗，会给公安机关带来过大的压力；“零容忍”政策与中国传统的中庸思想不相符；“零容忍”政策部分做法违背人性，不利于对轻微违法犯罪人员的改造和挽救，因为我国现阶段的国情决定我国的做法应该是“适度容忍”，许多治安问题可以自行调节，无须警方过多干预，干预反而会起到相反的作用。另外，姚计海和张彩云（2003）认为“零容忍”政策在学校里实行并没有达到预期的效果，要以正确的学生观对待学生的问题，要用发展、系统、独特的眼光看待学生。“零容忍”政策是否能减少学校犯罪仍然缺乏证据，因而不能草率地实行“零容忍”政策。因此，要“有效地管理学生，预防学校暴力要有广泛的选择渠道，重点在于建立学生积极的亲社会行为，而不是仅凭对学生的不良行为实施草率和极端的惩罚方式”，因此我国学校状况确实不适合应用“零容忍”政策。同样，杨学锋（2021）对“破窗理论”本土化提出不同意见，认为该理论在本土化过程中存在理论误读或实践误用：硬窗警务不等于零容忍，也不意味着警方的单打独斗。破窗理论的实际效果不总是正面的，失序与犯罪的因果关联不是直接的。

高英东（2001）是国内较早开展对纽约城市犯罪研究的学者。他认为纽约建立了一个新的一体化的警察机构，采取了一系列有针对性的、细致的战略，以对付枪支犯罪、青少年犯罪、毒品、家庭暴力和盗窃汽车行为，并把重点和主要目标放在改善公共场所的生活质量上，其采取的“轻罪逮捕”、消除毒品等措施取得了很好的成效。同时，高英东（2016）还从犯罪控制政策和刑事司法制度方面来研究犯罪，认为美国政府采取了“破窗理论”、环境犯罪学等新式控制理论与方法，最终成功地遏制了城市犯罪。

3. 关于经济与城市犯罪的研究

学者们普遍认为，经济因素是影响犯罪的重要因素之一，它与犯罪存在必然的联系，经济状况好坏对犯罪率起伏有一定的影响。在研究 1990～2005 年纽约市犯罪率下降现象时，于波（2007）运用经济学成本-收益理论，对纽约市犯罪率下降的原因展开分析，主要探讨了成本-收益理论是如何影响个人的选择，以及个人的选择与犯罪的关系，在控制犯罪增长方面人们采用何种策略影响个人的选择等问题。他使用人口、失业率、警察数量、逮捕率等指标来分析成本、收益影响是否及如何影响个人选择。他认为 20 世纪 90 年代纽约市犯罪率下降的原因：一是纽约经济走出 80 年代的低谷，经济开始复苏，失业率有所下降，发展提供了更多的选择，如毒品交易者更容易离开非法市场；二是逮捕率对犯罪率下降也有影响，因为被捕入狱直接影响到现在和未来的合法收入，尤其是中等收入的家庭。

20 世纪 80～90 年代纽约市犯罪率呈现明显的起伏状态，与纽约城市经济发展的起伏状况十分吻合。林广（2013）认为，纽约经济发展状况与纽约市犯罪率之间存在某种关联。80 年代，纽约刚刚摆脱经济危机，适龄劳动力就业机会少、居民收入较低、生活贫困，导致纽约市犯罪率上升；90 年代持续多年的经济增长，提高了居民的生活水平，犯罪率显著下降。但经济对犯罪类型的影响有所不同，经济状况与入室盗窃、机动车盗窃等犯罪率变化关系较为明显，与凶杀、伤害等犯罪率变化关系不明显，高收入群体的入狱率受经济因素的影响比低收入群体更大。

4. 关于文化与城市犯罪的研究

居民的生活方式、文化水平是城市文化环境的重要组成部分。美国著名学者伊利尔·沙里宁（1986）在他所著的《城市：它的发展、衰败与未来》一书的序言中说道："让我看看你的城市，我就能说出这个城市居民在文化上追求什么。"同理，有什么样的城市文化就有什么样的城市。钱入深（2011）着重探讨了 20 世纪 70 年代以后文化与纽约城市犯罪的关系，认为 70 年代以后是纽约市产业结构由制造业为主向服务业为主转变的重要时期，在经济危机和城市财政危机的双重压力下，城市文化环境在物质和精神方面有所恶化，成为纽约市犯罪率攀升的重要因素。从 90 年代中期开始，纽约市成为一座后工业城市，城市产业结构调整完成，工作岗位的增加缓解了就业问题。笔者认为，克林顿政府对传统道德的重视以及纽约对城市管理的加强，共同推动纽约城市文化环境趋于好转，人们的道德修养和行为规范都有所提升和改善，这促使城市犯罪率大幅度地下降。国内对纽约城市文化环境的研究多是零碎的，偏于老生常谈的移民等方面，且多缺乏深度，对时代变迁中的价值观念的变化、城市文化建设等方面未给予足够的重视，一些重要的市民集团或阶层未受到足够的重视。人们对城市文化环境与犯罪的关系缺乏足够的认识。因此，从城市文化环境角度来认识和预防城市犯罪是必要的。

国内学者在纽约市犯罪率起伏的原因方面取得了初步的共识，认为20世纪80～90年代纽约经济形势发生了较大的变化，纽约警务改革与犯罪率下降有关，文化环境的好坏与城市治安相关联，惩治犯罪和社区矫正密切结合，社区建设对城市预防犯罪有着积极的意义，但学者们对“零容忍”政策的作用在认识上存在分歧。上述研究没有从社会历史发展角度深入研究纽约城市犯罪问题，缺乏一手文献，尤其是缺乏美国权威部门的档案资料。

（二）国外学术界的研究状况

与国内学术界相比，国外学术界较早关注纽约市犯罪率起伏，所取得的研究成果也比较丰富，且质量和数量都高于国内学术界。这得益于他们得天独厚的语言和资料优势。他们出版了大量的著作和论文，归纳起来有以下几个方面。

1. 关于经济与城市犯罪的研究

很早之前就有学者认识到经济与犯罪之间的密切关系，罪犯的犯罪行为是有目的的、故意的和自觉的，在决定实施犯罪之前，罪犯会尽可能地考虑犯罪的机会、代价、收益以及可能面临的风险，并将这些因素与自己的动机和需要进行衡量。如果犯罪机会适宜，犯罪收益能满足自己的需要，并且所须付出的代价、承受的风险在可接受的范围内，罪犯才可能实施犯罪。加里·贝克尔（Becher，1968）总结了犯罪行为的预期收益公式，“即犯罪的预期收益等于犯罪成功的可能性乘以从犯罪中获得的收益，再减去犯罪失败之可能乘以由犯罪失败而产生的损失，当预期收益为正时，罪犯便有可能实施犯罪”。

另外，在研究美国街头犯罪的过程中，经济学家马丁·卡茨曼（Katzman，1968）采用数学分析方法探讨了罪犯的产生比率、政府的执法行动、政府的社会改良政策、犯罪人所要付出的成本及其能从犯罪活动中获得的收益等因素的关系。他认为，无论是犯罪人还是政府，都要考虑决策的成本与收益，而警察数量越多、越活跃，犯罪人所要付出的成本就越高，收益就越少，因此，警察执法行动一加强，犯罪率就会下降，警察才是解决街头犯罪的主力军。

经济学家古尔德等（Gould et al.，2002）认为，20世纪80年代，美国年轻的、无熟练技能男性劳动力的工作机会迅速减少，而在 90 年代这种情况迅速改善。美国犯罪率显示出一个完全相反的现象：80 年代上升而 90 年代下降。这是因为大多数犯罪都是年轻的、无熟练技能的男性所为。过去的研究主要集中在失业率与犯罪之间的联系，并得出一些不确定的结果。相反，古尔德等的研究探讨了薪酬、失业对犯罪的影响，并利用工具变量（instrumental variables）建立因果关系。他们最终得出薪酬、失业与犯罪关系非常密切，但是 80～90 年代薪酬对犯罪起到的作用更大。该研究结论因包含了威慑变量、同时性控制（control for simultaneity）、个人性格和家庭特征的控制这些因素而更具说服力。卡汉（Kahan，1998）着重探讨了犯罪经济分析的社会意义的重要性。他认为，个人和团体的行为传递出他们所遵循的价值观的信息。当个人对刑法规定做出反应时，会考虑这些社会意义；当团体决定惩罚什么、怎么惩罚、惩罚到何种程度时，同样也会这样考虑。因为社会意义在这些方面显得尤为重要，所以对根据社会意义制定的刑法进行经济分析，如果仅仅考虑到政策的种数会影响犯罪的预期惩罚，就会得出不可靠的预测和处方。卡汉的论文通过对逃税、青少年持枪、帮派犯罪、替代性制裁（如羞辱性惩罚）、法人刑事责任等大量的具体实例的分析得出上述结论。

桑普森（Sampson，1988）根据对都市骚乱和不文明行为的控制的思考，拓展了威尔逊和博兰德在 1978 年提出的美国城市犯罪率的警务威慑效应理论。该理论认定，警察局倾向于制定主动的巡逻政策（如较高的交通传票率、经常阻止可疑或目无法纪的人），这可以降低犯罪率，或者间接地增加逮捕率，或者直接通过社会控制的威胁来达到威慑效应，降低犯罪率。桑普森的论文通过对 1980 年全美 171 个城市抢劫案发生率的分析对上述假设理论进行测试。结果证明，总体来说，积极的警务管理对抢劫案发生率下降有着直接作用，但是与已知的贫穷、不公平、区域、家庭破裂等犯罪因素没有关联。另外，从人口统计学分析抢劫犯罪率时，积极的警务管理对抢劫犯罪起的最大作用的是降低成人罪犯和非裔罪犯数量。美国瑞德大学经济学教授霍普·科尔曼和科罗拉多大学教授纳西·莫坎（Corman and Mocan，2005）的研究报告，采用 1974～1999 年的有关数据，探讨经济形势与法律制裁对纽约市凶杀、重伤害、抢劫、入室盗窃以及机动车盗窃等犯罪活动的影响。经济形势由失业率与实际最低收入来测算，法律制裁由重罪羁押、警察以及监狱中的纽约市人口来衡量。该报告还检验了“破窗理论”（Broken Windows Theory）假设的正确性，轻罪逮捕通常用来衡量“破窗理论”效应下的治安管理政策，“破窗理论”在抢劫与机动车盗窃的案例中有其正确性。该报告阐述了 1990～1999 年此类犯罪数量显著下降。纽约市政府采取了经济政策

（“胡萝卜”）和制裁威慑（“大棒”）两种手段治理城市犯罪都产生了良好的效果。但是相比较而言，制裁威慑手段对治理城市犯罪的重要性大于经济政策。同时，该报告认为不应忽视对轻微刑事违法行为的治理管理。莎伦·佐金（Zukin，1995）探讨了纽约市的移民小商贩、商业街、商业文化与城市环境的关系，指出它们对繁荣纽约市商业经济、赋予市民便利和情感方面有积极的影响，但同时商贩也对街道污染和高犯罪率有负面影响。上述研究对理解纽约犯罪原因的复杂性有较大的帮助，为进一步研究纽约犯罪问题提供了思路和视角，但是对这些措施的出台经过、社会历史背景以及措施的得失成败都少有研究。

2. 关于毒品、枪支法案与城市犯罪的研究

毒品与犯罪有着密切的关系，可谓是一对孪生兄弟。吸毒必然引起犯罪的大幅增加，毒品交易同样会导致许多犯罪，这是毒品犯罪的必然结果。正因为毒品对公共安全带来极大的威胁，所以毒品及其带来的犯罪受到各国政府的关注。戈德斯坦（Goldstein，1985）从三个不同渠道证明毒品导致犯罪活动的增加。一是“药理学”效用，使用毒品会增加侵犯行为，从而导致暴力犯罪；二是“经济学”效用，一些毒品使用者为获取毒资而犯罪；三是“体制”效用，即参与毒品交易者不遵守契约和法律来处理纷争，结果造成暴力事件。他研究得出，1988 年，纽约市 85%的毒品犯罪是由毒品交易引起的，特别是由毒品销售商之间争夺地盘引起的。美国加利福尼亚大学伯克利分校教授瓦克昆特（2002）也认为，1985～1990 年枪械凶杀案件比例大幅增加，是因为此段时间毒品交易猖獗。

枪支与暴力犯罪有着密切的关联，而美国是世界上民间拥有枪支数量最多的国家。美国建国 200 多年来，上到总统高官，下到黎民百姓，深受枪支犯罪的伤害。美国已有林肯（1865 年）、加菲尔德（1881 年）、麦金莱（1901 年）、约翰·肯尼迪（1963 年）四位总统死于枪弹之下，里根总统也在 1981 年遇刺受重伤。普通百姓伤害则更多。

在《布拉迪手枪预防法》（the Brady Handgun Violence Prevention Act）（简称《布拉迪法》）颁布之前，大多数州未对购枪者的背景进行检查，因此售枪者无法知道顾客是否隐瞒了自己的背景①。威尔（Weil，1997）在《交易中止：〈布拉迪法〉是怎样中断州际枪支贸易的》论文中认为，严格管理枪支能减少犯罪，并证实自 1994 年以来，《布拉迪法》共阻止 60 多万

① Gun Control Laws: The Brady Law. https://www.studymode.com/essays/Gun-Control-Laws-The-Brady-Law-51033D2034B2EF02.html[2022-02-28].

名犯罪分子和其他身份审查没通过者从有联邦执照售枪处购买枪支；1994年2月28日生效的《布拉迪法》改变过去的做法，让持有联邦颁发执照的枪械销售商对购买者进行身份背景检查。另外，《布拉迪法》还禁止向21岁以下的人出售手枪，或向18岁以下的人出售长枪。同时，为了阻断非法枪支贸易的渠道，《布拉迪法》也禁止实施《布拉迪法》的州与不实施该法的州之间的非法枪支贸易。

1998年《纽约市市长预算管理报告》显示，在实行《布拉迪法》的3年里，枪支购买者身份审查阻止了24.2万人购买枪支，与1993年相比，1997年罪犯在实施犯罪过程中用枪率下降，枪击事件下降了62.8%，从1993年的5269件下降到1997年的1977件；枪击受害者下降了61.4%，从1993年的5862人下降到1997年2262人。同一时期，拥枪罪犯被捕率下降了43%（Galea et al.，2002）。1998年纽约持枪杀人案件下降到1963年以来的最低点。美国宪法允许私人拥有枪支，因此大多数州枪支买卖合法。但是，枪支被用于自卫的同时，也造成许多涉枪犯罪，致使许多公民受害。罗伯特·J.梅多斯（Meadows，2018）认为联邦和地方政府应该依法对购买枪支进行监管登记。他在对联邦和州枪支管理法进行比较和枪支走私讨论之后认为，许多公民担心受到不法侵害，因而正在武装起来，以便必要时保护自己。因此，政府要研究公民武装防御以及正当杀死犯罪分子的法律，为公民使用枪支进行人身保护提供法律保障。纽约市市长朱利亚尼也把城市犯罪率下降归功于城市枪支管制法。学校是枪支犯罪发生的重要场所，学生是枪支犯罪的重要受害者。1994年，美国国会采取行动，出台了《校园禁枪法》（Gun-Free Schools Act of 1994）①，标志着联邦政府也把“零容忍”政策作为一个全国性的学校管理政策（Cerrone，1999）。

3. 关于警务管理与城市犯罪的研究

警务管理是否科学和有效，关系到社会治安的好坏。20世纪90年代以来，美国一些学者赞赏纽约市警察局警务策略改革创新和取得的巨大成就，但是也有人指责学者和刑事司法人员一样为了追求各自的利益，在一定程度上阻碍了合作和信息分享。例如，刑事司法人员指责学者们过于苛求定量分析方法而忽视刑事司法人员所提供的信息，然而学者们却抱怨刑事司法人员没能和他们打成一片。他们经常忽视甚至否认对方所做的贡献。E. B. 西尔弗曼（Silverman，1999）认为，把信息、学术研究和警务管理分开是很危险

---

① Sec. 8921-Gun-Free Requirements. https://law.justia.com/codes/us/1994/title20/chap69/subchapxiv/partf/sec8921/[2020-02-12].

的，应该清晰地把学者的研究成果和司法专家们的洞察力结合起来，创造一种对纽约市警察局内部行政和业务调整更加完美的理解。他以逮捕一名在纽约地铁检票闸门逃票者为例，通过对其指纹检测和大量调查，发现此人涉及多起暴力犯罪案件。这一事件展现了改组后的纽约市警察局内部的深层合作、深度沟通以及先进的调查技术。根据 E. B. 西尔弗曼的研究，纽约市警察局是当时世界上警务效率和效益的典范。他提供的统计资料证明，从 1993 年以来，纽约市包括凶杀、强奸、抢劫、重伤害在内的人身伤害罪下降了 43%，而包括盗窃、入室盗窃、机动车盗窃在内的财产犯罪下降了 51%。其中，凶杀案下降了 67%，机动车盗窃案下降了 61%。纽约在美国 200 个 10 万人口以上的最危险的城市排名从第 114 位下降到第 163 位。在 E. B. 西尔弗曼看来，纽约市犯罪率下降归功于警务改革给纽约市警察局带来的强大的管理能力。

约翰·康克林（Conklin，2003）运用史料并结合同时期《纽约时报》的材料，对纽约市惩治犯罪行动进行了评价。他认为政治因素、警务策略、逮捕率提高、毒品控制、枪支管制、年龄以及机构的变迁与 20 世纪 90 年代纽约市犯罪率下降有关系，而《纽约时报》低估了逮捕率、失业率下降对犯罪的影响以及低估了犯罪中的年龄结构作用。约翰·康克林认为，逮捕率的提高是 90 年代犯罪率下降的最重要原因，毒品控制、就业率上升对犯罪率下降也有一定作用，最后才是年龄结构改变、信教者增加、持枪青年数量减少等因素，以及堕胎合法化对人口结构产生的影响，最终促使纽约 90 年代犯罪率的下降。

安德鲁·卡门（Karmen，2000）长期从事纽约凶杀史的研究，其著作《纽约凶杀案的秘密：20 世纪 90 年代犯罪骤降的真实故事》主要探讨 20 世纪 80～90 年代纽约凶杀案发生率的起伏过程。他追溯美国犯罪活动猖獗时期纽约市 15 年左右的凶杀史，分析罪犯的年龄结构、经济状况、枪支、毒品、就业等与凶杀犯罪的关系，认为纽约市政府司法部门和警察局开展“生活质量标准”运动，采取“破窗理论和零容忍”战略、“情报制导战略”，实施枪支管理法案，打击毒品犯罪和加强监狱管理等措施，极大地打击了纽约犯罪活动。安德烈·麦卡德尔等的《零容忍：生活质量和纽约新警务暴行》一书，深入评析零容忍政策的得失成败，并通过改善城市环境、打击和预防轻微犯罪等措施，确保城市社会有序运转，最终达到确保社会安全、提高人民的生活质量的目标；作者对“零容忍政策”提出尖锐的批判与深刻的分析，也对重要人物的对话和受害者案例进行分析，比较客观地评价了“零容忍政策”（McArdle and Erzen，2001）。

纽约市警察局局长布拉顿是纽约市 20 世纪 90 年代初治理纽约犯罪的重要人物，也是“零容忍”政策的倡导者和实施者。他在与彼得·诺伯勒的合著中详细地介绍了纽约高层警察遏制犯罪的警务策略，并肯定了前市长戴维·丁金斯[①]对纽约市警察局的改革以及对控制犯罪做出的成就，指出丁金斯所做的一切为 90 年代犯罪率急剧下降奠定了基础，同时对朱利亚尼的武断专政提出了批评。他回顾了纽约治理犯罪策略的出台过程及其实施状况，包括采取警民合作的社区警务、种族事件的处理、特定街区警务的特别处理、大众媒体的利用以及为全体市民服务的重要性（Bratton and Knobler，1998）。因为布拉顿亲自参与制定打击纽约犯罪的策略和打击纽约犯罪的实践，所以该书具有重要的学术价值。莎伦·佐金探讨了纽约市的移民小商贩、商业街、商业文化与城市环境的关系，指出商贩繁荣了纽约市商业经济，赋予市民便利和情感的同时也对污染街道和高犯罪率造成了一定的影响（Zukin，1995）。该书对理解纽约市的文化多样性、复杂性有较大的帮助。

卡内基·梅隆大学的布卢姆斯坦教授和沃尔曼教授（Blumstein and Wallman，2000）长期研究美国犯罪问题，并及时为美国犯罪率骤降的原因做出合理的解释和评估，考察枪支和枪支暴力、监狱关押人员、杀人方式、毒品市场、经济机会、警务改革、人口统计学方面的变化等因素在犯罪率下降方面所起的作用。该书指出，地方政府和联邦政府在枪支犯罪管控方面的努力、毒品市场的积极变化（可卡因减少）及 20 世纪 90 年代末经济繁荣时期的高就业率等，对犯罪率下降做出了巨大贡献，但这种势头并非无限期地延续。因此，控制和预防犯罪将继续挑战学者和公共政策制定者。该书对美国犯罪率的升降起伏提供了最权威的、理性的论述。毫无疑问，这些观点对未来有关美国犯罪的公开争论、管理规划产生重要的影响。事实上，当时从警察行政人员到监狱倡导者，个个都宣称自己在减少犯罪过程中起到重要作用。研究表明，有针对性的警务、强劲的经济、枪支管理新法、高就业率、被限制的毒品市场、文化冲突减少、婚姻模式变化等许多因素都对犯罪减少做出了贡献，但是这些因素都没有受到该书足够的重视。

纽约大学詹姆斯·B. 雅各布斯（Jacobs，1999）教授对纽约黑手党的兴衰史进行了深入、细致的研究，尤其对纽约市意大利裔黑手党生财之道进行了详尽的剖析，并集中论述了黑手党对经济领域中重要行业的渗透和控制，不仅告诉人们黑手党是如何进入合法企业，又是如何形成盘踞力量的，而且

① 戴维·丁金斯（David Dinkins，1927～2020），生于新泽西州特伦顿小镇，毕业于霍华德大学，20 世纪 60 年代步入纽约市政坛，当过市政府职员、纽约曼哈顿区区长，1989 年当选纽约市第 111 届市长（1990～1993 年任职），是纽约市历史上首任非裔市长。其任职期间，纽约市被认为是处于历史上的黑暗时期，也是非洲裔美国人犯罪最猖獗的时期，社会动荡不安，抢劫案比比皆是，人们不敢上街，出现了“逃离纽约”的现象。1993 年底，丁金斯在纽约市市长换届选举中失利下台。

也十分清晰地交代了 20 世纪 80～90 年代打击黑手党的具体策略和手段。他分析指出，纽约市的执法机构对黑手党的强力打击，并不仅仅是身体性的惩罚，把他们关进监狱了事，而是进行全面而又必要的行政干预，用法律的手段加强对黑手党容易渗透的薄弱领域的监控，以达到消灭有组织犯罪的目的。

4. 关于城市环境与城市犯罪的研究

城市环境设计与犯罪问题的关系是学术界研究的新课题。有学者认为，城市犯罪受城市的环境条件和空间特性的影响，有时环境及空间形式的不同，能导致犯罪种类、发生过程及犯罪属性的不同（伊藤滋，1988：序 4）。因此，妥善的地区环境规划设计，能增加盗窃者犯案的难度和风险，可以达到预防犯罪的目的。简・雅各布斯（2005）指出，新形式的城市设计破坏了许多能够控制犯罪行为的传统，她对人行道、公园以及其他城市设施的利用与保护提出了一些建设性的意见，以减少犯罪机会。她以独特的视角指出了街道居民、建筑文化对维护街区安全的重要性。杰弗里（Jeffery，1971）提出了通过环境设计预防犯罪理论和社会疏离理论。奥斯卡・纽曼（Newman，1973）是环境犯罪理论的开拓者，经过对全国住房工程的考察、统计分析以及对城市住宅和执法官员的调查，提出了“防御空间”策略，建立了一个防御空间概念的设计模型。他认为通过将住宅单元分组归类、限制出行的路径、划定居民活动区域并对相关住宅和居民活动区域采取视频监控等措施，人们就能对居民和陌生者的空间活动范围有一个清楚的了解。根据这一概念做出的基础设施设计，将促使居民形成一种强有力的区域意识，并采取自我维护治安的措施。因此，一些建筑及其相关附属设施可以通过设计来有效地预防犯罪。他运用住房犯罪相关证据来对一系列防御空间假说进行分析，认为居住环境、土地使用、建筑结构等对纽约城市犯罪有着一定的影响，纽约公共住房（廉租房）里的居民对犯罪普遍心存恐惧，就是环境犯罪理论的一种反映。

威尔逊和凯林（Wilson and Kelling，1982）提出的“破窗理论”指出，有形的破坏和对邻居的忽视容易激发犯罪行为，因此塑造一个公众安全观对社区乃至城市秩序都十分重要。朱利亚尼市政府采用这个理论，并使之成为“零容忍”政策的理论基础，成功地改善了纽约城市社会治安环境。朱利亚尼市政府对城市中一些影响较小但是数量较多的轻微犯罪行为予以严厉制裁，以防止其向严重犯罪演变。后来，凯林和科尔斯（Kelling and Coles，1996）出版了《修理破窗：恢复秩序和减少社区犯罪》，倡导建设社区秩序、从预防犯罪到减少犯罪的策略。虽然这项政策存在争议，但是对美国其他城市和欧美其他国家的警务改革都起到过重要影响。

城市文化环境也是学者们较为关注的研究领域。塞缪尔·亨廷顿（2010）在《文明的冲突与世界秩序的重建》一书中强调，文明成为规划国际社会框架的新思维，文化或文明在其他领域地位的确定远早于国际政治外交领域。赛尔斯坦·塞林和马林诺夫斯基（2003）提出的“文化冲突理论”，证实了文化冲突的存在以及文化冲突与犯罪的关系。他区分了基本文化冲突和从属文化冲突。基本文化冲突是指两种不同文化之间发生的冲突，通常表现为三种情况：具有不同文化的地区相互接壤；根据一种文化群体的行为准则制定的法律规范被扩展运用于另一种文化区域；一种文化群体的成员移民到另一种文化群体，成为其中的成员。从属文化冲突是指由一种文化发展而来的几种不同亚文化，它们存在自己的行为规范，它们在交往过程中发生冲突，但是法律保护的只是主流文化，而刑法也只是反映了主流阶层的利益和行为规范，主流阶层之外的群体如果按照他们的规范行事，势必会因为违反规范而发生冲突并最终形成犯罪。据此，塞林文化冲突理论成功解释了具有不同规范文化的移民的犯罪问题。学者们对移民、种族与犯罪之间的关系的研究较多，分歧也较大。他们的研究主要从移民的来源地、种族和教育等方面着手，对移民与犯罪关系进行相关研究（Miller，1978；Rotolo and Charles，2006）。

5. 关于城市人口与城市犯罪的研究

国外学术界对人口变化与纽约犯罪下降两者之间关系的研究主要集中于人口年龄结构、种族成分及人口素质与纽约犯罪关系等方面，并取得了一定的学术成果。对于人口结构的变化对 20 世纪 90 年代纽约犯罪减少的影响，学术界将关注的焦点放在了人口年龄结构的变化与犯罪减少两者之间的关联上，他们认为人口年龄结构的变化，尤其是最具有犯罪倾向的青少年人口比重的下降对犯罪产生了重要的影响，尤其把纽约市 70～80 年代犯罪的高涨看成是第二次世界大战后“婴儿潮”（baby boom）造成的。随着战后大量人口的出生，进入 70～80 年代后，他们的年龄正处于犯罪的高危年龄段，所以才导致了这一时期社会犯罪率的飙升（Blumstein and Wallman，2000）。安德鲁·卡门（Karmen，2000）在《纽约谋杀之谜：20 世纪 90 年代崩溃背后的真实故事》中认为，真正导致纽约市谋杀案犯罪率下降的因素是纽约的高等教育、外来移民及人口年龄结构等。他认为 20 世纪 90 年代青少年人数的减少，尤其是 20～24 岁这一年龄段青年人数的减少对纽约谋杀犯罪的下降起到了至关重要的作用。除了人口年龄结构之外，作者还广泛地探究了移民、种族等因素对犯罪的影响。

富兰克林·E. 齐姆林（Zimring，2012）是美国著名的犯罪学家，他特别关注20世纪90年代以来的纽约犯罪问题，尤其是1990～2009年纽约犯罪活动下降的历史现象。他对纽约市犯罪率下降情况同美国其他城市犯罪情况进行比较，不仅寻求纽约市犯罪率下降的原因，更重要的是要寻求纽约市高达50%的犯罪率下降的原因。正是纽约市犯罪率下降幅度如此之大，才使得纽约不同于当时美国其他的大城市。齐姆林还讨论了纽约市治理犯罪成功的表现、经验和局限性。总体上，他认为纽约治理犯罪的举措，是对过去20多年来主宰美国犯罪、毒品政策的主要理论的挑战：纽约历史显示高比例的关押既无必要也没效果，预防暴力犯罪政策能够减少毒品暴力犯罪，并在没有全面消灭毒品的情况下使公共领域从毒品失控状态中摆脱出来，过去20多年最严重的教训就是没有把高暴力犯罪率和美国大城市的人口、文化和机构联系起来。此外，齐姆林还对纽约、洛杉矶、芝加哥、达拉斯及休斯敦五个城市的非裔与非非裔的各种犯罪数据进行分析，总结了20世纪90年代种族与纽约市犯罪率下降之间千丝万缕的联系。

美国学术界还出版了一些与纽约市犯罪相关的论著。例如，罗伯特·D. 麦克里（McCrie，1995）对1890～1990年百年间纽约骚乱及其后果进行了研究，丹尼斯·杰伊（Jay，1987）从犯罪、恐惧和纽约地铁考察市民行为的功能，斯蒂芬斯迈耶等（Steffensmeier et al.，1989）研究了纽约青少年犯罪与年龄之间的关系，理查德·B. 弗里曼（Freeman，1996）研究了教育与非裔青年犯罪之间的关系，等等。这些论著给我们提供了宝贵的资料，有助于我们对城市犯罪做更深入的研究。

当然，纽约市犯罪率起伏现象发生在20世纪80～90年代，距今时间较短，甚至未被纳入历史研究范畴，史学界对此研究不多；同时受资料限制和专业限制，目前学者们的研究还存在一些不足。

第一，关于纽约城市犯罪研究不够深入。大多数论著停留在对纽约城市犯罪现象、治理过程进行介绍和描述阶段，如不少论著详细地介绍了"情报制导战略"、"零容忍"政策、警务管理改革等，但真正用一手档案资料进行历史分析的研究较少。

第二，研究的方法较为单一，交叉学科研究较少。城市犯罪是多方面原因造成的，但学术界往往把犯罪率下降归功于某一项措施，有的把"零容忍"政策作为纽约警察打击犯罪的制胜法宝，有的把"情报制导战略"看成是治理纽约犯罪的利器，这样的分析比较片面，结论过于简单，缺少必要的历史考察和分析。

第三，对于城市犯罪的物质环境、城市人口结构变化、城市社会的特质、社会控制、行为控制、现代社会信用管理制度等方面，还缺乏足够的认识和研究。

第四，对于犯罪与城市经济、就业情况、福利政策的关系以及治理犯罪与公权和私权的关系等方面缺少研究。

二、本书涉及的犯罪类型

关于纽约城市犯罪的类型，斯蒂芬·巴坎（2011：66）介绍了美国执法部门，并将犯罪分为两大类：一类是指社会危害大、性质极为恶劣的犯罪，也叫指数犯罪，包括故意杀人、暴力强奸、抢劫、重伤害、入室行窃、盗窃、机动车盗窃和纵火；另一类是指社会危害性相对较小但性质仍较为恶劣的犯罪，包括一般伤害、伪造、诈骗、挪用资金、偷窃小额财物、故意破坏、非法携带或持有武器、卖淫和商业性不道德行为、性犯罪、滥用毒品、赌博、针对家人和子女的犯罪、醉酒驾驶、酗酒、骚乱、流浪等。

美国学者伊恩·罗伯逊（Ian Robertson）把美国犯罪分成四大类，即暴力犯罪、侵犯财产罪、无受害者的犯罪和白领犯罪（伊恩·罗伯逊，1994：258）。其中美国人最害怕的就是暴力犯罪，如凶杀、强奸等人身伤害甚至致死的侵犯行为，这类犯罪在美国所有犯罪中只占很小一部分，但它对受害者的身心造成了严重的伤害，甚至剥夺了受害者的生命。美国社会学家杰克·D. 道格拉斯（Jack D. Douglas）认为那些以自身强大力量或借助于器具等的犯罪，都属于暴力犯罪，把爆炸、投毒、放火以及故意毁坏公私财物等犯罪谓之破坏犯罪。

财产犯罪是罪犯偷窃或毁坏属于他人财产的冒犯行为，其主要形式是入户夜盗、偷窃、机动车盗窃等。纵火也属于财产犯罪，因为纵火是故意破坏他人财产，或是想骗取保险金（伊恩·罗伯逊，1994：260-262）。与罗伯逊相同的是，杰克·D. 道格拉斯也把盗窃、侵占、抢劫等非法获得他人财物的行为都看成是犯罪，但不同的是，道格拉斯把纵火以及故意毁坏公私财物等放在破坏罪里面。

财产犯罪是美国最主要的犯罪类型，也是数量最大、最广泛的类型。从1960 年至 2012 年（图 0-1），暴力犯罪和财产犯罪分别占街头犯罪总数的11.18%、88.82%。财产犯罪对犯罪总量增长的贡献率也高于暴力犯罪。统计数据显示，近年来美国每年财产犯罪带来的经济损失，包括财产损失、医疗赔偿和劳动损失在内，高达 170 亿美元（斯蒂芬·巴坎，2011：384）。

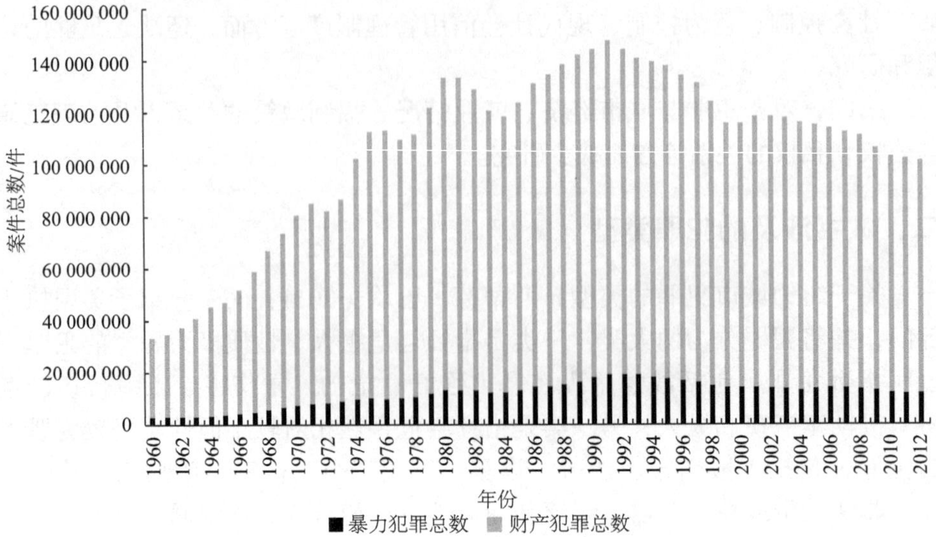

图 0-1　1960～2012 年暴力犯罪与财产犯罪的案件数量

资料来源：FBI（2013）

在罗伯逊的书中，赌博、卖淫、流浪、使用毒品等，都被认为是无受害者犯罪。犯罪行为之所以被认为是犯罪，主要是由于此行为是不道德的和非法的。杰克·D. 道格拉斯和弗兰西斯·C. 瓦克斯勒（1987）从社会文化道德角度来衡量犯罪，所以他把赌博、卖淫、性骚扰等都归为风俗犯罪，也就是说，这些行为违背了社会风俗。

埃德温·萨瑟兰（Edwin Sutherland）把那些“受人尊敬而且地位很高的人利用工作之便进行的虚假广告、侵犯版权、诈骗、操纵股票、价格垄断等视为白领犯罪”（埃德温·萨瑟兰，2008：6）。随着时代的变迁，白领犯罪也增加了新的内容，如偷税漏税、政府官员腐败、贪污和诈骗等。白领犯罪在杰克·D. 道格拉斯的研究里属于智能犯罪，即运用智谋和技能犯罪，如诈骗、伪造、制造计算机病毒等。随着现代科学技术的发展和进步，人类进入信息时代，出现了电话诈骗、网络犯罪等。智能犯罪危害性越来越大。

本书主要研究的是美国执法部门中所说的一类犯罪，即社会危害大、性质极为恶劣的犯罪，包括凶杀、强奸、抢劫、重伤害、入室盗窃、盗窃和机动车盗窃，不包含纵火罪和美国联邦调查局所说的二类犯罪。

三、研究思路与主要内容

本书从纽约城市社会经济发展的历史视角，结合社会学、管理学和人口学等相关学科的资源和方法，对纽约城市犯罪的原因和治理进行综合性研究；利用定性分析和定量统计等研究方法，既描述城市发展进程，又解剖城市社会犯罪的现实状况；从社会学、统计学和历史学等交叉学科的视角，来探索城市犯罪的社会、经济和文化根源，研究社会控制理论和城市犯罪治理的方法，从中找到现代城市社会控制的途径。

本书将通过个案研究，系统、全面地分析城市社会冲突和矛盾，探讨城市社会控制的方法和途径，从而客观地揭示现代城市发展的历史规律。城市有自身固有的生活秩序，因此人们不能随心所欲地改变它的物质结构和道德结构。但是，随着大量外来移民的流入，城市人口结构和城市社区面貌发生了很大的变化，城市异质性增强，城市文化冲突和社会矛盾激化，社会道德和价值等滑坡，城市犯罪活动剧增，犯罪手段和犯罪内容也不同于以往。面对这一新的形势，城市政府必须更新观念，采取新的社会控制理论和方法，运用现代科学管理措施，进行有效的社会控制，确保城市和谐发展。但是，任何理论都要结合特定的实践才能达到效果。纽约城市治理犯罪的理论和方法并不是放之四海而皆准的。例如，纽约市警察局采取的“零容忍”政策、“破窗理论”、“先发制人”理论，都是过去十几年里刚出现的理论，它们并不是“包医百病”的灵丹妙药，在纽约成功的方法并不一定适合所有国家，而且“零容忍”政策的全面实施强度很大，如果完全采取“拿来主义”，那么会因国情不同而产生很多的副作用。因此要明确“零容忍”政策的适用范围和条件，借鉴其中有效的方法与手段，同时通过反思“零容忍”政策在纽约产生的弊端，克服其不利因素，并结合各国的实际情况，才能使各国打击城市犯罪、完善城市管理、保持城市可持续发展进入新阶段。

“他山之石，可以攻玉。”城市经济发展快与城市犯罪率高是天然的一对悖论吗？城市犯罪是城市化过程中必然出现的规律性问题吗？发达国家的大城市犯罪情况如何？它们是如何处理城市犯罪问题的？对于这些问题，历史学工作者有着不可推卸的责任。基于这样一些考虑，笔者以纽约市为例，通过对全球最有影响的大城市之一——纽约城市社会控制的研究，总结其治理城市犯罪的理论和主要措施，以及在治理过程中的经验和教训，为各国城市建设提供决策咨询、现实借鉴。本书力图客观地叙述历史，让历史再现，从历史角度对纽约城市犯罪研究进行多学科的综合性研究。本书涉及面较广，既有城市历史演绎，又有社会政策诠释；既有经济层面的分析，也有文化层面的考量。从城市历史切入，解剖社会、经济、文化建设与城市犯罪的关联，并通过这项研究，破解城市化进程中犯罪问题的本质。

本书以历史为线索，呈现了 20 世纪 80 年代至 21 世纪初纽约市犯罪率起伏的历史状况，并分析其原因，着重研究纽约市政府改革警务管理、打击城市犯罪方面所取得的成功经验，同时也探讨了其中存在的一些问题。本书除了绪论和结语外，共分八章。

绪论部分主要论述本书的研究意义及国内外学术界相关的研究状况，然后提出本书的研究思路和基本框架。

第一章“20世纪80～90年代纽约市犯罪状况及特点”，时间跨度从1980年到2002年左右，以历史为线索，描述这20年里纽约市犯罪率起伏状况及其原因，并探讨纽约城市犯罪起伏特点。

第二章“20世纪80年代纽约市治理犯罪的尝试”，主要探讨面对经济危机困扰、公共秩序混乱、社会治安恶化的危局，纽约市政府试图采取“定点严打行动”治理毒品犯罪，同时发展经济，提高市民生活质量，改善纽约市社会治安环境。

第三章“纽约市犯罪问题的经济分析”，重点分析纽约经济发展状况与犯罪率起伏的关系，尤其是20世纪80年代财政危机对社会控制的影响，社会福利、就业状况与犯罪率的关系，城市犯罪与城市人均GDP水平的关系，因为社区冲突和城市犯罪与人们的就业、生活条件有着密切的关系。

第四章“纽约市犯罪率起伏的文化因素”，着重弄清文化怎样影响犯罪率，分析家庭、学校和宗教等文化因素在社会控制中的地位及其对城市犯罪率下降的影响。

第五章“20世纪90年代纽约市警务改革实践”，探讨“情报制导战略”、枪支管理、毒品打击等措施与犯罪率下降的关系。

第六章“‘零容忍’政策与纽约市犯罪治理”，探讨“零容忍”政策的核心就是对各种反社会的行为和犯罪行为采取严厉打击的态度，哪怕是对轻微的违法犯罪行为，也要毫不犹豫，绝不妥协地进行彻底的斗争。本章探讨“零容忍”政策的出台背景、实施过程及其效果，并对其进行客观的评价。

第七章“人口结构与纽约市犯罪率变化”，研究人口与犯罪之间的关联，探讨人口的年龄、教育水平、家庭结构等因素对城市犯罪率产生了何种影响。

第八章“福利改革与纽约城市犯罪”，简要回顾20世纪60年代以后美国历届政府福利政策的演变，探讨从里根到克林顿时期美国社会福利政策的差异，以及纽约市福利政策与犯罪率起伏的关系。

结语主要通过对纽约城市犯罪问题的历史考察，总结纽约城市犯罪治理的启示和思考，分析全球化背景下大城市犯罪问题的发展趋势，给出现代化进程中对城市犯罪的认识，希冀对城市发展过程中犯罪问题进行深入研究，为中国城市管理提供一些有益的借鉴和启示。

第一章

20 世纪 80～90 年代
纽约市犯罪状况及特点

20 世纪 70 年代后，纽约社会治安状况恶化，经济持续衰退、监狱暴动、警察腐败，“山姆之子”（Son of Sam）凶杀案是这一时期犯罪问题的生动写照。80 年代初，纽约市的犯罪率出现短暂的下降，但是到了 80 年代中后期，纽约市的犯罪率重新攀升，达到了 60 年代以来的最高峰。社会恐惧和不安在纽约市蔓延开来，引得纽约民众逃离城市。然而，90 年代以来，纽约市的犯罪率开始下降，尤其是 1994 年朱利亚尼任市长后，纽约市的犯罪率大幅度下降，比同一时期美国许多其他城市的犯罪率都低，纽约市成为美国十大最安全的城市之一。

第一节　20 世纪 80 年代的纽约
——“犯罪之都”

20 世纪 70 年代以后，中东石油危机引发美国经济衰退，并进入滞涨阶段。1975 年度纽约市财政赤字达 12 亿美元。为此，纽约市市政雇员从 1975 年的 332 298 名削减到 1978 年的 245 618 名（乔治·J. 兰克维奇，2005：272-287），纽约市警察局武职警察从 1975 年的 3 万多人裁减到 1982 年的 2.39 万人（王瑞平，2009：7）。警务装备和警力配备减少，直接导致纽约社会治安恶化和犯罪率上升。统计资料表明，纽约市的凶杀案件从 1970 年的 1117 件增加到 1980 年的 1821 件，强奸案件从 2141 件增加到 3711 件，抢劫案件从 74 102 件增加到 100 550 件，重伤害案件从 31 255 件增加到 43 476 件（FBI，1981）。在这一犯罪和暴力猖獗的时代，发生了一件震惊纽约市的杀人事件——“山姆之子”事件，成为 80 年代的纽约社会治安恶化、犯罪率迅速上升的助推器。

一、纽约市社会治安恶化

“山姆之子”事件预示着纽约社会进入动荡时期。一名自称“山姆之子”的连环杀手从1976年7月到1977年7月，在纽约制造了8起枪杀案，将整个纽约市搅得天翻地覆。这个狂魔真名叫大卫·伯科威茨（David Berkowitz），专门用0.44英寸[①]口径左轮手枪射杀约会中的情侣。伯科威茨每一次作案后，都会在现场留下一封代表他本人的带有“山姆之子”标记的签名信。不仅如此，他还持续给报纸和各类专栏作家写信。这些信件经由媒体公布后使整个城市陷入极度恐惧中。媒体开始研究他，请专家分析他的心理，猜测他的性格，甚至按照他的犯罪手法去预测他的下一个目标或地点。纽约市警察局为了抓捕他，从各地抽调精兵强将成立了一个由200多人组成的“欧米伽行动”专案组，对其进行围捕，最终将其缉拿归案。“山姆之子”最终因杀死6人、重伤7人，6项二级谋杀罪名成立，被判6个终身监禁，刑期365年，一直在纽约哈得孙河谷的肖申克监狱（Shawshank Correctional Facility）中服刑。

纽约市犯罪活动并未因“山姆之子”案告破而停止。20世纪80年代，纽约市的社会状况更加恶化，社会依然动荡不安，种族问题犹存，各种示威游行时有发生。纽约市市长爱德华·科克（Edward Koch）面对严峻的政治、经济形势，采取了一系列措施，但是由于政府丑闻不断，科克政府的信誉扫地，惩治犯罪的效果大打折扣。纽约市从美味可口的“大苹果”变成了人人讨厌的“烂苹果”（Bratton et al.，1997：33）。

（一）城市盗窃犯罪严重

自从人们产生财产的私有观念之后，财产犯罪就不可避免地存在。财产犯罪包括盗窃、入室盗窃、机动车盗窃等。尽管美国是个比较富裕的国家，但财产犯罪率仍然很高。

从1980年到1990年，纽约财产犯罪案件一直维持在高位。根据美国联邦调查局的《统一犯罪报告》（表1-1）[②]，1980年，纽约财产犯罪总数为560 602例，延续70年代末的高位走势，1981年略有上升，达到568 900例。此后几年有所下降，1985年为466 315例。但从1986年以后开始上升，

---

① 1英寸=2.54厘米。

② 从1930年以来，美国联邦调查局每年出版《统一犯罪报告》。美国各州、市、县警察机构在自愿的基础上向联邦调查局报送各地刑事犯罪案件数据，由后者对其进行汇总。《统一犯罪报告》中犯罪类型有凶杀（murder）、强奸（rape）、抢劫（robbery）、重伤害（aggravated assault）、盗窃（larceny-theft）、入室盗窃（burglary）、机动车盗窃（motor vehicle theft）等（Conklin，2003）。

1988 年达到 555 567 例。此后便呈下降趋势，但是整个 80 年代都在高位。

表 1-1　1980～1990 年纽约市财产犯罪情况表　　（单位：例）

犯罪类型	1980 年	1981 年	1982 年	1983 年	1984 年	1985 年	1986 年	1987 年	1988 年	1989 年	1990 年
入室盗窃	210 703	205 825	172 794	143 698	128 687	124 838	124 382	123 412	127 148	121 322	119 937
盗窃	249 421	258 369	264 400	253 801	250 759	262 051	281 713	289 126	308 479	287 749	268 620
机动车盗窃	100 478	104 706	107 430	92 725	88 478	79 426	85 853	95 654	119 940	133 861	147 123
合计	560 602	568 900	544 624	490 224	467 924	466 315	491 948	508 192	555 567	542 932	535 680

资料来源：根据美国联邦调查局 1981～1991 年的《统一犯罪报告》数据整理而来

同时，我们也发现，财产盗窃罪中入室盗窃案、盗窃案和机动车盗窃案不尽相同。例如，入室盗窃案不仅没升，反而整体上有所下降，从 1980 年的 210 703 例下降到 1990 年的 119 937 例，下降 43%。但是，盗窃案从 1980 年的 249 421 例上升到 1988 年的 308 479 例，增长 24%。机动车盗窃案从 1980 年的 100 478 例上升到 1990 年的 147 123 例，增长 46%。

从第一次世界大战后 70 多年的历史看，20 世纪 80 年代纽约市盗窃案处于高位，其原因有许多。一方面，美国还没彻底从 70 年代的经济“滞胀”危机中走出来，就陷入 80 年代的经济波动之中。从 1979 年 4 月至 1982 年 11 月美国发生经济危机，持续时间长达 44 个月。受此次经济危机影响，美国经济进入衰退期。1982 年美国 500 家大公司利润下降 27.1%，失业率从 1979 年的 5.8%、1980 年的 7.1%、1981 年的 7.6%，一跃上升到了 1982 年的 9.7%，失业人数突破 1100 万（宿景祥，1992：23，31）。在此大背景下，纽约市犯罪率在 1981～1982 年达到较高水平。1983 年，美国经济开始恢复，通货膨胀得到抑制，就业率增加，经济逐步走出“滞胀”的泥潭。1983～1987 年，纽约市也逐渐进入一次经济增长周期，银行业和证券业发展迅速，就业岗位迅速增加。这几年纽约市犯罪率维持在相对低的水平。但是由于 1987 年美国股市暴跌，从 1989 年到 1991 年美国又经历了长达 3 年的经济危机，GDP 年增长率仅有 0.7%左右，这是 30 年代经济大危机以来最低的，工厂就业人数是 1982 年以来最低水平，贫困人口数达到 1964 年来最高水平（刘绪贻，2008：541）。作为美国金融中心，纽约也随之进入经济衰退期，华尔街雇员大量下岗，服务产业部门受到沉重打击，失业率增加，这种情况在财产犯罪率上有所反映。统计资料显示：从纽约市每 10 万人口中财产犯罪人数比例看，1980 年为 7968 例，1981 年为 8046 例，1982 年为 7674 例，1983 年为 6905 例，1984 年为 6529 例，1985 年为 6491 例，1986 年为 6852 例，1987 年为 6976.5 例，1988 年为 7562.5 例，1989 年为 7367.3 例，1990 年为 7315.5 例（FBI，1991），此后一直呈明显下降趋势。其中，1988～1990 年这三年是经济形势最严峻的时段，而这三年盗窃犯罪率也是历史上最高的。这种起伏变化显示犯罪率和纽约经济形势呈正比例关系。

另一方面，整个 20 世纪 80 年代，纽约市警察局和司法部门都处于比较严重的腐败时期。当时纽约市警察局和司法部门腐败丑闻特别多，如 1984 年 10 月发生的警察斯蒂芬·沙利文（Stephen Sullivan）执法时连开两枪杀害了一位情绪失控的老太太埃莉诺·邦珀斯（Eleanor Bumpurs）案，1985 年 3 月警官弗雷德里克·谢尔曼（Frederick Sherman）驾警车肇事逃逸案，1986 年 4 月警察滥用电击枪折磨嫌犯案，1986 年纽约市警察局某分局警察参与贩卖毒品案，1987 年警察充当毒品保护伞案（Silverman，1999：45-49）。在警察腐败之风盛行的纽约，警察执法不力，司法部门敷衍了事，根本起不到打击盗窃犯罪的作用。有的市民遭受较轻的违法侵害时往往选择忍气吞声，大多数人选择沉默。

但是，也有一些受害者选择报案，结果也是令人失望的。赫伯特·伦敦（Herbert London）是美国评论家、作家和学者，《华盛顿时报》专栏作家，美国外交关系协会委员，纽约国王学院一个保守派智囊团“伦敦政策研究中心”主席。他的亲身经历可以从一个侧面反映民众对盗窃犯罪的无奈，司法部门的腐败程度也可见一斑。

> 今年（1981 年）4 月，我妻子的钱包被偷了，里面有一大笔现金（当天是发工资的日子）、存折、支票簿、银行卡和信用卡。我们俩立即通知信用卡公司，取消未兑支票，并通知当地银行经理。然而，尽管我们在钱包被偷的 2 小时内采取上述措施，但小偷比我们更快。他们用万事达卡[①]取走 300 美元，用布鲁明戴尔卡[②]买了衣服，用美孚卡（Mobil Card）加了汽油，最后又连续消费直到用光我们存折上的所有钱。痛苦和局促使我心烦意乱。妻子和我在我们钱包失窃的街道上转悠，希望能发现那些盗贼。

① 万事达卡（MasterCard）成立于 1966 年，全球总部设在美国东部的纽约，是全球领先的支付公司。

② 布鲁明戴尔百货店（Bloomingdale’s）是美国著名的百货商店品牌，美国高档时尚百货连锁店，布鲁明戴尔卡是美国银行支持的购物卡。

然而到了 8 月，我们才接到位于布朗克斯区的第 44 警察局的通知，使用我们的美孚卡的人已被逮捕。到了 9 月，作为被告的见证人，我们被要求在布朗克斯刑事法庭作证。被告都是年轻的非裔，坐在法庭的左边，一边嬉皮笑脸，一边看着报纸，一副满不在乎的样子。而作为原告的我们，坐在法庭的右边，充满紧张和忐忑不安。

最终，轮到法官审理我们的案子。我身体前倾聆听法官的审判。审讯中的被告被判三级犯罪，但他表现得很轻松，就像我平时休闲时一样。妻子和我急切地询问承接本案的区助理律师，案犯将受到怎样的惩罚。那助理慢慢地挪动一些法律文书，然后说："三级犯罪？他被判三年缓刑。"

"三年缓刑是什么意思？"我询问道，"他会受处罚吗？会入狱吗？"

"不！他将获三年缓刑。如果他再犯罪，那么他将真的麻烦了。"他回答说。(London，1989)

作为一个平时不太关心司法审判制度并对纽约警察部门十分依赖的市民，赫伯特·伦敦目睹被告们滑稽、轻松的神情，很难相信司法部门的不作为的态度和行为。他们来到法庭寻求正义，到最后才知道正义是多么难以维持。

在赫伯特·伦敦经历的案例中，因为司法部门不作为，犯罪分子并没有因犯罪得到应有的惩罚，就等于犯罪收益较高，而付出的成本较低。在这种情况下，想要减少犯罪活动是不可能的。

公民向政府纳税，把惩治犯罪、维护公民财产安全的希望寄托在政府和警察部门身上。但是，当政府未能有效地打击犯罪，犯罪分子得不到有效的惩处，法律不能维护正义的时候，公民就会对政府失去信心，同时犯罪分子也会更加肆无忌惮。

（二）暴力事件层出不穷

前文说过，20 世纪 80 年代到 90 年代初是第二次世界大战以后美国社会动荡最严重的时期，治安恶化，犯罪猖獗，各种犯罪类型的占比基本上都呈上升趋势，其中最突出的就是暴力犯罪。根据美国《统一犯罪报告》的分类，暴力犯罪包括凶杀（含蓄意和过失杀人）、强奸、抢劫及重伤害等四类。与财产犯罪相比，暴力犯罪对社会影响更大，其对受害者身心造成的伤害更大。在暴力犯罪之中，凶杀又是对个人生命造成危害最大的一种犯罪。

作为美国最大的城市，纽约市的暴力犯罪上升最为典型（表 1-2）。1980 年，纽约市暴力犯罪总数为 149 549 例，1981 年略有上升，然后相对平稳，从

1985 年以后开始上升，到 1990 年达到 174 542 例，创 1965 年以来最高纪录。其中，凶杀案和重伤害案尤为突出。凶杀案在 20 世纪 80 年代前期有所回落，从 1980 年的 1812 例下降到 1985 年的 1384 例，但从 1986 年开始一路攀升，到 1990 年达到 2245 例，5 年增加 41.9%，也是 1965 年以来的最高纪录。另外，重伤害从 1980 年的 43 476 例增加到 1988 年的 71 030 例，增加率为 63.4%。

表 1-2　1980～1990 年纽约市暴力犯罪情况表　　（单位：例）

犯罪类型	1980 年	1981 年	1982 年	1983 年	1984 年	1985 年	1986 年	1987 年	1988 年	1989 年	1990 年
凶杀	1 812	1 826	1 668	1 622	1 450	1 384	1 582	1 672	1 896	1 905	2 245
强奸	3 711	3 862	3 547	3 662	3 829	3 880	3 536	3 607	3 412	3 254	3 126
抢劫	100 550	107 475	95 944	84 043	79 541	79 532	80 827	78 890	86 578	93 377	10 0280
重伤害	43 476	43 783	42 784	43 326	47 472	50 356	57 306	64 244	71 030	70 951	68 891
合计	149 549	156 946	143 943	132 653	132 292	135 152	143 251	148 313	162 916	169 487	174 542

资料来源：根据美国联邦调查局 1981～1991 年的《统一犯罪报告》数据整理而来

纽约暴力案件频发，尤其是 20 世纪 80 年代中后期的凶杀、重伤害案件，特别是种族暴力事件激增。例如，1986 年 12 月，一名叫迈克尔·格里菲思（Michael Griffith）的非裔青年在皇后区的霍华德海滩被一群白人用棒球杆、砖块攻击致死；1989 年 8 月 23 日，一名 16 岁的叫优素福·霍金斯（Yusuf Hawkins）的非裔青年在布鲁克林的本森赫斯特（Bensonhurst）印第安裔美国人社区被一群白人枪杀（弗朗索瓦·维耶，2016：228）；1990 年 3 月 25 日，一名古巴移民出于对富有阶层的妒忌心理，醉酒后向“福境俱乐部”（Happyland Social Club）投掷了一个燃烧瓶，导致 87 人丧命（Bukwoski and Spetzler，1992），酿成震惊全美国的重大的恶性事件。

20 世纪 80 年代最让人们“谈虎色变”的暴力事件是“中央公园血案”①。1989 年 4 月 19 日，晚上九点刚过，特丽莎·梅里（Trisha Meili），一位 28 岁的投资银行家，在中央公园慢跑时突然被击倒。她被拖入沟壑之中，然后遭受强奸和殴打，最后被弃之不顾，伤口流血不止。7 个小时后，她被发现，尽管她已经失去了 80%的血液，但还是保住了性命。然而，袭击使她遭受了严重的脑外

① 2002 年，“中央公园血案”（The Central Park Five）旧事重提，原因是纽约警方通过审问一个被捕获的罪犯，得出了原来轰动一时的“中央公园血案”居然抓错了对象，他才是真正的作案人。通过现场保留的 DNA（脱氧核糖核酸）对比，警方终于证实当年“中央公园血案”的作案人不是那 5 名不幸的少年，5 名少年是被冤枉的。元凶出现后，5 名少年被无罪释放，并获得 4100 万美元赔偿，另参见查尔斯·德伯（2005：3-6）。

伤，而且再也想不起案发时的情景。案发没有几天，纽约警方就宣布已经抓到了犯案的嫌疑对象，是 6 个非裔和西班牙裔少年，年龄从 14 岁到 15 岁不等。经过审讯，其中 5 名少年承认了犯罪事实。当时纽约著名地产商唐纳德·特朗普（美国第 45 任总统）甚至在报纸上做了整版的专栏，呼吁将这 5 人判处死刑。根据美国法律，这 5 人均未成年，所以量刑只能根据少年罪判刑。因此，这 5 人被法庭定罪后，分别被判处了 8～13 年不等的刑期（卢拉·玛丽安，2016）。

这里列举的“中央公园血案”及其他几例暴力犯罪案件，仅仅是大量暴力犯罪的缩影。严重的暴力犯罪使纽约城市社会陷入恐慌之中，给市民生活带来了巨大的负面影响。许多纽约市民感到社会治安不好，生命财产得不到保障，而郊区居民感觉比城市社区的居民生活更加安逸、更有安全感。《每日新闻》和其他报刊的民意调查显示，59%的纽约市民希望迁居他处生活（鲁迪·朱利亚尼，2005：3）。

首先，在“中央公园血案”中，尽管那 5 名少年是被警方通过威逼利诱屈打成招的，但这一系列案件还是能反映出当时纽约的暴力犯罪时常发生的情况；其次，美国仍然存在着根深蒂固的种族歧视，不同种族外来移民经常在生活和工作中遭受不公平的对待和歧视，而这种情况往往会引起种族之间的怨恨和冲突，这些问题一旦遇到经济危机或特殊情况的刺激就会酿成暴力犯罪；最后，纽约市警察局的司法腐败、滥用审讯、司法不公的情况普遍存在，这也是纽约暴力犯罪猖獗的一个重要因素。

（三）毒品泛滥

自 20 世纪 60 年代以来，毒品就在美国盛行起来，越来越多的人成为“瘾君子”，美国的纽约、巴尔的摩、费城、芝加哥、新奥尔良和华盛顿特区等城市成了毒品问题的中心（戴维·古德菲尔德，2018：4）。1970 年，美国司法部部长米切尔（J. N. Mitchell）在《综合药物滥用预防与控制法》（Comprehensive Drug Abuse Prevention and Control Act）听证会上说：“毫不夸张地说，毒品的危险威胁我们整个下一代人的道德与身体健康。”（何永江，2013：188）随后的 20 年里，美国犯罪率急剧上升，似乎印证了米切尔的预言。1971 年，美国因毒品被捕 337 659 人，到 1980 年上升为 351 955 人，1987 年为 937 400 人。从 1971 年到 1980 年，逮捕增长了 4.2%，而从 1980 年到 1987 年，逮捕增长了 166.3%（FBI，1980：194；1987：164）。

纽约市毒品交易频繁，毒品泛滥成灾，华盛顿广场公园的毒品交易情况可以说明这一点。华盛顿广场公园位于格林威治村（Greenwich Village）与东村（East Village）中间，与纽约大学比邻，是纽约市最具持续影响力的地标之一。自1828年7月4日开放以来，这个美丽的广场公园一直是纽约上流社会欢聚的地方，周围居住了许多画家、雕塑家和摄影家，曾激起亨利·詹姆斯、伊迪丝·沃顿、约翰·多斯·帕索斯、托马斯·沃尔夫[①]等作家的创作欲望和思考。同时，华盛顿广场公园一直是纽约历史和人们共同记忆的见证（Bender，2002：13），为政治家、警官以及成千上万名来纽约的游客所熟知。但是，在20世纪80年代，华盛顿广场公园成了臭名昭著的毒品交易场所。

毒品交易者把公园作为他们活动的地盘。他们肆意把广场上玩耍的孩子赶走，再把通常在这里唱歌、休闲的成人劝到公园的东边一侧，然后公园就成了毒品交易的市场。由于执法部门处理毒犯不力，许多毒犯在监狱待了两周时间，就被放出来，重操旧业。这种情况令社区居民十分害怕。为了阻止公园的毒品交易，有警察建议在公园周围建个带进出口的围栏，但是这个建议受到公园周围居民的嘲讽，认为那是妨碍民权的行为而被迫放弃。有一位学者描述当时华盛顿广场公园两难的尴尬局面。

> 一个身材高6英尺[②]9英寸的非裔毒犯，坐在公园东侧。他从经过的汽车上接到指令，然后给公园西侧的电话亭打电话。当汽车环绕公园兜圈子时，毒犯的同伙已完成了毒品的交易。那汽车司机甚至没有停车就拿到了毒品。整个交易就如同在免下车服务商店购买汉堡一样平淡无奇。
>
> 这种情况已经存在多年了。警察看到也无可奈何。当社区居民对此大发脾气时，那些恶棍们就会威胁他们如果不想惹麻烦的话就赶紧离开公园。最终，公园就成了毒贩们的交易场所了。每年春天，公园里都会上演要求大麻合法化的集会……
>
> 纽约大学的许多学生和老师途经公园，也是熟视无睹。周围不时传来“出售海洛因”的叫卖声，这就像人们呼吸空气一样平常。

---

① 亨利·詹姆斯（Henry James，1843～1916）是美国著名小说家和批评家。代表作有长篇小说《一个美国人》《一位女士的画像》等。伊迪丝·沃顿（Edith Wharton，1862～1937）是美国女作家，作品有《高尚的嗜好》《纯真年代》《马恩河》《战地英雄》等。约翰·多斯·帕索斯（John Dos Passos，1896～1970）是美国小说家，其作品《三个士兵》（1921年）反映了美国青年一代厌战和迷惘的情绪；1925年发表的《曼哈顿中转站》描写资本主义社会的失意者生活苦闷、精神空虚的生活。托马斯·沃尔夫（Thomas Clayton Wolfe，1900～1938）是20世纪美国最著名的小说家之一，其作品有《天使，望故乡》《时间与河流》《网与石》等。

② 1英尺=0.3048米。

> 事实上，人们呼吸的空气里就有大麻的气味。白天，许多毒品交易者聚集在加里波第雕像前面。最近，我无意中听到有人说，“便衣警察辞职了，每一个毒犯都认识便衣警察。这些便衣警察无法保护自己的合法权益，他们承担了太多，远远超过打击毒品犯罪”。
>
> 当你对任何一个人谈到华盛顿广场公园时，他们都会失望地摊开两手。这种反应是可以理解的，因为这样的心理是一种普遍看法。但是也许可以建一道围墙把公园围起来，再派一名警察在门口把门。或者把所有逮捕的毒犯都判刑入狱。或者说，把公园回归给守法的公民，警察禁止所有因从事过毒品交易而被捕过的人进入公园……（London，1989：129-130）

毒品总是和反常行为密切相关，因为吸食毒品和买卖毒品极易诱发犯罪。首先，毒品有成瘾特征，成瘾性导致毒品吸食者精神出现幻觉和错乱，表现出强烈的攻击性，极易产生反常甚至暴力等犯罪行为。其次，成瘾者对毒品有着强烈的依赖性，以致成瘾者长期花费巨资吸食毒品，最后常常为筹措毒资走上抢劫、偷盗、贩毒、杀人越货等犯罪道路。

毒品对青少年的影响很大，故这一时期青少年的犯罪最为突出。据统计，从1985年到1991年，持枪杀人犯罪率双倍上升，其中青少年持枪杀人急剧上升，增加了176%（Fagan et al.，1998），而15～19岁犯罪案例增长最快，这一年龄段的人因毒品交易引发的暴力犯罪和财产犯罪也急剧攀升。1985～1990年的短短5年间，纽约市暴力犯罪率上升了14.8%，财产犯罪率上升了29.1%，总犯罪率上升了18.1%（FBI，1991）。

由于犯罪率持续上升、社会治安恶化，纽约市警察局遭到了社会各界的广泛诟病。1984年5月，科克市长面对压力，成立了以约翰·祖科蒂（John Zuccotti）为主席的调查委员会——祖科蒂委员会（The Zuccotti Committee），对警察局的招募、选拔、培训、评估、晋升、监督和管理进行广泛的调查。调查显示，纽约市警察局根深蒂固的集权官僚体制阻碍了警察机构的变革，虽然祖科蒂委员会提出了一系列的改革建议，但是受这种体制的阻碍而无法实施。同时，调查也发现，警察机构内部问题重重，警察与社区分离，警员缺乏培训、监督等（Silverman，1999）。因此，祖科蒂委员会提出的改革建议没有起到任何作用。

事实上，警察的腐败丑闻很多都与毒品交易相关，因为毒品交易往往涉及数额巨大的金钱，警察局高层领导认为警员与毒品接触较多会遭到腐蚀而出现腐败问题。所以，警察局规定警员对毒品交易进行及时汇报，但是不鼓励甚至不允许警员擅自依法对毒贩进行拘捕，使得警察缉毒力度和成效大打折扣。面对20世纪80年代社会动荡、种族问题、经济困难、艾滋病、毒品等问题，科克政府进行了积极应对，但是仍未能力挽狂澜。1986～1987年，大批市政官员被控告，或因各类腐败指控受到审讯。这些人中很多声称与市长关系密切，虽然最后没有任何蛛丝马迹表明这些丑闻与科克有关，但是科克政府因此信誉扫地（乔治·J. 兰克维奇，2005：295-298）。政府丑闻不断，信誉受损，大大地加剧了社会的动荡不安。

有学者认为，“在美国，城市犯罪的主要导火索就是毒品。‘瘾君子’为继续吸食毒品而盗抢，毒贩为继续贩毒而不停杀戮和致残他人，无论毒品问题是否可能因经济、社会、生物方面的单一原因或三者的共同驱使所致，最明白不过的是随处可见某些毒品的泛滥已经导致纽约数千市民的死亡、成千上万人群的堕落和众多社区的败落”（王瑞平，2009：133）。尽管把城市犯罪的主要原因归结于毒品的结论失之偏颇，因为城市犯罪的原因多样复杂，但毒品泛滥的危害性及其对社会的负面影响的确存在。

总之，20世纪80年代的纽约陷入社会治安恶化、社会混乱无序的状态。地铁站等公共场所到处是无家可归的流浪者、强行乞讨的乞丐、非法推销的小贩；墙壁上涂鸦、随地大小便现象随处可见，混乱状况不堪入目。纽约市路边停放的汽车经常贴着写有“车内无收音机”字样的字条，这近乎公开认可犯罪，向犯罪分子屈服。纽约市警察局局长布拉顿描述了他初次来纽约市目睹纽约市社会治安状况的场景。

> 1990年当我第一次从波士顿来到纽约市担任交通警察局局长时，从拉瓜迪亚机场的公路进入曼哈顿，涂鸦、被烧毁的汽车和垃圾到处都是，看起来像未来电影的场景。进入曼哈顿，遇到了纽约市“非官方问候”——“欢迎来纽约”，这家伙拿着一块肮脏的抹布来擦拭我的汽车，并问我要钱。行进到第五大道，没有营业执照的街头摊贩和乞丐随处可见。进入地铁如同进入但丁的“地狱”，那里每天有20万逃票者跳跃旋转式闸门，乞丐遍布各个车厢。每一个站台似乎就是一个由硬纸板组成的城市，很多无家可归的人在此居住。据估计，1990年有大约5000个无家可归的人住在纽约地铁站。这个城市已经失去控制。(Bratton et al.，1997：56)

事实上，纽约市留给布拉顿的第一印象是极其负面的、糟糕的，也是非常深刻的，以致他后来认为，如果不采取严格的治理措施，要想根治纽约市的市容面貌是绝无可能的。

二、纽约市犯罪案件数量飙升

失去社会控制的纽约，犯罪活动极为猖獗，各类刑事案件频繁发生。整个 20 世纪 80 年代，纽约市的犯罪案件数都处于历史高位。1981 年纽约市犯罪总数高达 725 846 例，达到了自 60 年代以来的最高水平。虽然从 1982 年到 1984 年，纽约犯罪案件数出现短暂的回落，从 688 567 例下降到 600 216 例，但是从 80 年代中期开始，纽约市犯罪案件数量再次激增，1988 年达到 718 483 例，4 年上升了 19.7%（表 1-3），其中，暴力犯罪和财产犯罪起伏情形与犯罪总数基本相同。例如，暴力犯罪从 1981 年的 156 946 例下降到 1984 年的 132 292 例，但是从 1985 年起连续 6 年呈上升趋势，到 1990 年达到 174 542 例，6 年增长了 31.9%，创历史新高。另外，财产犯罪数量 1980～1981 年略有上升，1981 年达到 568 900 例，此后连续 4 年下降，1985 年达到 80 年代最低点（466 315 例），此后连续 3 年呈上升趋势，1988 年达到 555 567 例。

总体上看，整个 20 世纪 80 年代都是纽约犯罪高发年代，而 1981 年和 1988 年、1989 年，又是 80 年代犯罪案件高峰年，犯罪总数和暴力犯罪数从 1988 年以后均处于高位，而财产犯罪数虽然波动不大，但也基本维持在 50 万例左右的高位。

表 1-3　1980～1990 年纽约市犯罪情况表　　（单位：例）

犯罪类型	1980 年	1981 年	1982 年	1983 年	1984 年	1985 年	1986 年	1987 年	1988 年	1989 年	1990 年
暴力犯罪	149 549	156 946	143 943	132 653	132 292	135 152	143 251	148 313	162 916	169 487	174 542
财产犯罪	560 602	568 900	544 624	490 224	467 924	466 315	491 948	508 192	555 567	542 932	535 680
合计	710 151	725 846	688 567	622 877	600 216	601 467	635 199	656 505	718 483	712 419	710 222

资料来源：根据美国联邦调查局 1981～1991 年的《统一犯罪报告》数据整理而来

纽约市各种犯罪活动不断上演，人们处于深深的恐惧和忧虑之中。这样的环境对人们的思想和行为都会产生很大的影响。一些受害者选择忍气吞声，这使得犯罪活动更加猖獗。但是，当人们奋起反抗时，同样也会滋生更多的刑事案件。

以纽约地铁为例，这里平均每天发生 38 起刑事案件。对此，大多数纽约市民心存恐惧却只能痛苦忍受，但有人却用枪做出了回击。

> 1984 年 12 月 22 日，身材瘦弱的白人工程师伯恩哈德·戈茨（Bernhard Goetz）在乘坐地铁途中遭遇 4 个非裔，其中一个非裔向戈茨要 5 美元花花，他站起来一边说“我一人给你们 5 美元”，一边掏出手枪射击。射击造成 4 人受伤，其中 1 人因被击中脊椎而瘫痪。戈茨射击后逃逸，在 13 天后向警方自首。
>
> 该案发生后，引发巨大的社会争议。戈茨被《纽约邮报》称为“地铁义警”，纽约市市长也夸他是义警，公众纷纷向警方打电话表示支持。美国有色人种促进会的负责人称向非裔青年开枪的戈茨为“三 K 党夜袭队员”，当时的里根总统则说：“人人擅自执法，那么文明会面临崩溃。”1985 年 1 月 25 日，由 23 人组成的大陪审团宣布戈茨无罪。随后，地区检察官向克兰法官申请，要求允许他向第二个大陪审团重新提交对戈茨的指控。1987 年 6 月 16 日，第二个大陪审团最终宣告戈茨无罪。（乔治·弗莱切，2007：101）

当社会不公事件缺乏公共机构的解决，个人安全得不到保障时，来自个人的复仇便满足了人们对秩序和公正的渴望。戈茨这种行为，究竟是正当防卫还是持枪杀人？在当时犯罪频发的纽约，人们究竟如何保护自身安全呢？这是 20 世纪 80 年代纽约市民经常要考虑的问题。

恶劣的社会治安状况和日益增加的犯罪活动，导致美国人处于普遍的心理焦虑之中，给社会工作和生活带来诸多的负面影响（林广，2012），尤其是纽约人。他们经常从电影、电视、报纸杂志等媒介上见到抢劫、凶杀、贩毒、强奸，以及红灯区、流浪汉等画面。的确，这就是 20 世纪 80 年代纽约的真实写照。因此，在 90 年代以前，纽约市一直有“犯罪之都”的称号。纽约市犯罪率居高不下，给城市形象带来了巨大的损害。

当时，纽约治安状况很糟糕，暴力事件层出不穷，人心惶惶。凡是到过纽约观光、居住的人士的经验是：出门时口袋里一定要记得装 10 美元或者 20 美元的现钞作为“保命钱”，说不定什么时候，一个陌生人凑上来，手里拿着一支手枪或一把刀子指着你，这时候你把钱拿出来给他就可能脱身，否则后果不堪设想。纽约市民有一句“自嘲”的话：“如果你没被抢过，不能算是纽约人。”

非裔示威游行、毒品泛滥、犯罪率急剧上升、警察腐败、政府丑闻不断、艾滋病流行等因素，使得纽约市的社会状况日益恶化，人身和财产安全得不到保障，结果导致纽约市一些中产阶级逃离这座城市，迁移到郊区或者其他城市。1990 年 9 月，《时代》周刊的民意调查表明，约有 59%的纽约人想搬离纽约（安德鲁·科兹曼，2004：4-7）。那些无家可归的流浪者充斥着纽约市的街头，贫困率高达 25%，纽约成为名副其实的“犯罪之都”。

事实上，2000 年以后，纽约也出现人口外流现象。从 2000 年到 2008 年，纽约市就有 150 万人搬离，数量之多，为全美之最。这种现象主要发生在纽约市区，多是中高产阶级搬走。

恐惧和不安像挥之不去的乌云笼罩在纽约上空，民族不同、肤色不同、热爱纽约的“纽约客”竞相逃离纽约。事实上，在 20 世纪 80 年代初以来，纽约人就一直生活在惴惴不安之中。据 1980 年的报纸刊载，纽约人为了预防不测，想方设法地采取各种方法自卫，以致纽约市畅销的是房顶天窗的塑料避弹防护装置。曼哈顿的一位妇女在付出 150 美元购置两套这样的装置后说：“我们不是惊慌失措，我们只要求安全。”谨慎小心也使纽约人的生活方式发生了微妙的变化。当时很多人夜间会乘出租汽车而不乘公共交通工具，而且穿着不那么时髦的服装。人们正在避免采取可能引起罪犯注意的表示富有的做法。另一位纽约人说：“我的丈夫有一块好表，当他知道要乘地铁时，他就不戴这块表。”（李洪海，1987：102）可见，纽约社会治安状况并没有随时间推移而有较大好转。

第二节　凤凰涅槃：20 世纪 90 年代纽约成为“安全城市”

20 世纪 80 年代到 90 年代初，纽约成为美国有名的“犯罪之都”。自 90 年代初以来，经过朱利亚尼市政府和以布拉顿为首的纽约市警察局长达 10 年的努力，纽约经过凤凰涅槃般的变化，最终在 2004 年成为美国最安全的大城市。

一、纽约市犯罪率下降的指标

从 20 世纪 80 年代末到 90 年代初，纽约市犯罪案件数量达到历史顶峰，以致新闻媒体把纽约市这个“大苹果”戏称为“烂苹果”。但是从 1991 年以后，纽约市各类犯罪案件数量和犯罪率一直呈下降趋势。这种趋势一直延续到 21 世纪初。2004 年，纽约市被评为美国十大最安全城市中犯罪率最低的城市。[①]

从表1-4中可以看出，与20世纪80年代相比，90年代纽约市犯罪情况明显好转。纽约市犯罪总数连续10年呈下降趋势，从1990年的710 222例下降到了2000年288 368例，11年下降了59.4%。其中，暴力犯罪总数从1990年的174 542例下降到2000年的75 745例，下降率为56.6%。1991～2000年连续10年呈下降趋势。这是从1965年有犯罪记录以来最长的连续下降，原纪录是1982～1984年连续3年下降。1990年暴力犯罪率是每10万人2382.6例，下降到2000年的每10万人945.2例，这是1980年以来最低的犯罪率（New York City Police Department，2014），历史上低于此值是1965～1967年。同时，报告显示，1990年纽约财产犯罪案件总数为535 680例，之后连续10年下降，到2000年为212 623例，11年间下降了60.3%。纽约财产犯罪率从1990年的每10万人7315.5例，下降到2000年的每10万人2655例。这是20世纪80～90年代财产犯罪连续下降最长的时间，2000年也是60年代以来财产犯罪案例数量最低的一年。

表1-4　1990～2000年纽约市犯罪情况表　　（单位：例）

犯罪类型	1990年	1991年	1992年	1993年	1994年	1995年	1996年	1997年	1998年	1999年	2000年
暴力犯罪	174 542	170 390	159 578	153 543	136 522	115 153	98 659	92 863	85 891	78 984	75 745
财产犯罪	535 680	508 465	466 604	446 803	393 598	329 605	283 896	263 030	237 259	220 539	212 623
合计	710 222	678 855	626 182	600 346	530 120	444 758	382 555	355 893	323 150	299 523	288 368

资料来源：根据美国联邦调查局1991～2001年的《统一犯罪报告》数据整理而来

首先，纽约市暴力犯罪数量大幅度减少。暴力犯罪历来都是美国社会难以解决的问题，对人们的生命安全造成极大的伤害，其中凶杀犯罪又是暴力犯罪中影响最大的一种。

1990～2000年，纽约市凶杀案从2245例下降到了673例，下降率达70%（表1-5）。有学者研究分析，从第二次世界大战后长时段和连续犯罪率方面看，认为到1990年为止，凶杀案数和发生率连续下降的时间是1982～1984年。但此项纪录在1990～1998年被打破，在此时间段里，凶杀案从

① 2004年美国十大犯罪率最低的城市，其他9个城市按照犯罪率从高到低依次为达拉斯、底特律、菲尼克斯城、圣安东尼奥、休斯敦、拉斯维加斯、费城、洛杉矶和圣迭戈。

2245 例下降到 633 例，自 1991 年起连续 8 年下降。如果从凶杀案发生率来看，则是 1991～2000 年连续 10 年下降，犯罪率从每 10 万人 30.7 例下降到每 10 万人 8.4 例（New York City Police Department，2001），创历史新低。这是 1980～2000 年 21 年中的最低纪录。

表 1-5　1990～2000 年纽约市暴力犯罪情况表　（单位：例）

犯罪类型	1990 年	1991 年	1992 年	1993 年	1994 年	1995 年	1996 年	1997 年	1998 年	1999 年	2000 年
凶杀	2 245	2 154	1 995	1 946	1 561	1 177	983	770	633	671	673
强奸	3 126	2 892	2 815	2 818	2 666	2 374	2 332	2 157	2 046	1 702	1 630
抢劫	100 280	98 512	91 239	86 001	72 540	59 280	49 670	44 707	39 359	36 100	32 562
重伤害	68 891	66 832	63 529	62 778	59 755	52 322	45 674	45 229	43 853	40 511	40 880
合计	174 542	170 390	159 578	153 543	136 522	115 153	98 659	92 863	85 891	78 984	75 745

资料来源：根据美国联邦调查局 1991～2001 年的《统一犯罪报告》数据整理而来

20 世纪 90 年代，除了 1993 年略有上涨外，其余年份纽约市强奸犯罪数量呈下降趋势。1990 年纽约强奸犯罪发生 3126 例，到 2000 年减少到了 1630 例，下降 47.9%。发案数连续呈下降趋势，创下犯罪人数和犯罪率双下降的纪录。原有纪录是 1975～1976 年连续 2 年、1986～1990 年连续 5 年下降。2000 年纽约市发生强奸案 1630 例，与 1971 年的水平比较接近。强奸犯罪率从 1990 年的每 10 万人 42.7 例下降到 2000 年的每 10 万人 20.4 例，10 年下降了 52.2%。

纽约市抢劫犯罪发案数在 20 世纪 90 年代初达到高峰。1990 年全市发生 100 280 例抢劫案件，是 1965 年以来纽约市发案数最高的年份，到 2000 年纽约市抢劫案件下降到了 32 562 例，11 年来下降 67.5%。1990～2000 年，抢劫数和抢劫犯罪率连续下降，打破了 1982～1984 年连续 3 年下降的纪录，2000 年成为自 1966 年（30 098 例）以来犯罪案例最低的年份。抢劫犯罪率也从 1990 年的每 10 万人 1369.5 例下降到 2000 年的每 10 万人 406.6 例。

纽约市重伤害犯罪在 1990 年创新高，达到 68 891 例，从 1991 年开始下降，到 2000 年下降到了 40 880 例，11 年内下降了 40.7%。1990～1999 年也是纽约市有犯罪记录以来破天荒地连续 10 年下降，创下了犯罪案例数连续下降的新纪录。纽约市重伤害犯罪率在 1981～1983 年有过短暂的下降。最近一次重伤害犯罪率低于 40 880 例是 1972 年。重伤害犯罪率从 1990 年的每 10 万人 940.8 例下降到 2000 年的每 10 万人 509.9 例，下降 45.8%。

其次，与暴力犯罪下降情形相类似，纽约市财产犯罪也呈下降趋势。据美国联邦调查局 1991～2001 年的《统一犯罪报告》，财产犯罪包括入室盗窃、盗窃和机动车盗窃。在财产犯罪中，入室盗窃案下降特别明显。1990 年纽约市发生入室盗窃 119 937 例，2000 年为 37 112 例，11 年间犯罪数量下降了 69.1%；入室盗窃的犯罪案例和犯罪率在 1991～2000 年连续 10 年下降，创下近 20 年盗窃案例连续下降的纪录（根据美国《统一犯罪报告》资料，入室盗窃连续下降的记录是 1981～1987 年连续 7 年下降）。1990 年纽约市入室盗窃案件为每 10 万人 1637.9 例，2000 年为每 10 万人 463.4 例，11 年间下降了 71.7%。这样的犯罪率为纽约市近 20 年来最低。

纽约市盗窃犯罪案例和犯罪率 1990～2000 年连续呈下降趋势（表 1-6）。历史上纪录分别是 1972～1973 年连续 2 年、1982～1984 年连续 3 年呈下降趋势。1990～2000 年，纽约市盗窃案件数从 268 620 例下降到了 139 664 例，案例数下降 48%。1990 年纽约市盗窃犯罪率为每 10 万人 3668.4 例，2000 年为每 10 万人 1744 例，11 年间犯罪率下降了 52.5%。低于此数的仅有 1965 年（每 10 万人 1402 例）和 1966 年（每 10 万人 1569 例）（Langan and Durose，2004）。

表 1-6　1990～2000 年纽约市财产犯罪情况表　（单位：例）

犯罪类型	1990 年	1991 年	1992 年	1993 年	1994 年	1995 年	1996 年	1997 年	1998 年	1999 年	2000 年
入室盗窃	119 937	112 015	103 476	99 207	88 370	73 889	61 270	54 099	46 185	40 469	37 112
盗窃	268 620	256 473	236 169	235 132	209 808	183 037	162 246	157 039	147 018	140 377	139 664
机动车盗窃	147 123	139 977	126 959	112 464	95 420	72 679	60 380	51 892	44 056	39 693	35 847
合计	535 680	508 465	466 604	446 803	393 598	329 605	283 896	263 030	237 259	220 539	212 623

资料来源：根据美国联邦调查局 1991～2001 年的《统一犯罪报告》数据整理而来

纽约市机动车盗窃案例数和犯罪率从 1990 年到 2000 年的 11 年间连续下降。1990 年纽约市机动车盗窃案共有 147 123 例，2000 年下降到 35 847 例，11 年间下降了 75.6%。1990 年纽约市机动车盗窃案发生率为每 10 万人 2000.2 例，2000 年为每 10 万人 447.6 例，11 年间下降了 77.6%，打破了 1982～1985 年连续 4 年下降的纪录。

二、纽约城市面貌及"安全城市"

自 1994 年 5 月以后，纽约市治安状况发生了改观，这主要得益于纽约市新任铁腕市长鲁迪·朱利亚尼。他在竞选市长时承诺，任职后将用"破窗理论"政策[①]，严厉打击违法犯罪活动。1994 年 1 月 1 日，朱利亚尼战胜了丁金斯，成为纽约市第 107 任市长。朱利亚尼上任后不久，便力排众议任命以"革新"著称的布拉顿担任纽约市警察局局长。布拉顿针对地铁站等公共场所犯罪猖獗、混乱不堪的局面，采取了一系列改革和战略变革，且卓有成效。到 2004 年，纽约一举扔掉了戴了多年的"犯罪之都""凶杀之都"的帽子，登上"全美安全城市"的宝座。

（一）街道恢复平静

从 1994 年以后，纽约市社会治安大为好转，各类刑事犯罪率均有所下降，街道整洁，秩序井然。90 年代初期曼哈顿米德尔敦的第九大道一直是贩毒分子出没的地方，到 21 世纪初街道两旁的意大利、希腊、阿富汗等国漂亮的民族饮食店鳞次栉比，即使到深夜也不乏女士们购物的身影。被称为时代广场的市中心地区一度龌龊不堪，到 21 世纪初这里没有了色情剧院、性工作者、游民和毒品贩子，取而代之的是购物区、商店和各种服务机构。步行上班的纽约客，不再尴尬地碰见路旁有人随地便溺；搭乘地铁时，不必再穿梭于满是涂鸦的车厢，地铁座位上也不再被无家可归的游民横卧霸占；沿途不再出现不断兜售地方小报的小贩；走在无人的街头，纽约客无须再对自身安危惶恐不安；停放路边的车辆窗户上，也不再贴有消极抵御偷车贼的"无收音机"的标语；公园的人们也不再谈论上周什么人惨遭勒毙的话题；色情商店从街头巷尾彻底销声匿迹；毒贩也不再出没于儿童公园贩售毒品。

到 20 世纪 90 年代末，即使与美国一些中小城市相比，纽约市的安全状况也十分令人满意。根据美国联邦调查局 1998 年发表的《统一犯罪报告》，在美国 217 个 10 万人以上的城市中，纽约市的犯罪率居第 166 位。这比安全形象颇佳的圣迭戈等城市的犯罪率还要低。1999 年，朱利亚尼在其第二任市长就职仪式后举行的记者招待会上不无得意地说："我可以自豪地告诉大家，今天，纽约市是美国最安全的城市之一。"（高英东，1999）

---

① 1982 年，乔治·凯林与詹姆斯·威尔逊在《大西洋月刊》上发表了《破窗：警察与社区安全》（"Broken Windows：The Police and Neighborhood Safety"）一文，专门探讨纽约市等大城市警务策略失败的原因，指出应该注重对轻微犯罪的打击。

（二）城市犯罪率显著下降

根据美国联邦调查局 1991～2003 年《统一犯罪报告》的数据，纽约市犯罪率从 20 世纪 90 年代初出现短暂高峰后开始逐年下降，到 2000 年纽约市总犯罪率下降了 59.4%，财产犯罪率下降了 60.3%，暴力犯罪率下降了 56.6%。财产犯罪类型主要包括入室盗窃、盗窃、机动车盗窃，其犯罪率分别下降了 69.1%、48%、75.6%；暴力犯罪主要包括凶杀、强奸、抢劫和重伤害，其犯罪率分别下降了 70%、47.9%、67.5%、40.7%。事实上，从 1990 年以后，纽约市犯罪人数一直呈下降趋势（图 1-1）。

当然，从全国范围看，20 世纪 90 年代美国犯罪率总体呈现下降趋势，七大重罪（凶杀、强奸、抢劫、重伤害、入室盗窃、盗窃、机动车盗窃）的犯罪率均出现了不同程度的下降，其中凶杀和抢劫犯罪率下降幅度较大。与全国相比，纽约市的犯罪率下降幅度更大。1993～1997 年，全国总犯罪率下降了 8%，而纽约市总犯罪率下降了 41%。其中七大重罪的犯罪率变化情况显示，纽约市均比全国犯罪率下降幅度大，甚至是全国的好几倍。

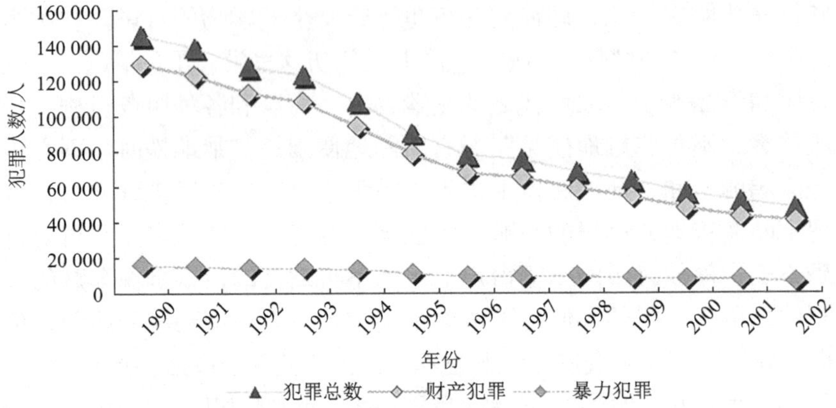

图 1-1 1990～2002 年纽约市犯罪人数变化

资料来源：根据美国联邦调查局 1990～2002 年《统一犯罪报告》的数据绘制

20 世纪 90 年代，无论是美国的大城市还是中小城市，无论是犯罪高发城市还是较安全的城市的犯罪率都出现了下降，但是纽约市犯罪率的下降幅度尤为惊人，在人口超过 100 万的大城市中，纽约市的犯罪率下降幅度最大。如表 1-7 所示，2000 年，在人口超过 100 万的大城市中，纽约市的犯罪率最低，除了圣迭戈的犯罪率（每 10 万人案件数）与纽约市犯罪率接近之外，其他城市犯罪率明显比纽约市高出很多。

表 1-7　2000 年美国十大城市犯罪率（每 10 万人案件数）

城市	人口/人	每 10 万人案件数/例	暴力犯罪/例	财产犯罪/例
纽约	8 008 278	3 600.2	945.2	2 655.0
洛杉矶	3 694 820	4 886.3	1 359.8	3 526.5
芝加哥	2 896 016	6 756.0	1 456	5 300.0
休斯敦	1 953 631	6 741.9	1 100.1	5 641.8
费城	1 517 550	6 457.8	1 503.2	4 954.6
菲尼克斯城	1 321 045	7 380.4	738.4	6 642.0
圣迭戈	1 223 400	3 789.4	585.3	3 204.1
达拉斯	1 188 580	8 837.7	1 349.7	7 488.6
圣安东尼奥	1 144 646	7 272.3	690.9	6 851.4
底特律	951 270	9 004.1	2 018.1	6 986.0

注：本表根据相关资料绘制。各城市人口数据来源于中国社会科学院美国研究所（2002：101-111），犯罪数据来源于纽约市市长工作报告（Giuliani et al.，2001：13）。2000 年伊利诺伊州和密歇根州的犯罪数据没有上网，因此芝加哥、底特律用的是 2003 年的犯罪数据，其中芝加哥犯罪率是根据统计数据的柱状图估算而定的，网址为 https://www.infoplease.com/us/crime/total-2000、https://www.city-data.com/crime/crime-Chicago-Illinois.html、https://www.macrotrends.net/cities/us/mi/detroit/crime-rate-statistics[2022-06-11]

随着犯罪率的不断下降，纽约市的治安状况明显好转，到 20 世纪 90 年代末，纽约市彻底改变了“犯罪之都”的形象，开始跻身安全城市行列。纽约市的安全程度超过了很多大城市，甚至一些人口较少的中小城市的安全程度也远远不如纽约市。2005 年，摩根昆托出版机构根据城市和州的教育、健康和犯罪等各种指标，评选出 2004 年人口 50 万人及以上的十大最安全的城市，纽约市位列其中（Morgan Quitno Press，2005），其中只有纽约、圣迭戈、圣安东尼奥的人口超过 100 万（表 1-8）。

表 1-8　2004 年美国最安全十大城市排名（50 万人及以上的城市）

排名	城市
1	圣何塞（San Jose）
2	埃尔帕索城（EI Paso）
3	火奴鲁鲁（Honolulu）
4	纽约（New York）
5	奥斯汀（Austin）
6	圣迭戈（San Diego）

续表

排名	城市
7	路易斯维尔（Louisville）
8	圣安东尼奥（San Antonio）
9	沃思堡（Fort Worth）
10	杰克逊维尔（Jacksonville）

资料来源：Morgan Quitno Press（2005）

从第二次世界大战后长时段看，纽约市自 20 世纪 60 年代以来犯罪率持续上升，到 80 年代末 90 年代初，犯罪率达到了 30 年来的最高水平，但是从 1991 年开始，纽约市经历了一个巨大的转折，各类犯罪率急剧下降。2000 年，在人口超过 100 万的大城市中犯罪率最低。2005 年，纽约市在美国 100 万人口以上的大城市中是最安全的城市。

第三节　20 世纪 80～90 年代纽约市犯罪情况变化特点

20 世纪 80～90 年代的 20 年里，纽约市犯罪率经历了总体上从急剧上升到迅速下降的过程。尽管导致这种起伏的因素是多元的，但是仍呈现一些明显的特点。

一、纽约市犯罪起伏呈现完整的“峰谷”

如前所述，20 世纪 80～90 年代，纽约犯罪状况从恶化到好转，犯罪案件数量和犯罪率经历了 80 年代的先下降后上升到 90 年代的明显下降的过程。纽约市犯罪呈现出由高到低的波峰的特征。具体来说，纽约市犯罪总数由 1980 年的 710 151 例，回落到 1984 年的 600 216 例，但是从 80 年代中期开始连续多年上升，1988 年达到 718 483 例，形成历史高峰。然后，纽约市犯罪总数连续 12 年下降，2000 年为 288 368 例，为 80 年代以来的最低位。与犯罪总数起伏情形相似，暴力犯罪数从 1981 年的 156 946 例回落到 1984 年的 132 292 例，从 1985 年起连续 6 年呈上升趋势，到 1990 年达到 174 542 例，达到历史高峰（表 1-3）。从 1991 年开始，纽约市暴力犯罪数连续 10 年下降，2000 年达到历史新低。另外，财产犯罪数从 1981 年的 568 900 例，回落到 1985 年的 466 315 例，此后连续 3 年上升，1988 年达到 555 567 例，达到相对高位。此后，纽约市财产犯罪数持续下降，2000 年为 212 623 例，创造自 1981 年以来近 20 年的新低（表 1-4）。

另外，纽约市犯罪率的变化趋势也显示这种起伏现象。根据 1980～2002 年的《美国统一犯罪报告》，1979 年纽约市每千人总犯罪率为 87.36%，1982 年为 97.3%，1985 年为 83.72%，1988 年为 97.80%，1991 年为 92.36%，1994 年为 72.26%，1997 年为 48.62%，2000 年为 37.23%，2002 年为 31.00%；1979 年纽约市每千人暴力犯罪率为 20.42%，1982 年为 20.28%，1985 年为 18.81%，1988 年为 22.16%，1991 年为 23.18%，1994 年为 18.61%，1997 年为 12.69%，2000 年为 9.78%，2002 年为 7.90%；1979 年纽约市财产犯罪率为 68.74%，1982 年为 76.74%，1985 年为 64.91%，1988 年为 75.62%，1991 年为 69.18%，1994 年为 53.65%，1997 年为 35.93%，2000 年为 27.45%，2002 年为 23.10%。上述数字表明，从 20 世纪 80 年代中期开始犯罪率持续上升，到 80 年代末 90 年代初形成波峰，然后逐年下降，形成了一个完整的“峰谷”（图 1-2）。研究这种起伏变化及其原因是本书的重要内容。

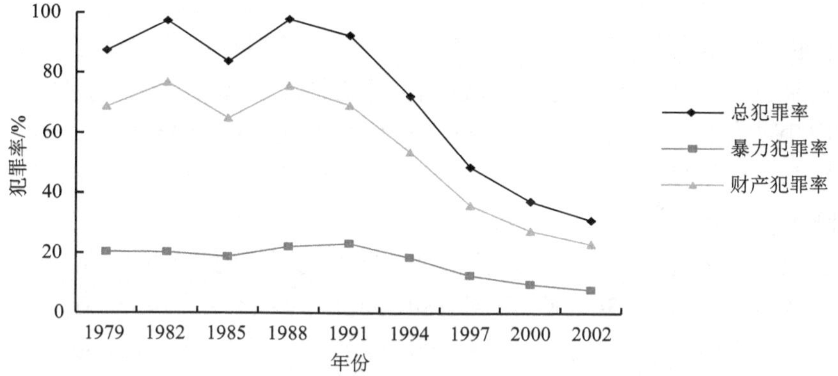

图 1-2　纽约市犯罪率变化趋势图（1979～2002 年）

资料来源：根据 1980～2003 年的《美国统一犯罪报告》资料绘制

二、纽约市暴力犯罪与财产犯罪率变化同步

20 世纪 80～90 年代，纽约市无论暴力犯罪还是财产犯罪都呈现同步增长和下降的现象。在纽约市总犯罪案件数量里，暴力犯罪所占比例相对较小，而财产犯罪所占比例相对较大（表 1-9）。但是从 1990 年每 10 万人犯罪案件数来看，纽约市暴力犯罪数为 2383.6 例，仅占总数的 24.6%；而财产犯罪数为 7315.5 例，占犯罪总数的 75.4%。到了 2000 年，纽约市每 10 万人暴力犯罪数为 945.2 例，占犯罪总数的 26.3%；每 10 万人财产犯罪数为 2655.0 例，占犯罪总数的 73.7%。可以看出，纽约市暴力犯罪与财产犯罪变化幅度不大。

同样，纽约市每 10 万人犯罪总数从 1990 年的 9699.1 例，下降到 2000 年的 3600.2 例，下降率为 62.9%。其中，纽约市每 10 万人的暴力犯罪数从 2383.6 例下降到 945.2 例，下降率为 60.3%；而每 10 万人的财产犯罪数从 7315.5 例下降到 2655.0 例，下降率为 63.7%。通过比较发现，纽约市暴力犯罪率和财产犯罪率下降变化呈同步趋势。

表 1-9　1990～2000 年纽约市犯罪数（每 10 万人）　（单位：例）

犯罪类型	1990 年	1991 年	1992 年	1993 年	1994 年	1995 年	1996 年	1997 年	1998 年	1999 年	2000 年
暴力犯罪	2383.6	2318.2	2163.7	2089.8	1860.9	1557.8	1344.2	1268.4	1167.4	1062.6	945.2
财产犯罪	7315.5	6917.9	6326.8	6081.2	5365.1	4474.4	3868.0	3593.1	3224.6	2968.4	2655.0
合计	9699.1	9236.1	8490.5	8171.0	7226.0	6032.2	5212.2	4861.5	4392.0	4031.0	3600.2

资料来源：根据美国联邦调查局 1991～2001 年的《统一犯罪报告》数据整理而来

根据美国联邦调查局 1991～2001 年《统一犯罪报告》的数据，无论是暴力犯罪还是财产犯罪，纽约市犯罪率都呈明显的起伏状态，先是 20 世纪 80 年代基本保持上升趋势，到 1990 年前后达到顶峰；90 年代初以后到 2000 年，犯罪率逐年显著下降。纽约市犯罪率下降趋势与美国许多大城市的犯罪率下降趋势呈同步状态。例如，从 1990 年到 2000 年，美国最大的几个城市犯罪总数下降情况为：菲尼克斯城从 105 779 例下降到 97 498 例，下降率为 7.8%；洛杉矶从 321 536 例下降到 180 538 例，下降率为 43.9%；圣迭戈从 101 564 例下降到 46 359 例，下降率为 54.4%；休斯敦从 184 869 例下降到 131 711 例，下降率为 28.8%；圣安东尼奥从 116 774 例下降到 85 522 例，下降率为 26.8%；达拉斯从 156 267 例下降到 105 050 例，下降率为 32.8%；费城从 114 032 例下降到 98 000 例，下降率为 14.1%。这些大城市犯罪数量都有下降，最小下降率为 7.8%，最高为 54.4%。但是，纽约犯罪总数从 710 222 例下降到 288 368 例，下降了 59.4%。

另外，纽约市犯罪率变化趋势与美国全国犯罪率变化趋势是同步的。与 1990 年相比，美国（除纽约市以外的其他地方）犯罪率也呈下降趋势，但是纽约市犯罪率下降幅度远远超过了美国总体水平。例如，从 1990 年到 2000 年（表 1-10），美国凶杀案犯罪率下降了 38%，而纽约市凶杀案犯罪率下降了 73%，两者相差 35 个百分点。另外，纽约市抢劫、入室盗窃、盗窃和机动车盗窃犯罪率下降幅度也很大，与美国（除纽约市以外的其他地方）比均超过

30 个百分点。纽约市不仅是美国最大的城市，也是美国城市犯罪率起伏表现最为明显的城市。纽约犯罪率变化特点在某种意义上代表美国犯罪率变化情况，研究纽约市犯罪率变化特点对美国及其他大城市治理犯罪都有借鉴意义。

表 1-10　1990～2000 年纽约市与美国全国犯罪率降幅比较　　（%）

区域	凶杀	强奸	抢劫	重伤害	入室盗窃	盗窃	机动车盗窃
纽约	73	52	70	46	72	52	78
美国	38	32	38	22	40	21	33

资料来源：Zimring（2007：13）

三、纽约市犯罪率起伏与经济状况负相关

通常来说，社会经济发展与社会治安环境有着密切的联系，经济是社会治安好坏的“晴雨表”。美国经历了 20 世纪 80 年代短暂的经济复苏又进入经济危机，直到 90 年代初才摆脱了石油价格上涨带来的短期周期性危机，从 1983 年到 1992 年左右实际 GDP 保持在 3%以上（Robbins and Moylan，2007）。自 90 年代后出现了低失业、低膨胀下连续多年稳定经济增长，即“双低一高”（低通货膨胀率、低失业率、高经济增长率）的发展态势，特别是 1991 年 4 月以后，1999 年达到 4.6%。在经济增长的同时，失业率从 1991 年的 6.8%下降到 2000 年的 4.0%（Strawser et al.，2002：124）。同期，政府财政赤字也由 1992 年的近 2904 亿美元的高位回落到 1998 年首次财政盈余 692 亿美元，到 1999 年达到 1244 亿美元的财政盈余（The Council of Economic Advisers，2000：397）。美国经济进入了一个较长的所谓的“增长期”。

作为美国的金融中心城市，纽约市也深受经济波动的影响。有资料表明，20 世纪 80 年代纽约经济状况恶化，工资多年不涨，反而持续削减。纽约市犯罪率大幅度升高，尤其是财产犯罪，如入室盗窃、盗窃和机动车盗窃案件数量都有较大幅度的上升，这可能与经济有关。到了 90 年代以后，在全国经济发展向好的形势下，纽约市经济形势也有好转。从失业率方面看，由于短暂的经济危机，从 1990 年到 1992 年，纽约市失业率从 6.8%上升到 11.1%，然后开始下降，到 2000 年降到 5.8%（表 1-11）。尽管 1995～1997 年还出现回升，但总体趋势还是下降的。

表 1-11　1990～2000 年纽约市失业率　　（%）

项目	1990 年	1991 年	1992 年	1993 年	1994 年	1995 年	1996 年	1997 年	1998 年	1999 年	2000 年
失业率	6.8	8.8	11.1	10.4	8.8	8.2	8.8	9.3	7.9	6.8	5.8

资料来源：New York State Department of Labor（2022）

据美国劳工部劳工统计局报告，20 世纪 90 年代经济状况好转后，在经历了 80 年代最低工资的持续削减之后，在 1990 年和 1991 年分别有两次名义上工资上调，另有两次上调则分别是 1996 年和 1997 年。总体而言，90 年代的实际最低工资保持着相对稳定的水平，同时纽约市犯罪率也显著下降。所以 1997 年以后，失业率也有明显下降。从 70 年代到 90 年代前，纽约失业率均维持在 2 位数，90 年代以后失业率有所下降（Corman and Mocan，2005：235-266）。这些情况与纽约市犯罪率起伏关联性很强。

从 1980 年到 2000 年的 20 年时间里，纽约市犯罪率从上升到波峰再下降，形成了一个比较完整的过程，我们暂且叫它“纽约波”。这个波的形成和平息有其复杂的社会、经济、历史原因。一方面，我们要分清主要原因和次要原因，这样有利于在有限的资源情况下，最大限度地维护社会治安和打击犯罪。但是，无论如何，纽约市犯罪率下降、社会治安好转的情况，都是纽约社会多方面因素共同推动、共同用力的结果。另一方面，无论是社会因素、经济因素，还是人口因素、心理因素和文化因素等，它们都是在特定的历史背景和历史场所发生的历史事件，离不开美国社会历史发展的大背景。同时，纽约市犯罪情况呈现的若干特点，为研究纽约市犯罪原因拓展了广阔的空间。

第二章

20 世纪 80 年代 纽约市治理犯罪的尝试

20 世纪 70 年代中期以后，美国深受“滞胀”危机的影响，社会动荡不安，治安环境恶化；到 80 年代末 90 年代初，美国社会治安形势仍未摆脱困境。在这样的大背景下，作为美国最大的城市，纽约市形势更加严峻，公共秩序混乱，社会治安恶化，犯罪率持续攀升。纽约市的暴力犯罪案件数量由 1970 年的 108 615 例上升到 1980 年的 149 549 例，11 年间增加了 37.7%。财产犯罪案件数量由 1970 年的 469 534 例上升到 1980 年的 560 602 例，增加了 19.4%。犯罪总数由 1970 年的 578 149 例上升到 1980 年的 710 151 例，增加了 22.8%（FBI，2004）。里根政府实行“里根经济学”以后，经济形势出现了短暂的复苏，但是纽约市犯罪形势持续恶化，暴力犯罪案件从 1980 年的 149 549 例上升到 1990 年的 174 542 例，暴力犯罪总数在经历了短暂的下降之后又在 1988 年达到了历史新高；毒品开始在纽约严重泛滥，1980～1986 年，毒品犯罪从 13 135 例上升到 58 577 例，在缉毒中扣押的赃款数额从 86.4 万美元增加到 290 万美元，在缉毒中收缴的枪械数目从 353 支增长到 695 支（王瑞平，2009：135）。

社会治安恶化，犯罪活动猖獗，纽约人处于恐惧和不安之中。面对危局，纽约市历届政府，从 20 世纪 70 年代中期升任市长的亚伯拉罕·D. 比姆，到 80 年代的爱德华·科克[①]，再到 90 年代初的戴维·丁金斯，为了治理城市犯罪，维护良好的社会秩序，使出浑身解数，想方设法，采取多种政策和措施，试图发展经济，提高市民生活质量，打击日益猖獗的犯罪活动。他们到底采取了哪些措施和方法？它们的效果如何？这些都是值得探讨和研究的问题。

① 亚伯拉罕·D. 比姆（Abraham D. Beame），1974～1977 年担任纽约市市长，也是纽约市首位犹太裔市长。爱德华·科克（Edward Koch，1924～2013），1978～1989 年担任纽约市市长。

第一节 “定点严打行动”与毒品犯罪的治理

纽约市毒品发展迅速，毒品问题困扰着这座城市。从20世纪60年代到1973年的“海洛因注射时代”，又经历了1973～1989年的“可卡因/快克时代”，最后到90年代的“大麻时代”。有的学者认为“滥用毒品与毒品买卖”与枪支泛滥一样，成为加剧美国城市社会生活恐惧感的因素（Chudacoff et al.，1988）。本节主要研究70～80年代纽约毒品犯罪的原因、危害，同时探讨面对毒品泛滥、犯罪率上升的严峻形势，纽约市政府和警察局通过哪些专项行动和应急措施，遏制和治理毒品犯罪。

一、20世纪70～80年代毒品犯罪及其危害

毒品问题是美国社会最严重的社会问题之一，长期困扰着美国政府和城市管理部门。为什么毒品犯罪猖獗？用美国波士顿学院社会学专家查尔斯·德伯（Charles Derber）教授的话说，这是美国的社会因素造成的。“新的美国梦在膨胀，全国性的暴力和贪婪危机在蔓延，因此日益加深的不平等现象等社会问题正威胁着社会结构本身的存在。”（查尔斯·德伯，2005：55）这种不断滋长的个体主义为反社会的思想提供了温床。正是在这张温床上，自20世纪60年代以来，美国毒品问题逐渐从小到大，从隐蔽到公开。

1968年，许多年轻人特别是15～25岁的年轻人频繁吸食海洛因，典型的吸食者平均每天注射两次。1970年以后，美国毒品买卖更加普遍化，酒吧开始被视为危险场所，被勒令关闭，这些“瘾君子”中有1/4的人涉嫌抢劫（Blumstein and Wallman，2000）。理查德·尼克松总统便发起了反毒品战争，但收效甚微。到了80年代，美国毒品上瘾人数急剧增加。同时，在毒品蔓延的地区，犯罪率和监禁率也在不断飙升。1981年，罗纳德·里根总统发誓要严厉打击滥用毒品的犯罪活动。1986年，里根签署《反毒品滥用法案》（Anti-Drug Abuse Act），规定要拨款17亿美元用于打击毒品犯罪，并且对特定毒品犯罪逐渐加重处罚。尽管如此，由于经济危机的影响，美国的毒品危害依然很大。据统计，80年代每年因毒品犯罪被监禁的人数多达5万人（Mieczkowski，1996：349-414）。

纽约毒品犯罪历来就非常严重。20世纪80年代，纽约市制造业衰落严重，大量工厂停产关闭，中产阶级大量迁移到郊区，致使纽约市中心衰落，加之街头执法力量的缺乏，非法毒品市场非常繁荣。纽约市在第八大

道、第 116 街的哈莱姆有一个众所周知的毒品市场，这个市场存在了 25 年之久。实际上，纽约市很多公园和街道都成了开放的毒品市场。同时，纽约市毒品种类也呈多元化趋势，出现了加热吸食精炼可卡因，以产生更加强烈的刺激。1984 年左右，一些贩毒团伙用苏打、杀虫剂或动物镇静剂与可卡因混合焙制强效可卡因（crack cocaine），这种价格低廉的可卡因很快就在纽约市及美国的其他许多城市流行，并导致了大批的强效可卡因“瘾君子”产生。

毒品对人们尤其是年轻人的价值观和生活方式都产生了负面影响。美国人类学家菲利普·布尔古瓦（Philippe Bourgois）曾在纽约市东哈莱姆区的廉价公寓里住了 5 年。他常在可卡因买卖场所、毒品交易街角观察毒品贩子和吸毒者的交易活动，并和他们交流，以便弄清楚他们的内心世界以及他们的真正动机。他得出的结论是，无论何人，从事毒品交易，目的都是赚钱。美国学者查尔斯·德伯列举的一个非典型案例，也能说明当时的社会现象：朱利欧一开始是送报纸的，干这行没有什么前途可言。每当他犯毒瘾的时候，他就意识到需要马上找一份好工作。但他与其他毒品贩子一样，厌倦了低收入职业，总希望一夜暴富，期望能得到一份薪水高且体面的工作。他在地下毒品交易中实现了自己的梦想（查尔斯·德伯，2005：120-124）。事实上，在美国有很多像朱利欧这样的贩毒者，在小心翼翼地仿效着这一时代里“向社会上层攀爬的榜样”，从乞丐变成富豪，实现各自不同的“美国梦”。即使面对政府的禁毒政策和打击时，毒贩们为了实现自己轻易赚钱的梦想，也愿意铤而走险。

这种体面、奢华的上流社会生活是人们所期望的，尤其受到许多年轻人的推崇和追求，但是要实现这样的梦想是困难的。怎样才能把梦想变成现实呢？对许多年轻人来说，毒品交易是一项暴利行为，在社会混乱、经济危机、就业不充分的年代，这是一条实现“美国梦”的捷径。毒品可以使人从痛苦中短暂地解脱出来，美国各阶层都有人对其趋之若鹜。事实上，他们也知道毒品交易是违法犯罪行为，但是在巨大的利益面前，许多人还是抱着侥幸心理，铤而走险，走上了犯罪道路。

20 世纪 80 年代中期，纽约市政府加大了对毒品销售的打击力度，销售毒品成为重罪。1988 年，美国在对 1986 年版《反毒品滥用法案》修改的基础上，颁布了新的《反毒品滥用法案》，这是美国国会通过的、向“毒品宣战”的重要法律，其目标是成立全国毒品控制政策办公室，达到在全美范围内禁毒的目的（Perl，1988）。该法案规定销售强效可卡因比销售可卡因判刑还要重。但是，警察的打击似乎没有取得很明显的效果，强效可卡因的销售依然非常活跃，直到90年代初以后这种情况才有所改变。

毒品与犯罪存在着千丝万缕的关系。尽管学界对此有着不同的看法，但是人们通常认为毒品活动的增加或减少与犯罪率高低有关联。原因有三方面：首先，因为毒品是一种强效兴奋剂，可以刺激吸食者的神经，所以毒品在药理学上能够导致吸毒者暴力攻击他人；其次，吸毒者为了支付高昂的毒资，会通过犯罪来获取金钱，从而导致在经济方面的犯罪；最后，毒品销售者之间存在着竞争，为了获取更多的利润，他们不可避免地为了争夺地盘而斗争，从而消除异己，这些又会导致不同程度的暴力犯罪行为的发生。吸食可卡因上瘾者和犯罪行为有着密切的关系。检测被逮捕者毒品使用情况的《毒品使用预测报告》（The Drug Use Forecasting Program）表明，20世纪80年代末美国吸毒犯罪处于历史最高水平（Silverman，1999：12）。然而，美国司法研究所（The National Institute of Justice）在对8个城市（不包括纽约市）从1985年到1994年的杀人案件研究中，没有发现杀人犯罪率和毒品使用之间的关联（Riley et al.，1997）。但是，据统计，1965～1971年，随着海洛因等毒品吸食者的增多，总犯罪增加了150%以上，暴力犯罪增加了360%以上，财产犯罪增加超过了130%（FBI，1971）。

毒品在纽约市的泛滥加剧了犯罪的发生。美国联邦部门的研究表明，吸毒者犯罪概率为不吸毒者的4～6倍，而且很多都是暴力犯罪。为了维持毒品吸食，他们不得不通过非法手段来获取金钱，抢劫、入室盗窃等犯罪案件频发；毒品团伙之间为了争夺地盘和生意进行的各种暴力争斗也时有发生，暴力犯罪和涉枪犯罪激增。据统计，从1980年到1986年，毒品犯罪报案数增长超过3倍，从13 135宗上升到58 577宗；在缉毒中扣押的赃款增长超过2倍，从86.4万美元上升到290万美元；收缴的枪支从353支上升到695支。1986年对关押在纽约曼哈顿中心拘留所的男性犯人进行的毒品测试结果表明，对可卡因反应呈阳性的人员的百分比从1984年的42%上升到1986年的83%，翻了近一番（王瑞平，2009：134-135）。在纽约市，与毒品有关的犯罪占各种犯罪总和的1/4以上，在暴力犯罪中，有将近30%的案件与毒品有关。布鲁克林北部10个辖区是纽约市毒品走私最猖獗的地区，其暴力犯罪占纽约市暴力犯罪总数的20%以上。布朗克斯两个毒品问题严重的辖区的暴力犯罪也占该区暴力犯罪总数的23%以上。显而易见，毒品与犯罪之间存在着一定的正相关，毒品是暴力犯罪的一大驱动力。

美国学者在对20世纪80年代毒品与社会危害进行研究时写道："20世纪80年代中期，可卡因的泛滥给市中心带来了严重的后果。由于极易上瘾，纯可卡因成了致富的源泉，吸引着青年人和他们的同伙从事这项交易，并在涉及巨额金钱的问题上引起了激烈的冲突。金钱和竞争促使交易者获取枪支，这些威力巨大的枪支被不加区别地滥用。毒品的泛滥也导致了艾滋病的横行。受害者通过交叉使用被感染者的针管和通过性行为接触感染体液被传染，艾滋病成为公共健康的忧患。”（Chudacoff et al.，1988：45）由此可见，毒品犯罪对城市社会产生负面影响不是某一方面的，而是多元的、复杂的。

二、“定点严打行动”及其效果

据美国联邦政府提供的统计数字，20 世纪 80 年代至 90 年代初，美国的吸毒者人数已稳定在每年 4000 万人左右，每年至少使用一种毒品的人数占总人口的 1/6 以上。1987 年的调查结果显示，在 45 岁以下的人当中，有一半以上的人至少使用过一次毒品（高英东，1998）。80 年代中后期，毒品贩卖者活跃在纽约内城的每一条街道上，甚至在许多中产阶级和郊区中都有出现。纽约内城的一些街道甚至变成了快克市场，有 100 多个快克贩卖者和更多的买家同时出现在这条街道上，一些市场甚至有人一天工作 24 小时（Blumstein and Wallman，2000：179）。为了争夺毒资、抢占地盘，火并事件开始频繁发生，枪支也在这些人中间泛滥使用。结果与毒品相关的暴力犯罪占了 80 年代后期暴力犯罪的很大一部分。毒品贩卖的急剧扩张引起了公众和政府对快克以及其他毒品反应措施的极大变化。

为了打击毒品犯罪活动，美国从中央到地方实施了一系列控制毒品买卖的行动。早在美国政府通过《反毒品滥用法案》之前，纽约市就已采取措施打击毒品销售等犯罪活动。

1984 年，纽约市市长科克发动了“定点严打行动”，旨在对付日益猖獗的毒品交易，尤其是海洛因交易。在最初的 4 个星期里，拘捕了 1780 名嫌疑犯。纽约市警察局一方面采取直接打击的行动；另一方面鼓励社区居民举报毒品交易活动，充当社区守望者，参与“定点严打行动”。此外，联邦、纽约州和纽约市其他市政部门积极参与联合行动（王瑞平，2009：135）。纽约市警察局此项“定点严打行动”集中在曼哈顿的下东区，目标是日益猖獗的毒品犯罪。纽约市下东区（Lower East Side），位于东村以南、金融区以北。它的范围为富尔顿街（Fulton St.）以北、休斯敦街（Houston St.）以南、百老汇街（Broadway）以西以及东河（East River）以东（Jackson，1995：696）。下东区是纽约市最早有移民和工人居住的区域，因此这里也就成了曼哈顿最多样化且最具包容性的街区。不同族群的家庭和新移民被接纳且定居于此。20 世纪中期，下东区才逐渐开始实现中产阶级化，成为无数高档精品店和时尚餐饮酒吧的聚集地，也吸引了大量时尚潮客和年轻名流移居于此。

据 1984 年 2 月 2 日《村民报》（*Villager*）头版新闻报道，警方在曼哈顿东村开展一场打击毒品的“定点严打行动”，实行武装占领，对下东区进行全面控制。1 月 19 日，“定点严打行动”从 A 大道和 D 大道之间的衰败街区开始，那里的毒贩和果园街附近卖服装的人一样多。警察在那儿一天就逮捕了 100 个毒品贩子，包括 32 名重犯。近 200 名警察占领那条街道的每一个角落。警察局局长本杰明·沃德（Benjamin Ward）在“定点严打行动”中说：“我们的目的就是要把街道恢复成社区。”科克市长亲临现场时说：“我们采取一切必要的措施。”（O’Donoghue，1984）

在纽约市市长和纽约市警察局局长的亲自参与和努力下，“定点严打行动”取得了一些明显成效。到 1985 年中期，“定点严打行动”已经基本遏制住了下东区的海洛因和可卡因市场，也减少了第八大道和第 116 街的哈莱姆海洛因市场上的毒品交易。同时，这一地区抢劫案和入室盗窃案数量大幅下降，抢劫案与“定点严打行动”前相比减少了 7/8。当然也有学者认为，曼哈顿区的“定点严打行动”在遏制盗窃和杀人犯罪方面起到了明显的作用，但对打击哈莱姆区的毒品交易和犯罪活动作用不太明显（Kleiman，1988）。

为了更好地打击毒品犯罪，纽约市警察局成立了专业缉毒队。1988 年，他们在皇后区开展了专项行动。他们安排警察在一些热点地区采取“钓鱼”策略，假扮毒品买方或卖方与毒贩们接触，以便伺机逮捕毒贩；同时在比较衰败的街区加派警察巡逻，从心理和气势上威慑毒贩；鼓励当地社区居民积极参与警方的行动，充当警方的线人，向警方提供毒贩的活动情况。到 1989 年底，缉毒专业队行动普及全市，警员人数从 1980 年的 421 人增加到 1989 年的 1721 人；纽约市警察局共逮捕了 7.92 万名毒品犯罪人员，比 1980 年的人数增加了近 5 倍（王瑞平，2009：135-137）。“定点严打行动”取得了阶段性成效。

1990 年，纽约市警察局在曼哈顿中城区采取“夺回街道”行动，安排大批便衣警察在街面上加班巡逻，寻找毒贩及其毒品交易地点，从而对毒贩实施逮捕。“夺回街道”行动在纽约下东区几条街道取得了一些成就，纽约州监狱的毒犯人数也开始激增。但是，总体来说，无论是“定点严打行动”，还是“夺回街道”行动，其成效只是短暂的、局部的，很难在毒品打击上获得全胜，原因如下。

首先，警察腐败问题严重。由于毒品交易能带来巨大的经济效益，一些警察知法犯法，违规作案。例如，1986 年，在布鲁克林区贝德福德-斯泰弗森特（Bedford-Stuyvesant）地区，当时第77分局的警察破门而入，拿走了毒品贩子们的毒资和毒品，然后自己做起贩卖毒品的买卖，被人称为“街痞”。这一丑闻被纽约市警察局内务署揭露出来后，警察局高层首先承认过失，然后逮捕了12名警员，27名监察人员转岗，另有1人自杀（Silverman，1999：49）。警察知法犯法、缉毒者参与贩毒酿成巨大的丑闻。这一事件严重地损害了纽约市警察局的公信力和警察的个人形象，对后来整治毒品犯罪产生了巨大的负面影响。

纽约市警察局本应该吸取教训，励精图治，把打击毒品工作做好，但令人失望的是，此后纽约市警察局再也没有人揭露真相了，因为丑闻损害了所有警察的声誉和形象，守法的、揭发违法行为的警察的工作积极性受到致命的打击。同时，纽约市警察局高层认为，毒品交易所涉及的金钱诱惑确实太大，以致担心警察还会受到腐蚀而产生丑闻，故要求警察积极报告毒品交易情况，但不再鼓励其亲自动手执行拘捕。结果，纽约市警察局仅有10%的警员负责缉毒，剩下的好几万名警察不允许参与毒品相关的调查（Safir and Whitman，2003：185）。这种情况严重地制约了纽约市打击毒品犯罪的效果，导致20世纪80年代末纽约市毒品交易仍然大量存在。

其次，纽约市警察局工作效率低下。毒品犯罪牵涉缉毒、执法、司法等许多相关部门，同时要求统一、协调的领导机构和全体人员积极工作，才能达到目标。但是研究表明以下几点。①纽约打击毒品犯罪行动是孤军奋战，没有与当地警区协同作战，也没有与其他执法部门很好地配合，更没有很好地发动社区居民的力量。②纽约市政府要求减少缉毒专业队加班的压力，他们的工作时间后来开始“按部就班”，周一到周五上班，朝九晚六。这一作息规律很快被毒贩掌握，缉毒专业队下班后和周六日成为毒品交易的“黄金时段”。③缉毒专业队在这些缉毒行动中人手不足，缺乏缉毒专业人员，打击范围过大，不能进行集中打击。④缉毒专业队行动不缜密、不保密，以致毒贩提前了解行动的时间和地点，导致缉毒行动成了简单的走形式。为了让全民参与打击毒品犯罪活动，缉毒专业队通常在行动过程中到相关区域举行动员会议，并邀请市民参加。毒贩们经常混在市民中一起参会，从中了解警察的行动计划，进而调整毒品交易时间和地点（王瑞平，2009：136-137）。因此，缉毒专业队打击毒品犯罪行动计划到了后期越来越不适应毒品形势的发展，大部分时间里不能有效地遏制毒品犯罪。

总而言之，“定点严打行动”虽然短暂地取得一些成效，对纽约市犯罪势头有所遏制，但并没有真正有效地达到消除毒品犯罪的预期目标。

第二节 “生活质量运动”与社会治安

20 世纪 80 年代初，美国社会经济未能摆脱“滞胀”危机的影响。里根上台以后采取重振美国经济的政策，但失业人数仍然庞大，通胀问题也没解决，社会仍然动荡不安。从 1987 年开始，时任纽约市交通局（New York City Transit Authority）局长的布拉顿开始在地铁中开展“生活质量运动”（The Movement of Quality of Life），以打击那些轻微违法分子。接着，“生活质量运动”在全市各个系统开展并扩展到全国，取得了一定的成就，但由于种种原因，“生活质量运动”并没有完全取得预期效果。

一、“生活质量运动”的缘起

城市是人类文明进步的产物，是人类文明进步的结晶。美国著名学者刘易斯·芒福德说过：“城市从其起源时代开始便是一种特殊的构造，它专门用来贮存并流传人类文明的成果；这种构造致密而紧凑，足以用最小的空间容纳最多的设施；同时又能扩大自身的结构，以适应不断变化的需求和社会发展更加繁复的形式，从而保存不断积累起来的社会遗产。”（刘易斯·芒福德，2005：33）在西方诸多文字中，“文明”一词都源自古希腊的拉丁文 civis，意为“城市”，其本质含义是人民生活于城市。这表明城市与人类生活的关系非常密切。随着全球城市化速度的加快，越来越多的人进入城市生活。联合国人居署 1996 年发布的《伊斯坦布尔宣言》强调：我们的城市必须成为人类能够过上有尊严、健康、安全、幸福和充满希望的美满生活的地方（陈柳钦，2011）。据联合国人居署于 2020 年 10 月 31 日发布的《2020 年世界城市报告》，城市人口占全球人口的比例达到 56.2%。这就意味着约 42.6 亿人（全球人口 75.8 亿）居住在城市。但是，众所周知，现代城市面临的种种挑战，无论是交通拥挤、环境污染、犯罪还是冲突，根源都在于城市化进程中人与自然、人与人之间各种关系的失谐，长期的失谐必然导致城市生活质量的下降乃至文明的倒退。

一个理想的社会应该是一个文明进步的社会。在这个社会中，每个人都能平等相处，自由、幸福、快乐地生活，享受文明进步带来的成果。同时，人们为建设这个美好社会付出自己的劳动。但是，在城市化高度发达的今天，人们的城市生活也面临一系列挑战：不断扩大的贫富差距造成心理失衡，高密度和快节奏的城市生活方式带来异质性矛盾，城市犯罪率不断上升，社会治安管理出现漏洞，还有种族矛盾、文化冲突、城市环境污染、城市恐怖主义等。这类问题犹如城市机体的赘疣，对城市发展和城市生活都有着极大的负面影响。

20 世纪 80 年代，纽约市颇不太平，不仅暴力犯罪率持续上升，公共场所的轻微犯罪也同样不可小觑：地铁上四处可见流浪人群，街道上充斥着具有威胁性的乞丐、性工作者和飙车的人，墙壁上的涂鸦大行其道，机动车道上的强行抹车仔也随处可见，公园里、广场上随处大小便的现象更是屡见不鲜。与严重犯罪相比，公共场所的混乱似乎与人们的生活更加息息相关。

混乱的公共场所使纽约市民放弃使用这里的公共设施，更有市民开始逃离纽约市。1992 年和 1993 年的一项调查显示，“在逃离纽约的市民当中，有 59%的市民是因为生活质量下降才选择离开的；22%的市民说，他们搬离纽约的原因是社区墙壁上到处都是涂鸦，而垃圾和废弃的物品也随处可见；17%的市民说，如果纽约市警察局认真处理轻微犯罪和失序行为，他们是不会轻易离开纽约的”（王瑞平，2009：149）。作为纽约市民，他们大多数人并不想轻易逃离已经习惯了的都市生活，逃离只是因为生活质量受到影响。即使那些没有逃离纽约的市民，其中大多数人也认为公共场所到处充斥的灰尘、涂鸦、无家可归者、噪声和乞丐已影响了他们和他们家庭的生活质量。市民的不满和怨恨在一定程度上推动政府采取措施，以便改善和提高城市生活质量。

面对这些扰乱市民生活的行为以及市民们要求纽约市警察局采取行动的呼声，纽约市警察局反应冷淡。纽约市警察局的高层管理人员普遍认为，警察的主要职责是打击重大犯罪活动，因此，他们并不把工作重心放在处理扰乱公共秩序的轻微犯罪方面。而且，警察局由于内部分工专业化、资源短缺以及缺少与其他部门之间的合作等，并没有足够的精力来处理这些细小琐碎的犯罪行为，而只是对那些破坏分子发传唤单和传票。虽然传唤单和传票发放得很频繁，但是发完之后并没有进行监督，未能达到应有的效果。这极大地损害了纽约市警察的权威，同时也加深了纽约市民对警察局的不信任感。纽约市社会公共秩序混乱，生活质量下降，迫切需要有人来进行整顿。

二、“生活质量运动”及其影响

从 1987 年开始，纽约市交通局局长布拉顿开始在地铁中开展“生活质量运动”，打击那些轻微违法分子。这让混乱不堪的公共场所开始慢慢恢复秩序。布拉顿的“生活质量运动”主要打击目标是地铁中的行乞者、涂鸦者以及车道上的强行抹车仔。然而随着打击行乞和涂鸦行动的进行，“警察发现这些轻微犯罪的嫌疑人中具有非法持枪等其他严重罪行的比例相当大”（McArdle and Erzen，2001：8）。

什么叫“生活质量运动”？“生活质量运动”的核心是针对社会无序而提出的概念，目的就是拯救无序的社会。那么“无序”又是什么呢？乔治·凯林和凯瑟琳·克尔斯将“无序”定义为“违反广为接受的行为标准和规范的行为，且广泛存在于不同种族、族群和阶层之中。从最广泛的社会意义上讲，无序是无礼、粗鲁和威胁行为，它搅乱了社会生活，尤其是城市生活”（Kelling and Coles，1996：14）。卫斯理·斯科甘认为，社会无序包括在公共场所发出嘘声（类似口哨声）、性骚扰、酗酒、卖淫等行为，而生活环境无序则包括失修的大楼、堆满垃圾的空地以及老鼠乱窜的街道。但是，根据“破窗理论”，无序有别于强奸、凶杀、重伤害等危险的犯罪，它包括“侵略性街头行乞、街头卖淫、酗酒、公共场所饮酒、威胁他人、骚扰、妨碍交通和公共场所涂鸦、随地大小便、无证沿街叫卖、非法擦车以及其他一系列类似行为”（Skogan，1990：15-21）。显而易见，纽约市的“生活质量运动”就是消除市民日常经常接触到的、扰乱社会生活秩序的轻度违法活动。虽然这些违法活动的危害性要低于凶杀等暴力犯罪，但这些频繁出现、数量巨大的违法活动还是对人们的生活和心理状态造成了严重的伤害。同样，轻微违法在一定条件下也会引起恶性犯罪。

“生活质量运动”除了具有惩罚性特点外，还具备心理学功能。通过这些生活环境的改善，人们的安全感会慢慢地恢复，即便犯罪率与原来相比并无明显的变化。有人总结了这个逻辑：对于为什么人们会乱扔东西有一套隐含的因果理论——一旦情况达到失控的程度，城市就采取默认态度，从而不会再去关心同样的问题。所以，如果只是把涂鸦清除掉了，其实可能解决不了实质问题，但是人们却会认为问题已经解决了。一个典型的例子是政府授权警察清除涂鸦而解决了当地的犯罪问题，但事实上两件事之间并没有必然的联系。在“生活质量运动”中，首先需要假设人们可以将干净的环境理解成安全的地区。乔治·凯林认为，“对于大多数人来说，纽约的犯罪问题可以这么理解，即社会往往将控制权割让给那些游离在法律之外的人，因此在那些人生活的地带可能发生任何事情”（Kelling，1992）。在东村和上百老汇，“小偷市场”由街边的流浪汉组成，而几乎在每条街道，无家可归的人、具有侵略性的乞丐通常会粗鲁地尾随行人。即使是开车的人，也要向这些不称职的“艺术家”交纳“买路钱”（McArdle and Erzen，2001：22）。“生活质量运动”的重点就是为防止犯罪而采取社会控制，并对犯罪进行谴责。它要求的并不仅仅是建构秩序，而是试图在政策层面上建立起一种公共观念。“生活质量运动”的倡导者认为，一个失序的城市需要做出的基本改变是清除涂鸦、清理书报摊和规范公共汽车车牌，以此来减少危险因素，让人们认识到行乞、游荡所带来的负面影响。

1990 年，纽约市已处于治安恶化、犯罪丛生的混乱状态。警察和社区的关系也跌到了冰点。此时，纽约市市长丁金斯任命李·布朗[①]担任纽约市警察局局长，试图力挽狂澜。布朗上任伊始便开展了“安全街区、安全城市”（Safe Streets，Safe City）计划。为此，丁金斯政府投资 18 亿美元，安排 6000 名从事行政工作的警察到前线开展巡逻工作，全市 75 个警区都有社区警察，并且这些巡逻警察要在纽约街头实行徒步巡逻（Silverman，1999：73）。此举是为了增加警察在街头与犯罪分子见面的机会，以震慑他们。社区管理人员对警察参与社区管理持欢迎态度，警察可以帮助他们处理邻里间的矛盾。警区管理机构人员包括警督、社区管理人员、分局社区委员会成员以及其他居民。

为了改善警民关系，布朗还规定，“每个区选出 5 名代表组成委员会，提交 5 个最需要解决的问题，并且每个月都要评估他们努力程度和问题改善情况”；同时每月警察局还要召开一次对外开放的大会，民众可以把自己认为重要的问题提交到各分区的负责人（长官）那里，而各分区长官要在自己的权限内解决这些问题；部分“视传票而不见”的轻微违法分子会被送到相关法庭进行审理（詹姆士·阿尔布雷特，2008a）。另外，纽约市警察局还实施了很多具体措施来处理扰乱公共场所秩序的行为。例如，对强行抹车仔以违反交通法规为由实施逮捕，对涂鸦者、无照商贩和街头卖淫者等判处参加社区服务或是逮捕。

由于警察局增加警力来处理这些轻微犯罪行为，纽约市街道的情况有了一些好转。据统计，“安全街区、安全城市”计划实施以后，犯罪率有所下降，这个趋势从 1990 年开始，1990 年比 1989 年下降了 0.03%，1991 年比 1990 年下降了 4.4%，1992 年比 1991 年又降低了 7.8%（Silverman，1999：73）。但是，由于一些规章制度的约束、警力的不足、实施的时间短以及犯罪场所的活动性等因素，纽约市的公共场所依然没有得到“净化”。人们对“生活质量运动”是否能带来犯罪率下降心存疑虑。有学者指出，“一部分警察断言在小问题上多下功夫也能让大问题得到相应的减少，因此当这些人面

① 李·布朗（Lee P. Brown），生于 1937 年，犯罪学家、公共管理者、政治家和商人，1989 年底被任命为纽约市警察局局长，是 1965 年以后第一位担任美国最大城市警察局局长的非纽约人。1997 年，他又成为首位当选休斯敦市市长的非裔人，并获得连任。

临类似于行乞等妨害街道秩序的棘手问题时通常以此作为自己的行动指南。但是没有任何数据显示逮捕在公众场合酗酒的酒徒能够减少凶杀犯罪”（James，1994）。因为大多数被指控的人会得到一张法院的传单，上面写着出庭日期，接着他当场就被释放了。或者是说，违法者被指控为轻度犯罪者，在被记录之后，通常检察官最后的结论是当事人是因为“小缺点”被逮捕。

当然，“生活质量运动”也起到了一些积极作用。例如，当 1994 年布拉顿担任纽约市警察局局长时，“生活质量运动”就成为“零容忍”政策的蓝本，使打击轻微犯罪行为的范围从地铁扩展至整个街道，这或许可以看作是“生活质量运动”对纽约市社会治安好转的一个深远影响。

第三节　枪支管理及其困境

美国是世界上民间拥有枪支数量最多的国家，私人拥有枪支的数量远远超过美国成年人的数量。据美国枪支实况网统计，截至 2022 年 1 月，美国警察、军队和民众共拥有枪支数量超 4 亿，其中 3.93 亿（约占总数的 98%）在民间，相当于 100 个公民拥有 120 支枪。拥枪的美国人平均每人 5 支枪，拥枪者中只有 22%的人拥有 1 支枪①。此外，由于拥枪利益集团的政治游说的影响，再加上限制不那么严格的长枪和猎枪，美国人实际拥枪数量更多，按人口来计算，美国人基本上是人手一枪。只要是美国公民或持绿卡的美国永久居民，都可以申请持枪执照。枪支泛滥对美国人造成严重的生命财产威胁。2021 年，美国民间枪支买卖 1880 万支，20 726 人死于与枪支有关的案件，发案数比 2020 年增长了 13.4%（Brownlee，2021）。20 世纪 80 年代是美国社会动荡的年代，枪支泛滥更是为社会动荡推波助澜。围绕管理和控制枪支，美国朝野上下争吵不休，但一直没有推出任何行之有效的枪支改革法案，这给纽约市社会公共安全造成严重的后果。

一、纽约市枪支泛滥的危害

在西方国家传统观念里，人民为了保障自己的权利，依据社会契约论达成协议成立政府。当政府违背人民意志时，人民就有权废除它。美国的建国者们也认为，为防止政府作恶，应允许人民持有武器，以让人民有反抗强权

① American Gun Facts. https://americangunfacts.com/gun-ownership-statistics[2022-06-12].

政府的可能。因此，从独立战争到西进运动，枪支都扮演了重要的角色。美国人崇尚自由、民主、共和，大多数美国人认为拥有和携带枪支是天赋人权。1791年12月，美国国会批准了《权利法案》（The Bill of Rights），其第二条修正案“公民持有和携带武器的权利不得侵犯”（任东来，2007：36）保证了美国人持枪的权利。美国从立法方面赋予公民拥有武器的权利，美国法律允许公民持枪，并认为这是公民的基本权利，作为殖民地的美国在经历独立战争建国并获得民族独立后，对来之不易的自由格外珍视。在美国公民心目中，枪支已经超越了简单的“工具”概念，而升华为一种“价值”理念；枪支的使用，不仅仅是在维护美国人的人身利益，更是在维护其不可侵犯的权利（李昕朔，2014）。因此，个人持枪在美国人思想和文化中的影响是根深蒂固的，枪似乎成了自由、独立的守护神，持枪权也成为天赋人权，是其保护自身权益的有效手段。这也是美国成为西方世界中唯一在宪法上允许私人拥有枪支的国家的原因。

由于枪支泛滥，涉枪犯罪在美国非常严重。据亚特兰大一家研究机构统计，1984～1985年，美国遭枪杀人数达62 897人，超过整个越南战争期间美军死亡人数。在20世纪90年代的美国，平均每年发生200万起暴力犯罪案件和2.4万起凶杀案件，这些凶杀案件中70%与枪支有关。每10个被凶杀者中就有6个死于枪杀，每年死于枪杀的人数高达1.2万人，受枪伤的人数是10万人。从1979年到1999年，涉枪凶杀案件高达301 491起（Bellesiles，2000：4）。

作为美国最大的城市，纽约市枪支泛滥。1973年，据《纽约时报》称，纽约市是全国拥有合法枪支最多的城市，大约有2.8万支，但据警方估计可能有高达130万支非法手枪（LaRosa，2002）。加上其他非法枪支，纽约市民间持枪数量会更加庞大，这无疑增加了暴力犯罪的潜在因素，加重了城市社会治安管理的压力。

整个20世纪80年代，纽约市犯罪率都处于高位，其中暴力犯罪到1990年达到高峰。1980年，纽约市暴力犯罪数为149 549例，财产犯罪数为560 602例，合计犯罪总数为710 151例；到了1990年，纽约市犯罪总数为710 222例。如此看来1980年与1990年犯罪总数相差无几，但是其中的暴力犯罪数增加幅度很大（表1-3），而纽约市暴力犯罪高发与其枪支泛滥有很大关联。

从1983年到1993年，纽约市911报警台接到关于屋外枪声报警电话几乎增加了4倍，越来越多的枪击伤及无辜。1992年，纽约市有1541人被枪击而亡，有超过4000名受害者因枪支致伤。因枪支致死的凶杀案数量达到1500起，占了当年凶杀案的3/4（王瑞平，2009：117-118）。因此，纽约市民非常缺乏安全感，对暴力犯罪心存恐惧，整个社会笼罩在暴力犯罪的不安之中。

二、枪支管理的尝试及其失败

20 世纪 80 年代，纽约市公共秩序濒临崩溃，各种暴力犯罪在这个城市的角落里不断上演，给纽约市社会治安和生活秩序带来巨大的威胁。

约翰·温斯顿·列侬（John Winston Lennon）是英国著名摇滚乐队“披头士”的成员之一，摇滚史上最伟大的音乐家之一，也是诗人、社会活动家、反战者，他以身为披头士乐队创团团员扬名全球，1965 年获英国女王颁发的大英帝国勋章。1980 年，列侬在纽约自家寓所前被枪杀，年仅 40 岁，举世震惊。纽约市民心存恐惧，希望市政当局有所作为。在巨大的社会压力面前，纽约市警察局决定采取有关措施，打击枪支犯罪。

第一，纽约市警察局提高对犯罪分子的逮捕率。人们普遍相信，只有对枪支犯罪者进行严惩，才能减少枪支犯罪。为了达到惩罚犯罪的目的，必须加大对犯罪分子的拘捕量、判罪量和延长刑期的力度。但是，20 世纪 80 年代的纽约市警察局受腐败风气影响，官僚作风严重。尽管纽约市警察局表面上发布了一系列警察局令，采取了大量新的行动方案，逮捕了非法持枪犯罪嫌疑人，但是实质上所有行动仅限于简单没收枪支而已。警察局很少采取深挖行动。警察通过搞清非法枪支的走私和购买途径，就可以查清所有相关的涉枪犯罪行为，以及涉枪同案犯的其他罪行。但是，由于腐败和渎职行为的存在，警察在办案过程中只是简单地拘捕犯罪嫌疑人并提出检控，而不太注意对嫌犯作案过程的审讯和追查，以致许多案件没有得到应有的检控。

第二，发布纽约市警察局局长令，打击犯罪。例如，在执行拘捕涉枪犯罪嫌疑人任务时，纽约市警察遵循的指示如下。①如果案件既涉及枪支又涉及毒品，那就打电话通知有组织犯罪控制局[①]缉毒处查阅比对它的毒品惯犯调查追踪数据库（Narcotics Investigative Tracking of Recidivist Offenders Database），看犯罪嫌疑人是否有涉枪犯罪前科，是否曾因涉枪指控而判刑。如果犯罪嫌疑人有前科，缉毒处数据库中心的人员则应赶赴受理案件的警所，参与办案，深挖案件线索，寻找证人并讯问嫌疑人有关情况。②如果案件没有涉及毒品，则打电话通知刑侦特别调查处，查看嫌犯是否有涉枪犯罪

① 有组织犯罪控制局成立于 1971 年 11 月，其职责是打击一切有关风化、毒品和机动车的犯罪，打击传统的和非传统的有组织犯罪，同时高标准地维护安全和诚信。有组织犯罪控制局下设 6 个处，分别为风化犯罪执法处、调查处、机动车犯罪处、联合调查处、缉毒处和调查保障处，参见王瑞平（2009：64）。

前科。如果嫌犯有前科，职业犯罪调查处的人员应赶赴受理案件的警所，参与办案，讯问嫌犯有关案情。③如果案件不归缉毒处和刑侦特别调查处负责，那么当时接警人员要准备一份枪支犯罪嫌疑人拘捕工作表，详细记录嫌疑人的身份、住址、枪支口径规格和枪支走私运送方式。④如果犯罪嫌疑人表示愿意和警方合作，提供更多情况，那么警察负责将犯罪嫌疑人移送到有组织犯罪控制局和美国财政部火器管理局共同组建的涉枪犯罪联合执法专业队（The Joint Firearms Task Force）做进一步调查和跟进（王瑞平，2009：119）。

但是，纽约市警察局的努力成果甚微，很难真正起到打击枪支犯罪活动的作用。一方面，美国是联邦制国家，各州在管理枪支问题上政策不一。纽约州采取禁枪行动，但其他各州并未全面禁枪。例如，手枪是人们比较恐惧的枪支，但是手枪正从纽约州外大量流入纽约市。加上个人非法购买被隐匿，纽约人持枪的数量远远超过已知的数量，再加上警察执法不严和现有法律存在的漏洞，纽约市警察局所做的任何减少暴力，特别是减少涉枪犯罪的努力到 20 世纪 90 年代初都还未见效果。

另一方面，美国政府并没积极打击持枪犯罪活动。当政府打击枪支犯罪工作不力、人们希望破灭时，人们也会奋起反抗，用个人力量来对抗暴力犯罪。就像前文提到伯恩哈德·戈茨事件的当事人那样，不得已自己采取反击行动。当执法部门或公共机构无法保护人们的人身安全时，来自私人的复仇便满足了人们对秩序和公正的渴望。美国的司法制度“成功”地把公众的激情从复仇行为导入法律辩论的领域，这引出美国历史上又一个经典案例。就算是正当防卫，其影响也并非全是积极的，因为如果人人擅自执法，以暴制暴来惩罚违法犯罪分子，整个社会秩序就会受到挑战，文明也会面临崩溃的危险。

当然，纽约市警察局的控枪行为并没有得到所有纽约人的支持。由于经济利益关联，纽约市最大的枪支销售店——乔维诺枪店（John Jovino Gun Shop）的老板古角，就认为枪支与犯罪没有关系，枪店不为暴力行为担责。他说：“造成涉枪犯罪的是人，而不是枪械本身，不少购枪者把枪支视为‘诚实老百姓对付社会犯罪的最后一道防线’。”[1]他的观点在美国极具代表性。他认为美国民众手中的大多数枪支是从黑市购得的，只有少数是从枪店

① 中国侨网 2020 年 5 月 21 日电：乔维诺枪店因新冠肺炎疫情关门。它是纽约市历史最长、名声最响的枪店，位于纽约市华埠格兰街 183 号，由意大利人乔维诺于 1906 年创办，1911 年转卖给因佩罗托家族，仍沿用旧名。20 世纪 60～80 年代，乔维诺枪店一直高居全世界枪支销售量榜首，美国枪支杂志曾多次在封面报道乔维诺枪店的业绩。

卖出的。

另外，尽管纽约市警察积极办案，但他们大多缺乏专业能力。事实上，在警察办案过程中，只有那些有侦探经验且已受过办理积案和讯问技巧的专门训练的侦探，才有可能办理好涉枪案件。但在纽约市警察办理的许多涉枪案件中，犯罪嫌疑人并未经侦探的常规讯问，受理案件的多为巡警人员，他们从来没有受过这些办案技巧的专门训练，要他们填好涉枪拘捕讯问表尚可，但要他们办理铁案就勉为其难了。有一些证据似乎表明，因为受理和移交涉枪案件的巡警人员缺乏训练，这些涉枪案件办理往往质量不高，导致许多不必要的撤诉和无罪释放。在1981年到1992年之间的关于武器重罪检控定罪的成功率只有43%～55%（王瑞平，2009：120）。也就是说，在纽约市警察局进行涉枪检控的犯罪嫌疑人中，由于检控技术的原因，只有一半左右受到涉枪检控的犯罪嫌疑人被定罪惩罚，还有一半左右的犯罪嫌疑人逃脱了应有的惩罚。这种检控结果更加刺激犯罪分子心存侥幸冒险犯罪。

最后，纽约市政府在管制枪支犯罪方面失败，也与美国整个大环境有关。从1963年约翰·肯尼迪总统被刺杀到1968年又先后发生了马丁·路德·金和罗伯特·肯尼迪遭刺杀等的恶性事件①，美国控枪问题才有所进展。1968年，林登·贝恩斯·约翰逊总统向国会提出建议，主张实施全国性的枪支登记，要求个人持枪必须拥有执照，给予美国一个所需要的枪支管制法（Johnson，1968）。1968年，美国参众两院经过激烈的讨论后通过了《1968年枪支管制法》（Gun Control Act of 1968）。该法规定禁止跨州运送火器（手枪和长枪）、弹药给私人，禁止出售枪支给未成年人、吸毒者、有犯罪前科和精神不正常的人；加强对枪支经销商、收藏者的执照和档案管理等②。这一法案的通过是美国在枪支管制问题上迈出的一大步。

但是，反对枪支管制的力量从来没有停止过他们的活动。1980年，对枪支管制持反对意见的里根当选美国总统，他代表的共和党还赢得了参议院的

① 1963年11月22日中午，美国第35任总统约翰·肯尼迪在夫人杰奎琳·肯尼迪和得克萨斯州州长约翰·康纳利的陪同下，乘坐敞篷轿车驶过得克萨斯州达拉斯的迪利广场（Dealey Plaza）时，遭到枪手李·哈维·奥斯瓦尔德枪击身亡。马丁·路德·金（Martin Luther King，Jr.，1929～1968），非裔美国人，非裔美国人民权运动领袖，1964年获诺贝尔和平奖，1968年4月4日下午，在孟菲斯市洛林汽车旅店二楼被种族主义分子暗杀。罗伯特·肯尼迪（Robert F. Kennedy，1925～1968），美国第35任总统约翰·肯尼迪之弟，1964年当选为纽约州参议员，1968年6月初刚赢得了民主党加利福尼亚州预选的胜利，便于6月5日凌晨在洛杉矶一家旅馆内遭到枪击而亡。

② 参见1968年美国国会通过的《1968年枪支管制法》（Gun Control Act of 1968）。

主导权。最终在美国全国步枪协会[①]等维护枪支权利的组织游说下，参众两院于 1986 年通过了《武器拥有者保护法》，并于 1986 年 5 月由里根总统签署生效（袁征，2002）。在很大程度上，《武器拥有者保护法》是对《1968 年枪支管制法》的一次倒退。可以说，枪支管理和控制是美国联邦政府和地方政府都难以处理的复杂问题，这个问题一直困扰着美国社会，并对民众生活产生了重大影响。

第四节　20 世纪 80 年代纽约市犯罪治理工作的评价

整个 20 世纪 80 年代，纽约市经济衰退严重，社会治安恶化，犯罪猖獗。虽然纽约市政府经过多年的整治和打击，逮捕了不少犯罪分子，挽救了一批青少年，“夺回”了一些街道，但是纽约市犯罪率仍持续攀高，到 90 年代初达到高峰（表 1-3）。那么，纽约市犯罪治理工作究竟如何评价？纽约市犯罪治理工作不力的原因是什么？本节将做一些分析。

一、纽约市犯罪治理工作的成就与问题

从科克到丁金斯，两任市长通过“定点严打行动”、“夺回街道”行动以及“安全街区、安全城市”计划等有关措施，取得了一些成效。尤其是在丁金斯时期，纽约市犯罪率有所下降。

第一，毒品犯罪有所减少。为了对付毒品犯罪，在整个 20 世纪 80 年代，纽约市警察局缉毒人员的数量增长了 3 倍之多，从 1980 年的 421 人增加到 1989 年的 1721 人。在各项打击行动中，警察局的许多部门相互配合，取得了一些明显成效。到 1989 年底，缉毒专业队行动在全纽约市普及。当年，纽约市警察局共逮捕了 7.92 万名从事毒品交易的犯罪人员，创了历史新纪录，这个数量也比 1980 年多了近 5 倍（王瑞平，2009：135-137）。这使得学校周围环境更加安全，青少年毒品犯罪显著减少。

---

① 美国全国步枪协会（National Rifle Association of America，NRA），成立于 1871 年，总部设于美国弗吉尼亚州的费尔法克斯（Fairfax），是美国最大的枪械拥有者组织和强大的利益集团。它自称“美国历史最悠久、规模最大的民权维护组织”，根据 NRA 官网上的数据，其拥有会员近 500 万人。虽然 NRA 是非党派性、非营利性的组织，但是它积极参加美国政治活动，在美国政治中具有巨大的影响力。NRA 认为，拥有枪支的权利是受美国宪法第二修正案保护的民权，这构成了它的政治活动的理论基础。因此，NRA 是美国反对枪支限制的主要力量。

第二，犯罪率有所下降。1990年是1982年以来纽约市经济表现最差的一年，各种城市问题层出不穷，城市混乱，局势严峻。1990年10月，“安全街区、安全城市”计划出台，纽约市政府动用后备金雇用了7000名警员（Bratton et al.，1997：34），并对整个警察局进行了重新评估、组织，上千名警员从行政岗位调至巡逻岗位，新进的警员经培训来取代原先的警员。巡逻人员被要求在整个城市徒步巡逻，部门官员每周到街上巡逻一天，每个区都必须有30～70名警察固定巡逻（詹姆士·阿尔布雷特，2008a），同时给那些高危青年（high-risk youth）提供教育和社会服务。

布朗局长还对纽约市警察局的管理模式做了改变。所有分区警察局局长每月集中开一次会。这些会议是对公众开放的，目的是让公众可以把所有关心的问题和意见直接送达各区决策者那里。各区警察局局长有义务在权限范围内解决这些问题。另外，为了改善警民关系，警察局要求每个区选出若干市民代表组成委员会，提交一些社区需要解决的问题，并且总局每个月对他们工作和问题改善情况进行评估。这样使社区成为建立和谐警民关系的平台。此外，布朗还实施了禁止枪支计划，对纽约市的枪支进行管制和控制。

布朗惩治犯罪的措施在一定程度上稳定了社会局面，减少了纽约市的犯罪数，提升了公民对警方的满意度，公众的安全感得到提升。如表2-1所示，在丁金斯任职的1990～1993年，纽约市犯罪总数下降了15.5%，暴力犯罪数下降了12.0%，财产犯罪数下降了16.6%。纽约市犯罪率开始下降，社会治安有所好转，为以后犯罪率大幅度下降创造了条件。

表2-1　1990～1993年纽约市犯罪数下降情况　　（单位：例）

年份	暴力犯罪数	财产犯罪数	犯罪总数
1990	174 542	535 680	710 222
1991	170 390	508 465	678 855
1992	159 578	466 604	626 182
1993	153 543	446 803	600 346

资料来源：FBI（1994）

虽然布朗采取的一系列惩治犯罪的措施起到了一定的作用，但措施有很多不尽如人意的地方。布朗雇用的新警察的平均年龄为22岁（很多不到21岁），只有高中学历，很多人不会驾车，没有在市区生活过，没有与少数族裔交流过，甚至之前没有过工作经历（Bratton et al.，1997：34）。这些警察仅仅经过 6 个月的培训就走上了工作岗位，想通过这样的队伍来挽救纽约市显然是不现实的，他们没有能力应对城市种族、犯罪和混乱等问题。可见，布朗惩治纽约市犯罪的措施显得过于仓促，从而使效果大打折扣。

另外，丁金斯政府致命的弱点并不是打击犯罪时的一些小瑕疵，而是市民对政府面对犯罪和骚乱的软弱无法接受。20 世纪 90 年代不再是非裔争取民权的时代，非裔市长的身份似乎越来越失去作用。这一时期人们最关注的问题是如何改变纽约市的混乱和无序，从而降低犯罪率，还纽约市民一个安全稳定的环境，但丁金斯似乎没有完成这一个任务。

二、纽约市犯罪治理工作的反思

整个 20 世纪 80 年代，纽约市都处于经济衰退、社会治安混乱的状态之中，极端个人主义盛行和社会分裂严重，各种毒品犯罪、暴力犯罪频发，尤其是暴力犯罪猖獗，再加上纽约市犯罪治理工作不力，以致 80 年代末 90 年代初纽约市这个令人向往的“大苹果”成为人人厌恶的“烂苹果”。

（一）执法效率低下，治理腐败不力

20 世纪 80 年代，纽约市警察局执法不力，而且执法不当等行为时常发生，这不仅影响公民对纽约市政府的印象，而且也不利于团结一致地打击犯罪。据美国学者的研究资料，纽约市警察执法不当行为经常发生。

> 1984 年 10 月 29 日，纽约市警察斯蒂芬 · 沙利文（Stephen Sullivan）试图驱赶一名情绪失控、名叫埃莉诺 · 邦珀斯（Eleanor Bumpurs）的非裔老妪（时年 66 岁），当时她在布朗克斯的家中拿着餐刀，斯蒂芬 · 沙利文连开两枪致使其身亡，但是斯蒂芬 · 沙利文却被当庭释放了。
>
> 五个月后，即 1985 年 3 月，警官弗雷德里克 · 谢尔曼与两名值勤警员一道驾车时，在帕克大街撞倒了 2 名路人，导致海曼 · 切尔诺夫博士（Dr. Hyman Chernow）毙命。一项部门调查显示，3 名警官逃离现场，其中 2 人修改了警方记录来掩盖真相。最终，谢尔曼被控过失杀人，其他 2 人被判定犯有轻罪。有关部门记录证明，当初谢尔曼申请入职纽约市警察局，曾两次因为患有精神疾病而被拒之门外，后来却在吁请文官委员会后得以通过。在谢尔曼从警的 11 年间，还曾对酒后驾车供认不讳，导致被扣去 25 天的假期并被送去接受戒酒心理咨询。（Silverman，1999：45-46）

上述事件发生之后，公众开始普遍质疑警察的执法能力。当国会在哈莱

姆区举行听证会调查纽约市警察局的暴力执法案件时，人们纷纷指责警察有种族歧视。面对社会公众舆论压力，到底如何应对这种局面呢？警察部门认为不必小题大做，即使有过，充其量不过是好心办坏事而已。本杰明·沃德局长公开呼吁取消对这类案件的审查，但是在纽约市市长科克看来，民意不可违。为此，纽约市成立了市长科克领导的祖科蒂委员会。该委员会被授予检查招聘程序、录取、培训、评估、晋升和监督以及管理的职权。这与之前的各种委员会有了鲜明的对比，以前的人员主要是解决腐败这个问题。经过调查之后，祖科蒂委员会认为，一套僵硬而陈旧的中央集权式官僚体系制约了警察作用的发挥。他们深入调查了警察队伍的工作程序，发现他们与社区相互隔绝，并且缺乏监督。1972 年，克纳普委员会（The Knapp Commission）的报告也指出，警察局弊病的根源是监管者和执政者对警察玩忽职守之问责的彻底缺失，尽管部分官员力图将公正诚笃之警界信条变成日常执法之惯例，但这不过是杯水车薪而已。

针对警察局存在的这两个问题，祖科蒂委员会制定了两项政策：打击腐败与开展“社区巡逻警员计划”（Community Patrol Officer Program）。这一时期，纽约市警察局对腐败也采取了一些措施，但是这些措施大多不能从根本上解决腐败问题。例如，建立一个从属于纽约大学的研究导向性的指挥学院，为行政官员们提供一套系统的管理培训课程。其中一些比较强硬的措施，如重新设计纽约市警察局的评估、晋升制度等，则由于反对势力太过强大而被放弃；除去纽约市警察局采取的一些对付腐败的隔靴搔痒的方法之外，此时期纽约市警察局把更多的注意力放在了如何对付媒体舆论上。每当纽约市警察局出现腐败丑闻时，警察局的第一个做法就是不承认，进而强调个别的腐败事件只是偶然，并不能代表全部。如果此时还是不能平息舆论，那么警察局会启动反腐行动来表示自己正在全力以赴地调查这件事情。但是正如一名评论家写的那样，纽约市警察局只是装装样子而已，他们只想改造现行机制，而不是重构一个新的机制（Silverman，1999：46-48）。因此，此时期纽约市警察局的腐败改革已经走到尽头，这种改革措施以及敷衍塞责的态度并不能改变任何状况。

（二）政府管理缺少法律制度保障

首先，“社区巡逻警员计划”未能起到作用。维护社会治安离不开社区配合，警察力量无法满足城市的需要。“社区巡逻警员计划”是一种新型管理策略，是一种警力配置和输送的范式转型，这一转型需要警察局基本组织和管理结构的彻底改革，但这在纽约市执行起来很难。究其原因：国泰民安之时，很难发动公民参与协管，从而失去了从源头上解决问题的时机；要让“社区巡逻警员计划”有效运作不是一件轻松的事情，这需要得到包括纽约市警察局其他部门在内的整个警察系统的配合，但是像社区巡警这样特立独行的机构被视作采用新警务方式的特权精英，如果再要求其他部门配合，在纽约市警察局内部紧张和不满就自然而然地出现了。

同时，公众普遍认为警察与社区关系疏离，警察对社会治安的关心不够，治理犯罪过程中社会公民参与很少。纽约市政府管理人员普遍认为，警察的职责主要是打击重大犯罪活动，因此，他们并不把工作重心放在治理扰乱公共秩序的轻微犯罪方面。市民对此十分不满，这极大地损害了纽约市警察的权威，同时也加深了纽约市民对警察局的不信任感。尽管纽约市民极力想参与到“保卫街道”的活动中去，但是纽约市警察局也仅仅只是不定期地邀请一些社区团体参与。纽约州的犯罪调查委员会说道：“居民清楚警察局某些部门与犯罪分子之间的腐败关系，因此，他们对警界所谓捍卫法律与秩序之公正持冷嘲热讽的态度。”（Silverman，1999：45）同样，由于缺少稳定的执行机制，警察局内不同的机构分裂成了各不相同的阵营，各机构难以协同作战，最终无法解决任何问题。

另外，纽约市警察局下属各分局警察在打击犯罪时自行其是，缺乏合理有效的方法，导致效果参差不齐。警察局也没有采取措施来帮助或培训警员打击犯罪和处理社会混乱。警察局高层也没有追踪犯罪态势以及对警员打击犯罪的表现给予过评价。侦查科以及其他单位彼此独立工作，只是偶尔才会有交叉。警察局内部之间并不能做到信息资源、人力资源共享。因此，在处理犯罪案件的时候并不能做到及时、有效。这种情况到了布拉顿当上纽约市警察局局长并实施“情报制导战略”之后才有了改观。

20 世纪 90 年代初的纽约市警察局可以说是已经千疮百孔，腐败问题以及顽固的官僚体制等问题严重侵蚀着这个美国最大的警察局。作为纽约安全的卫士，它已经不能有效地打击犯罪活动和保护社区的安宁。然而良好的治安政策需要健康有力的组织来保证实施，因此，纽约市警察局的首要任务就是“打扫干净屋子”。用后来纽约市警察局局长布拉顿的话来说，“我们要重启纽约市警察局，使之成为一个能够实现我们目标的机构”（Silverman，1999：83），否则，纽约市警察局积重难返，无法承担维护纽约社会治安的大任，也无法向民众交代。

（三）管理部门公信力缺失

20 世纪 60 年代，纽约市犯罪率 10 年间增长了 252%，社会各界以及市民对纽约市警察局的“打击犯罪被动”“腐败”等的批评不绝于耳。林赛①市长在70年代初，开始着手调查纽约市警察局，尤其是腐败问题，为此，林赛相继任命了两个调查委员会——兰金委员会（The Rankin Committee）和克纳普委员会。1972年8月，克纳普委员会发布调查报告，声称“腐败问题特别普遍，主要与毒品有关”（Silverman，1999：78），认为“警察局中存在很大一部分利用手中职权为自己谋私利的人，这种事情太普遍，导致腐败变成了受人尊敬的事情，也由于他们人多势众使得其他人不敢举报”。针对这种情况，警察局局长帕特里克·墨菲②运用“命令问责制”进行改革，要求所有级别的警官都要对他们自己以及下属的行动负责；同时对警察局的监督部门进行人员调整，因为墨菲认为监督部门工作不力才滋生了很多腐败行为。在改革的过程中，很多高层的管理者受到处分，有的甚至被降职或是调离原先的岗位。虽然墨菲的改革代表了纽约市警察局革新的决心，但是根深蒂固的腐败势力却使得墨菲的人员调整历时31个月之久，这样缓慢的速度使得改革不能达到革除腐败的目的。除了治理腐败外，墨菲也对犯罪问题采取了措施：墨菲从每一个警区选出一名警官作为规划员来收集、预测犯罪信息。这些规划员将接受统计分析方面的课程训练，以便预测犯罪模式。同时墨菲认为需要对追查到的惯犯采取缓刑、假释等手段，并与警区律师采取更广泛的合作，但是当时缺少这方面的法律规定而且缺少资金，因此这项政策也是不了了之。墨菲采取的第二个治理犯罪的措施是把巡逻队的权力下放到社区警察手中，以便加强社区和警察的联系。但是由于计划和实施没有考虑周全，对困难没有给予足够的重视，这个措施最后也无果而终。

纽约市的犯罪状况迟迟得不到改善，与政府腐败有关，连科克市长也深受牵连。一份出现在1988年的《供出售的城市》的文本揭露了在住房管理局、环境保护局、总务管理局等部门出现的腐败行为。虽然这些腐败行为也许和市长没有直接的联系，但是它们也反映了科克的行政责任心过于松懈。一些调查显示，“几乎所有的市政府机构都存在贿赂现象，半数下水道与电气检查员以及四分之一的住房检查员因受贿被捕”（乔治·J. 兰克维奇，2005：296）。这些持续不断的政治丑闻使得科克政府的信誉扫地，科克解决

① 林赛（John V. Lindsay，1921～2000），美国政治家、律师，1966～1973年任纽约市市长。他任职时纽约市经济萧条，失业率高升，民怨沸腾，工会势力庞大，罢工不断，城市骚乱频出。林赛于1972年、1980年两次成为民主党总统提名候选人。

② 帕特里克·墨菲（Patrick Murphy，1920～2011），1970年出任纽约市警察局局长，曾在底特律、华盛顿特区等地任高级警官。他创立了警察执行研究论坛（Police Executive Research Forum），还领导了警察基金会（The Police Foundation）。

市政问题的措施没有得到有效的实施。伴随着这些问题的困扰，纽约市迈入了 20 世纪的最后一个 10 年。

如表 1-3 所示，丁金斯政府在实施了“安全街区、安全城市”计划之后，暴力犯罪数和财产犯罪数都有不同程度的下降，但是仍然与 20 世纪 80 年代中期的犯罪数相当，而且犯罪率的下降无法消除公众对犯罪的恐惧。大量居民认为丁金斯政府无能，或者是没能制定有效打击犯罪的政策和法规。同时，在“安全街区、安全城市”计划实行的过程中也存在一些缺陷，致使该计划没有达到预期的效果。

20 世纪 90 年代戴维·丁金斯上任市长，在其仅有的一届任期内，纽约市就有 40 多万个工作岗位流失，福利和扶贫开支达到了 20 年以来的顶点（乔治·J. 兰克维奇，2005：306-310），财政预算面临更大的赤字问题。除此之外，纽约人仍然生活在令人不安的环境当中。90 年代初，毒品依然肆无忌惮地在纽约市蔓延，大街小巷充斥着形形色色的贩毒集团。他们经常为争夺地盘大开杀戒，致使纽约市人心惶惶。纽约市不少社区受猖狂肆意的枪击案件困扰，帮派活动和涉毒暴力此起彼伏。1990 年夏天，一起抢劫引发的血案震惊全美。当时，一个犹他州游客为保护自己的母亲，不幸被地铁里的劫匪刺死。此案又引起新一轮的恐慌，人们整天生活在惴惴不安之中。

暴力犯罪没能得到及时的打击，社会治安更加混乱。在曼哈顿的上东区，一位无业游民从一名母亲手中抢走 22 个月大的幼儿，并用圆珠笔刺伤了孩子的脑袋（安德鲁·科兹曼，2004：3）。1991 年 8 月，一名 7 岁的圭亚那男孩被一辆载送犹太教拉比的汽车撞倒而丧生。但是报道却暗示，孩子之死是由于一辆犹太人救护车拒绝送他去医院而造成的。紧随着这个事故而来的是由愤怒的非裔引发的连续 4 天的骚乱，但是纽约市市长和纽约市警察局局长对此置之不理，直到市长官邸遭到石块的袭击之后，警察才开始出面处理这起事件。面对一直优柔寡断的市长，《纽约邮报》刊出一条经典通栏大字标题，上书“戴维，快采取行动”（乔治·J. 兰克维奇，2005：307-309）。可见丁金斯政府的软弱引得纽约全市上下的义愤填膺，媒体愤愤之情见诸报端，纽约市被视为一座犯罪失控的城市。

丁金斯于 1990 年宣布实行“安全街区、安全城市”计划，新招募 8000 名警察用以打击犯罪活动，加上原来的警察，纽约市警员人数达到 3.2 万人（安德鲁·科兹曼，2004：4）。这项计划旨在清理街道上一些容易滋生犯罪的场所，但并没有彻底解决当时整个社会治安混乱的问题。首先，新招募的警察受教育程度、生活阅历及工作能力等都不足以完全胜任警察的本职工作。他们更没有能力应对城市种族、犯罪和混乱等问题，从而使惩治犯罪的效果大打折扣。其次，丁金斯政府作风软弱，缺少强硬措施，在面对冲突和矛盾时，总是不厌其烦地劝导大家“我们或许无法学习如何去爱他人，但我们好歹也得学习如何尊重他人”（安德鲁·科兹曼，2004：3）。纽约市民已经厌倦丁金斯这种“温文尔雅”的指令和矫揉造作的做派。最后，丁金斯竞选第二届任期的失败，使得他没有多少时间来实践其改革计划，以至于布朗在就任纽约市警察局局长 20 多个月之后就黯然失色地离职了。因此，短暂的改革不可能改变积重难返的社会治安和纽约市警察局的状况。

综上所述，治理城市犯罪需要有综合性很强的措施，既需要一个繁荣的经济基础，也需要一个良好的社会环境。城市政府在维护社会治安、打击犯罪活动方面，既要有强有力的措施、规范的法律保障体系、强有力的领导、广泛的民众参与，也要有技术和能力很强的警察队伍。政府和管理部门既要清除政府和警察的腐败，进行警务改革，提高执法效力，也要注重社区建设，加强警察和民众的联系，把打击和预防结合起来。20 世纪 80 年代，纽约市历届政府虽然也努力过，但未能彻底解决纽约市的社会治安问题，扭转纽约市严峻的犯罪形势。在 1993 年的市长竞选中，以“强硬”著称的共和党人朱利亚尼战胜了“软弱无力”的民主党人丁金斯，为纽约市社会治安的好转、安全城市的建立迎来了一线曙光！

第三章

纽约市犯罪问题的经济分析

纽约市曾是美国著名的“犯罪之都”。20 世纪 70 年代以后，纽约市犯罪活动频繁，从团伙犯罪到黑手党案，以及 70 年代臭名昭著的“山姆之子”系列枪杀案，给纽约市社会造成深深的不安。80 年代以后，纽约市犯罪活动更加猖獗，犯罪率持续上升。1980 年，纽约市犯罪总数为 710 151 例，到 1989 年上升到 712 419 例。社会治安恶化，人们长期处于恐怖和焦虑之中。1989 年，美国的一项民意测验表明，纽约市被认为是最不安全的城市，以致媒体把纽约戏称为“烂苹果”。同年的一项调查表明，80%的市民有过搬离纽约市的想法。可是，进入 90 年代以后，纽约市社会治安迅速好转，令人担心的犯罪率呈现持续下降趋势，2004 年纽约市被评为美国十大最安全的城市之一。纽约市犯罪率起伏现象引起国际学术界的普遍关注。高英东（2001）、蔡红（2008）、王世洲和刘淑珺（2005）等学者从纽约市警务改革方面探讨城市犯罪率起伏的原因，分析政府管理与城市犯罪的关系；于波（2007）论及毒品与犯罪率起伏存在的因果关系。智者见智，上述研究都从某一侧面解释了纽约市犯罪率起伏的原因，但从经济方面研究的不多。事实上，犯罪问题与经济发展状况密切相关。本章从财政状况、家庭经济因素和失业率等方面入手，探讨经济因素与纽约市犯罪率起伏的关系，从而全面地认识纽约市犯罪率起伏的原因。

第一节　纽约市经济形势的演变

犯罪是人类社会经济发展到一定历史阶段的产物，并随着社会经济的发展而变化。在以私有制为基础的社会里，建立起来的是人剥削人的经济制度，这种制度本身是产生犯罪现象的根源：一方面，剥削者无休止地榨取穷人的血汗，并不惜采取各种手段来达到巧取豪夺的目的，急剧积累财富；另一方面，被剥削者出卖劳动力，生活贫困，但为了活命，甚至不得不采取蔑视社会秩序的最极端的犯罪行为（任建新，1993）。第二次世界大战以后，随着科学技术的发展，美国经济迅速发展，人们的生活水平有了很大的提高，绝对贫困较少，相对贫困严重。但是，经济形势的变化仍然对人们就业、教育、生活等方面产生了重要影响，进而影响到人们的社会行为。

一、严重衰退的经济形势

第二次世界大战后，随着科学技术革命的兴起，美国经济迅速发展，区域经济结构发生了重大的调整。处于“阳光带”的西海岸城市成为美国经济发展的新的增长点，美国经济中心和对外贸易中心西移，城市经济结构也随之发生改变。20 世纪 60 年代中期，美国结束了第二次世界大战后最长的经济繁荣期，周期性经济危机与产业结构的调整带来的结构性经济危机交织在一起。从 1969 年到 70 年代中期，美国连续发生了几次经济危机，其中 1973 年 12 月至 1975 年 5 月的经济危机，持续时间长达 18 个月，结果造成工业生产增长缓慢甚至停滞，工人失业增加。以上这些因素对纽约市的传统经济构成了威胁，并最终导致纽约市经济的衰落。1970 年，纽约市仍是美国财富 500 强中 125 家公司总部的所在地，不过仅在一年内，因为不满纽约市的犯罪率、肮脏及税收等，就有 6 家公司决定搬离曼哈顿。到 1975 年，纽约 500 强公司总部已经减少到了 75 家。

受经济危机和科学技术革命的影响，纽约市传统支柱产业——制造业受到极大的冲击，迅速衰落。第三产业逐渐成为纽约市经济的主导产业，尤其是金融业等相关服务业发展迅速。在这一过程中，纽约市外缘的四个城区（布朗克斯区、布鲁克林区、皇后区和斯塔滕岛）经历了真正的衰落。制造业的衰退与迁移对这里的影响最大。就业机会减少，白人工人离去、贫困的西班牙裔与非裔迁入，这里日益贫困。投资不足使衰败无法扭转，南布朗克斯成了闻名于世的城市衰败的象征，其主要城市公路和桥梁都因塌陷而不得不关闭。然而这一时期，纽约市政客为了赢得选民支持，在纽约市推行“赤字财政”政策，无限制地增加各种经费开支，最终造成了 1975 年的财政危机，使本来内外交困的纽约市雪上加霜。

20 世纪 70 年代中期，美国深陷以“滞胀”为特征的经济危机之中。“汽车产量从 1973 年 10 月的最高点到 1975 年 1 月的最低点，计下降 56.4%；钢产量从 1974 年 3 月的最高点到 1975 年 7 月的最低点，下降了 34.4%。到 1975 年 5 月，失业人数猛增到 825 万人，失业率达 8.9%，为 1941

年以来最高纪录。”（刘绪贻，2008：436）严重的经济危机又伴随着急剧发展的通货膨胀，导致劳动人民收入下降和消费开支下降，美国社会陷入极不稳定的状态之中。1981 年 2 月，共和党人罗纳德·里根就任美国总统。上任伊始，里根就开始他的经济复兴计划，如“大规模消（削）减个人及公司所得税；大规模消（削）减非国防开支；放慢货币增长速度，抑制通货膨胀；切实放松政府管制，大规模增加国防开支；几年之内平衡联邦预算”（刘绪贻，2008：498）。但是，由于里根经济复兴计划本身具有不可调和的矛盾，短时间内美国非但未能彻底治愈 70 年代“滞胀”危机的创伤，反而又陷入 1981 年秋到 1982 年 11 月的经济危机的泥潭。失业率从 1981 年的 7.6%上升到了 1982 年的 9.7%（Strawser et al.，2002：124）。

在美国经济危机的大背景下，纽约市的经济形势也在恶化，其经济地位与第二次世界大战以前相比削弱了很多。全国性区域经济结构的调整，使纽约市的传统地位受到一定的削弱，并日益受到西部大城市的挑战；而郊区化与大都市区化的冲击、人口的大量流失、大量公司外迁，使得纽约市经济资源受到很大的损失；制造业的衰落使纽约市的整体经济实力下降。在上述多种因素的合力作用下，纽约市的经济地位逐渐下降。

从 1983 年开始，里根的“税制”改革和宽松的货币财政政策，产生了积极的效果，美国经济开始好转，经济增长势头强劲，通货膨胀率得到抑制，就业率增加，美国经济出现复苏，并逐步走出“滞胀”的泥潭。受此影响，1983～1989 年纽约市也逐渐进入一次经济增长周期，银行业和证券业发展迅速，就业岗位迅速增加。但是 1987 年美国股市暴跌，从 1990 年到 1991 年美国又经历了长达 9 个月的经济衰退。作为美国金融中心的纽约市也随之进入了经济衰退期，华尔街雇员大量下岗，服务业受到沉重打击，失业率增加。纽约市失业率连续五年呈上升趋势，1988 年为 5.1%，1989 年为 6.5%，1990 年为 6.8%，1991 年为 8.8%，1992 年为 11.1%（New York State Department of Labor，2022）。

纽约市遇到严重的经济问题的原因，一是 1987 年股市暴跌，二是地方经济过于依赖国际贸易。与美国其他地方相比，这两个因素使纽约市的经济衰退来得更早，更为严重。那时，华尔街大批雇员下岗，纽约市服务产业部门遭受沉重的打击，其面向商务服务产业的就业量大幅度减少，而与此相反，美国其他地区的这些产业部门就业量仍处于增长态势，反差特别明显的是商务服务业，全美该产业部门的就业增长 7.6%，而纽约市则为-20.6%，其次是管理与工程服务领域的就业岗位，全美增长了 3.4%，而纽约市为-14.4%（宋会敏，2010：64）。纽约市衰退的经济形势导致就业形势恶化，对城市社会治安产生了恶劣的影响。

二、20 世纪 90 年代经济的稳定增长

1992 年，美国经济出现了低失业、低膨胀下连续多年稳定增长，即“双低一高”的发展态势，近 10 年的实际 GDP 保持在 3%以上（Robbins and Moylan，2007）。在经济增长的同时，失业率从 1991 年的 6.8%下降为 2000 年的 4.0%（Strawser et al.，2002：124），但是通货膨胀率却总体保持在 5%的水平（The Council of Economic Advisers，2000：377）。失业率和通货膨胀率这两个过去让经济学家大受困扰的棘手问题均处于控制之中。同期，政府财政状况显著好转，由 1992 年近 904 亿美元财政赤字转为 1999 年的 1244 亿美元的财政盈余。美国经济处于历史上较长的连续增长期。学者们把这种建立在信息技术革命和制度创新基础上的经济持续增长与低通货膨胀率、低失业率并存的新的经济现象称为“新经济”，美国进入了所谓的新经济时期（Shepard，1997）。

在美国经济复苏的影响下，纽约市的经济发展迅速，生产总值连续增加。尤其是 1992 年经济恢复以来到 2000 年，纽约市呈现了一次经济增长周期。信息产业、服务业尤其是商业服务业、金融业、证券业、房地产业等迅速发展，成为这一时期纽约市经济发展的主要推动力。如表 3-1 所示，纽约市城市生产总值[①]从 1991 年以来持续增加。GCP（当年价）从 1991 年的 2548 亿美元增加到 2000 年的 4411 亿美元，仅仅 10 年 GCP（当年价）就增加了 73.1%，人均 GCP（当年价）增长达到了 64.3%。

---

① 纽约市的国内生产总值被称为“城市生产总值”（gross city product，GCP），纽约市政府的管理与预算办公室（Office of Management and Budget，OMB）每月要编发一个《当前经济形势月度报告》（Monthly Report on Current Economic Condition），这个报告通常会把纽约市的 GCP 与美国的 GDP 进行比较。纽约市的审计官办公室（Office of the Comptroller）每季度发布一个经济简报（economic notes），这个简报对过去一段时间的纽约市经济状况做出分析。审计官办公室主要使用 GCP 增长率来分析纽约市的经济状况。纽约市的独立预算办公室（Independent Budget Office，IBO）是一个由公共经费支持的非政府机构。这个机构为纽约市的居民和政府部门提供经济和政策分析，经常发布由它的研究人员估算的纽约市 GCP。在纽约市没有一个具体明确的机构来负责测算和发布 GCP。管理与预算办公室、审计官办公室和独立预算办公室的专家，分别根据美国商务部经济分析局对美国 GDP 和纽约州的州生产总值（GSP）的测算，估算出纽约市的 GCP。部门和机构不同、估算和发布的时间不同，纽约市的 GCP 数据也会有所不同。

表 3-1　1991～2000 年纽约市政府管理与预算办公室测算的纽约市的 GCP

年份	GCP（当年价）/亿美元	个人收入/亿美元	人口/人	人均 GCP（当年价）/美元
1991	2 548	1 893	7 350 023	34 667
1992	2 695	1 979	7 375 097	36 542
1993	2 820	2 019	7 347 257	38 382
1994	2 942	2 075	7 336 224	40 102
1995	3 068	2 212	7 319 546	41 915
1996	3 317	2 341	7 339 594	45 193
1997	3 560	2 455	7 320 477	48 631
1998	3 662	2 620	7 357 745	49 771
1999	3 993	2 754	7 429 263	53 747
2000	4 411	2 960	7 746 511	56 942

注：GCP、个人收入（personal income）数据来源于纽约市管理与预算办公室 2008 年 12 月 23 日发布的《当前经济形势月度报告》（https://www1.nyc.gov/assets/omb/downloads/pdf/ec11_08.pdf）；人口数据来源于 Langan 和 Durose（2004）。

三、经济与犯罪的关系

在研究犯罪学的理论之中，经济与犯罪之间存在着一定的关联性。事实上，研究人员早就注意到这个问题。马克思和恩格斯（1956a：555-556）在《英国工人阶级状况》一文中就强调了城市环境对工人的影响，认为恶劣的居住环境是工人犯罪空前增长的主要原因。英国工人阶级的状况日益恶化，物价稍微波动一下，成千上万名工人就要挨饿，他们的一点点积蓄很快就会花光。到了那个时候，他们就有饿死的危险。因此他们憎恨富人，就“抢劫和捉弄比较富有的人”。失业人员增加而“政府不管他们，甚至把他们一脚踢开。因此，男人们进行抢劫或是偷盗，女人偷窃和卖淫，还有谁能怪罪他们呢”？恩格斯分析工人违法犯罪源于恶劣的经济状况。

马克思和恩格斯（1958a：488）在 1848 年发表的《共产党宣言》一文中指出：“人们的观念、观点、概念，简短些说，人们的意识，是随着人们的生活条件、人们的社会关系和人们的社会存在的改变而改变的，——这一点难道需要有什么特别的深奥思想才能了解吗？”在马克思主义的观念里，物质生活的生产方式制约着人们社会生活、政治生活和精神生活。当物质生产方式同现实生产关系发生冲突时，社会经济基础的变化必然导致社会上层建筑相应的变化。在马克思和恩格斯看来，犯罪起源于社会成员不平等的经济关系。资本主义制度增加了生产资料所有者通过剥削体力劳动者而获得的财富，当资产阶级通过使用节省劳动力的设备来寻求最大利润时，他们就创造了一支失业大军，这些失业人员成为无产阶级。为了生存，被压迫阶级甚至依靠违法的方式来满足他们自己的需求。

第二次世界大战以后，收入差距、劳动力市场状况与犯罪率之间的关系成为犯罪经济学领域最重要的研究主题。美国经济学家加里·贝克尔（Becker，1968）发表的《罪与罚：一项经济学的研究》（“Crime and Punishment：An Economic Approach”）一文，将微观经济学的理论扩展到对人类行为的分析上。他运用成本-收益理论对犯罪问题做了深入的分析，认为一名罪犯被假设为以一种可预测方式对不同刺激做出反应时，表现在收益和成本两方面。犯罪被作为不确定性之下的理性行为来分析，而不是作为与罪犯的特定心理和社会地位有关的非理性行为来分析。换句话说，犯罪数量与定罪率、惩罚力度、依法劳动所得与非法活动可得的收入的比较、逃脱被逮捕的机会等变量相关，因此，个人的成本-收益分析可在很大程度上解释个人犯罪的原因。

20 世纪 70 年代，随着美国陷入“滞胀”危机，城市犯罪率上升。埃萨克·埃利克（Isaac Ehrlich）认为收入差距、劳动力市场状况与犯罪率之间存在正相关，总体收入水平的提高有助于降低犯罪率。他认为，一个地方的收入与犯罪相关，家庭收入的高低与财产犯罪相关。一个警察的作用与犯罪率成反相关（因为警察的威慑作用），而失业与犯罪之间存在正相关（Ehrlich，1973）。这些观点后来得到进一步强化：收入降低及差距扩大容易引发社会不稳定和犯罪率的升高，进而可能对未来的经济增长不利，导致“新拉美病”（Bourguignon，1999）。

中国改革开放后的发展历史也证明，经济发展进程中的一些具体因素，如经济增长、收入差距、贫困、失业、区域经济差异、流动人口、城市化等问题都可能会对犯罪产生影响（田鹤城，2009）。陈春良（2012）在《中国转型期收入差距与刑事犯罪率的动态变化研究》中关注我国经济社会转型过程中的犯罪率上升，并将其置于经典犯罪经济学分析框架内加以考察，指出收入差距、城市化以及执法威慑等变量对犯罪参与的影响；重点从经济社会条件变迁尤其是收入差距的持续扩大切入，分析其对转型期不断攀升的犯罪率的影响。就纽约市来说，经济状况的好坏、劳动力市场状况、收入差距等与犯罪率起伏有着密切的关联。从 1980 年到 2004 年的 20 多年里，纽约城市犯罪率起伏和经济状况的变化相一致：在 80 年代经济衰退时，城市犯罪率就节节攀升；而当 90 年代经济逐渐恢复并繁荣时，犯罪率就呈迅速下降趋势。这表明经济状况、财政投入、收入差距、失业率等与纽约市犯罪率密切相关。

第二节　财政状况与犯罪率的起伏

随着城市和科技的发展，美国城市管理越来越规范化、现代化，科学管理的成本逐年提高，尤其在打击城市犯罪方面。无论是警务改革还是增加城市警力、监控设施、检测仪器等，都离不开坚实的物力和财力基础。纵观1980～2000年的纽约市发展史，纽约财政状况与犯罪率有很大关系。

一、经济衰退对警务能力的影响

20世纪70年代的经济危机使一些大城市的财政预算问题成了治理犯罪的障碍，以致纽约等城市大量裁减执法人员。“因为财政危机，纽约市解雇与减员的警察人数从1970年的32 000人减少到80年代初的22 000人以下，裁减了约1/3。”（Corman and Mocan，2000）1982年以后，纽约市警察数量有所增加，但由于经济增长缓慢，增加幅度不大，到1990年才增加到了25 200名左右。1990年，纽约市的76个警区中，有16个区的侦探人员不到12名。负责控制纽约市公共交通系统和公共住宅区中犯罪的各警察单位，还有裁减人员的情况（林广，2013）。事实上，警力不足不是个别街区的现象，而是纽约市的普遍状况。

另外，经济衰退也影响到纽约市监狱的工作效果。由于资金和设备不足，从事忠告（心理辅导、疏导）和教育的律师和社工人员较少，只有十分之一的犯人在狱中能接受工作训练。同时，财政困难造成监狱里管理条件较差，牢房奇缺，设施陈旧，拥挤不堪。在这样的环境下，犯罪分子中滋长着暴力和吸毒现象，悔改自新的机会很少（李洪海，1987：85-87）。监狱各方面条件简陋、人手紧张，那么自然地犯人接受改造和教育的效果不良。面对这种情况，人们寄希望于里根总统，但是里根政府所推行的裁减预算运动，使他们所抱的希望趋于破灭。财政困难造成警力不足，严重地削弱了警察打击犯罪的力度。因此，20世纪80年代，纽约市警察局在打击犯罪方面受到财力制约，以至于不能全力以赴地根除犯罪，留下了许多隐患。《美国新闻与世界报道》说：“现在有些警察局拒绝受理一些相对来说不太重要的控诉，以便集中精力抓重大案件。以纽约市警察局为例，由于负担太重，很少派人到现场勘查5000美元以下的盗窃案。”（李洪海，1987：261）在这种情况下，指望警察能迅速、及时而有效地处理警情，显然是水中望月，其造成的影响是相当严重的。

DNA技术在20世纪80年代就开始运用于打击犯罪活动中。实践证明，DNA检测技术在纽约市刑侦工作中起到了非常重要的作用，成为打击犯罪、维护社会治安的重要辅助手段。但是犯罪分子仍然在自由作案，“因为警察局无法提供 500～1000 美元为每一宗强奸案中的有关物件进行 DNA 检测和分析，以致成千上万份含有 DNA 样本的材料存放在警察局的库房里长达 10 年而没有检测，导致一些强奸案侦破错失了时效性”（Safir and Whitman，2003：63）。

财政危机造成警力不足、监狱条件简陋、检测设施不足等情况，以致产生警方对犯罪分子教育缺失、打击不力、对犯罪分子威慑力不够等严重后果，也致使许多犯罪分子逍遥法外。在这种情况下，犯罪活动十分猖獗，尤其是暴力案件激增（表 1-2），1980 年，纽约市暴力犯罪总数为 149 549 例，到 1990 年达到 174 542 例，创 1965 年以来最高纪录。其中，凶杀案和重伤害案尤为突出，凶杀案数量从 1980 年的 1812 例增加到 1990 年的 2245 例，重伤害案数量从 1980 年的 43 476 例增加到 1988 年的 71 030 例（Corman and Mocan，2000）。可以看出，即使有先进的技术，财政危机也对治理犯罪产生了一定的负面影响。

二、财政好转与犯罪率下降

1991 年以后，纽约市经济逐渐恢复和发展，城市财政收入增加。以旅游业为例，从 1991 年到 2000 年，来纽约市旅行的游客持续增加，从 1991 年的 2279 万人增加到 2000 年的 3740 万人，增加幅度高达 64.1%，而游客的花费也从 1990 年的 101 亿美元增加到 170 亿美元，增长幅度高达 68.3%。旅游业的发展带动了宾馆、餐饮、娱乐、文化等服务行业的繁荣（Giuliani et al.，2001）。1994 年，纽约市人均财政收入为 6144.73 美元，位居全美 23 个 50 万以上人口的大城市的首位。其次是旧金山为 5138.14 美元，波士顿为 3711.71 美元，孟菲斯为 3448.16 美元，巴尔的摩为 2940.52 美元。全美大城市平均为 2946.39 美元（Keating，1997：464）。纽约市 GCP 迅速增加，从 1991 年的 2548 亿美元增加到 2000 年的 4411 亿美元（表 3-1），10 年间就增加了 73.1%。即使考虑到当年价和人口增长的因素，纽约市 GCP 的增长也是成就斐然的。

纽约市经济增长使纽约市警察局财政预算大幅度增加，2000 年达到 37 亿美元（Safir and Whitman，2003：XI），为警察局打击犯罪活动提供了物质保障。“工欲善其事，必先利其器。”纽约市警察局利用财政实力，进行警务改革，建立高效的“情报制导战略”（Bratton and Knobler，1998：233-239）。该系统运用地理信息系统来绘制犯罪地图、侦查危险的地区。纽约市警察局为分局配备了最新式的计算机，以便快速运用先进的计算机技术绘制出凶杀、抢劫、盗窃等犯罪地图，全市犯罪高发的“热点地区”跃然图上。纽约市东部地区的第 75 警区就是一个“热点地区”。1993 年该警区发生 129 起凶杀案、3152 起抢劫案、1854 起盗窃案、1474 起袭击案，还有 300 个遭通缉的暴徒逃亡在这里。纽约市警察局副局长杰克·梅普尔（Jack Maple）运用“情报制导战略”，集中人力和资源来治理这个“热点地区”。“1997 年，第 75 警区的凶杀案为 35 起，比 1993 年下降了约 73%；七项重罪下降了 42%以上。现在第 75 警区仍是纽约市一个较有活力的社区，但是暴力犯罪比 90 年代中期少多了。”（Safir and Whitman，2003：30）

同时，纽约市警察局大力增加警力，提高警方威慑力。警力的多少与社区治安好坏有一定的关系。与乡村不同，城市是一个异质性很强的社会，因此充足的警力能够增加警察与街道、市民的接触，这能对犯罪分子起到一种威慑作用。20 世纪 90 年代纽约市警力有了大幅度的增加，从 1990 年的 31 236 人增加到 2000 年的 40 435 人，创纽约市有史以来的新高。每 10 万居民的警察数量从 1990 年的 427 人增加到 2000 年 505 人，增加了 18.3%（Corman and Mocan，2000：589；Reaves and Hickman，2002：10）。2005 年纽约市警察人员数量为 4.1 万人。另外，1984 年 7 月试行的“社区巡逻警员计划”曾一度因经费紧张被迫停止，到 1991 年纽约市经济形势好转时又重新开始实施，巡逻警员从 786 人增加到 4895 人，增长了约 523%（Silverman，1999：56）。“社区巡逻警员计划”试点成功后，于 1994 年在全市分局实施。原先，警员是在接到报警后才赶往出事地点，而之后警员是 10 人一组地在街头巡逻。以布鲁克林区的第 75 分局为例，从 1992 年至 1995 年，在分局局长邓恩组建“街头毒品和枪支”巡警小分队的几周内，逮捕非法持枪者的数量就翻了一番，枪击事件及凶杀案骤降。一家当地媒体播放了对一名犯罪分子的采访，他说：“警察总是紧盯着我和我的朋友们。”（于波，2007：43）此外，警察局还雇用 6000 名市民协助维持社区治安，让他们在商业区、公共场所、居民区和公租房[①]里巡逻，充当警方的“耳目”。警力的加

① 公租房（public housing）是保障房（affordable housing）的一种类型。因其由政府出资自建，产权属于政府，又俗称“政府楼”。一般来说，在纽约市，只要是年满 18 岁的美国公民，并在纽约市工作，尤其是在纽约市稳定缴税的低收入阶层都有资格申请公租房。2013 年左右，两口之家的家庭年收入若低于 50 700 美元就具备申请条件，单身人士年收入则不得高于 48 100 美元。纽约市公屋管理局的数据显示，申请到公租房的家庭年均收入达 22 994 美元。近年来，纽约市家庭年均收入约为 78 300 美元。低廉的房租无疑是公租房最大的吸引力。纽约市的公租房租金一般都不超过租户家庭年收入的 30%。即便有些“租金管制楼”要交市价房租的 30%，有些甚至会更高，但也不能跨过 30%这条红线，差价部分则由政府出资补贴。纽约市大约有 5%的人住在公租房里。公租房一般都建在较为贫穷的区域，因此环境、治安都不尽如人意。

强也增强了市民参与打击犯罪分子的信心，对打击盗窃有明显的作用。“从1991 年开始，警察力量第二次扩大，而凶杀案发生率稳定下降，到 1996 年月平均凶杀案为 82 起，创 27 年来最低。”（Corman and Mocan，2000）

为了迅速、高效地打击犯罪分子，纽约市警察局购置快捷的交通工具，包括警车、执法船、直升机，以及在全市重要场所安装监控设施——电子眼。电子眼的安装具有预防、监管、提供线索和证据等多方面功用，在减少城市盗窃、抢劫等犯罪活动方面，发挥着重要的作用。同时，这些电子眼也可以将恐怖袭击活动全部拍摄记录下来，有助于情报部门及时预防恐怖袭击的再次发生，对打击和控制犯罪活动有一定的威慑效果。但是，电子眼的安装曾走过一段弯路。1980 年，纽约市市长林赛在时报广场安装了电子眼，每个约花了 1.8 万美元，还需一组监测人员 24 小时维护，但由于被认为耗资巨大且“无利可图”遭到拆除。90 年代以后，纽约市警察局财力有了保障，同时也因为 1993 年美国纽约世界贸易中心遭到一次袭击，便开始在公共场所，如体育场馆、银行自动取款机等地安装电子眼。在随后的 5 年里，纽约市犯罪率下降了 30%～50%。1997 年，警察局在公共建筑、建筑工地、政治集会以及类似华盛顿广场公园的地方安装了电子眼。2001 年“9・11”恐怖袭击事件后，纽约市警察局在哈莱姆区和布鲁克林大桥等犯罪高发地点新安装了 400 个电子眼。1999～2004 年，纽约市电子眼数量从 2397 个猛增到 7200 个（Tavernise，2004）。有了电子眼的帮助，犯罪率有所下降。在格兰特公寓（Grant House）的庭院、走廊和电梯等公共区域安装了 19 个电子眼之后，几个月里这里犯罪率下降了 5%。华盛顿广场公园是格林威治村的中心，也是人们聚会的场所。在 1998 年安装电子眼之前，一些毒犯在这里从事各种非法毒品交易。1998 年，警方在公园里的路灯上安装了 13 个电子眼。守候的警察多次观察到犯罪分子正在进行“现场作案”并当场抓获罪犯（Safir and Whitman，2003：128）。

事实证明，纽约市资金投入与警力多寡、警务设施等密切相关，警力和设施不足时纽约市犯罪活动增加，相反，纽约市犯罪活动减少。

第三节　家庭经济因素与犯罪率起伏

家庭经济因素和犯罪率有着很大的关联。本节的家庭经济因素涉及家庭收入、就业、财产等方面。所谓财产犯罪，就是以非法获得财物为目的的犯罪，如盗窃、侵占、抢劫等。财产犯罪率的高低与经济状况密切相关。有学者认为，“自从十七世纪末以来，谋杀罪和一般的侵犯人身的犯罪都大为减少，但侵犯财产的犯罪似乎取代了暴力犯罪，盗窃和诈骗取代了谋杀罪和暴力袭击罪”（路易丝·谢利，1986：29）。在经济繁荣时期，人们收入较为稳定，生活有保障，财产犯罪率较低，反之则较高。

一、家庭收入下降的影响

纽约市是一个国际性大都市，总体上纽约人生活水平较高。就收入而言，纽约人的收入在美国也是较高的。1983 年，纽约市家庭平均收入 16 166 美元，但是不同种族收入存在较大差异。白人平均年收入 20 255 美元，而非裔年收入只有 13 035 美元，波多黎各人更少，只有 8596 美元，不及白人的一半。同时，居民收入中的房租比例比以前高了很多，1950 年为 18.9%，1970 年为 20.0%，21 年间增加了 1.1 个百分点。1984 年，纽约市有 1/4 的租户被迫将自己一半以上的收入用于支付房租（Dogan and Kasarda，1988：50-51）。这种房租与收入不成正比的情况对纽约社会产生了极为有害的影响。

首先，家庭收入差距是城市犯罪的一个潜在因素。就家庭平均收入来看，16 166 美元比美国贫困线（五口之家 10 963 美元）还要高（宿景祥，1992：380），维持普通生活不存在问题。问题在于，纽约人家庭收入差距悬殊，白人收入高而有色人种收入低。犯罪社会学认为，收入差距扩大易引发社会失序、混乱、紧张以及亚文化冲突导致对抗性社会心理或“相对剥夺感”的上升，并且随着影响个人的各种传统社会关系纽带的逐渐弱化，个人行为偏离社会规范要求，导致犯罪参与增加，犯罪率上升（陈春良和史晋川，2011）。既然收入差距是导致许多犯罪的祸根，那么根除这个祸根不就解决问题了吗？但是，这牵涉到消除种族歧视、保障公平等，现代美国社会还无法根除这个祸根。

其次，纽约人收入中的房租份额增加了，就意味着实际收入的减少和生活质量的下降，甚至可能沦为穷人。在宣称人人平等和金钱至上的美国，人们相信每个人都有机会获得成功，富人是奋斗、成功的象征，受人尊敬；穷人是懒惰、失败的同义词，受人鄙弃。在法律上平等但现实中存在种族歧视的美国，贫富差距几乎是无法改变的，除非走莫顿所说的“失范”之路。“如果一个社会一方面看重人人都过富裕生活的目标，但是另一方面又拒绝使人人都有平等的机会以社会承认的方式致富，那么它就会引起偷盗、欺诈和类似的犯罪。”（伊恩·罗伯逊，1994：217）

最后，纽约市税收增加了，意味着实际收入减少了。纽约人工资收入比过去有所增加，但税收增长更快。1966 年，纽约市市长林赛要求城市个人所得税率为 2%。1975 年个人所得税率迅速增加到 3.5%，1976 年为 4.3%，1982 年为 4.52%，1983 年达到顶峰，为 4.73%。1989 年回落到 3.4%，1990 年又上升到 3.91%，1991 年达到 4.46%（Keating，1997：480）。在经济衰退、失业率较高的 20 世纪 80 年代，个人所得税率保持在历史高位，比 60 年代高 1 倍多。这种情况造成居民实际收入的减少。因此，收入差距和实际收入减少，肯定会影响一部分纽约人的正常生活，有的人就会走上犯罪道路。

二、犯罪率急剧上升

1980～1990 年，纽约市犯罪总数基本上呈上升趋势，从 710 151 例增加到 710 222 例，11 年间只增加了 71 例。但其中的暴力犯罪却从 149 549 例上升到 174 542 例，11 年间增加了 24 993 例；财产犯罪从 560 602 例下降到 535 680 例，财产犯罪减少伴随经济状况好转。这充分说明纽约市的经济状况与财产犯罪有关联。正如犯罪学家所说的，“财产犯罪在所有现代化国家都是犯罪的主要形式是因为日益受世俗的而不是宗教的准则所支配的有形财富具有前所未有的重要性。在社会地位不断变动的现代社会里，决定人们社会地位的是财产而不是出身。在这种情况下，取得财物已不仅是为了满足实际的需要而且是得到社会地位的手段。获得财产，特别是在现代社会通过合法或非法的手段去获得财产，已成为可以证明一个人的个人价值的一种手段”（路易丝·谢利，1986：160）。

20 世纪 90 年代以后，纽约市完成了由以制造业为中心到以第三产业为中心的产业结构的转变，2001 年纽约市 90%的就业人员从事第三产业；制造业从 1990 年的 15%下降到 2000 年的 11%，下降了 4 个百分点；金融业、保险业、房地产业所占比例大幅上升，由 1990 年的 26%上升到 2000 年的 37%，上升了 11 个百分点；信息产业从 1990 年到 2000 年增加的岗位达到 72 978 个（U.S. Department of Commerce，2001）。在纽约城市经济繁荣的推动下，纽约市人均 GCP 持续增长，从 1991 年的 34 667 美元增加到 2000 年的 56 942 美元（表 3-1），仅仅 10 年间人均 GCP（当年价）增长更是高达 64.3%。纽约市城市快速的经济增长必然对城市社会环境的改善产生积极的影响。

1990 年，纽约市犯罪总数为 710 222 例，其中财产犯罪数为 535 680 例，暴力犯罪数为 174 542 例。到了 2005 年，犯罪总数为 217 132 例，其中暴力犯罪数为 54 623 例，财产犯罪数为 162 509 例。与暴力犯罪相比，财产犯罪下降的幅度更大一些。在暴力犯罪中，抢劫犯罪下降的幅度最大，从1990 年的 100 280 例[①]到 2005 年的 24 722 例（于波，2007：19）。这些数据证明，90 年代纽约市经济状况和人均收入比 80 年代有了很大的提高，人们的基本生活有了保障，不必再冒险去犯罪。因为一旦犯罪被捕，他们付出的代价更大。正如美国经济家杰弗里·格罗格（Jeffrey Grogger）所说，90 年代纽约市经济好转，纽约人工资提高导致犯罪率下降。杰弗里·格罗格选择了工资率作为变量，得出了如下主要结论：当低技术市场的工资上升时，年轻人从事经济因素驱动类犯罪的可能性就会降低。根据这种观点，年轻人会比较在合法经济中拿到的工资与通过犯罪获得的收益，然后做出利益最大化的选择。杰弗里·格罗格随后试图对这种关系做定量分析，发现实际工资上升10%将导致经济因素驱动类犯罪下降 10%（Grogger，1995）。这种对财产与犯罪关系变化的解释很有说服力。

新泽西州莱德大学经济学系霍普·科尔曼和科罗拉多大学经济学系纳西·莫坎在研究犯罪时发现，最低工资的增加对减少抢劫罪和凶杀罪有重要影响，高失业率和入室盗窃、机动车盗窃犯罪密切相关，最低工资增加 10%将导致凶杀案发生率下降 6.3%～6.9%。另外，1990～1999 年凶杀案发生率实际下降了 73%。凶杀案发生率下降，其中有 29%可以用凶杀案犯逮捕率的上升来解释，2%是由于监狱人口增长，8%则是因为最低工资的上涨（Corman and Mocan，2005）。这些观点得到古尔德等学者的认可：过去十年（1979～1989 年）的研究表明，工资和失业与犯罪有一定的关联，对没有大学文凭的人来说，失业增多就会增加财产犯罪；对非熟练工人来说，劳动力市场机会减少就会增加财产犯罪（Gould et al.，2002）。

从纽约市有关统计资料来看，财产犯罪大多与人们的经济生活相关，当收入减少、生活拮据时，一些人为了生计走上盗窃、抢劫的道路，最终走上了犯罪的道路。相比来看，暴力犯罪多数与经济无关（当然不排除少数谋财害命的案例），经济形势对暴力犯罪影响不大。但是，入室盗窃和机动车盗窃受经济影响较大。这里主要从成本-收益与犯罪的关系等方面分析纽约市犯罪率下降的经济原因。一方面，盗窃机动车技术成本较高，需要犯罪分子会驾车，偷车之后能驾车逃跑。另一方面，盗窃机动车危险性大，因为 90 年代以后纽约市公共场所安装了 1 万个电子眼，车辆放置在公共场所容易暴露，家里藏匿不便；车辆销赃需要与人联系，容易被警察查获。所以城市犯罪中，盗窃案的下降幅度是最大的，1990 年发案 268 620

① 见表 1-2，据美国联邦调查局《统一犯罪报告》为 100 550 例。

例，到2005年下降到23 120例。

虽然经济指标影响程度不尽相同，但有证据显示经济形势对所有的严重刑事犯罪（袭击除外）均有影响。杰弗里·格罗格的研究还发现，参与犯罪的人的工资通常比没有参与犯罪的人的工资低大约 11%，参与犯罪的人通常是“无技能的”人，他们平均每年要工作 254.8 个工作日。在随后的研究中，作者还发现：“工资每提高 10%犯罪参与率将下降 1.8%。”（Grogger，1998）工资的变化确实能影响犯罪率，这在年轻人身上表现得尤为明显。工资水平是反映劳动力市场环境的指标，工资水平越高，犯罪的机会成本越大；工资水平越低，犯罪机会成本越小。如果此时他们有机会接触非法市场，并且抵制不住非法市场高收入的诱惑，就很可能会铤而走险，以较低的成本获得较高的收益。另外，加拿大学者阿里杰特·南迪（Arijit Nandi）等的研究可以证明经济与人们行为的关系。他研究发现：1990～1999年纽约市经济活动与自杀率具有反证关系，即经济繁荣期每 10 万人的自杀率比经济活动低谷时要低。1999 年（经济繁荣期），纽约市自杀率为每 10 万人 4.8 人，1992 年（经济低谷期）为 7.7 人。从 1991 年到 2000 年，纽约市自杀率直线下降，每 10 万人的自杀率从 1991 年的 8.3 人下降到 1999 年的 4.8 人；1999～2006 年则保持不变（Nandi et al.，2012）。这从一个侧面说明经济对人们的思想意识有重要的影响。

第四节　失业率与犯罪率的相关性

失业率与犯罪率之间存在着显著的正相关性。尽管学者们在固定效应模型和随机效应模型下得出的失业率影响犯罪率提升的数量还存在一点差异，但大多数学者还是认同，失业率和犯罪率存在正相关关系。例如，2019 年南非共和国的约翰内斯堡，失业率已经接近 40%，而且它的犯罪率也在全球排第一。中国 20 世纪 90 年代城市部门的改革引起城市失业率上升，这些改革一方面可能直接促使部分失业的城市居民走向犯罪，另一方面促使城市地方政府采取对农民工更加严厉的歧视性政策以保护城市居民的就业，这种城市倾向的就业政策导致进城农民工失业增加，失业后他们就更脆弱，从而更容易走向犯罪并推动中国犯罪率的上升（章元等，2011）。20 世纪 80～90 年代，纽约市失业与犯罪的关系是一个比较好的印证。

一、纽约市经济衰退与失业率的关系

20 世纪 80 年代初，美国还未彻底治愈 70 年代“滞胀”危机的创伤，又陷入 1979～1982 年长达 44 个月的经济危机。1983 年 4 月 13 日《幸福》杂志记载，1982 年美国 500 家大公司利润下降 27.1%。是年初至 9 月底，就有 17 000 多家企业倒闭，失业人数突破 1100 万。与此同时，由于减税及国防、失业补助等方面开支大量增加，1982 年赤字达到 1100 亿美元（刘绪贻，2008：501）。美国经济形势恶化，造成了大量失业。《美国商业统计》记载，全国失业率持续上升，从 1979 年的 5.8%上升到 1980 年的 7.1%、1981 年的 7.6%，再一跃上升到 1982 年的 9.7%（Strawser et al.，2002：124）。在这样的大背景下，美国社会治安恶化，城市犯罪活动猖獗。1981 年，纽约市犯罪总数高达 725 846 例，达到了自 60 年代以来的最高水平。从 1983 年开始，里根总统采取经济复兴计划，即大幅度减税、削减联邦政府开支、稳定货币等，经济增长势头强劲，通货膨胀率得到抑制，就业率增加，美国经济出现复苏，国内生产总值年增长率为 3.5%，1984 年上升到 6.8%，1984 年企业固定资本投资增长率达到 15%，美国经济终于走出了“滞胀”困境，实现了持续增长的目标。同期纽约社会较为稳定，城市犯罪总数从 1981 年的 725 846 例下降到 1984 年的 600 216 例，犯罪率下降了 17%。

20 世纪 80 年代中期以后，纽约市进入新的经济增长周期，银行业和证券业发展迅速，就业岗位迅速增加。但是，出乎人们意料的是，纽约社会治安却出现恶化，犯罪活动增多，犯罪总数从 1984 年的 600 216 例上升到 1988 年的 718 483 例，创了 5 年来的历史新高；暴力犯罪总数从 1984 年的 132 292 例上升到 1990 年的 174 542 例，创了 7 年来的历史新高（表 1-3）。通常情况下，经济增长与犯罪率应成反比关系，也就是经济增长时犯罪率应该下降，那为什么会出现经济增长而犯罪率上升的吊诡情况呢？事实上，纽约市经济缓解情况下隐藏着严重的危机。一方面，美国外贸和财政两大赤字有增无减，另一方面股票过分高估，股票市值总额和支撑实际资本相差 167 倍，买空卖空盛行。1987 年 10 月 16 日，纽约市华尔街股市暴跌，道琼斯工业平均指数下降 508 点，5000 亿美元瞬间蒸发，约损失其总价值的 22.6%。不到两周时间，美国损失 2 万亿美元，指数波动幅度超过 1929 年水平。到 1987 年底，股票价格严重缩水，股市疲软，美元信任危机加深。严峻的经济形势导致纽约市进入了 1989～1992 年的经济衰退期，丢失了 40 万个工作岗位（乔治·J. 兰克维奇，2005：306）。在这样的情况下，犯罪率升高就比较好理解了。正如伊迪丝·伊丽莎白·费林所说的，“经济窘迫因素（包括失业问题、债务和需要获得日常的收入），在绝大多数的重罪案例中占 47%。享乐的因素（诸如追求刺激，为吸毒、酗酒和大肆挥霍而谋取钱财）则占犯重罪的 35%”（李洪海，1987：261）。

二、20 世纪 90 年代以后纽约市失业率下降对犯罪率的影响

受 1990 年短期金融危机影响，1990～1992 年，纽约市失业率从 6.8%上升到 11.1%的高峰。1992 年之后，随着经济的回复，失业率开始下降，到 2000 年降到 5.8%。其间，受亚洲金融危机的影响，1997 年失业率达到 9.3%（表 3-2）。

表 3-2　1990～2000 年纽约市失业率　（%）

项目	1990 年	1991 年	1992 年	1993 年	1994 年	1995 年	1996 年	1997 年	1998 年	1999 年	2000 年
失业率	6.8	8.6	11.1	10.4	8.8	8.2	8.8	9.3	7.9	6.8	5.8

资料来源：New York State Department of Labor（2022）

表 3-2 显示，1990～2000 年纽约市失业率有起有伏，但总体上呈下降趋势。失业率与犯罪有怎样的关系呢？经济学家普遍认为，当经济状况良好时，犯罪率就会下降。的确，经济好转时工厂开工率高，劳动力需求量增长，劳动力市场提供的就业机会多，适龄劳动力就业率上升，而失业率就会下降。在这种情况下，犯罪的机会成本增大，犯罪率就会下降；反之，劳动力市场恶化，失业率上升，犯罪机会成本下降，则易引发犯罪，尤其可能引发更多的财产犯罪。纽约市犯罪率下降与失业率下降也存在这样的关系。纽约市犯罪总数从 1990 年的 710 222 例下降到 2000 年的 288 368 例，下降幅度高达 59.4%。其中，暴力犯罪和财产犯罪都下降明显。但是如表 1-4 所示，20 世纪 90 年代犯罪率的下降也不是呈直线的，犯罪总数从 1992 年到 1993 年下降了 4.1%，是 90 年代年度降幅最小的。1996～1997 年降幅为 6.7%，1997 年之后犯罪率平稳下降。具体来看，财产犯罪和暴力犯罪也都出现了相似的波动。暴力犯罪 1990～1991 年降幅最小，为 5.1%，财产犯罪 1999～2000 年降幅最小，为 3.6%[①]。

但从整个 20 世纪 90 年代来看，纽约市暴力犯罪波动较小，而财产犯罪波动较大。经济学家史蒂文·拉斐尔（Steven Raphael）和温特·埃麦（Winter Ebmer）通过经济学分析指出，90 年代犯罪率下降很大程度上归因于失业率的下降，40%的财产犯罪与失业有关。其中，失业率每下降 1%，财产

① 资料来自美国联邦调查局 1991～2001 年的《统一犯罪报告》。

犯罪就下降 1.6%～5%，暴力犯罪就下降 0.5%，入室盗窃就下降 2%，盗窃就下降 1.5%，机动车盗窃就下降 1%（Raphael and Ebmer，2001）。因为一个没有工作、生活无助的人很容易走上犯罪道路。

从 1992 年底开始，纽约市经济连续 100 个月保持繁荣状态，城市就业人数维持平稳势头，这在一定程度上降低了犯罪率。因为贫困是导致犯罪的一个重要因素，所以增加就业机会、改善人民生活能有效地降低犯罪率。例如，1992～1999 年纽约市失业率下降了 39%（Corman and Mocan，2005），到 2000 年下降达到 47.8%。这种变化对城市社会治安有着重要的意义。一方面，纽约市失业率下降意味着纽约市人口中最有可能犯罪的年轻人（18～24 岁）的人数减少了，社会安定因素在增强；另一方面，失业率下降也表明就业人口有了显著的增加，同样意味着城市犯罪人口减少了，这些都是促使纽约市犯罪率下降的有利因素。

从社会控制角度分析，稳定的工作能保障人们的生活，而失业会导致出现一个社会边缘化群体，这样的群体很容易成为犯罪分子。一旦时机成熟，他们就会走上犯罪道路，且以侵犯财产为普遍手段。霍普·科尔曼等学者的研究表明，最低工资的增加对减少抢劫罪和谋杀罪有重要影响。高失业率和入室盗窃与机动车盗窃密切相关。因此，尽管经济并不总是犯罪的指示器，但除了性骚扰以外，经济对所有其他犯罪都有影响。他指出：最低工资增加 10%将导致谋杀罪下降 6.3%～6.9%。1974～1999 年，纽约失业率平均为 8%。研究表明，失业率每下降 1 个百分点，入室盗窃就会下降 2.2 个百分点，机动车盗窃率就会下降 1.8 个百分点（Corman and Mocan，2005）。

由此可见，犯罪率下降与失业率的变化有着密切的关系，失业造成的经济拮据是导致犯罪的重要经济因素。失业人员大多数是低学历、低技能、从事体力劳动的人，他们就业只能进入次级劳动力市场，而且失业后再就业困难，这种处境很容易激发他们通过非法手段改善现状。失业人员的心理失衡也是导致犯罪的重要原因。失业人员处于紧张不安、失望的心理状态，这种心理状态如不及时进行疏导和改变，达到其个人能够承受的心理临界点时，意志薄弱者很可能转而走向极端，从而走向犯罪。当整个 20 世纪 90 年代失业率呈现下降趋势时，犯罪率也呈现下降趋势。表 3-2 显示，2000 年是 1990～2000 年失业率最低的一年，这一年犯罪率也最低。纽约市 1992 年的失业率高达 11.1%，这一时期犯罪率也处于高位。与此同时，失业引发的经济窘困决定了失业人员的犯罪必然以财产犯罪为主。因此，90 年代随着失业率的波动，财产犯罪反应最敏感，波动也最大。

失业率经常作为衡量劳动力市场环境好坏的指标之一。失业率低，表明劳动力市场提供的合法劳动机会多，则犯罪的机会成本高，有利于减少犯罪；失业率升高，失业人口收入减少，犯罪机会成本下降，则易引发犯罪。“我们的研究发现失业对犯罪有一定的影响，参与犯罪的人就业率比未参与犯罪的人低。”（Freeman and Rdogers，1999：20）一项美国司法部门的调查显示，1991 年被捕的州罪犯中 33%的人是失业人员，联邦罪犯中 26%的人是失业人员。弗里曼等以美国标准大都市统计区为基本单位，以失业率为标准分类进行研究，发现“整个 90 年代失业率一直较高的（28 个区），犯罪率最高；失业率一直保持较低（小于 4%的 14 个区），犯罪率也很低；失业率降幅特别大的地区，犯罪率下降最快”①。美国一个遗产基金会的研究发现：“10 万人中每增加 1%的劳动力参与，犯罪率就下降 8.8%。”（Muhlhausen，2001：10）也就是说，当适龄劳动力就业率升高时，犯罪率就会下降。

20 世纪 90 年代，纽约市人口年龄结构也发生了变化。14 岁以下的人增加了 46.7%，15～24 岁的人增加了 12.8%，25～34 岁的人减少了 0.2%，85 岁以上的老年人增加了 18.7%。由此可见，纽约市 90 年代年龄结构逐渐变成两头大中间小。容易犯罪的群体（即 15～34 岁的人）在总人口中的比例下降，这在一定程度上减轻了就业市场的压力，也在人口基数上影响了犯罪的数量。弗里曼等认为，“失业率每增加 1%，16～24 岁的年轻人犯罪增加 1.5%，1992～1997 年，美国失业率降低了 2.6%，年轻人犯罪下降了 3.9%”（Freeman and Rdogers，1999：18）。美国人口普查局统计，纽约市 16 岁及以上的男性失业率从 1990 年的 9.3%下降到 2000 年的 9.1%（U.S. Census Bureau，2000）。90 年代，16～24 岁的男性人口数量的下降加之失业率的下降，带动了参与犯罪人数的下降。据统计，15～24 岁凶杀案犯罪数量从 1990 年的 754 例下降到 2000 年的 221 例。25～34 岁谋杀案犯罪数量从 1990 年的 790 例下降到 2000 年的 212 例（New York City Department of Health，1993）。

20 世纪 90 年代，年轻人犯罪率下降的一个重要原因是年轻人从事毒品交易的人数减少。80 年代后期到 90 年代初，纽约市失业率增加，许多年轻人失去工作，意志消沉加上毒品能使人得到快感的特点，许多人开始吸毒并参与毒品交易。1993 年经济形势好转，失业率开始下降，纽约市从事毒品交易的人数从 1989 年到 1999 年下降了 20%（Fryer et al.，2004）。与毒品有关的犯罪也逐步减少。同时，这一时期持枪犯罪和酗酒都明显减少，这都应该归因于这一时期就业形势的好转，更多的人选择从事合法工作。

① Bureau of Justice Statistics. http://www.ojp.usdoj.gov/bjs/ pub/press/cfaspi 91.pr[2016-08-12].

另外，非裔一直都是犯罪率较高的种族。20 世纪 80 年代中期到 90 年代初，非裔杀人率高于其他种族，但是从 1995 年开始非裔的犯罪率显著下降。纽约市非裔犯罪率也显著下降。纽约市因杀人致死的非裔数量由 1990 年的 1071 人下降到 2000 年的 373 人。一方面，这是因为 90 年代纽约市非裔人口增加相对缓慢，非裔人口从 1990 年的占总人口的 31.3%下降到 2000 年的 24.5%，同时，非裔年轻人的比例下降，15～29 岁在总人口中的比例由 1990 年的 29.2%下降到 2000 年的 23.9%（New York City Department of Health，1993：2；Bloomberg and Frieden，2003：5）；另一个更重要的原因是，90 年代的非裔生活条件和就业情况得到明显改善，纽约市 16 岁及以上的非裔失业率从 1990 年 12.2%降低到 2000 年的 8.9%。1999 年纽约市 16 岁及以上的非裔男子的失业率为 9.5%，女子的失业率为 8.7%。[①]失业率下降意味着就业率上升，同时也意味着生活条件的改善，非裔的教育得到发展，25 岁以上非裔中接受四年大学教育的人从 1990 年的 12.8%增加到 2000 年的 18.9%（Rivera-Batiz，2002）。随着纽约市非裔受教育程度的提高，其就业率也有所提高。有学者研究 1974～1999 年失业率与犯罪率的关系，认为纽约市的失业率每下降 1 个百分点，入室盗窃案就会减少 2.2%，飞车抢劫案就会减少 1.8%。可以相信，由于人口减少和受教育程度的提高，纽约市非裔失业率下降，生活有了保障，因而参与毒品贸易、枪支犯罪的人数自然下降。

不管是白人还是非裔，失业率升降和犯罪率起伏有着密切的关系。这种结果也符合有关学者的“犯罪成本对失业率与纽约市犯罪率的实证分析”，即犯罪行为在某种程度上可以说是低收入者的另一种获取收入的途径。当收入没有保障时，低收入人群选择通过犯罪这种手段获取收入的情况就会增加（于波，2007：37）。换句话说，就业状况良好时，犯罪率也会下降，尤其是与年轻人相关的犯罪种类。相反，当失业率上升时，犯罪率也会上升，尤其是与年轻人相关的财产类犯罪上升较快。同时，失业率升降不是影响犯罪率起伏的唯一因素。例如，1997 年失业率高达 9.3%（表 3-2），但犯罪率并没有上升，而是继续下降。这就是纽约市警察局对犯罪分子采取“零容忍”政策的结果。

总之，1980～2004 年的 25 年时间里，美国经济发展经历了衰退和复苏的过程，即 80 年代的时好时坏，既未能彻底摆脱“滞胀”危机带来的影响，也没有大的复苏。从 1992 年开始，美国经济持续 123 个月的增长，经济出现前所未有的繁荣。1992 年，纽约市经济开始复苏，失业率有所下降。到 2000

① 1990 年资料来源于美国人口普查局；2000 年资料来源于 1999 年纽约市住房空置调查报告。

年，纽约市呈现了一次经济增长周期，信息产业、服务业、文化产业、旅游业等欣欣向荣。经济的繁荣带来了就业岗位的大量增加，纽约市的劳动力市场出现了好转，就业率提高；工资水平的上升，促使劳动力重新回到合法的劳动市场。青少年人口的相对减少和失业率的下降、移民受教育水平的普遍提高以及非裔生活状况的改善也促进了犯罪率的下降。

作为美国最大的城市，纽约市犯罪率起伏极具典型意义。纽约市犯罪率经历上升到下降的过程，这是多种因素共同作用的结果，但是，经济因素是影响犯罪率变化的一个重要因素。经济状况好坏、财政投入多寡、工资收入差距、劳动力市场状况对犯罪率起伏有影响。财政投入、警务改善、工资收入与犯罪率成负相关关系，而失业率等经济因素与犯罪率成正相关关系。但是，经济状况与犯罪率相关度又有所不同，20 世纪 80 年代到 90 年代初表现最为明显，此后经济状况对犯罪影响较小，而纽约市人口结构变化、文化环境改善以及警察局的“零容忍”政策等可能起到了更为重要的作用，这些问题值得进一步深入研究。

第四章 纽约市犯罪率起伏的文化因素

从 20 世纪 60 年代开始，民权运动、“新左派”运动以及反正统文化运动给美国社会带来了极大的震荡，主流价值观遭到破坏，道德滑坡，个人主义更加严重；70 年代石油危机引起的经济“滞胀”危机，导致贫穷、种族矛盾、失业等问题，引发犯罪率急剧上升，社会秩序一片混乱。纽约市也是如此，但到了 80～90 年代，纽约市出现了历史上一个极具复杂性和特殊性的时期，纽约市社会治安状况经历了巨大的起伏变化。如前所述，从 80 年代开始，纽约市社会治安持续恶化，犯罪率不断攀升，到 80 年代末 90 年代初达到高峰，这让纽约人无比恐惧和焦虑。可是，进入 90 年代以后，纽约市社会治安迅速好转，令人担心的犯罪率呈现持续下降的趋势，2004 年纽约市进入美国十大最安全的城市行列。纽约市从“犯罪之都”变成安全城市的现象，引起学术界广泛关注。上一章我们从财政状况、家庭经济因素和失业率等经济因素入手，探讨纽约市犯罪与经济因素的关系，但是，造成城市犯罪的原因并非单一的经济因素，而是复杂的、多元的，是许多因素合力引起的，尽管如此，很少有学者从文化方面研究纽约市犯罪率起伏原因。人的行为受到意识的支配，受到文化的影响，文化环境的好坏对人们的精神面貌和文化素养产生了不同的影响。本章以文化为线索，运用相关史料，解读这一时期纽约城市犯罪的文化动因，从而为研究纽约城市犯罪提供一种新的观察视角。

第一节 纽约城市文化环境的恶化

文化是城市的灵魂，是城市可持续发展的根本动力。纽约市不仅是世界的金融中心，而且是文化中心。据统计，以文化产业为主的第三产业在纽约市的产业结构中占 85%以上。作为国际性大都市，纽约市非常重视城市文化建设，即在表现城市整体形象和风格的城市文化“硬件”上下功夫。纽约市拥有闻名遐迩的林肯艺术中心、卡内基音乐厅、大都会艺术博物馆、纽约市公共图书馆等文化设施。至2002年，纽约市共有2000多所博物馆，既有综合性博物馆，也有艺术、历史、自然科学等专业博物馆（中国社会科学院美国研究所，2002：204）。文化环境与纽约市居民的文化需求息息相关，也促进了居民文化素质的提高，也与城市发展命脉相关。

一、城市文化的影响

城市是人类文明发展到一定阶段的产物，是人类社会进步的象征。芒福德把城市的功能研究与人类的伦理问题结合起来。城市是人类培养文明、教化人的基地。城市实质上已经成为人类的化身。城市从无到有、从小到大、从简单到复杂的发展进程，反映着人类社会、人类自身的发展过程，城市是改造人类、提高人类文明的场所。芒福德认为，“因为城市应当是一个爱的器官，而城市最好的经济模式应是关怀人和陶冶人”（刘易斯·芒福德，2005：586）。城市是改造人类的主要场所。“人格在这里得以充分发挥。进入城市的，是一连串的神灵；经过一段段长期间隔后，从城市走出来的，是面目一新的男男女女，他们能以（够）超越其神灵的禁限。”（刘易斯·芒福德，2005：117）芒福德在这里强调文化的教化和陶冶功能，以及对人们的精神世界和内心灵魂的影响。

事实证明，城市具有强有力的教育功能。与落后的乡村相比，城市的建筑设施和文化设施较为丰富和现代。面对城市丰富的物质和文化景象、开放的社会风气、宽容的生存环境，生活在城市里面的人，心灵深处爆发出强烈的求知欲和接受感，表现在行为上更加绅士、语言上更加优美、道德上更加高尚（孙逊和陈恒，2014：35）。一言以蔽之，生活在城市的男女老少无时无刻不受城市文明的浸染。芒福德指出：“城市的主要功能是化力为形，化能量为文化，化死的东西为活的艺术形象，化生物的繁衍为社会创新力。”（刘易斯·芒福德，2005：582）城市是人类文明的一块奠基石，是人类进步的阶梯，人类正是凭借城市这个阶梯，一步步提高自己，丰富自己，贮存自己的文化创造，这些正是城市最重要的功能和目的。

城市的建筑物，如博物馆、图书馆、街道、档案馆、纪念性建筑、石碑和路牌，都会讲述过去的历史，都具有文化传播功能。“一个形式和规模合理的博物馆，不仅是相当于一个实实在在的图书馆，而且可以通过有选择的标本和样品，用作了解世界的一种方法，这个世界是如此庞大而复杂，不这样的话人类的力量将远远不能了解它。”（刘易斯·芒福德，2005：573）

城市是人类文明的中心。历史经验表明，城市特色因文化而灵动，城市精神因文化而彰显，城市风气因文化而形成，城市形象因文化而展现，城市实力因文化而增强。城市文化是城市经济发展的动力源泉。生产力越发达，经济与文化的关系就越密切，文化对经济发展的推动、引导和支撑作用就越明显（林广，2005a）。人类的精神思想是在城市环境中逐渐形成的。城市是文化的载体，城市的根本功能在于文化积累、文化创新，在于留传文化、教育人民。简而言之，文化是城市的"魂"。纽约市是国际性文化大都市，文化环境对纽约人的影响是巨大的，它与纽约市犯罪问题也有着十分密切的关系。

二、财政危机与文化设施的建设

在 1970 年以后 20 多年的大部分时间里，美国经济危机接连发生，导致纽约市财政状况恶化，以致大多数的市政建设规模缩水。例如，纽约市公共图书馆、学校和公园等基础服务设施，医疗保险、疾病预防、贫困救助等服务项目资金被大幅度削减；一些公园开放的次数减少；部分市立学校教师、警察局雇员、政府雇员等被裁退，连那些有着光荣传统历史的市立医院也在劫难逃；城市次中心地段的卫生清扫次数被削减。纽约市在安全、教育、卫生医疗、就业等几乎每个方面都遭受严重影响。

（一）公共图书馆服务减少

美国公共图书馆事业处于全球领先地位，全国有 16 592 个公共图书馆，年度公共图书馆访问量达 14 亿人次，平均每人 4.8 次（郭忠义，2021：5）。纽约市公共图书馆是美国最大的市立公共图书馆，拥有三大公共图书馆系统，分别是纽约公共图书馆、布鲁克林公共图书馆和皇后公共图书馆系统。纽约公共图书馆覆盖曼哈顿、斯塔滕岛和布朗克斯区；布鲁克林公共图书馆和皇后公共图书馆为所在地区读者提供服务。20 世纪 80 年代，由于纽约市财政状况恶化，公共图书馆工作人员的工资、公共图书馆的日常运转、书籍的购买等方面的公共预算不断减少，公共图书馆的建设和发展陷入了困难境地，就连图书馆的开馆时间也在减少，各种服务项目逐渐消失。正如学者所说，"财政拨款削减造成严重的后果。儿童服务项目逐渐被取消，去年教会 5000 名成年人阅读的识字计划被取消了，所有图书馆的分馆每周都会关闭数天，书籍的数量也无法从财政危机中恢复过来"（Rosenthal，1991）。纽约市公共图书馆把中心研究图书馆的每周开放时间减少 3 天，曼哈顿、斯塔滕岛的 82 个分馆中只有 19 个每周能开放 3 天，因为市政府财政拨款从原来的 6850 万美元减少了 590 万美元（Roberts，1991）。在这样的背景下，其他社区和街道的图书馆及阅览室的命运就可想而知了。

（二）教育经费下降

学校不是营利机构，因此需要大量的资金投入。无论是师资还是场地设施，没有财政支持就难以维系。在长期的财政危机下，纽约市学校的教育资源和教学设施也是严重不足。1984 年 6 月，经过一番争论，纽约市政府在 1985 年确定了 9880 万美元的专项预算。其中，1630 万美元的份额拨给公立学校，以减少过大的班级规模和增加学校设施，但是学校需求资金高达 5600 万美元（Goodwin，1984），现有的资金预算缺口很大，远远不能满足学校需求。另外，财政危机使学校部分教师被解雇或者薪资被减少，书籍等教学资源也十分缺乏，一些原有的教学计划被取消。据统计，财政危机最严重的时期，教育部门的教师总量大约减少了 1/4，这给教育造成巨大的负面影响。纽约市教育委员会主席瓦格纳（Robert F. Wagner）先生回忆，“在 70 年代末财政危机期间，纽约市解雇了 14 000 名教师”（Berger，1990）。由于师资的减少和资金的短缺，学校班级规模增大了，与此同时，学校心理辅导、体育运动、艺术、成人教育和暑期学校迅速减少。《纽约时报》报道，从 20 世纪 70 年代中期以后，纽约市 600 所小学中的 2/3 不给艺术课提供任何资金资助（Evelyn，1991）。这种情况对中小学教育质量产生了极大的负面影响。

（三）学校图书馆功能消减

在经济形势恶化的大背景下，纽约市学校图书馆也受到严重的影响。尽管学校图书馆在纽约市的教育中占有十分重要的地位，但经费短缺、图书馆工作人员缺乏、资料匮乏，不能满足学校教育的需求。纽约市政府不会给予学校图书馆优先的权利，因此学校图书馆系统最容易遭受影响。一般图书馆遭受财政经费削减影响时，图书馆管理员会在裁员中首当其冲，而学校图书馆的管理员通常会由任课教师兼任。纽约市的立法官员和行政官员在调查学校图书馆的情况时发现，学校董事会的图书馆部门负责人反映纽约市的 623 所小学中只有 67 名图书馆管理员在工作（Roberto，1985），而且这些学校图书馆管理员中有大量的教师兼职者，他们一边有着繁重的课程教学任务，一边又有大量的图书整理工作，这使得学校图书馆遭受多重的打击。大量的市民和图书馆工作者对现况表示不满。一位名叫杰拉尔丁·克拉克（Geraldine Clark）的市民直言，财政危机时期，地方政府多年没有钱给学校图书馆购买新的资料，因此大多数学校图书馆的资料都不充足，如果按照纽约州的要求，每名学生应平均拥有 10 本书，那么大多数的学校图书馆图书数量要翻倍才能达标。为了应对这种教育设施短缺的危局，一些地区制定了新举措以应对紧缺的图书馆资源服务。例如，纽约市布鲁克林的贝德福德地区，一种特制的车辆穿梭于几所小学之间，通过一些小话剧、故事会和其他的设计活动来增加孩子的读书兴趣，但是，这种做法也只是扬汤止沸，并不能从根本上解决学生图书资源紧缺的问题。

（四）公园管理人员减少、设施不足

纽约市公园系统是世界上拥有最广阔面积的操场、海滩、草地、森林和娱乐设施的公园系统之一，无论是规模还是管理体系都可与伦敦和巴黎相媲美。但是在 20 世纪 70～90 年代，受到财政危机的长期影响，纽约市公园变得肮脏不堪并且管理不善。1980 年，《纽约时报》经过一个月的调查发现纽约市的公园系统问题严重，与以前相比严重衰落，主要表现为公园管理人员及工作者数量和质量的下降、公园管理设施的减少、公园失修等。据公园管理者评估，纽约只有 26%的城市公园和娱乐场处于良好状态，在罗伯特·摩西[①]时期，纽约公园系统有 3 万多名工作人员，但是 1980 年只有长期工 2779 人、季节工 1458 人，非专业的工人占比达到 48%（Quindlen，1980）。公园系统工人们面临大量的工作，不仅要培育草坪、修剪灌木、喂养动物，而且捡拾垃圾也变成他们的主要工作。人们认为这是管理员应该做的事情，因此华盛顿广场公园里到处都是瓶子，晨边公园里时常有没过膝盖的垃圾，球场上随处可见废弃的保龄球，阿斯托利亚公园（Astoria Park）里几乎所有的长凳都被毁坏，洋基露天体育场下毛拉公园里到处都是涂鸦，而且《纽约时报》的调查称布朗克斯地区只有一台垃圾压缩机。在这种情况下，公园管理人员力不从心，公园环境恶化是必然的结果。

三、文化环境恶化的影响

纽约市物质文化环境的恶化不仅深深影响着市民的素质和行为模式，而且对纽约市民精神层面和生活方式产生负面影响。图书馆、学校、公园以及医院等设施对市民的影响，体现在它塑造了这样一种文化环境：它旨在提高市民的身体素质、文化素养和职业素养等，是帮助移民解决就业问题和实现

① 罗伯特·摩西（Robert Moses，1888～1981），是美国重要的市政官员和著名的规划师，曾任纽约州、纽约市行政官员。20 世纪 20～60 年代，他利用州政府经费，在纽约市建造了 250 万英亩（1 英亩≈0.4 公顷）的国家公园、416 英里（1 英里≈1.6 公里）的公园大道、12 座桥梁，35 个高速公路系统、2 座大坝和 580 多个广场，清理贫民窟，开发公共住房，策划大型公共建筑，成功举办了两次世界博览会，对纽约市的发展影响深远。

移民归化的场所，也是维系市民生活方式的一种场所，它一旦被破坏，与之相关的犯罪也就会随之产生或恶化。

图书馆、学校和公园等文化设施状况的恶化导致纽约市市民素质下降，从而影响到移民就业问题、归化问题，并损害市民对城市的认同感、道德水准和行为规范。例如，图书馆、书籍对市民教化发挥着极其重要的作用，市民在日常生活中对图书馆形成了一定的依赖性。纽约州议会学校图书馆小组委员会的立法机构主席爱德华·C. 沙利文（Edward C. Sullivan）评价纽约市学校图书馆状况时说，“纽约学校图书馆的糟糕状况，是成年人对孩子生活学习环境的忽视，这是一种丑闻”（Roberto，1985）。外来移民希望借助图书馆资源来学习英语、考驾照、通过大学考试或者经营生意，“卡内基捐钱给纽约市建立图书馆的意图，就是‘帮助那些人能够自己帮助自己，向那些希望改善这种状况的人提供一些资金’”（Rosenthal，1991）。但当时的实际情况却令人失望：受资金限制，一些就业培训和资金补助被取消，一部分移民流浪街头或者成为非法商贩，在社区和街道兜售假冒伪劣商品或是盗窃而来的赃物，甚至是贩卖毒品。以塞内加尔移民为例，一位警员用 7 个月时间观察到纽约市有 300 多名塞内加尔人商贩，在 1984 年春天一项清扫行动中，75 名塞内加尔人非法商贩被驱逐出境（Louttit，1985）。

城市的公园、游乐场和博物馆、图书馆、纪念馆、陈列馆等设施一样，都属于重要的文化形态。它能满足市民的精神文化需求，陶冶市民的情操和慰藉市民的心灵，从而提升市民的精神健康和丰富市民的娱乐生活（林广，2005a）。纽约市的公园管理失范、环境恶化，必然对市民精神生活产生负面的影响，从而影响到人们的行为规范。公园管理人员和设施不足，导致纽约市公园环境恶化。在纽约市公园环境恶化之前，游客和各种球类的练习者都能遵守公园管理条例，带走或处理好垃圾，即使走一段距离去找垃圾桶也不介意。但是 20 世纪 80 年代公园环境恶化之后，情况就变得糟糕了：野餐者也不再顾及道德随地乱扔垃圾，青年人更是肆无忌惮地捅破存放在角落里的垃圾袋。许多公园管理者和使用者都看到人们对待公园的方式发生了变化，这就像一面镜子反映出纽约市众多的问题。管理者和游客也时常发生冲突。例如，在马拉利公园（Mullally Park），游客皮埃尔·约翰逊把快餐盒随便扔到地上，并称清扫垃圾是清扫者的工作，那是他们应该做的。对此市民认为城市很糟糕而且感到无能为力，以致闹出了人命关天的大案：在阿斯托利亚公园，破坏者毁坏了几乎所有的长椅，晚上为数众多的青年爬过篱笆进入公园，而第二天晚上一位维修人员因为报警被其中一个年轻人杀死了（Quindlen，1980）。类似的案件还有许多，经常充斥于报端，极大地损害了人们的身心健康，同样也对社会治安环境产生了恶劣影响。

良好的文化环境能塑造一种比较稳定的、有序的生活方式，而恶化的文化环境为城市犯罪提供了重要条件。衰败的城市设施成为犯罪实施者心中的犯罪幽灵向现实转化的介质，这也就是“破窗理论”所要阐述的内容。“破窗理论的基本思想是：如果社区中有一栋建筑的一扇窗户遭到破坏而无人修理，那么，肇事者就会误认为整栋建筑都无人管理，从而就得到了自己可以任意进行破坏的某种暗示，久而久之，这些破窗户就会给人造成一种社会无秩序的感觉，结果，在社会公众麻木不仁的氛围中，犯罪就会滋生和繁荣起来。”（王世洲和刘淑珺，2005）城市形象的恶化塑造了滋生犯罪需要的环境，物质上的“饥荒”很容易造成道德上的流失与腐化，这主要反映在经济犯罪、暴力犯罪等方面。根据美国联邦调查局《统一犯罪报告》，从 1974 年至 1988 年，盗窃由 163 157 起激增到 308 479 起，从 1974 年至 1990 年，机动车盗窃由 73 731 起激增至 147 123 起（FBI，1991），数字显示经济犯罪数量大幅度增长。

纽约市财政危机不仅破坏了城市物质文化设施的正常运转，也破坏了纽约市民生活方式的持续。纽约市 600 所小学中的 2/3 不给艺术课提供任何资金等情况只是整个纽约城市状况的“冰山一角”。这种环境对市民生活，尤其是青年人生活产生了严重的负面影响。按照正常的逻辑来讲，在图书馆、学校和公园等设施正常运转时，人们习惯于安排合理的时间出入于这些机构设施之中。但是，当周末甚至是工作日图书馆不再开放，学校里本来充实的艺术课等课程取消了，街区公园的儿童游乐园或是海滨的沙滩关闭了，那么市民就要转移以往花在这方面的时间去做另外一些事情，这是纽约市犯罪增加的重要原因之一。

材料显示，市民生活方式的改变在一定程度上增加了公园和街头的犯罪数量。《纽约时报》报道称，曾经花大量时间在街区公园休闲的老人，后来只是在居住区附近的凳子上坐着，而年轻人则不安于现状，就像阿斯托利亚公园的夜晚，数百个年轻人翻越篱笆去使用公园的游泳池，破坏公园里的长凳，到处涂鸦，贩卖毒品甚至是杀害举报他们的公园管理人员。与此相关，20 世纪 80 年代至 90 年代初，纽约市的公园和街道犯罪情况十分严重。

中央公园号称纽约的“后花园”，不只是纽约市民的休闲地，更是世界各地旅游者喜爱的旅游胜地。1850 年新闻记者威廉·布莱恩特在《纽约邮报》上进行公园建设宣传之后，1856 年弗雷德里克·奥姆斯特德（Frederick L. Olmsted）和卡尔伯特·沃克斯（Calbert Vaux）两位风景园林设计师设计了此公园。中央公园坐落在高楼林立的曼哈顿中心，占地 843 英亩，是纽约市最大的都市公园。它是纽约市这座繁华都市中一片静谧休闲之地，也是纽约市第一个完全以园林学为设计准则建立的公园。它全年开放，且四季景观各有特色，游客甚多。有统计说，平常每天进公园的人约 5 万，节日或有活动时可达十几万。但是 20 世纪 80 年代的中央公园成为犯罪滋生地，犯罪活动不胜枚举。据《纽约时报》报道，1983 年 9 月，犯罪者对一名 32 岁的妇女实施强奸抢劫，在 6 月还有其他 3 名受害者（McGillion，1983）；1988 年，中央公园发生 51 起严重伤害事件（Douglas，1989）。1989 年 4 月“中央公园血案”发生之后，整个城市的市民对公园不安全的恐惧达到了历史的最高点。

第二节　城市精神文化腐败与城市犯罪

20 世纪 70 年代至 90 年代初，纽约市财政危机不仅影响了纽约市的物质文化，也损害了纽约市的精神文化，摧毁了人们的价值观和道德观，合并成为纽约城市犯罪激增的一个重要因素。

一、纽约市城市形象和多元文化存在的问题

城市形象和城市多元文化是城市文化建设的两个重要方面，对城市的生存与发展发挥着至关重要的作用。20 世纪 80 年代，纽约市步步攀升的犯罪率和紧张的种族环境“抹黑”了纽约市的形象，使得多元文化发展举步维艰。

（一）恶化的城市法治形象

日益恶化的安全环境导致纽约市城市犯罪激增，严重地抹黑了纽约市的法治形象。城市政府及其首脑既是城市安全管理和文化、法治建设方面的总设计师，又是执行者。具体来说，纽约市市长在犯罪的治理过程中发挥着举足轻重的作用。在纽约市犯罪率持续攀升的情况下，市民要求市长加强犯罪治理的呼声愈来愈高，这在丁金斯和朱利亚尼竞选市长的过程中完全显现出来。但是，市民抱怨和批评市长承诺的太多而付诸实践的太少。一位市民在写给《纽约时报》的信中质问：“请您解释一下您对社会正义的理解，因为我现在想知道为什么你要否决死刑……我的市长，或者您将头埋到泥里才能完全摆脱街上天天发生的凶杀。”（McKay，1981）从民意和媒体上看得出来，纽约市市民对政府管理是严重不满的，尤其是对负责社会治安的纽约市警察局。

纽约市警察局是世界上最大的警察局，其规模是芝加哥警察局的两倍，

它担负着全美最大城市的安全，责任十分重大。20 世纪 80 年代至 90 年代初，纽约市警察局一直处于风口浪尖之上，因其腐败现象和被动打击犯罪而饱受争议。纽约市警察局、交通运输管理局和纽约市住房管理局是三个独立的部门①，各自负责相应区域的安全而互不归属，因而它们之间在一些问题的处理上很难协调，工作效率十分低下，同时内部容易产生腐败，很难有效地预防和治理犯罪。

警员腐败问题严重。早在 20 世纪 70 年代初，警察腐败问题就十分严重，从获取免费餐食这样小的乱纪行为，到贩卖海洛因、与黑手党合作以及收取保护费等重大违法犯罪行为，警察的形象不佳，甚至被蔑称为“猪”，警察不但不能保证市民的安全，甚至连自身也成为犯罪者攻击的对象。从警察局公布的在岗位“殉职”的警察统计数据来看，1970～1993 年有 143 名警察死亡，而 1994～2000 年却只有 20 名（New York City Police Department, 2001）。一些正直的警察在这种环境下也无可奈何，他们即使敢于揭露警察的黑幕，也不会有什么好结果，三级刑事警察弗朗克 · 沙匹克（Frank Serpico）暴露了警察局惊人的内幕。

> 在五年的时间里，他不止一次地向上司或纽约市当局报告，应该设法制止警察人员贪污舞弊，但每一次都被无情地搁置不理。沙匹克担心天天见面的缺德警察获悉此事，天天过着危险的日子。最后，索性向报社吐露一切，于是造成大风暴。
>
> 大风暴所至，警察委员慌忙辞职。对警察的控诉或是内部揭发的函件，如雪片般飞舞。联邦特别机动搜查队领导人独自展开调查，揭发金额高达 25 000 美元的“警察不当收入”。许多警察因是收受贿赂的现行犯而被逮捕。市警总部仅仅一个课，一年收贿 400 万美元的事情也被查明，显示警界贪污渎职的行为如何的根深蒂固。纽约市当局以及警察局高级官员，在宣誓之下不得不承认，曾经多次听过沙匹克的请求，以及自己的疏忽。（徐代德，1992：240-241，内容有修改）

沙匹克长期向纽约市当局报告要求制止警察人员的腐败，却被忽视，在他向报社吐露一切后，警察局见不得光的事情暴露在光天化日之下。在一些巡逻区，许多餐馆为了获得警察的保护，几乎免费为警察提供餐饮。另外，

① 1995 年，纽约市高速公路、地铁及公共住房管理的警务管理部门划入纽约市警察局，之后纽约市警察局下辖内务局、社区警务局、刑事司法局、人事局、后勤保障局、巡警局、刑侦局、有组织犯罪控制局、公共住房管理局、交通警察局等。

警察在日常巡查中，经常会偷懒，躲在锅炉房、剧院大厅、老人院地下室、公园仓库等地休息消遣。沙匹克因为举报而被同事看作眼中钉，在一次毒品缉查中被枪击而差点丢掉性命，据说这次袭击是为对付他而设的陷阱（钱入深，2011：39）。在城市犯罪率持续攀升的情况下，纽约市警察局采取的防卫策略显得十分被动，很难遏制住犯罪率的增长势头。之前警察局的不作为则一直被媒体和社会所容忍，直到1989年4月发生的“中央公园血案”震惊了整个纽约市。1990年5月，美国新闻媒体不断呼吁警察局要转守为攻主动出击，对警察局的保卫策略进行了间接的批评。

（二）多元文化发展步履维艰

20世纪80年代至90年代初，纽约市多元文化的发展较为坎坷，种族关系紧张，城市多样性得不到彰显。纽约市是一个移民城市，多种族是既存的事实，对于多元文化的态度，一定程度上也就是对纽约城市立足之本的城市多样性的态度。历史证明，纽约市在应对多元文化挑战方面存在众多不足之处。种族之间冲突不断，长期遭受歧视的少数族裔希望获得平等的权利，这也是城市文化在政治、意识形态方面的表现。因此，有些学者认为，“多元文化主义的最终目的不是追求‘文化平等’（cultural equity），而是‘社会平等’(social equity)，是争取不同群体（尤其是那些在历史上长期受到歧视和压迫的群体）在分享美国社会政治、经济和文化资源方面的平等”（王希，2000）。

纽约市多元文化建设困难重重，种族关系十分紧张，在科克市长和丁金斯市长时期，发生过多起种族事件和骚乱，安德鲁·科兹曼这样描述。

> 丁勤时[①]肯定觉得自己像个种族救火员，总是仓皇奔走各处，遏阻一波又一波突然爆发的种族火焰。第一位非裔市长下定决心，维持上百个世仇部落的和平。下东城是犹太人与波多黎各人的干戈之地，班索贺斯特区则属于意大利人及非裔战区，东哈林区有非裔与波多黎各人的问题，金（皇）冠高地则有非裔与犹太人间的冲突。丁勤时说，这座城市是块“美丽的马赛克”，不过更像个滚水锅炉，随时都有沸水溅洒的可能。市政府尽可能四处巡逻，以便维持秩序。丁勤时一遍遍语重心长地说：“我们或许无法学习如何去爱他人，但我们好歹也得学习如何尊重他人。”（安德鲁·科兹曼，2004：1-2）

种族矛盾引起的冲突时有发生，种族关系深受影响。以1990年布鲁克林

① 本书译为戴维·丁金斯。

区抵制韩裔商店事件[①]为例，一名非裔在事件中受伤，为此，非裔展开了长达数月的抵制，丁金斯市长过于温和的调和政策以失败告终。对这次种族事件回应和处理的不当，使丁金斯市长备受责难，他的非裔同伴骂他为“人民的叛徒”。其实遭受这种待遇的不止丁金斯一个，科克市长也曾被少数族裔冠之以“反穷人”和“反非裔”罪名，丁金斯先前宣称将纽约建成“美丽的马赛克”（gorgeous mosaic，又译为“多彩拼盘”，意为对纽约市多种族共同存在和发展多元文化的倡导）城市，最终也以失败告终，其任期内的非裔美国人、韩国人、多米尼加人和犹太人之间关系一直十分紧张。

种族关系的紧张以不同的方式爆发出来。以切实反映纽约市部分族群关系的出租车司机为例，20 世纪 80 年代中期之前司机主要是白人，白人司机和非裔之间种族关系紧张，白人司机拒载非裔顾客，非裔则认为这是绝对的种族歧视。后来，一些白人司机逐渐开始退出出租车司机这个行业，亚洲人开始补充到这个行业中来，然而他们试图通过将自己与非裔区别开来和坚持白人的价值观来维护其社会地位，因此，亚洲司机与非裔之间的关系也处于紧张状态（格雷厄姆·郝吉思，2010：204）。在朱利亚尼任纽约市市长之前，纽约市政府并没有对此采取实质性的措施，科克市长也只是恐吓要对他们进行罚款，丁金斯市长更是直言他也曾经被出租车司机拒载过。从某种意义上说，20 世纪 80 年代到 90 年代初，多元文化背景下的纽约市的种族关系到了非常糟糕的地步。

二、城市价值观念的腐化

严重的财政危机导致高失业率和通货膨胀，贫民赖以生存的补贴资金被削减，导致市民对城市的信心迅速下降，大量市民和企业搬离纽约市。贫富差距日趋扩大，种族之间仍存在不可逾越的鸿沟，利益操控和党派倾轧严重，后工业社会的发展未能缩小甚至消弭社会贫富差距；暴力文化泛滥，极端个人主义盛行，投机取巧，为达目的不择手段的不良风气蔓延，病态的社会现象对纽约市的文化产生了严重的不良影响。

① 抵制韩裔商店是纽约市族裔关系紧张的重要事件。1990 年 1 月的一天，来自海地的 46 岁妇女吉赛琳·费利桑（Giselaine Felissaint），进入位于布鲁克林区的弗拉特布什（Flatbush）教堂大道的韩国人的红苹果农产品商店购物时与收银员发生纠纷后倒地，她的律师认为当事人被殴打，店主声称顾客是自己摔倒的。一些当地非裔居民支持她，并拒绝到红苹果农产品商店和另一家韩国人开的水果店购买商品。韩国商人与非裔的紧张关系引发长达 15 周的种族联合抵制行动，这种抵制活动波及洛杉矶、巴尔的摩、芝加哥、华盛顿等城市。最后，两家韩裔商店最终被逼关门了事。这次行动加剧了纽约市亚裔和非裔之间的紧张关系。

（一）道德危机、信心迷失

在财政危机和经济危机的背景下，纽约城市基础设施服务资金和社会福利资金削减，穷人深受其害，社会贫富分化差距拉大，就“全国而言，贫穷率从 1979 年的 11.7%增长到 1993 年的 15.1%，纽约市则从 19.3%增长到 27.3%”（Barr et al.，2001）。不同利益群体对立倾向严重，社会公平与正义得不到彰显，原来艰苦奋斗努力打拼的原动力丧失，社会中投机取巧、不劳而获和不择手段的不良风气开始弥漫。前工业社会中神圣“宗教式”的观念被用来约束人们以维持社会秩序，与此相反，自进入后工业时期，享乐主义精神代替了早期的新教伦理精神，年轻人逃避现实，否定理性，在自我价值的追求之上，极端地追求个人自由，许多年轻人沉迷于毒品和邪教思想，社会道德价值观念沦丧，罪犯将凶杀看作“救赎”和“解脱”的手段，从而衍化成为一种新的“文化”（查尔斯·德伯，2005：14）。这种文化被称为野人般的山民文化，一种具有“艾克人精神”的疯狂文化，为了获得个人私欲和利益而危害他人利益，甚至是他人的生命。[①]

“怀疑”与“恐惧”成为特殊的时代产物。1975 年美国失业率超过 1958 年最高值 7.4%，循环的最低失业率在 7.0%左右，而且 7 年内没有明显低于这个水平（Murphy and Topel，1987）。在恶劣的经济形势和普遍的社会恐惧双重作用之下，纽约人道德水准和对政府信心不断下降。正如学者指出，纽约市严重的犯罪活动和市民对警察的不信任，促使控制犯罪向私人化发展，如越来越多的妇女开始学习使用枪支。糟糕的经济推动了犯罪率的上升，犯罪者成为城市的恐怖主义者。莎伦·佐金指出城市处于恐惧之中成为常事，在公共空间里能够起到稳定作用的权威消失了，中产阶级选择用钱换得安全，这促进了私人保安事业的发展，私人保安行业雇佣人员从 1970 年的 50 万人增加到 1990 年的 150 万人，增长了 2 倍。从 1972 年至 1990 年，美国共增加了 30 万个保安岗位，侦查防卫成为美国第 20 位雇佣人员增长最多的部门（Zukin，1995：39）。私人保安事业的蓬勃发展从一个侧面反映出美国社会混乱、市民的不安全感在上升的状况。

严重的城市犯罪使居民恐惧不安，许多居民选择离开他们生活几十年甚至是几代人的城市。1970～1980 年，纽约市人口减少了约 82 万（U.S. Census Bureau and Bureau of Justice Statistics，1980），而根据盖洛普对所有城市不

---

① 人类学家科林·特恩布尔（Colin Turnbull）介绍，“艾克人”（the IK）是非洲乌干达的一个民族，被政府从他们的传统的狩猎地强行赶进了极为贫瘠的山区。因生活极端困难，艾克人只关心自己的生存，把别人看成竞争食物的对手。

同年份的调查，1977 年，被调查者中 36%的人想离开所在城市，而犯罪作为离开的原因所占的比例由 1977 年的 18%上升到 1980 年的 24%，但是，在 1980 年人口超过百万的大城市中，高犯罪率在人们离开的原因中所占的比例达到了 49%（Herbers，1981）。恐惧在城市的蔓延进一步促使枪支的滥用与黑市交易，这又加剧了纽约城市的安全危机，尤其危险的是年轻人持有和使用枪支，纽约市街道上越来越多的未成年人携带和使用枪支。“年轻人讲城市枪支泛滥而且枪支也很便宜，任何一个孩子都可以买得起，他们坚持称必须拥有一支枪以防止有人袭击你，但是事实情况却相反，1981 年的前 6 个月，有 18 名年轻人因为凶杀而被拘捕，其中 7 起是与枪支有关的。”（Basler，1981）

（二）性解放问题成为纽约市精神文化腐化的重要催化剂

1940～1953 年，美国印第安纳大学生物学博士阿尔弗雷德·金赛（Alfred Charles Kinsey）及其同事搜集了近 1.8 万个与人类性行为及性倾向有关的访谈案例和大量重要的第一手资料，用大量的访谈资料和分析图表分别出版了关于男女性行为的报告《金赛性学报告》，向世人第一次揭示了男性性行为与女性性行为实况（阿尔弗雷德·C. 金赛，2013）。这在很大程度上推动了美国性解放运动，对美国人的性行为和性观念产生了深远的影响。

在《金赛性学报告》掀起的性解放运动、20 世纪 60 年代嬉皮士文化运动等的刺激和影响下，纽约市性文化也从保守到开放甚至是滥放，对社会生活产生了恶劣影响，极大地影响了纽约人的社会文化价值观。

20 世纪 60 年代，在美国反传统文化运动的表现形式之一的嬉皮士运动中，年轻人追求性解放，这直接推动了社会中性文化革命的发展。对于他们来讲，婚姻和性没有直接的关系，嬉皮士追求的是男女性爱自由最大化，让性爱本能地得到完全、彻底、全面的发泄（王恩铭，2008：147）。这直接导致大量的未婚先孕者出现，同性恋与艾滋病也随之泛滥。1965 年后性工作者数量增多，70～80 年代，警察官员评估纽约市大约有 2.5 万名性工作者。据统计，1976 年时代广场周围按摩厅的数量几乎达到了 100 家，因为在市中心和东部的许多房东把房子租给性工作者，以此来减少空房率（Jackson，1995：948）。许多人认为卖淫有助于发展经济，但是，当医疗调查发现 10%～15%的性工作者有艾滋病的时候，人们开始恐慌。在 1981 年只有 20 名艾滋病患者被报道，但是 1997 年，艾滋病患者人数已经达到了 10 万名（Fordyce et al.，1999）。

（三）文化失落与家庭危机

第二次世界大战后，在反权威、反传统、女权运动以及性解放等因素的推动下，美国的家庭模式发生了巨大变化。正如陈奕平（2006：3）所指出的：20 世纪 60 年代以来，由于美国人价值观念的变化，加上女权运动的兴起，以及社会政治经济环境变化的影响，美国传统核心家庭受到巨大冲击，家庭模式趋于多元化，双亲家庭比例下降，单亲家庭比例上升，同时还伴有离婚率上升、同性恋增加等情况。1970 年、1980 年、1990 年美国人口调查显示，纽约市 18 岁以下的孩子和双亲一起生活的比例在这几个时期内一直呈下降趋势，分别为 72.6%、58.0%和 52.2%；和单亲一起生活的比例有上升趋势，分别为 21.1%、33.4%和 32.6%；和其他亲戚一起生活的比例也在上升，分别为 4.8%、7.1%和 12.4%（Jackson，1995：921）。家庭结构的变化对家庭成员的心理感受和社会关系产生了冲击，同时也对家庭成员的行为产生了潜在的影响。

越来越多的人感觉到家庭生活在恶化，幸福感在下降。1980 年的盖洛普民意调查显示，几乎过半的美国人相信家庭生活在过去 15 年中恶化了。当被问到哪三样东西对家庭生活最具危害性时，60%的人认为是酗酒和滥用毒品，40%的人认为是宗教信仰和道德价值在下降，29%的人认为应该归因于贫困；其他的危害因素，23%的人认为是过度使用处方药，20%的人认为是青少年的淫乱，13%的人认为是同性恋。调查还显示，绝大多数人认为婚姻是他们人生中最重要的部分，25%的人认为结婚可以使他们拥有一份在家之外的全职，41%的女性乐意做母亲和家庭主妇（Frankel，1980）。但家庭模式的现实变化只会让人们品尝到失落。

三、城市精神文化腐败与纽约城市犯罪

纽约城市精神文化环境在某些方面趋于腐化，城市法治建设存在较多问题，城市安全文化环境的下降损害了纽约市的法治形象，种族之间紧张的关系阻碍了城市多元文化的发展，有悖于多样性这一城市发展基石，“疯狂文化”①、城市自信的丧失、性问题的突出、家庭模式的多元化等方面则促使城市思想及道德价值观念下降。不可否认，以上种种问题成为纽约城市暴力犯罪、有组织犯罪、未成年人犯罪、毒品犯罪等犯罪形式激增的重要诱因。

① “疯狂文化”指在里根新经济政策下，社会贫富分化拉大，原先通过正常的辛勤合法劳动获得劳动成果的方式受到挑战，投机取巧等不正常的心态被社会中一些人所接受，甚至有些人通过杀害亲人获取保险，这类通过极端、不合法手段获取利益的社会文化被称为“疯狂文化”。

（一）城市暴力日益严重

从表 4-1 可以看出，纽约市的暴力犯罪总数在 1990 年达到了最高峰（174 542 例），比 1970 年增长了约 60.7%；从 1984 年到 1990 年，纽约市凶杀、抢劫等主要暴力犯罪数量基本呈现出上升趋势，财产犯罪总数在 1970～1993 年波动比较大，但是财产犯罪总数在整个 80 年代明显高于 70 年代，呈现出整体增长趋势。

表 4-1　1970～1995 年纽约市警察局记录的犯罪数　　（单位：例）

年份	凶杀	强奸	抢劫	重伤害	暴力犯罪总数	财产犯罪总数
1970	1 117	2 141	74 102	31 255	108 615	469 534
1971	1 466	2 415	88 994	33 865	126 740	465 187
1972	1 691	3 271	78 202	37 130	120 294	358 575
1973	1 680	3 735	72 750	38 148	116 313	359 542
1974	1 554	4 054	77 940	41 068	124 616	359 209
1975	1 645	3 866	83 190	43 481	132 182	449 065
1976	1 622	3 400	86 183	42 948	134 153	523 994
1977	1 553	3 899	74 404	42 056	121 912	488 165
1978	1 503	3 882	74 029	43 271	122 685	447 669
1979	1 733	3 875	82 572	44 203	132 383	488 165
1980	1 812	3 711	100 550	43 476	149 549	560 602
1981	1 826	3 862	107 475	43 783	156 946	568 900
1982	1 668	3 547	95 944	42 784	143 943	544 624
1983	1 622	3 662	107 475	43 783	156 542	490 224
1984	1 450	3 829	79 541	47 472	132 292	467 924
1985	1 384	3 880	79 532	50 356	135 152	466 315
1986	1 582	3 536	80 827	57 306	143 251	491 948
1987	1 672	3 507	78 890	64 244	148 313	508 192
1988	1 896	3 412	86 578	71 030	162 916	555 567
1989	1 905	3 254	93 377	70 951	169 487	542 932
1990	2 245	3 126	100 280	68 891	174 542	535 680
1991	2 154	2 892	98 512	66 832	170 390	508 465
1992	1 995	2 815	91 239	63 529	159 578	466 604

续表

年份	凶杀	强奸	抢劫	重伤害	暴力犯罪总数	财产犯罪总数
1993	1 946	2 818	86 001	62 778	153 543	446 803
1994	1 561	2 666	72 540	59 755	136 522	393 598
1995	1 177	2 374	59 280	52 322	115 153	329 605

资料来源：根据美国联邦调查局 1971～1996 年的《统一犯罪报告》数据整理而得，参见 Langan 和 Durose（2004：23-28）

城市暴力犯罪日趋严重也暴露出纽约市法治建设不完善的情况，以及城市多元文化发展困境和种族关系紧张的局面，而这些都是滋生犯罪的温床。纽约市几任市长对此也没能妥善处理，因此从林赛、比姆、科克到丁金斯，几乎每一任市长都饱受争议，尤其是涉及城市犯罪治理相关的问题。林赛纠缠于种族问题、警察局腐败和骚乱；比姆非但不能在危机中扮演拯救者的角色，反而成为危机的来源；科克是这四位市长中任期最长的一位，在其任期的后期，因为哈莱姆西德纳姆市立医院的关闭（Koch，1984：147-148）、汤普金斯广场公园骚乱中的警察暴行以及其他一些种族事件，他陷入刺耳的“声讨”之中；非裔市长丁金斯试图建立“美丽的马赛克”式的城市，然而他没能应对好抵制韩裔商店事件、皇冠高地事件和华盛顿高地事件等众多种族事件，也没有能够给纽约市带来多少益处，相反还背负自己同胞冠之的“人民的叛徒”的罪名（钱入深，2011：46）。

20 世纪 80 年代至 90 年代初，纽约市城市犯罪的增长部分归因于法治建设不力。类似“中央公园血案”女性遭受侵害的事件时有发生，影响恶劣，仅 1988 年中央公园就发生 51 起严重的攻击事件，而且早在 10 年前，中央公园针对跑步女性的犯罪就已经十分严重。《纽约时报》曾以“女性跑步者，远离危险地带”为题，呼吁在公园中跑步的女性注意安全以及怎样采取自我保护措施，文章列举许多袭击犯罪的案例，向社会和警察局警示中央公园的安全问题，但是文章并未呼吁警察局采取对策以保护市民的安全（Nadine，1980）。在这 10 年之间，警察也并未采取实质性措施阻止这类惨案在如此重要的场所发生，而是继续沿袭被动的犯罪治理方法，同时，“中央公园血案”突显了纽约市的“城市安全”危机这一主要矛盾，但是矛盾并未得到解决，而是转移到对少数族裔年轻人的谴责上，贫民区似乎成了犯罪的源泉。这种错误的观念导致种族矛盾激化，种族骚乱事件时有发生。

> 1986 年 12 月在皇后区的霍华德海湾，3 个非洲裔美国人在意大利裔人居住的街区被围攻，1 名非裔死亡，这引起了少数族裔的抗议；1991 年 8 月，布鲁克林区爆发了皇冠高地骚乱，1 名 7 岁圭亚那男孩和 1 名澳大利亚人死亡，骚乱持续了 2 天多，警察抓捕了大量骚乱者；1992 年 7 月，华盛顿高地的 24 岁多米尼加年轻人被警察误杀，纽约市的有色人种对警察的种族歧视进行了抗议。（乔治 · J. 兰克维奇，2005：301-309，内容有修改）

紧张的种族关系使纽约市恶化的治安环境雪上加霜，“当报告表明针对司机的抢劫案从 1963 年的 438 起剧增至 1979 年的 3208 起时，许多司机相信是少数族裔所为，因而司机们回避非裔聚居区，并且拒载非裔中产阶级乘客”（格雷厄姆 · 郝吉思，2010：157）。非裔群体则对白人的歧视严词批评，甚至对白人出租车司机发动犯罪袭击，纽约市政府也出台政策允许司机在行车中携带枪支以维护其安全。

从众多的种族冲突案件中可以发现，纽约市的种族冲突比较严重。种族冲突导致纽约市凶杀率特别高。有统计表明，与其他城市相比，纽约市的凶杀率高于美国其他大城市。1989 年有 1905 人被杀，这是洛杉矶的两倍多（Attinger，1990）。纽约市种族冲突，既由现实中种族文化冲突引起，也由执法部门的失误和族群之间的猜忌引起，综合因素导致此时期纽约市多元文化陷入困境。

（二）道德及其价值观念腐化促使犯罪率增高

在现实经济状况下，投机取巧心态滋生，阶层贫富分化严重，有人以出卖道德来换取金钱，甚至为了骗取巨额保险而杀妻杀子，凶杀者随意将陌生人推到地铁站台下而被火车碾死，犯罪者用刀乱捅行走在大街上的行人，或者用板砖拍人的头部。纽约市在 20 世纪 70～90 年代发生的疯狂犯罪案件不计其数，从表 4-1 中可以看出，1990 年的凶杀案达到了 2245 例，比 1970 年的 1117 例多 1 倍多。一些犯罪者还试图通过实施影响恶劣的大案成为犯罪者模仿的“榜样”，“山姆之子”就是一个典型的例子（Kurutz，2003）。这一事件在城市居民中造成了极度的恐慌。

从上述犯罪案件中可以看出，基于获取并满足个人利益或者心理欲望的“疯狂文化”在社会中产生较大影响并导致大量犯罪产生。犯罪者因为经济问题而杀害自己的亲人足以说明犯罪文化的疯狂性。也许在他们看来，与失去自己的孩子和承担债务相比，杀死孩子要容易得多。个人行为的形成应该从社会结构和大的时代背景着眼，里根政府时期新经济政策下贫富分化的拉大一定程度上影响了个人和社会的思想和价值观，是犯罪产生的重要原因。研究者指出，“里根推行的变革促进了一百多年来最为野心勃勃、贪得无厌的富人阶层的形成，导致了市场无规则和个体主义思想体系的出现，而这两种东西又助长了全国范围内疯狂病的蔓延”（查尔斯·德伯，2005：28）。格奥尔格·西美尔（Georg Simmel）指出，“金钱根据‘多少’的原则来表现各种事物在质上的差异，毫无疑问，城市生活已经将人为了生计而与自然的斗争变成了人为了获利而与其它（他）人的斗争”（汪民安等，2008：135-139）。这种金钱至上的价值观念对美国社会产生了极为恶劣的影响。

例如，卖淫在美国是一种非常普遍的犯罪行为，被社会学家称为“无受害者犯罪”，即“除了违法者本人可能是受害者以外，别无其他直接受害者的犯罪”（伊恩·罗伯逊，1994：260-261），但是这种犯罪却滋生了相关的有组织犯罪活动。1984 年悉尼·比德尔·巴罗斯（Sydney Biddle Barrows）案件被曝光出来，她在 1979～1984 年组织并经营了一家名为卡榭（Cachet）的陪护服务组织，专门为富有和有权势的纽约市访问者或居住者提供服务。企业家、商业家和律师、外国外交官和阿拉伯石油富翁都是常客，这个组织向他们收取高额的费用，后来这个组织被指控提供色情服务而遭到取缔，巴罗斯也被地方检察官起诉①。让人意外的是，她写的几本书成了畅销书，包括她的自传《五月花夫人：悉尼·比德尔·巴罗斯的秘密生活》（Barrows，1996）。这种通过非法活动提升自身的经济地位，实现个人价值，也是追求“美国梦”的一种途径。在美国社会中，部分人对性工作者问题持纵容态度。1981 年，一位律师给《纽约时报》写信，规劝纽约市市长和纽约市警察局局长放弃对性工作者问题的管制，因为它占据太多的警力，花费城市的资金。对卖淫的纵容是倡导一种腐败萎靡的城市文化，是对道德价值观的模糊化，将会严重影响市民道德价值观，会形成消极的文化环境而滋生犯罪、腐败和艾滋病等相关问题（钱入深，2011：48）。

传统家庭模式破产是导致未成年人犯罪增加的重要原因。变动的家庭模式在尚未进入稳定发展阶段之前带有许多负面影响因素。前文中指出在 1990 年，纽约市只有 52.2%的 18 岁以下的孩子和双亲住在一起，和单亲住在一起的比例则达到了 32.6%（Jackson，1995：921）。1993 年，纽约市单亲家庭和领养家庭 0～17 岁孩子的比例达到 52%左右，而且绝大多数分布在贫困的

① The Mayflower Madam. https://observer.com/2013/02/the-mayflower-marketer-sydney-biddle-barrows-is-up-to-new-tricks/[2022-06-17].

非裔和西班牙裔家庭中，如此众多的未成年人生活在不完整的家庭之中，严重影响了他们正常人格的塑造，疏于监管，他们极易成为犯罪的实施者和受害者。一方面，未成年人尚未进入正常的社会化阶段，缺少生活经验和阅历，如果受到外界有害因素的诱惑，他们极易走上歧途成为犯罪的实施者；另一方面，他们心智尚未成熟，缺乏对犯罪的抵抗力和辨别力，如果没有家长监护，也极易成为犯罪的受害者。

从全国来看，1980～1995 年，12 岁及以下的未成年人犯罪数量增加了 24%，13～14 岁的未成年人犯罪数量增加了 54%，15 岁及以上的未成年人犯罪数量增加了 18%（数据来自美国联邦调查局的《统一犯罪报告》）。与全国未成年人犯罪相比，20 世纪末期纽约市的未成年人犯罪和成年人犯罪数量一样急剧上升，在 1965～1980 年，未成年人暴力犯罪和凶杀率增长了 1 倍，经历了短暂的稳定期之后，直到 1994 年之前仍在继续增长。在 1994 年，10～17 岁的未成年人犯罪达到每 10 万名中 500 人的拘捕率（Puzzanchera，2009）。

纽约市未成年人犯罪主要体现在暴力、毒品、强奸、财产犯罪等方面。未成年人人生阅历有限，世界观、价值观均未成熟，极易受道德恶化之害。根据 1981～1984 年《纽约时报》对犯罪的相关报道，这一时期纽约市未成年人犯罪情况有所恶化，许多人质疑未成年人犯罪管理所的作用及其管理方法。在 1981 年和 1982 年，《纽约时报》就报道了多起未成年人案件，部分反映出未成年人犯罪的特征和问题所在。1981 年 3 月 11 日，布鲁克林一所男女混合高中一位 16 岁的学生在校门口因口角争执而被对方枪击；同年 10 月 15 日，5 名加入帮会的 15～16 岁的年轻人劫持 1 名 15 岁的女孩至乔治·华盛顿大桥，将其强奸并把遍体鳞伤的女孩从桥上扔到哈得孙河里任由其溺死，所幸该女孩会游泳才幸免于难（Frankel，1981）。可见未成年人在暴力犯罪方面的危害性很大，是纽约市社会治安恶化的一个重要因素。

《纽约时报》曾对未成年惯犯达瑞奥·威瑟斯普纳（Darryl Witherspoon）的个人发展历史作过报道。在五年之内，他几乎住过联邦和纽约市所有的少年犯管教所，前后被逮捕 20 多次，犯过抢劫、盗窃、凶杀、贩毒等几乎所有的犯罪。另外，文章称纽约市 100 多个少年犯管教所中有 6000 多名少年犯罪者，每年耗掉 1.2 亿美元（Treaster，1982）。从上述几个例子中可以看出未成年人犯罪的一些共同之处，即他们大多是来自离异、贫困、多子女的家庭。以威瑟斯普纳为例，他的母亲离开严重酗酒、痴迷于赌博且因凶杀监禁过的丈夫，威瑟斯普纳是五个孩子中的第四个，在 13 岁的时候，他的母亲让他要么改邪归正，要么离开家庭，威瑟斯普纳选择了离开家庭。威瑟斯普纳曾多次从少年犯管教所中逃出，然后在实施新的犯罪后被抓回，侧面反映出当时少年犯管教所的管理存在着漏洞。

社区对防控未成年人犯罪发挥着至关重要的作用，但是社区往往会失职，罗伯特·E. 帕克（Robert E. Park）等指出：“在某种意义上，未成年犯罪事实上是社区组织不能履行其职能的标志……贫困区总是在大城市商业区边缘上出现，这些腐化的、贫困的、罪恶的和犯罪的区域是社会渣滓的区域。”（帕克等，1987：103-105）

20 世纪 80 年代至 90 年代初，在漫长且影响严重的城市财政危机背景下，纽约市投资到公共领域的资金不断减少，部分城市文化设施减少、学校和公园因为失修而破败，许多图书馆和公园等文化设施减少开放次数，部分市立医院被迫关停，一些教育机构因缺乏教师而关闭，街道无序而且脏乱，色情场所泛滥，等等。所有这些因素都严重影响了市民的就业和文化教育，破坏了市民稳定的生活方式。城市精神文化环境在许多方面腐化严重，种族关系趋于紧张、城市自信心低迷、家庭生活幸福感下降，安全文化环境的腐化使纽约城市文化的“土壤”变得日益贫瘠，社会问题层出不穷，众多类型犯罪呈现多发态势，极大地制约了纽约市的健康发展和市民对品质生活的追求。

第三节　朱利亚尼治理纽约市文化环境的举措及其效果

20 世纪 90 年代前后的纽约市处于历史的“十字路口”：财政危机没有彻底摆脱；居高不下的犯罪率像乌云一样笼罩在纽约市每一个人的头上；大量跨国公司和人口纷纷离开这里。从一定程度上讲，《时代》周刊封面上“腐烂的大苹果”的标题可以算作纽约市这一时期的真实写照：“纽约市曾经是最接近天堂的地方，在这里你可以做你想做的任何事情，但是，这种平衡已经被打破了，原因是政府官员看似已经对泛滥的毒品和暴力犯罪无能为力。”（Attinger，1990）浴火的纽约市需要重生，改弦更张势在必行。

面对历史遗留下来的棘手的社会问题，受命于危难之时的朱利亚尼市长及其政府力挽狂澜，试图拯救纽约市于水火之中。在任职期间，朱利亚尼采取包括警务改革在内的一系列措施，迅速改变了城市治安恶化的状况。本节主要探讨朱利亚尼修复城市物质文化环境和精神文化环境的“漏洞”，使遭遇信任危机的纽约市走出犯罪横行的“危险地带”，同时提出新政策、新措施，注重道德建设和文化基础设施的完善，提升纽约市民文化素养和城市文化精神等。这种标本兼治、短期和长期相结合的做法值得我们借鉴，这对我们理解管理大城市、治理城市犯罪也大有裨益。

一、纽约市经济状况好转

20 世纪 90 年代，美国经济状况有了很大的改观。首先，在克林顿总统任职的 8 年间，美国经济实现连续增长。克林顿任职总统的前几年 GDP 年增长率平均在 3%，1997～2000 年在 4%以上，消费物价指数控制在 3%以内，失业率从 1992 年的 7.5%降至 1999 年的 4.2%，2000 年为 4%；自 80 年代以来一直困扰美国经济的痼疾——联邦财政赤字大幅度下降，并在 1998 财年①实现了 30 年来第一次财政盈余，1999 年盈余 1200 多亿美元，2000 年达 2300 多亿美元。90 年代前 7 年多的时间里，美国就有 180 万家企业开业，超过了整个 80 年代的 150 万家。从 1995 年 1 月至 2000 年 4 月，经济增长带来了 1600 多万个新的工作岗位，平均每个月约带来 24.6 万个。中等收入家庭的实际收入也有增加，根据实际通货膨胀率计算，从 1990 年的 40 382 美元增加到 2000 年的 41 994 美元，增长了约 4%（The Brookings Institution Center on Urban and Metropolitan Policy，2003：57）。

从表 4-2 中可以看出，从 1994 年至 2001 年，美国的实际 GDP 由 783 550 亿美元增至 989 070 亿美元，人均实际 GDP 由 29 779 美元增至 34 677 美元，人口增加了 2210 万，且与 90 年代之前的经济状况相比，从总量上来看有了明显的改善。据估计，90 年代美国贫困率的下降是适度的，从 13.1%下降到 12.4%，从某种程度上来说，儿童贫困率下降得更快。但是，客观来讲，从经济发展速度和趋势来看，中西部和西南部收入的增长和贫困率的下降更快，东北部则较慢。不同种族之间的收入也存在较大差距，就中等收入家庭而言，非裔和西班牙裔只有非西班牙裔白人收入的 1/2 或 1/3 左右。“53%的人说美国在朝着正确的方向前进，四年前只有 39%的人这么说。大约 30%的人说他们的经济状况有了改善。”（朱世达，2001）

① 财年又称预算年度，是指一个国家以法律规定为总结财政收支和预算执行过程的年度起讫时间。世界各国的财年起止日期各不相同。一般可分为日历年度制和跨日历年度制两大类。美国采取的是跨日历年度制。美国在 1976 年以前是自 7 月 1 日起至次年 6 月 30 日止，1976 年以后改为自 10 月 1 日起至次年 9 月 30 日止。

表 4-2　美国 1994～2001 年度经济和人口数据

年份	GDP/亿美元	实际 GDP/亿美元	人口/万人	人均 GDP/美元	人均实际 GDP/美元
1994	70 722	783 550	26 312.6	26 878	29 779
1995	73 977	803 170	26 627.8	27 782	30 163
1996	78 169	832 890	26 939.4	29 017	30 917
1997	83 043	870 350	27 264.7	30 458	31 922
1998	87 470	906 690	27 585.4	31 709	32 868
1999	92 684	947 030	27 904.0	33 215	33 939
2000	98 170	981 700	28 221.7	34 785	34 785
2001	101 280	989 070	28 522.6	35 509	34 677

资料来源：美国商务部经济分析局（Bureau of Economic Analysis）

联邦政府在税收、福利等方面给各州政府提供帮助。1996 年 8 月 22 日，克林顿总统签署的《1996 年个人责任与就业机会调解法》（The Personal Responsibility and Work Opportunity Reconciliation Act of 1996）规定，未来五个财年内每年拨款 164 亿美元以帮助贫困家族，每州还会得到一笔 133.5 亿美元的固定数额的福利补贴（哈瑞尔·罗杰斯，2012：84-86）。联邦政府的帮助有力地推动了各地方政府的经济发展，有助于社会稳定。

纽约市社会经济发展进入了一个新阶段。1994 年，朱利亚尼成功就任纽约市市长，此时正是纽约市经历了多年的严重财政危机之后，城市经济进入新的发展时期。70～80 年代，纽约市的经济结构逐渐发生变化，制造业分量在经济结构中逐渐下降，70 年代制造业雇佣数量只在全国制造业雇佣数量中占 1/4 左右，在 90 年代初，这个数量则减至 1/5（Jackson，1995：362-363）。在 90 年代中期，纽约市已经成为一个后工业城市，城市的经济发展更加依赖于服务业、商业、金融与投资等行业。

与财政危机期间政府高额的财政支出相比，纽约市财政支出受到了严格控制。为了刺激经济发展，朱利亚尼市政府采取了削减税收、增加就业和上马新项目等有力措施。例如，纽约市私营部门工作岗位增长率从 1992 年的 0.64%不断增长到 2000 年的 8.4%。2000 年纽约市私营部门就业率增长了 2.5%，越过纽约州的 2.0%、美国的 2.1%（Giuliani et al.，2001：61-62）。“在 1995 年至 2001 年经济复兴期间，政府财政支出年平均增长率下降至 3.7%，在这期间为纽约市节省了约 99 亿美元。单在 2001 年，政府在减税方面为纽约市民节省了约 31 亿美元。”（Giuliani et al.，2001）税收削减主要体现在商业租金税、非公司企业税和企业增值税等商业税收的削减和个人收入税收的削减两个方面上。经济开发公司引导城市吸引商业并维护原有商业，在此基础上，纽约州立法授权纽约市工业发展处（New York City Industrial Development Agency）采取一些相关措施扶持商业，作为回报，商业公司答应继续留在纽约市或者迁入纽约市，这样就能为纽约市提供大量的工作岗位。在1988～1993 年，商业收益增加和就业增加关系甚微，然而在朱利亚尼市政府时期，有将近一半的商业增加利润与新增就业有关。纽约市还支持一些针对某些地区开发的项目和计划，例如，1997 年，朱利亚尼宣布对两项重要研究计划进行资助；1999 年，对布鲁克林等地江边地区的改造计划予以资助。其中经济复兴的著名案例就是对纽约时代广场的整治，时代广场的整治复兴所具有的意义不只体现在经济方面，它对纽约市的城市文化发展也同样重要。

二、朱利亚尼加大对纽约市文化设施建设的投资

从 20 世纪 70 年代中期到 80 年代末，纽约城市文化发展一直受到经济和财政危机的制约，公园和学校大量员工被解雇，图书馆和公园的服务时间被削减等。90 年代以后，纽约市逐渐摆脱了财政危机和经济危机，曾经遭遇困境的学校、图书馆、公园以及医院等设施有了很大的改善和发展，同时，纽约市政府加大对城市及其街道的整治力度，着力改善纽约城市文化环境。市立学校、教师、公园系统和医疗卫生系统不会轻易再面临危机时期那样被强迫关闭和裁员的压力，教育系统的运转更加趋于稳定，尽管这些工作并非一帆风顺，但朱利亚尼发展文化事业、提升纽约文化环境的决心很大。

（一）增加教育投资，改善教育文化设施

朱利亚尼从两个方面来增加教育投资；一方面，加大教育系统财政预算透明度，削减教育行政部门的开支，避免教育部门专权与腐败造成资金流失；另一方面增加学校书籍和计算机的购买经费。同样，政府要求增加资金，以增加图书馆的开放时间，购买大量图书资料，以及为警察们提供再教育。朱利亚尼市政府要求投资的项目经费太多，引起城市委员会的不满，因此市长的部分计划（如对年轻人服务，对精神病患者、吸毒者和酗酒者提供治疗设备等的 9660 万美元资金的计划）被驳回（Myers，1994）。

增加财政投入，规范学校班级规模。为了改变纽约市学校班级规模大、教学资源匮乏等现象，1993 年，克林顿政府设立了缩小班级规模计划，计划为各个州提供资金，帮助学校吸收、雇用和培训教师，以达到缩小一至三年级班级规模的目标。纽约市增加了教师的雇佣数量来弥补教师缺口和增加教

育所需资金。在这几年中，纽约市的学校系统从州、市和联邦资源获得的财政支持增加了约 8 亿美元。到 1998 年，纽约市教育部门的官员说：“他们已经雇用了 5000 名教师，这足够应付城市中 1100 所学校每个班级开学时对教师的需求。”到 1999 年 8 月，所有小学班级都限制为 20 名学生的规模（Archibold，1998）。

教育经费大幅增长，推动了学校系统的改革和教学设备的增加。1997 年，朱利亚尼决定给教育董事会增加 1.72 亿美元的预算，其中 1.25 亿美元用于小学生的读书计划，2500 万美元用来维持一些艺术计划，他称还会为技术性支持和教师计算机配备的增加提供 2270 万美元的资金（Steinberg，1997）。1999 年 1 月，纽约市教育董事会也宣布，“1998 年更多的资金用于教师计算机和放学后的私人教育，与 1997 年相比用于每个学生的花费上涨了 9.3%”。董事会宣布的数字显示了 32 个街区学校和 1137 所学校的花费变化，在 1997～1998 年，用于每个学生的花费从 7622 美元增加至 8330 美元，每个全日制普通教育学生的花费从 6183 美元上涨到 6727 美元，非全日制特殊教育学生的花费从 12 284 美元上涨到 13 289 美元，全日制特殊教育学生的花费从 20 767 美元上涨到 22 564 美元，110 万名学生中大约有 13.5%的学生加入特殊教育计划中（Archibold，1999）。

（二）增加公共服务经费，改善公共服务设施

纽约市的公园系统、卫生医疗系统以及图书馆等物质文化设施也有了一定程度的改善，市民对此持满意态度。1997 年 3 月，纽约市对纽约市民做了一项民意调查，部分调查者在学校、公园、市立医院和地铁站做了调查，另外一些调查者在城市小学和街道进行了大规模的随机调查，还有一部分调查者对官方的统计数据进行了分析比较。每月至少使用一次公园的游客中，有八成的人对公园整体状况表示满意；每月至少使用一次公共图书馆的借阅者中，九成的人表示比较满意。对街道卫生状况的调查和政府数据存在一定差异性，调查和纽约市民的态度也存在一定差异性，政府和民意调查显示较高的满意度，政府认为 3/4 的纽约市街道是干净的，民意调查中只有 7%的人认为纽约市的街道很脏，17%的人认为一定程度上脏，半数认为纽约市街道在某种程度上是干净的，约 1/4 的人认为街道十分干净，另外，八成的市民讲大部分时间里他们的垃圾被及时清理（Finder，1997）。

通过政府的努力，纽约市教育面貌有所改善，学校班级规模达到标准班级的规模，公园设施、公共图书馆等文化设施情况得到改善，市民对其前景持乐观态度。

三、纽约市城市文化环境的改善对犯罪的影响

城市文化环境和城市文化设施，会对市民的思想品行、道德修养产生重要影响，也会影响市民的行为规范，良好的城市文化环境和城市文化设施可以减少城市犯罪。1994 年朱利亚尼上任以后，纽约市的教育系统、公园系统和医疗卫生系统等方面都有一定程度的改善，城市文化环境也得到了进一步的优化，对纽约城市犯罪的骤减起到了积极的作用。

（一）城市文化环境的改善与市民素质

在 20 世纪 90 年代的大部分时间里，纽约市的教育、就业和卫生医疗等方面的状况取得了长足的进步，市民经济实力和能力的提高直接促使部分类型犯罪的犯罪率下降。有学者将纽约市的经济比喻成“胡萝卜”，将“犯罪控制”比喻成“大棒”，并调查它们对纽约市的凶杀、攻击、抢劫、盗窃和机动车盗窃的影响，“胡萝卜”又定为失业率和最低实际工资，“大棒”则定为犯罪的确切拘捕率、警力的规模和纽约州监狱中拘捕者数量。通过研究调查发现，失业率对入室盗窃和机动车盗窃案件存在影响，但是最低实际工资对凶杀和抢劫案件有影响。这一时期，经济的发展对犯罪的骤降起着重要的作用，如同有的研究指出的一样，“从 1994 年至 1999 年，最低工资由每小时 2.77 美元增加到 3.09 美元，增长幅度为 12%，它们对抢劫犯罪下降的影响大约为 14%，对凶杀案件下降的影响估计有 26%”（Corman and Mocan，2005）。上述情况表明，经济因素对抢劫、凶杀等犯罪的下降影响较大。

低收入者经济条件的改善对凶杀率的下降也有着重要影响。20 世纪 90 年代，经济的增长对地区的复兴产生着积极的影响，城市的住房计划对地区的改善、对低收入地区住房质量提升发挥着重要作用。低收入者是住房质量提升的最大受益群体。有学者对低收入地区（如布朗克斯区的高桥区、曼哈顿区的中哈莱姆区等）和中等收入地区的研究发现，从 1990 年至 2000 年，10 个低收入地区的凶杀案发生率从 80 人下降到 18 人（每 10 万名居民），而 35 个中等收入地区的凶杀案发生率则从 20 人降到 10 人（每 10 万名居民）（Bram et al.，2003）。

20 世纪 90 年代，纽约市的居民成分出现更为复杂化和多元化的特征，这给纽约市的管理带来了更高的要求。2000 年纽约市人口中外国出生者数量占到总人口的 36%，而在 1990 年时只为 28%，外国出生者进入纽约市的时间与全美状况相似，超过 43%的外国出生者是在 20 世纪 90 年代进入美国的，另外 29%的外国出生者是在 20 世纪 80 年代进入美国的（Bloomberg and Burden，2000）。从表 4-3 和表 4-4 可以看出，纽约市的移民结构显示

出来源国多元化和移民类型复杂化的特征，移民类型由原来的欧洲一支独大，变为亚非拉等多地区化。同时，因家庭团聚的移民减少，就业、避难等移民数量增加。

表 4-3　2000 年纽约市人口中外国出生者的比例　（%）

项目	加勒比地区	拉丁美洲	非洲	亚洲	欧洲	其他
比例	20.6	32.0	3.2	23.9	19.4	0.8

表 4-4　1982～1989 年和 1990～1999 年纽约市移民类型及比例　（%）

时间段	家庭优先	直接亲属	就业	避难	多样	其他
1982～1989 年	60.5	24.2	7.9	5.1	0.4	1.9
1990～1999 年	37.3	28.8	9.9	13.5	8.2	2.4

资料来源：Bloomberg 和 Burden（2000）

来自第三世界非英语国家的移民们存在着语言障碍，这影响了他们的入籍和就业，使得他们不能充分就业。就业及经济收入的稳定是其摆脱经济犯罪的基本要素，因此，数量巨大且情况复杂的移民给纽约市的物质文化设施带来了巨大的压力。来自亚非拉的移民仍面临着教育和就业等问题，他们大部分人处于中低收入水平，十分依赖纽约城市物质文化设施和城市文化环境。例如，从墨西哥、中国、拉丁美洲等地区来的移民，如果想获得更高的收入，他们或许更加依赖可行的和便宜的英语培训（Rosen et al.，2005）。20 世纪 90 年代进入纽约市的移民比较年轻，缺少工作经验，即使是有较高学历的移民也受限于他们的英语水平，90 年代好转的物质文化环境部分解决了移民就业所面临的困难。据统计，“在 1992 年，依赖社会资助的市民达 35%，至 2000 年，依赖社会资助的市民比例下降到了 21%”（Bram et al.，2003），这有利于消除移民失业而诱发犯罪的潜在因素。

（二）城市文化设施的改善与青少年成长

城市文化环境的改善对降低青少年犯罪率具有积极的作用。20 世纪 90 年代，针对青少年犯罪趋于严重的实际状况，纽约市采取了一些措施，如增加每个学生的平均教育经费、恢复和增设一些艺术课程、缩小班级规模实行小班教学等，以此来提高纽约市的教育水平，同时也将教育和防止未成年人犯罪结合起来。

1997 年 3 月，针对有暴力倾向的学生对其他学生的安全和班级秩序带来的威胁，以及传统公共学校不能有效地应对的现状，纽约市教育董事会投票决定为这些问题学生创立独立的学校，“教育董事会以六比一赞成这个计划，卡罗尔·A. 格瑞瑟反对，她认为把学生托付给私人组织，既让公共学校失职，对学生也是个伤害。一些赞成者同样担心新学校会变成负担”。教育董事会分别在布朗克斯、皇后和布鲁克林三区各建立一所初中和高中，初中由教育董事会来经营，高中则由处理过问题青少年的非营利机构来运营，而且这些学校里的学生将会实行小班教学并且提供心理咨询，一年之后他们将会回归正常的学校（Raines，1997）。根据反馈，在学校和家长的共同监督下，大多数的学生改掉了吸毒和持枪这些不好的习性，这些曾经的问题学生在回归后和其他学生相处比较融洽，没有表现出实施犯罪行为的迹象。

第四节　纽约城市文化环境的改善

在整个 20 世纪 90 年代里，纽约市产业经济结构转型已趋于完成，信息服务产业在产业链中的份额逐步上升，增长的城市经济给城市带来更多的就业机会，市民对纽约市经济的自信趋于上升，对纽约市的认同感和归属感加强。市民收入增加、生活水平提高、家庭模式稳定奠定了纽约市社会安定的经济基础。

一、纽约城市文化建设的新内涵

1994 年 1 月，朱利亚尼（Giuliani，1994）在其就职演说中承诺给人们带来安全，宣称“恐惧统治的时间已经够长了，猜疑仍在继续，就像玩世不恭者认为，纽约市已经失去控制、无法管理、一文不值……今天意味着新的开始”。他努力提升市民战胜犯罪的信心，改善市民的精神面貌，决心重塑安全的城市。

纽约市是一个典型的移民城市，是美国这个“大熔炉”的“炉底”，少数族裔已成为多数族裔。根据美国学者伊丽莎白·鲍根（Bogen，1987：5）的研究，1980 年，纽约市外国出生的移民有 170 万人，如果加上未登记的移民在内，纽约市有 200 万名移民，占纽约市总人口的 26.2%。另据美国纽约市规划局涂平子（1995）统计：“1990 年，纽约少数民族所占比例与白人相去不远，白人甚至下降到 43%。”如果从使用的语言种类看，纽约移民城市特征更为明显：1660 年，荷兰殖民地新阿姆斯特丹（纽约市前身）居民使用的语言有18种；1980年，纽约市居民使用的语言多达121种（Allen，1990：22，325）。21世纪以来，纽约市每年仍在接收移民，这些移民在当今的纽约社会、政治、经济、文化生活中发挥着重要作用。

因此，朱利亚尼非常关注多元文化建设，增强城市凝聚力，促进民族融合。在采取严打政策来治理犯罪，以提升战胜困难的信心的同时，朱利亚尼也非常关注提升城市的凝聚力。在朱利亚尼上台之前，丁金斯倡导“美丽的马赛克”式的多元文化，但是，纽约市更加和睦的画面并没有出现，相反种族骚乱、不同民族矛盾时有发生。“在丁金斯执政时期，纽约市经历了三年的经济衰退期，一年之久的抵制，一次大罢工，三次骚乱，非裔美国人、韩国人、多米尼加人和犹太人之间的斗争愈演愈烈，丁金斯没能熄灭对于警察的争议引起的政治火焰。”（Reitano，2006：199）丁金斯在纽约市面临种族危机时表现得过于被动、形式化和拖拉。这在非裔抵制韩裔商店这一事件当中表露无遗。激进者桑尼·卡森（Sonny Carson）在1990年发动的数以千计的非裔抵制韩裔商店长达一年之久，丁金斯试图保持中立，这使抵制与反抗持续了更长时间，分歧和调和的难度也越来越大。这次事件无疑阻碍了纽约城市多元文化的进程，损害了纽约文化都市的形象。

纽约市人口构成复杂，人口多元化、种族多元化突出。1993年，“非西班牙裔白人占人口的43.2%，非西班牙裔非裔占人口的25.2%，西班牙裔人口占人口的24.4%，亚裔占人口的6.7%”（Jackson，1995：923）。不同种族移民要求获得平等和民主的权利，要求城市尊重他们的文化。城市多元化文化在纽约市的商业、文化以及公共事业中表现出来。其一，在一些商业街区中种族多样性增加，并实现同荣共存谋发展。例如，从纽约市曼哈顿第125街的商场到布鲁克林区的廉价物广场（Bargain Plaza），到处都有大量来自不同种族的小商贩，有非裔、韩裔，也有阿富汗人。然而，这些挤在一起的小商贩摊点也反映了纽约市其他购物空间里的社会阶级和种族之间的不断协调（Zukin，1995：248-249）。其二，少数族裔的居住区和商业区成为纽约市受欢迎的观光场所，少数族裔的传统文化被其他种族群体所接受或追捧。朱利亚尼市政府内阁中少数裔的数量也占据较大比重。其三，在众多公共事业中，人员的分配也体现出了一定的多样性。以警察局为例，20世纪90年代中期，朱利亚尼和布拉顿努力使警察局警力更能体现纽约市人口的特点，警力中有“74%的白人、11.6%的非裔、13.5%的拉丁裔、0.6%的亚裔、0.1%的印度裔，其余族裔占0.2%，而且13.9%的警力是女性”（Jackson，1995：913）。

随着20世纪90年代强劲的经济发展，少数族裔贫困率下降，非裔和白人之间的矛盾和冲突减少，种族主义和种族偏见也逐渐减少。纽约市种族之间的关系变得更加融洽，《纽约时报》在 2002 年早期的调查中发现，“63%的纽约客和 53%的非裔居民感到种族关系相当地好，而 1988 年时只有 25%和 19%这样感觉”（Healy and Roberts，2005）。

二、纽约人价值观念的新变化

朱利亚尼执政时期，纽约市教育环境改善了许多，人们受教育程度有所提高，家庭结构趋于稳定，城市福利待遇也有所提高。哥伦比亚大学的调查显示，纽约市教育环境有所改善，受过高等教育的居民人数普遍增加。例如，中哈莱姆区接受过高等教育的人数从 1994 年 1 月的 10%上升到 2001 年的 15%，这和其他地区差不多，和曼哈顿地区也很相近，拥有高中学历的人数比例则从 1994 年的 56%上升到 2001 年的 64%，这是曼哈顿周边地区中增幅最大的区域（Bram et al.，2003：17）。受教育程度提高对家庭有良好的影响：一方面，市民道德在一定程度上实现了“恢复”，家庭模式多元化趋势和多元化结构趋于稳定，家庭消极影响减少，市民乐于自食其力；另一方面，家庭趋于稳定是犯罪减少的潜在因素。

20 世纪末，美国政界、学校和媒体等各界关注者围绕婚姻、同性恋、儿童抚养等家庭问题展开了激烈的讨论，多数人认为家庭中男女角色和消费模式的转变提高了女性的经济和自主能力，这动摇了传统家庭以男性为主的根基。高离婚率产生大量的单亲家庭，加上同性恋思潮等因素影响，同性恋家庭开始形成，以及大量的同居模式存在，美国社会逐步形成了多元化的家庭模式。后现代家庭模式逐步取代传统的家庭模式，退回到原来的家庭模式已经不可能，因此，能做的事情就是去减少它的消极影响。

纽约市家庭模式的变动既与整个美国保持同步性，也存在纽约市的独特之处。20 世纪 90 年代初，纽约市父母与孩子同住的比例只有 1/6 左右，1980～1990 年，15 岁以上单身的、寡妇或者离婚的人口从 16%上升到 20%（Roberts，1992）。众多的数据显示，同全美家庭模式发展趋势类似，纽约市的家庭模式趋于多元化，这主要归因于纽约市的家庭结构的多样性。在 1999 年的纽约市社会调查报告中显示，当被问到“当前，你是已婚、寡妇或鳏夫、离婚、单身的问题”时，31.2%的人回答“已婚”，10.7%的人回答“寡妇或鳏夫”，9.8%的人回答“离婚”，还有 39.7%的人回答“从没结婚”，8.4%的人回答“单身”（Meyers et al.，1999）。

面对家庭模式多元化的事实，纽约市采取了折中的态度，既承认存在的事实，同时又努力降低它的消极危害。虽然较多纽约市民认同传统家庭模式，但想要回到以前的状态是不可能的，纽约市的家庭模式趋于多元化、家庭结构模式趋于稳定化已经成为事实，这主要从两个事件中可以看出，一个是纽约市民对同性恋的态度，另一个是堕胎法案在纽约市的实施。事实证明，在家庭模式多元化中走“妥协”或者“折中”的道路符合纽约市的现实需要，是“进步”的另一种表现形式。

在 1997 年的调查中问到“你对纽约市作为一个居住城市的满意度”时，给出“非常好”答案的市民占到总调查人数的 29.4%，给出“相当好”答案的市民占到总调查人数的 40.5%，给出“不好”“不知道”“拒绝回答”答案的市民只占到总调查人数的 5.3%（Meyers et al.，1999）。数据显示，约七成的市民对纽约市充满信心。在另一个问题中，约五成的市民认为纽约市变得更好了，仅有两成的市民认为纽约市变得更糟糕了。

为了提高政府的口碑、改变形象不佳的局面，纽约市政府积极加强城市管理，提高了纽约市法治文化水平，这促使各类犯罪数量急剧下降。概括地讲，朱利亚尼市政府对纽约城市犯罪的治理除了“有形”打击之外，对“无形”层面的犯罪打击也十分注重，这就消除了市民精神上无形的“犯罪恐惧”。从文化层面上来理解，深入观察朱利亚尼市政府时期采取的城市法治建设措施，可以发现严打措施的背后是提高法治文化意识和防微杜渐的城市安全观，着眼于塑造法治文化范畴下的城市安全文化环境，通过在“无形”层面加强城市法治文化建设来提高城市的安全形象。富兰克林·德·罗斯福（1982：14）在美国大危机时说过“我们唯一值得恐惧的就是恐惧本身”。其实，城市犯罪也是如此，对于城市犯罪的恐惧比犯罪本身可怕得多，针对这种情况，朱利亚尼市政府十分重视从精神层面来整治纽约市的犯罪。

（一）城市精神文化的建设

城市精神文明的建设是从和人们生活最密切相关的公共场所开始的，包括街道和地铁站等场所。通常，人们对犯罪的恐惧绝大多数是从眼所见和耳所闻的身边生活开始的。整个 20 世纪 80 年代，纽约市街道上到处布满夸张的涂鸦，让人感觉身处怪异文化之中，吸毒者、醉酒者和强行抹车仔占据了街道，许多人在街头被抢劫，市民感觉待在公共空间十分不安全，日久便形成一种恐惧感，这种对犯罪的恐惧心理一直持续到 90 年代初期。因此，要消除纽约市民精神上的“犯罪恐惧”，政府必须消除公共场所中的轻微犯罪。因此，纽约市政府在加大对重罪打击的同时，也加大对轻微犯罪治理的力度。事实上，从 1993 年起，纽约市政府扩大了对轻微违法行为的逮捕力度。

“来自纽约州刑事司法部从 1993 年到 1996 年数据显示纽约市的逮捕数量总体上上升了 23%，由布拉顿推行的‘破窗理论’和‘零容忍’警务战略反映出的轻罪逮捕率上升了 40%——以毒品逮捕数为最高，在此期间上升了 97%。”（朱迪·格林，2009）

逮捕轻罪、防微杜渐的措施，在一定程度上促使犯罪率下降，从而降低了纽约市民对犯罪的恐惧，提升了市民的安全感。在 1999 年纽约市的社会调查中，六成左右的被调查者认为警察的工作是尽职的；约八成的被调查者认为在夜晚独自一个人在街上行走是安全的；只有不到一成的被调查者回答在过去的 12 个月中，有人对他们的家进行抢劫；有一成多的被调查者知道他们的邻居遭遇过盗窃；在过去的 12 个月中，只有 40%的被调查者讲他们被别人强制从身边拿走一些东西。最后，纽约市民给出纽约城市安全环境较高的评价，七成的被调查者认为纽约市是一个不错的居住城市。

另外，朱利亚尼市政府时期，不断改善的城市多元文化不仅有助于体现城市的多样性，而且对城市犯罪率的下降也起到了一定的作用。与科克市长和丁金斯市长时期相比，这一时期纽约市发生种族骚乱的次数明显降低，有影响的只有 1999 年的“迪亚罗事件”。阿马杜·迪亚罗（Amadou Diallo）是一名来自几内亚的移民小贩，在 1999 年 2 月 4 日于纽约市北部的布朗克斯公寓的门廊附近被一群警察乱枪射死。后来，当事警察试图逃脱罪责，说是在值勤中把阿马杜·迪亚罗身上的钱包误当了手枪。警察当时共开了 41 枪，其中 19 枪击中非裔小贩，成为轰动一时的警察野蛮执法的国际事件（McArdle and Erzen，2001：10）。但总体来说，由于非裔及其他少数族裔的经济水平有所提高，一定程度上抑制了少数族裔中的犯罪，公开的种族敌对状况在社会中已经基本不存在，基于种族的犯罪也明显减少。

（二）道德价值观念的“回归”

道德价值观念的“回归”在一定程度上抑制了犯罪的发展，家庭模式多元化结构的稳定和福利改革有助于城市发扬传统道德精神，降低城市的犯罪率。进入 20 世纪 90 年代中后期，像“山姆之子”和“中央公园血案”这样道德沦丧的事件，纽约市没有出现过。

家庭是社会构成的细胞，是社会稳定的基础。与 20 世纪 80 年代相比，90 年代以后，多元化的家庭模式已经趋于稳定，因家庭模式不稳定发生的案件逐渐降低。80 年代，美国有 25%的新生儿出生在同居家庭之中，在 90 年代初的时候这个数字达到了 40%（Mclanahan et al.，1998），在少数族裔中这个数字还要高。纽约市的情况也是如此，据 2000 年人口统计，“纽约市有

17.6%的有子女家庭，有 19.6%的无子女家庭，12.1%的带子女重组家庭，31.9%的独自生活家庭，还有 6.8%的非婚家庭”（The Brookings Institution Center on Urban and Metropolitan Policy，2003：37）。多元化的家庭模式已经进入成熟期，新的家庭模式在许多方面取代了传统家庭的功能，它的副作用在政府和社会的关注下逐渐降低。例如，早期的同性恋家庭是不被认可的，道德上更是被歧视的，更何况是成长于同性恋家庭中的孩子，但是，随着社会价值多元化的发展，与日俱增的同性恋者不断争取他们的权利，社会态度也同样趋于多元。

有一段时期，大量的新生儿被丢弃，或者生活在经济能力极低的单亲家庭，尤其是在单亲母亲家庭，而且在一些离婚的家庭中，父母和孩子相处得并不融洽。美国一项纵向调查显示，半数离婚的男性一周只看一次他的孩子；有的女性并不愿意和她的孩子的父亲结婚，因为她们觉得孩子的父亲不可靠，有吸毒或者酗酒问题，结婚达不到她们对未来的期望。这造成了大量的问题儿童和青少年犯罪。

针对这种情况，州和国会通过了一些法令来减少这种危害，国会出台了《1996 年个人责任与工作机会调解法》，这是克林顿总统于 1996 年 8 月 22 日签署的一个重要的福利改革的联邦法案，该法案于 1997 年 7 月 1 日正式生效。该法案要求州给予这些家庭的儿童更多的资助，减小母亲的工作压力，同时要求离婚家庭中父亲承担更多的义务，以保证孩子和母亲生活的稳定性，这有助于改善破碎家庭的经济条件，以及保障孩子的教育（Weinstein，1998）。20 世纪 70 年代实行的堕胎法案也减少了婴儿丢弃和单亲母亲的发生率，同时，多元的文化也使同性婚姻在纽约市有了生存的土壤。这些努力不仅化解了多元化家庭模式的弊端，也降低了其带来的负面影响，同时降低了犯罪发生率。

20 世纪 90 年代，出于城市长远发展的考虑，纽约市的福利改革成为城市要优先考虑的政策。福利改革分为许多部分，其中之一就是强制性的工作福利制度，没有在正常劳工市场工作的个人被要求去参加“工作经验强化培训计划”。“到 1999 年前期，超过 3 万人在规定的星期参加基本的‘工作经验强化培训计划’，这是传统的没有薪水的工作福利。”（Nightingale et al.，2002）这表示所有具备劳动能力的成年人都必须参加工作，对于那些既不参加正常工作也不愿意参加“工作经验强化培训计划”的人，政府将强制执行措施。纽约市政府想通过这个计划传达出有能力工作者必须工作的信息，也想提高居民的就业技能以改善城市的就业状况，并促进城市经济的长远发展。福利制度的改革促使 1992～2002 年享受福利制度的人数下降了一半多，平均每个月接受纽约家庭计划资助和安全网资助的成人数由 1993 年的 50 万人下降到 2001 年的 20 万人，享受福利的总人数（包括成人和儿童）也从 1992 年的 100 万人下降到 2000 年的 50 万人左右（Nightingale et al., 2002）。通过上述积极的福利制度改革，一些过去仅依靠救济生活的人，经过工作再培训之后走上了工作岗位，这大大地减少了政府的福利开支。

综上所述，20 世纪 90 年代初以后，尤其是朱利亚尼执政时期，经济危机和城市财政危机的影响逐渐消减，城市物质文化环境逐渐好转，表现为教育设施和教育服务项目等方面的恢复和改善。另外，受城市经济好转、社会对传统道德关注提升以及城市福利制度改革等因素的影响，市民对城市经济发展和城市安全的信心增强，趋于稳定的多元化家庭模式降低了家庭模式变动带来的消极影响，城市福利制度改革提高了市民自强自立的观念，抑制了市民懒惰及不劳而获等腐败思想的蔓延，这些改变无不促使纽约城市精神文化环境走向好转，进而使纽约市从臭名昭著的“腐烂的大苹果”渐渐成为举世瞩目的“安全之都”。

第五章

20 世纪 90 年代纽约市警务改革实践

20 世纪 90 年代初，纽约市犯罪问题极为严重。为了改变这一局面，纽约市市长丁金斯和纽约市警察局局长布朗实施了改革，出台了“安全街区、安全城市”计划，但因各种原因效果并不理想。1993 年，纽约市市长大选，朱利亚尼抛出严厉打击犯罪的竞选承诺，得到了纽约市民的支持，顺利当选市长。上台后，他兑现诺言，任用布拉顿为纽约市警察局局长，大力支持纽约市警察局的各项改革，包括“零容忍”政策的实施、警察局的技术革新、社区警务模式的推广等。这些警务改革项目的实施，在有效打击犯罪的同时，能更好地预防犯罪的发生，犯罪数量开始大幅度下降。“零容忍”政策将在第六章专门论述。

第一节　20 世纪 90 年代初纽约市犯罪与治理

一、纽约市严峻的犯罪形势

20 世纪 90 年代初的纽约市是一座停摆的城市，暴力事件层出不穷，人心惶惶。凡是到过纽约市观光或居住的人士的经验是：出门口袋里一定要记得装 10 美元或者 20 美元的零钱，说不定什么时候，一个陌生人凑上来，手里拿着一支手枪或一把刀子指着你，这时候你把钱拿出来给他就可以脱身了，否则后果不堪设想。纽约市民有一句“自嘲”的话：“你如果没被抢过，就不能算是纽约人。”

地铁站等公共场所到处是无家可归的流浪者、强行乞讨的乞丐、非法推销的小贩；墙壁上涂鸦、随地大小便现象随处可见，不堪入目。清晨，在驶向市政厅的地铁里，流浪汉就位后，便会开始一段起床号：“早安，女士们、先生们。很抱歉打扰您。只是我无家可归，也无法温饱……”若遇上尿臊熏天的流浪汉在地铁车厢一头打盹，乘客只好全部挤到另一头。纽约市路边停放的汽车经常贴着写有“车内无收音机”的字条，这近乎公开认可犯罪，向犯罪分子屈服……这是 20 世纪 80 年代末 90 年代初纽约市公共场所混乱不堪的常态。

与此同时，纽约市暴力犯罪案件仍然屡见不鲜。1990 年 3 月 25 日，一名古巴移民出于对富有阶层的妒忌心理，醉酒后向“福境俱乐部”投掷了一个燃烧瓶，导致 87 名无辜的市民丧命（Bukwoski and Spetzler，1992）。1991 年 5 月 4 日，一名来自中美洲的年轻妇女在遭毒打后被枪杀，这名妇女腹中的胎儿、她 3 岁的儿子及两个朋友亦未能幸免。1991 年 9 月 29 日，在一家出售汽车轮胎的商店里，2 名多米尼加人和 2 名墨西哥人被冲锋枪打得像蜂窝，其血腥程度惨不忍睹。1991 年，一名华裔少女被推落地铁车道，被刚巧驶进车站的列车碾死。1993 年又一起大的凶杀案震惊纽约，被害者是 7 名儿童和 3 名妇女，其中还有 1 名孕妇。凶手与贩毒有关，罪犯试图盗窃可卡因，被发现后凶性大发，使无辜者惨遭横祸（宋会敏，2010：25-26）。

纽约市日渐腐朽的文化、恶化的社会治安，导致各种族、各肤色的热爱纽约的“纽约客”逃离这里。1990 年 9 月，《时代》周刊的民意调查表明，约有 59%的纽约人想搬离纽约市（安德鲁·科兹曼，2004：4-7）。《纽约邮报》的一则封面头条振臂疾呼“戴维，采取行动”，祈求市长丁金斯采取行动来应对日益增长的犯罪和混乱。在这种情况下，丁金斯开始重视惩治日益严重的城市犯罪。

二、警务改革与警察职能

1990 年 1 月，丁金斯上任纽约市长时，前景比较暗淡。一方面，美国经济处于低谷，“1991 年中等家庭收入还下降了 3.5%。1992 年，有几百万人失业，工厂就业人数跌到 1982 年衰退以来的最低水平，贫困人口数达 1964 年以来最高水平”（刘绪贻，2008：541）。另一方面，丁金斯从前任市长科克手里接过一个烂摊子，社会治安不稳，城市问题层出不穷。为了应对危局，丁金斯首先从警务改革入手，任命李·布朗为纽约市警察局局长，希望他力挽狂澜。同时从 1990 年 10 月开始，纽约市实施“安全街区、安全城市”计划，希望恢复纽约市正常的公共秩序和城市面貌。为了达到上述目标，纽约市不能沿用科克政府的老办法，必须进行改革。

首先，变固定警察为巡逻警察，以增加市民的安全感。因为当时城市犯罪猖獗，纽约市人心惶惶，到了“谈犯罪色变”的地步，所以新市长必须加强警务工作，让更多警察与市民零距离接触，增强市民对纽约的信心。原来警察局的大量警察都在办公室进行室内工作。丁金斯对整个警察局进行重新评估、重新组织后，把上千名警察从行政岗位调至巡逻岗位，新进的警察经培训取代原先的警察。巡逻警察被要求在整个城市徒步巡逻，部门官员每周到街上巡逻一天，每个区都必须有 30～70 名警察固定巡逻（詹姆士·阿尔布雷特，2008a）。这样的巡逻的确给潜在的或公开的犯罪分子以极大威慑。同时警察还给那些高危青年提供教育和社会服务，帮助他们了解相关法律和法规，以及违法的后果。这些改革增加了警察的工作内容，扩大了警察的工作范围，原来的警力显然不足以完成上述工作。在丁金斯的努力下，纽约市政府动用后备金雇用了 7000 名警官（Bratton，et al.，1997：34），从而保证有充足的警力去执行任务。

其次，警务公开，加强警民联系。城市社会治安事关每个市民，只有全民参与城市事务，才能提高整个社会的管理能力。为此，布朗局长对警察局管理模式进行了改革，要求全市所有警区警察局局长每月集中开一次会，集中讨论大案要案，了解全市治安情况。这些会议是对公众开放的，目的是让公众可以把所有关心的问题和意见直接送达各警区决策者那里。各警区警察局局长有义务在权限范围内解决这些问题。另外，为了加强警民关系，也为了及时掌握民众的所恐所惧，了解舆情，纽约市警察局要求每个警区选出若干市民代表组成委员会，每次会议提交一些需要解决的问题，而总局每个月要对各警区工作效果、工作进度和问题处理情况进行评估。这样就使警区成为建立和谐警民关系的平台。此外，布朗还实施了禁止枪支计划，以对纽约市的枪支数量进行有效的控制。

布朗惩治犯罪的措施在一定程度上改善了社会环境，减少了纽约市的犯罪，增加了市民对警方的满意度，公众的安全感得到提升。如表 5-1 所示，在丁金斯任职的 1990～1993 年，纽约市犯罪总数下降了 15.5%，暴力犯罪数下降了 12.0%，财产犯罪数下降了 16.6%。

表 5-1　1990～1993 年纽约市犯罪情况　　（单位：例）

犯罪类别	1990 年	1991 年	1992 年	1993 年
犯罪总数	710 222	678 855	626 182	600 346
暴力犯罪	174 542	170 390	159 578	153 543

续表

犯罪类别	1990 年	1991 年	1992 年	1993 年
财产犯罪	535 680	508 465	466 604	446 803

资料来源：根据美国联邦调查局 1991～1994 年的《统一犯罪报告》数据整理而来

三、执法不力与丁金斯下台

虽然丁金斯在任期内大力进行改革，纽约市犯罪率有所下降，但改革取得的一些成绩却并没有给丁金斯赢得什么声誉，上述漂亮的数据也没有给丁金斯的执政加分。一方面，从 1993 年开始，全美犯罪率都在下降，很多像纽约一样的大城市犯罪率都出现了不同程度的下降，因此，纽约市犯罪率下降并没有得到凸显；另一方面，虽然纽约市警察局采取的一系列惩治犯罪的措施起到了一定的作用，但措施有很多不尽如人意的地方。例如，纽约市警察局雇用的新警察平均年龄为 22 岁（很多不到 21 岁），只有高中学历，很多人不会驾车，没有在市区生活过，没有与少数族裔交往过，甚至之前没有工作经历。这些警察仅仅经过 6 个月的培训就走上了工作岗位，在面对城市种族冲突、犯罪和混乱等复杂问题时显得力不从心，或者软弱无能，甚至被认为是“种族偏袒”。布鲁克林皇冠高地惨剧处理不当案件当数最典型事件。

> 1991 年 8 月 19 日，一个名叫加文·加图（Gavin Cato）的 7 岁男孩被一辆载送犹太教仪式派拉比——即犹太教哈西德教派领袖——的汽车撞倒而丧生。错误的报道暗示，孩子之死系一辆犹太人救护车拒绝送其上医院而造成的。愤怒的非裔走上街头，爆发出“杀死犹太人”的喊叫声，这一声音在夏日的空中不绝于耳。事故发生后很快形成一场疯狂的暴动，人潮迅速穿越街头，丢掷瓶罐及砖头。一名来自澳大利亚的犹太教神学院学生罗森鲍姆（Yankel Rosenbaum），遭多达 20 名失去理智的人围攻，当晚死于市立医院。警方针对这一事件表现得非常被动，致使暴动持续了 4 天之久，直到市府官邸被投掷石块后，警察才开始出动清场。但丁金斯未对被无辜杀害的犹太学生做出任何同情的表示，相关当事人最终也被释放。(Silverman，1999：76)

这一事件引起了纽约市很多人的不满。纽约州州长委托刑事司法部门对此事进行调查，并于 1993 年 7 月，也就是市长大选 4 个月前公布了厚达 600 页的调查报告，报告指责政府办事不力，警察执法不当，偏袒非裔。这对想连任市长的丁金斯可谓当头一棒。

总之，以丁金斯为首的纽约市政府的警务改革虽取得了一些成绩，但在应对暴力犯罪时还显得软弱无力，甚至还有“种族偏袒”的嫌疑，这些都与民众心理期望相差甚远。20 世纪 90 年代初的纽约市需要一个铁腕政府来恢复纽约市正常的秩序，而丁金斯没有审时度势，仍旧坚持他的旧民权时代自由主义风格，对犯罪过度容忍，最后落得被纽约市民抛弃的结果。

四、朱利亚尼的改革

时势造英雄，正当纽约市发展面临危机时，铁腕人物朱利亚尼应运而生。他于 1944 年出生在纽约市布鲁克林区一个普通劳动者家庭，祖辈系意大利移民，20 世纪 60 年代毕业于纽约大学法学院，1983 年任纽约市南区联邦检察官。1993 年纽约市市长选举时，尽管丁金斯任职期间对城市犯罪的处理不尽如人意，但是作为唯一的非裔市长，他的支持率还是比较高的。对此，朱利亚尼在竞选前进行了各项准备，曾请各方面专家给他开设“如何当市长”的课程。他邀请的专家从保守派到自由派都有，其中哈佛大学犯罪学教授乔治·凯林的“破窗理论”对朱利亚尼的影响很大。

1982 年，威尔逊与凯林（Wilson and Kelling，1982）在《大西洋月刊》上发表了《破窗：警察与社区安全》一文，专门探讨纽约市等大城市警务策略失败的原因，指出应该注重对轻微犯罪的打击。凯林的课程培训显然对朱利亚尼起了很大的作用。每次培训课上，朱利亚尼都聚精会神地聆听，并记下厚厚的笔记，提出各种问题。在之后的竞选中，朱利亚尼承诺任职后将加大力度打击犯罪，尤其是对轻微犯罪进行逮捕。在整个市长竞选期间，朱利亚尼都十分推崇“破窗理论”。上台后他更是将“破窗理论”作为部门政策。在丁金斯对待犯罪问题不当的形势下，朱利亚尼很好地做了功课，并将加大力度打击犯罪作为竞选纲领的重要内容，可谓切中要害。

1993 年选举中，针对纽约市民普遍对丁金斯偏袒非裔的质疑，朱利亚尼响亮的竞选口号“一个城市，一个标准”，深得市民尤其是很多非裔以外的族群的信赖，最终朱利亚尼如愿以偿，成为纽约市第 107 任市长[①]。1994 年 1 月 1 日，朱利亚尼走马上任纽约市市长。在任期内，他兑现严厉打击犯罪的承诺，并大刀阔斧地对纽约警务进行改革。

首先，选拔人才，唯才是举。朱利亚尼上台后就着手治理城市治安，严

① 朱利亚尼担任纽约市市长期间，最大的亮点莫过于他在“9·11”恐怖袭击事件中的出色表现。时势造英雄，“9·11”恐怖袭击事件使他的声望如日中天。他被英国女王授予骑士荣誉，又被评为《时代》周刊年度新闻人物，人称“美国的市长”。

厉打击犯罪活动，并将“破窗理论”作为治理犯罪的指导思想。选择一个强有力的、能贯彻自己思想的警察局局长，是关系到改革成功的关键。最终，朱利亚尼力排众议，任命以“革新”著称的布拉顿担任纽约市警察局局长。之所以这样任命，是因为布拉顿曾经给朱利亚尼讲授过治安整顿课程，对“破窗理论”具有共识。另外，布拉顿从 1970 年以来长期从事警务工作，在 1990～1992 年担任纽约市交通警察局[①]局长期间，针对地铁站等公共场所犯罪猖獗、混乱不堪的局面，他发起了革新和战略变革，取得了非凡成就。所以，朱利亚尼的选择无疑是正确的。正因为布拉顿的鼎力相助，才有了后来纽约市犯罪率的下降，从而成就了朱利亚尼的连任。

布拉顿上任伊始，纽约市地铁站等公共场所犯罪猖獗、混乱不堪的局面，给了他很大的压力。但布拉顿“是一个刚毅果敢、善于担当的人”（Bratton et al.，1997：34），甫一上任，他就开始了革新和战略变革，从严厉打击地铁逃票等看似轻微的违法犯罪行为入手整顿纽约市的治安秩序，结果收效极佳。纽约市警察局警力在地铁站明处布哨、暗处跟踪，拘捕逃票者，并且对逃票者都留下指纹，随后对其进行调查看是否有犯罪记录。有材料证明，在打击地铁站轻微犯罪中发现，每 7 个轻微犯罪人中就有 1 个人是被通缉的逃犯，每 25 个轻微犯罪人中就有 1 个人非法携带枪支（Conklin，2003：37）。打击地铁逃票为纽约市破获了很多大案。1996 年 6 月 4 日，在纽约中央公园，一个名叫约翰·罗伊斯特（John Roysteer）的家伙从后面抱住一名女钢琴教师，抓起她的头朝地上不停猛砸，后逃之夭夭。6 月 5 日、7 日，罗伊斯特又先后两次作案，致两名妇女受伤。6 月 11 日，他将一名 65 岁的老妇活活打死。这些伤害女性的暴力事件令曼哈顿的妇女惊恐不安，而这一系列噩梦事件直到罗伊斯特在列克星敦（Lexington）大道地铁站逃票时被抓获才宣告结束。打击地铁逃票使纽约市地铁秩序开始好转，地铁犯罪率也大幅下降。据纽约市警察局材料证实，严厉打击地铁逃票这类轻微犯罪策略使地铁重罪数量减少了 22%，抢劫数量下降了 40%，逃票数量下降了 50%（Conklin，2003：37）。

布拉顿将其打击地铁犯罪的成功经验在纽约市进行推广，并在灵活运用凯林的“破窗理论”的基础上提出了“零容忍”政策，即对轻微犯罪进行严厉打击。在过去看来是一些“微不足道”的罪犯，当时即使手持讨钱袋或抹车布，也会遭到逮捕。街头随处小便者、地铁逃票者、音乐声音扰人者，或

① 纽约市交通警察局（New York City Transit Police Department），主要负责为纽约市地铁和高速公路的交通提供各种服务，1995 年并入纽约市警察局。

在门廊外饮酒的人，都会悉数接到违规通知，接受质询，被罚款或逮捕。布拉顿升职为纽约市警察局局长的那年，“总计 75 名强行擦汽车窗者被取缔或逮捕。因违规遭到传唤的案例，从原本的 17.5 万件，上升为 50 万件；以行为不检而遭逮捕的人数，从原本的 9 万暴增到 22 万；1994 年雷克岛上增加的 15 000 名囚犯，使得运送犯人前往城市大型监狱的车辆络绎不绝”（安德鲁·科兹曼，2004：45）。尽管后来有人认为，布拉顿的严打措施侵犯了公民的人身自由，但在当时恐怕也是无奈之举，“重病用猛药”或许是权宜之计。

此外，布拉顿还运用最新科技成果，将计算机统计最大限度地应用于犯罪统计和分析中，提高了警察的工作效率。他还将 20 世纪 80 年代在美国开始出现的社区警务模式进行了推广和革新，改善了 90 年代初僵化的警民关系，预防和减少了犯罪的发生。

但是，朱利亚尼性格暴戾猜忌，他无法忍受布拉顿卓有成效的惩治犯罪成果抢了他的风头，布拉顿无奈地于 1996 年 4 月辞职。在布拉顿任职期间，纽约市犯罪率下降非常显著，犯罪总数从 1993 年统计的 600 346 例下降到 1996 年的 382 555 例，仅 3 年时间下降幅度高达 36.3%，财产犯罪下降幅度高达 36.5%，暴力犯罪下降幅度更是高达 35.7%[①]。在布拉顿担任纽约市警察局局长的三年时间里，纽约市犯罪率比丁金斯执政时期有了大幅度下降。不仅如此，布拉顿重拳打击轻微犯罪，使得纽约市的社会风貌变化非常大，涂鸦、强行抹车、兜售非法物品、携带枪支等一系列非法活动大大减少，纽约城市面貌焕然一新。

虽然布拉顿辞职了，但是他采取的警务策略并未因此而取消，而是被他的继任者继续实施下去。霍华德·萨菲尔[②]接替布拉顿担任纽约市警察局局长，继续维持纽约市打击犯罪的成果。虽然朱利亚尼性格狂妄、控制欲强烈、不容异己等缺点惹人非议，但是 1998 年他仍能继续连任纽约市市长，这归功于他对犯罪的强硬态度和打击犯罪所取得的巨大成就。这也是朱利亚尼在任期间给纽约市留下的一笔宝贵的财富，他在纽约市的危机时刻拯救了这座城市，使美国最大城市的警察局得到了重生，纽约市治安状况得到根本好转。

---

① 资料来源：根据美国联邦调查局 1994～1997 年的《统一犯罪报告》数据整理而得。

② 霍华德·萨菲尔（Howard Safir，1942～），1994～1996 年任纽约市消防局局长，1996 年接替布拉顿担任纽约市警察局局长，2000 年退休后，担任萨菲尔情报与安全机构（Safir Intelligence and Security）主席。

第二节　“生活质量警务”的出台与实施

“生活质量警务”（Quality-of-Life Policing）是 20 世纪 90 年代在美国警界兴起的一种警务战略，又称“零容忍警务”（Zero -Tolerance Policing），包括半路拦截、搜身以及对轻微违规行为的谨慎执法，是一种监控方式，不仅是为了获取信息，而且是为了营造一种普遍的警察存在感，以此威慑犯罪和消除混乱（McArdle and Erzen，2001：XI）。换句话说，这也是通过对各种反社会行为和轻微犯罪的监控、威胁和打击来预防更为严重的犯罪，并最终促使犯罪率降低的一种警务运作模式。纽约市采取“生活质量警务”策略在打击轻微犯罪、预防严重犯罪、维护社会治安方面起到了一定的作用。

“生活质量警务”源于 20 世纪 80 年代的“生活质量运动”。1987～1988 年，时任纽约市交通局局长的布拉顿，积极开展“生活质量运动”，大力整治纽约市地铁站脏、乱、差等问题，尤其是涂鸦、无序问题。令人意外的是，布拉顿并没有直接处理流浪者问题，而是和解决地铁问题的警察研究小组（Police Study Group）一同分析在地铁站逗留、游荡的人群，认为地铁站问题是无序行为的问题，因为地铁站里涂鸦、行乞和大量的严重犯罪活动密切相关（McArdle and Erzen，2001：25）。乔治·凯林和凯瑟琳·科尔斯在《修理破窗：恢复秩序和减少社区犯罪》一书中写道，“地铁里反常和违法行为都是大量的轻微犯罪分子和重罪犯罪分子干的”（Kelling and Coles，1996：124）。纽约市交通局开始打击行乞和涂鸦行为，结果发现那些轻微犯罪的嫌疑人当中隐藏着许多犯有诸如非法持枪等其他严重犯罪的重犯（McArdle andErzen，2001：25）。据此，布拉顿认为，轻微犯罪分子可能演变成重罪犯罪分子，轻微犯罪分子里有相当一部分人是重罪犯罪分子。

朱利亚尼当选纽约市市长后，召见了布拉顿，听取了他打击犯罪的经验，并任命他为纽约市警察局局长。布拉顿担任纽约市警察局局长后，把他在纽约市交通局时整治地铁站活动中的经验运用到“生活质量警务”中，成为纽约市警务改革的一个重要内容。布拉顿组建了自己的团队，团队成员间有着明确的分工，有的负责警务人员的调查、监督，有的负责处理警察腐败问题，有的负责处理行政问题，有的负责综合处理各种信息。布拉顿与团队成员一周见两到三次面，共同探讨纽约市治理犯罪的各种对策。这一团队为布拉顿治理纽约市犯罪做出了巨大的贡献。与此同时，为了更好地开展工作，布拉顿还任命非裔戴夫·斯科特（Dave Scott）为纽约市警察局第一副局长，因为斯科特工作出色、为人正直（Bratton and Knobler，1998：199），加之他非裔的身份得到了少数族裔的支持，为布拉顿很好地开展工作奠定了坚实基础。

同时，布拉顿认为：一方面，只有从生活质量着手，防微杜渐，整顿社会秩序，才有可能遏制和消除犯罪；另一方面，扩大警察执法权限，制定了“行乞、抹车、随街乱扔褥子和家具等生活用品、乱丢废弃物、随地大小便、在公园等公共场所制造无序状况、在交通场所制造无序、在公共场合酗酒、在未经批准的情况下使用扩音设备制造过大的音量、无证当街贩卖、在公共场所做猥琐行为、纵火、汽车噪声等 25 种具体的防护措施，并将那些原先介于法律和道德之间的模糊领域规范化。只有在这些‘麻烦事的减少’的状况下，纽约警方才能在联邦最高法庭上全力以赴地处理重大犯罪”（McArdle and Erzen，2001：27）。

1994 年，在朱利亚尼的支持下，“生活质量警务”开始在整个城市推广，强调对破坏生活质量的犯罪严格执法，包括毒品犯罪、枪支犯罪、青少年犯罪、机动车盗窃、腐败、交通违规、家庭暴力等各种影响生活质量的犯罪。在“生活质量警务”中，纽约市警察局还聘请了律师，对将房屋出租给从事卖淫、毒品交易和兜售烈性酒的房主进行起诉。归纳起来，“生活质量警务”主要包括两方面内容：一方面是制定明确且强有力的犯罪控制策略；另一方面是重拳打击影响生活质量的轻微犯罪。

一、制定明确且强有力的犯罪控制策略

（一）清除街头枪支，减少枪击事件

纽约市警察局重新集中和扩充了用于识别和追踪贩卖枪支罪犯的调查和巡逻资源，修改了警察对涉枪犯罪的调查和逮捕的培训方案，颁布了有利于消除枪支的法律。布拉顿对充斥着暴力的布鲁克林地区进行了重点彻查。通过对可疑行人进行盘查、从嫌疑犯口中获取更多同伙的信息、审讯因轻罪被逮捕的罪犯等方法对非法携带和买卖枪支进行打击。经过积极的侦查工作，一个人被逮捕可能会牵扯出很多犯罪之人。这一策略实施一年后，这一地区没收的枪支数量增加了 50%，枪击案件减少了 20%，凶杀案件下降了 40%（Conklin，2003：10）。另外，在 1996 年 7 月成功限制枪支非法销售和使用的基础上，纽约市警察局法律事务局民事执法处成立了一个枪支禁运小组，其和消防队、海关以及来自纽约州、新泽西州和宾夕法尼亚州的警察们合作，切断了外部枪支进入纽约市的渠道。自 1997 年 2 月起，纽约市警察局查

获枪支案件 28 293 件，查获枪支市值高达 5400 万美元。1997 年 7 月 4 日，纽约市发生 9 起枪支伤害事件，比 1996 年 7 月 4 日发生的 56 起下降了 84%（Giuliani，1997：7）。经过对枪击犯罪的预防和打击，纽约市枪击受害者数量有了大幅度下降。

（二）以打击毒品犯罪为重点，打击街头毒品贸易和买卖

"生活质量警务"勾画出了纽约市警察局对毒品的"零容忍"政策。麻醉品专业调查队负责将户外的毒品交易活动赶离街道并封闭室内毒品交易场所，而分局的警察则负责守卫这些从毒贩手中夺回的地域。该策略要求警察将涉案的枪支、现金、毒品和车辆追查到底。为了打击毒品犯罪，布拉顿给予巡逻警官更多的自主权，任何犯罪他们都可以进行处理，而不仅仅是毒品犯罪。纽约市警察局在 1996～1999 财年共实施了 11 项禁毒举措，其中 1999 财年为 6 项。据统计，仅 1999 财年，纽约市警察局下设的有组织犯罪控制局缉毒处展开了 3394 项调查，并对全市毒品进行彻查，838 人被拘留，查抄没收的海洛因、大麻和可卡因的重量比 1998 年增加了 115%，从毒犯那里收缴的毒资增加了 22%，达到 5500 万美元（Giuliani，1999：5-6）。

（三）加强对青少年逃学的管制，降低青少年犯罪

为了切实减少青少年犯罪，从根本上遏制青少年犯罪，纽约市警察局采取了一系列措施加强对青少年犯罪的关注。第一，纽约市警察局和纽约市教育局联合执行《逃学法》（Truancy Laws）和打击团伙犯罪来降低青少年犯罪。事实上，早在 1853 年 4 月，纽约州就通过了美国第一个州逃学法，该法规定，对那些允许 5～15 岁青少年逃学的家长处以 50 美元的罚款（Kane，1981：677）。该逃学法主要针对的是接受义务教育的小学、初中到高中的孩子，各校对多长时间内逃几次课的条款也是不同的。然而，纽约市警察局制订了各种降低青少年犯罪的计划，如学校安全计划、暑假青少年安全计划、安全地域行动、遣送逃学青少年归校等行动计划。第二，加大力度办理青少年案件。包括增加处理青少年事务的警察数量、接管学校教育和控制滥用毒品项目等。第三，修订关于青少年犯罪的规定。与纽约市教育局重新磋商签订学校安全备忘录，严厉打击青少年的失序行为。与此同时，纽约市警察局还与青少年的父母、所在教育局、学校校长等建立工作伙伴关系（宋会敏，2010：33）。

（四）努力阻止家庭暴力

纽约市警察局设立了家庭暴力早期预警制度，增加了用于处理这一问题

的人力及其他资源。每个分局指派一名处理家庭暴力的警察和一名处理家庭暴力的侦探，必要时调查和逮捕家庭暴力施暴者。家庭暴力办公室为受害者及其孩子提供庇护所和支持性服务。1996 年开始在布鲁克林启动“社区警员家庭暴力预防联络计划”（Community Police Officer Domestic Violence Prevention Contact Program），社区警员每周五下午 4 点到午夜 12 点对家庭暴力频发的居民进行走访，及时了解情况以阻止家庭暴力的发生。据统计，纽约市警察局在 1997 年 1～6 月逮捕了 13 246 名施暴者，比 1993 年同一时期增加了 82%（Giuliani，1997）。为了降低对儿童的伤害，全面整治虐待儿童问题，1994 年，纽约市设立了家庭暴力热线电话。1996 年，纽约市还成立了布鲁克林儿童权益中心，对受害者提供健康护理和免费修复手术。

（五）减少涉车犯罪

为了降低涉车犯罪，纽约市警察局加强了分局和市局所属各警区警察、侦探和指挥官的作用。分区指挥官有权力对“汽车销赃店”（chop shops）——被怀疑拆卸或买卖被盗汽车配件的企业——采取“针刺行动”。该行动是指警察设店铺假装从事收购赃物业务，从而逮捕销赃的罪犯的行动。同时，增加各警区反汽车盗窃队的警员数量，配备存储有被盗车辆、司机驾驶证和注册数据等方面信息的移动数字终端计算机系统的警车。纽约市每个区的警察分局都需设立车辆常规安全检查点，警察有权检查每辆车，留存车辆的驾驶员驾照信息，并依法逮捕或传唤违法者。这些检查点往往设置于交通事故易发的道路交汇口、犯罪高发区或犯罪模式已确定的街道。通常，在这些检查点会设置 1～3 小时的检查时间，全副武装警察的增加对附近公共区域的暴力犯罪无疑是一种威慑，同时也可以促进信息交换、获知通缉犯的信息、提高受检车辆乘客的安全意识。

（六）打击警察腐败

为了从根本上解决警察腐败问题，纽约市警察局从制度层面入手，完善机构管理，建立廉政部门，引入腐败投诉、案例分析和正直测试等制度。纽约市警察局内务局是全权负责处理警察贪污腐败和渎职起诉的机关。调查员通常会随机或针对某个特定的警务人员进行“完整性测试”，这些测试用来评估测试警官对于查获的现金或毒品有何反应，评判被测试人员是否始终遵守司法或者警察部门制定的程序规则。从 1997 年到 2001 年，在随机测试中只有 1 名警察没有通过测试，在针对性的完整性测试中大概有 40 名警察没有通过测试。测试没通过的警察不仅会被立即停职，而且还被纽约市警察局除名。所有警察都必须通过无非法使用毒品的检测。新警察、刚晋升的或刚转部门的人员、被检举或有滥用毒品嫌疑的警察以及全体警务人员中被随机抽取的人，均须接受尿液检测和毛发测试。1998 年有 16 名、1999 年有 25 名警察因在非法使用毒品的测试中不合格而被纽约市警察局解雇（詹姆士·阿尔布雷特，2008b）。这些措施和做法在一定程度上减少了纽约市警务部门的腐败问题，对 20 世纪 90 年代纽约市犯罪率下降、治安状况改善起到了积极的作用。

（七）改善交通状况，减少交通事故

"生活质量警务"针对纽约市臭名远扬的交通堵塞问题及由此产生的环境、商业和生活质量问题，成立了负责疏导交通流、减少行人和车辆事故以及履行其他交通执法功能的交通控制支队。交通控制支队在业务工作中遵循问题导向警务所倡导的四个步骤（即审视、分析、回应和评估），通过跟踪交通状况来协调一切行动。工作人员在交通状况室收集和分析有关交通事故和问题的实时准确信息，并根据具体情况部署警察处理相应问题。1997 年，纽约市交通局的停放管理处发出 470 万张罚单（传票），比 1996 年增加了 4.2%（Giuliani，1997：18）。

（八）缉拿逃犯

"生活质量警务"旨在加速拘禁那些曾被捕或者被传唤但拒不出庭的逃犯、被指控犯罪却未能出庭的犯罪嫌疑人，或者那些已经被判决但从保释中逃走或者不遵守缓刑和假释规定的罪犯。针对于此，纽约市警察局将原有的追逃功能进行结构性调整，在此基础上，制定一套进攻性追击和拘禁逃犯的方法，包括强化巡逻中的凭证逮捕措施，引入新的调查技巧和利用其他地方执法机构的资源去识别和拘禁逃犯等。

二、重拳打击影响生活质量的轻微犯罪

布拉顿一再强调纽约市犯罪率下降的主要原因在于对轻微犯罪采取了进攻性的战略，这些轻微犯罪包括地铁逃票、行乞、酗酒、逃学、向未成年人兜售酒类、涂鸦、在公共场所使用大功率音响、卖淫等。布拉顿声称："如果你在街头小便的话别再指望一张罚单就能了事，你必须到监狱里去待待。"（Bratton and Konbler，1998：229）在这种思想的指导下，布拉顿任期内的罚单数大幅度下降，逮捕数急剧上升。纽约市警察局打击生活质量类犯罪的举措主要有以下几个方面。

第一，严厉打击涂鸦行为。纽约市警察局成立了反涂鸦、破坏公私财物专业队，该专业队直接向警察局长官负责，并建有涂鸦标记数据库，以便分析比对各种涂鸦行为。

第二，严厉打击流浪乞讨和非法摆卖行为。在“扫荡”这些人的过程中，警察还采取“栅栏行动”，即将公园、广场等封锁起来，并将其尽数拘捕。有人批评对流浪者的这些举措侵犯了公众的宪法权利，但时任市长朱利亚尼说：“在街上睡觉的权利并不是在任何地方都可享有，美国的开国者从来就没有把这种权利写在宪法上。”（Sachs，1998）

第三，严厉打击强行洗车行为。很长时间以来，纽约强行抹车仔拿脏乎乎的破布在挡风玻璃上擦几下就向司机索要服务费。1993 年，纽约市警察局开始逮捕这批人，在被逮捕的人中，约有一半的人有严重的犯罪记录，一半的人有毒品犯罪史（Conklin，2003：36）。警察采取的真正逮捕行动也迫使强行抹车仔不得不放弃“洗车”行为。

第四，严厉打击地铁逃票行为。1993 年，纽约市地铁的翻越闸机逃票行为每月多达 21.4 万次。在纽约市警察局开始严格执行有关法律后，逃票行为下降到了大约每月 1.5 万次。这不但增加了地铁的收入，而且带动了犯罪的大幅度减少，到 2000 年，地铁内发生的犯罪减少了 60%。

第五，严厉打击制造噪声的行为。警察配备噪声检测器，并使用声频陷波器查找高声放音乐的汽车，使用摩托车检测器检测摩托车的噪声。警察可对制造噪声的车主进行处罚。

第六，严厉打击未成年人饮酒问题。警察对在公共场所公开持有酒类饮品的未成年人一律发出传票；招募未成年市民做志愿者对售酒商店进行试探，对向未成年人售酒的店主进行逮捕或发传票，如果店主多次向未成年人售酒，店铺将被关闭。

第七，严厉打击卖淫行为。自 1997 年起，纽约市警察局规定铲除卖淫是每个警察的责任，应采取多种手段对付卖淫活动，包括安排便衣警察用望远镜识别潜在的嫖客和性工作者，另外还采取“蚀本行动”（Operation Losing Proposition），即“钓鱼执法”行为，让女警扮成性工作者搜寻嫖客，一旦达成交易，后援警力便前来逮捕嫖客。

第八，严厉打击酒后驾车。1999 年，纽约市警察局开始一项针对酒后驾车的“零容忍”举措，若嫌疑人身体中的酒精含量达到法定标准，警察将没收其汽车。美国民权联盟因此将纽约市警察局称为“纳粹”，而纽约市警察局前局长萨菲尔则认为，没收酒后驾车者的汽车就如同从街道上清走了一件重达 3000 磅的武器一样（Safir and Whitman，2003：16-18）。

第九，着力解决社区“热点”扰民问题。纽约市警察局制定了“处理社区热点跨机构反应方案”，联络税务、消防、卫生、证照管理等部门共同开展执法检查，及时处理酒吧、俱乐部、杂货店、废旧汽车堆放地等“热点”部位存在的问题。

虽然“生活质量警务”的实施效果很难量化和评估，但自这一警务策略实施以来，纽约市各种重罪犯罪率和轻罪犯罪率都显著下降了，社会环境得到了净化，市民安全感显著增强。

“生活质量警务”策略对重罪进行了严厉的打击，使纽约市的各种暴力犯罪、财产犯罪迅速下降。从 1994 年实施这一警务策略到 2000 年，纽约市的暴力犯罪下降了 44.5%，财产犯罪下降了 45.9%（FBI，2000）。对枪支和毒品的清查，使各种涉枪涉毒犯罪大幅度下降。这一系列措施大大降低了纽约市的各种重罪的犯罪率，使纽约市的社会治安明显好转。

“生活质量警务”最大的特点是对轻罪的重拳出击，对以前不够重视的小的却又影响人们生活和社会秩序的违法犯罪行为进行了严厉的打击。这一警务政策是主动型警务，最大限度地压缩了可能出现的违法犯罪的时间与空间，及时修补“破窗”，不容忍轻微的违法行为，预防轻微违法行为向严重犯罪行为转变。

虽然这一举措使纽约市监狱在押人数急剧增加，从而引发了一系列的争议，但是对轻罪的打击确实起到了良好的效果。一方面，对涂鸦、乞讨、强行洗车、地铁逃票、制造噪声、酒后驾车、卖淫等轻微犯罪的严惩，改变了 20 世纪 90 年代初纽约市混乱的社会风貌，使纽约市街头的秩序得到了恢复，从而大大增强了市民的安全感。另一方面，轻罪逮捕量的增加也在很大程度上减少了各种重罪的发生，并帮助破获各种重罪。如表 5-2 所示，1993～1996 年，纽约市被逮捕的成人罪犯数量从 255 086 人增加到 314 292 人，增长率为 23%；其中重罪逮捕人数增长了 5.5%，轻罪逮捕人数增长了 40.4%。总的看来，轻罪逮捕增长率较高。但是，因轻罪被逮捕的人中很多是在逃犯或有重大案件在身的嫌疑人，还有很多重罪犯是在轻罪逮捕中被发现的。

表 5-2　1993～1996 年纽约市成人逮捕数　　（单位：人）

逮捕数		1993 年	1994 年	1995 年	1996 年
逮捕总数		255 086	307 802	316 690	314 292
重罪逮捕数	总数	125 684	138 043	135 141	132 601
	毒品重罪逮捕数	39 298	44 442	43 698	45 312

续表

逮捕数		1993 年	1994 年	1995 年	1996 年
轻罪逮捕数	总数	129 402	169 759	181 549	181 691
	毒品轻罪逮捕数	27 446	42 546	52 891	54 133
	酒后驾车轻罪逮捕数	5 621	5 628	5 763	4 624
	其他轻罪逮捕数	96 335	121 585	122 895	122 934

资料来源：朱迪·格林（2009）

最典型的案例就是罗伊斯特案。1996 年 6 月 12 日，约翰·罗伊斯特因在纽约市列克星敦大道第 116 街地铁站逃票时被警察拦下，警察对其指纹进行了扫描备案，结果令警方大吃一惊，原来罗伊斯特是一个凶残的杀人犯，他曾残忍地杀害了派克大街干洗店工人伊夫林·阿尔瓦雷斯（Evelyn Alvarez），在 8 天内攻击了其他 4 位妇女，并将一名 52 岁的公关人员毁容，在中央公园殴打和企图强奸一名 32 岁的钢琴教师。罗伊斯特于 1998 年被判谋杀罪和重伤害罪（Silverman，1999：3）。这样一个疯狂的杀人犯被抓获得益于他的指纹记录，他指纹的获取源于纽约市警察局实施的“生活质量警务”策略，纽约市警察局对影响生活质量的轻罪犯进行指纹扫描和归档，并与其他执法部门实现信息共享。

“生活质量警务”策略在 20 世纪 90 年代纽约市犯罪率降低的过程中起到了巨大的作用，但在具体的实施过程中也产生了一些负面效应。“生活质量运动”最恶劣的影响是它增加了特定社区、邻里的冲突，以及对诸如流浪汉、猥亵者等特殊人群的高压打击，甚至还引发与社区的暴力冲突。居民投诉审查委员会（Civilian Complaint Review Board）在 1998 年的头 5 个月一共接到了 2176 起对警察的投诉，而 1997 年同期只有 1818 起，投诉率增长了 20%；1998 年全年的投诉率比 1997 年增长了 4.1%（McArdle and Erzen，2001：31）。警察在执行“生活质量警务”过程中行为粗暴，导致一些市民对警察的敌意增强，警民关系紧张；过分强调对轻微犯罪或者扰乱公共秩序的违法行为的处理，可能会影响到一般民众的日常生活；警察的主动出击和攻击性策略也会使警察在执法过程中为了取得成绩而采取“钓鱼执法”的手段，这将可能导致原本没有违法犯罪意图的人在警察的诱惑下犯罪，诱发严重的社会问题。

第三节　纽约市警察局的技术革新

第二次世界大战后，随着科学技术的发展，电子计算机应用更加广泛，各种高科技手段日益运用到犯罪侦查领域，犯罪地理画像（geographic profiling）和犯罪热点成像（hotspot mapping）开始兴起，这两项技术的兴起为纽约市警察局的技术革新提供了基础。

1994 年，纽约市警察局局长布拉顿上台后主持创建了一种新的警务模式，即“情报制导战略”，字面意思为计算机统计。“这个系统根据输入数据直接分析区域变电站层次的犯罪情况，几乎瞬间就可以追查到罪犯的踪影。区级管理员可以自由改变他们的部署和策略，更好地打击犯罪。总之，该系统使打击无组织犯罪采用有组织犯罪调查的策略和思考方式。通过及时传播犯罪信息，城市警察部门使用‘情报制导战略’进行快速部署、分析和评价。”（戴维·古德菲尔德，2018：170）事实上，这是纽约市警察局开发的一种利用计算机技术即时统计各种犯罪数据、绘制电子犯罪地图、分析犯罪模式和动向、指导优化警务资源配置和明确警察责任的警务模式。

在“情报制导战略”实施之前，纽约市警察局根本不了解即时犯罪数据，犯罪数据统计仅为了按季度上报给联邦调查局，数据统计比案发滞后 3～6 个月。这种犯罪统计对警察了解犯罪情况、打击犯罪几乎没有任何实际意义。而且，在 1994 年实施“情报制导战略”之前，刑侦局、有组织犯罪控制局、情报局等部门都是独立工作的，彼此之间的合作和信息交流比较匮乏，不利于对犯罪的打击。

犯罪数据统计不是一蹴而就的，这一系统的创立经历了一个过程。纽约市警察局副局长杰克·梅普尔、巡警分局局长帕特里克·凯莱赫（Patrick Kelleher）及其下属威廉·戈塔（William Gorta）和琼·约赫（Jone Yohe）组成的团队对犯罪数据统计的建立起了重要作用。针对纽约市警察局不了解即时犯罪数据的情况，1994 年，以杰克·梅普尔为首的团队要求纽约市警察局各分局每周对犯罪数据进行一次统计，同年 2 月，所有分局的局长都递交了与 1993 年同期相对比的 1994 年的七大重罪进行的手工统计数据，巡警分局警员对这些犯罪数据进行了汇总，将其输入计算机并整理成《计算机统计书》（*Compatas Book*），这是纽约市警察局第一本用计算机统计犯罪数据的书，犯罪数据以全市、巡逻地区、分局所在区为单位进行汇编，内容包括每种重罪类型的逮捕情况、对犯罪的投诉情况、涉枪犯罪逮捕情况（Silverman，1999：99-100）。后来，《计算机统计书》的数据变得更为精确，被传到网络上，各分局可以从纽约市警察局在线查阅系统（The NYPD's Online Booking System）直接查阅和下载。

犯罪数据不断发展和完善，从较简单的数据统计到根据犯罪数据对各区犯罪进行比较，按照犯罪数量对各区进行排序，统计所有分局每周、每月、每年的犯罪数据。犯罪逮捕数量也逐渐成为衡量警员巡逻效率的一个指标。通过对这些数据的分析，警察局对即时犯罪有了详细和准确的了解，进而制定下一步的目标和战略。

但是纽约市警察局没有满足于仅仅分析犯罪形势、优化配置警力资源，而是进一步创建了每周一次的“情报制导战略会议”（Compstat Strategy Meeting，或 Conference of Compstat）机制，在这个会议上公布全市犯罪高发热点、难点区域，讨论打击犯罪的策略和明确警察局内各级各部门领导的责任。

当然，布拉顿推行这一警务模式并非一帆风顺。在“情报制导战略”实施之初，纽约市警察局要求各分局每周提供详细的犯罪统计数据，制作犯罪电子地图供“情报制导战略会议”讨论使用。这一要求遭到了各分局的普遍抵制，大多数人抱怨太费时、费力，会耗费许多原本可以用于打击犯罪的宝贵时间。针对这种情况，布拉顿委派副局长杰克·梅普尔在纽约一个犯罪最严重的地区做实验，结果表明，平均每天只需花 18 分钟就可以收集、整理好各个渠道犯罪统计工作，所占用的时间不到每个警区平均总工作量的 1%。从此，大家对“情报制导战略”的实施及其效果表现出极大的认同。

“情报制导战略”在随后的实践中不断被丰富和发展。先前《计算机统计书》只收集近一周的犯罪的变化有关资料，并对各个分局的情况进行对比。第三本《计算机统计书》统计资料更加详细，如“十个犯罪率上升最快的警区”“十个犯罪率下降最快的警区”。相似的比率变化在月度、年度的材料中的特定页码也能找到。后来的《计算机统计书》还提供了 16 页按指令等级或警区排列记录的每周、每月和每年的凶杀、强奸、抢劫、重伤害、盗窃、入室盗窃和机动车盗窃等主要犯罪状况，以及每个警区的 7 项主要犯罪类型的逮捕情况（Silverman，1999：101）。后来《计算机统计书》统计资料还包括监控 700 多种影响市民生活质量、具有社会治安“风向标”意义的“小事”，如流浪汉和乞丐聚集场所及人次、性工作者活动场所、噪声制造地、邻里纠纷等，包括警察对紧急事件做出有效反应的时间、警察加班时间、公众投诉警察的情况统计等。这样，“情报制导战略”不仅具有统计主要犯罪资料的功能，而且能根据各警区提供情报、有效对策、部署警力等方面的工作业绩对他们进行奖惩。

一、准确和及时的情报

1994 年之前，纽约市警察局犯罪数据是按季度上报的，统计数据滞后于案情，对现实的防控打击犯罪没有多少作用。针对这种数据过时落后的被动局面，纽约市警察局组建了犯罪统计分析中心。该中心对案发的第一手资料进行初步统计，快速捕捉犯罪的蛛丝马迹，为制定策略、部署警力和实施防控打击提供指引。

纽约市警察局还编制了《犯罪统计分析报告》，并根据这一报告绘制了犯罪电子地图。首先，来自全局 76 个警区、9 个警察服务区和 12 个交通控制区的警察要以书面形式简述一周来本单位重大案件、犯罪模式和警务活动，并就过去一周的罪案、逮捕和传唤活动编辑统计摘要。其次，这些数据由各警察分局的犯罪统计工作人员用计算机核准、汇总后并入全市数据库。每周一上午 12 点，各分局的犯罪统计人员用计算机将警区上报的资料核对、汇总为本辖区犯罪统计表，之后上报给纽约市警察局犯罪统计分析中心，统计时间跨度 1 周，为上周日午夜 12 点到下周日午夜 12 点。纽约市警察局犯罪统计分析中心将统计表汇总，制成每周一次的《犯罪统计分析报告》（王瑞平，2009：235-239）。根据这些动态数据，可以分析犯罪空间分布，并及时了解辖区及整个城市的犯罪情况，将不同辖区的犯罪情况进行比较。最后，纽约市警察局犯罪统计分析中心还用计算机绘图技术，将《犯罪统计分析报告》制成犯罪电子地图，显示犯罪类型、犯罪分布区域、执法工作反应速度、犯罪次数等，为“情报制导战略会议”做准备。通过监测犯罪数据的变化还可以准确评价下级部门的工作业绩，在警察部门实施责任制，其核心即以犯罪情况的数量变动为指标来考核警察的工作业绩。

纽约市警察局十分强调内部各个警种之间的情报交流，并注意与社会公众保持沟通，将各种犯罪信息、嫌疑犯的模拟画像及时提供给报纸、广播、电视等媒体刊登播放。

二、有效的对策

警察部门的领导得到准确和及时的情报后，制定有效的战术，从而积极控制和预防犯罪发生。20 世纪 90 年代，警察对犯罪的回应开始由被动反应到主动预防，各个警察部门之间也由彼此独立转变为各部门的协同，各部门的资源和情报也实现共享。

各分局、各警区在获得纽约市警察局的《犯罪统计分析报告》和犯罪电子地图后着手制定有效的防控打击策略，通过在本辖区犯罪高发地区采取对策来及时遏制犯罪，如在案发率较高区域加大部署着装巡警和便衣巡警，设置检查站查缉被盗机动车，控制毒品流行，取缔非法交易，查处出租屋非法交易，等等。

三、迅速部署警力和资源

战术制定之后，快速部署警力成为至关重要的环节。然而，要有效、全面地应对犯罪或生活质量问题，需要巡警、刑警和其他各个部门的通力合作，发挥各自的优势和有效利用各部门的资源。纽约市警察局辖区指挥官可以调动麻醉管制部门、机动车犯罪管理部门、地铁警察局、反街面犯罪部门等的人力资源，可以调动全体着装巡警、便衣巡逻人员、刑侦人员。不同警察机构之间的合作，有效地利用了资源，发挥了团队的优势。

“情报制导战略”强调以巡警为中心，其他警种配合协同作战的模式。巡警是整个战略的核心，其他的警种配合巡警工作。为了减轻巡警的压力，“情报制导战略”实施分割巡警警力的做法。巡警分成两部分：一部分巡警主要负责处理报案、调查案情以及其他指定任务；另一部分巡警则作为预备队执行预防性的巡逻任务。这样分工明确，不仅提高了警察的反应效率，也提高了对犯罪的预防。

四、积极的后续和评估工作

制定好战术，部署好警力以及其他后备警力之后，后续工作显得非常重要。后续工作主要指督导、跟踪、监测等工作。通过后续的工作可以及时发现执行任务过程中存在的偏差和问题，并根据情况的变化对原来的战术进行相应的调整，以确保取得更加满意的效果，形成良性循环的防控打击犯罪机制。

五、“情报制导战略会议”

“情报制导战略会议”是纽约市警察局“情报制导战略”的一个重要环节。它将提取准确及时的情报信息、制定有效的对策、迅速调动部署警力资源、不断地跟踪和评估四个环节有机地结合在一起，保证了整个模式的高效运行。“情报制导战略会议”每周举行一次，会议地点是警察局总部拥有高科技设施的指挥控制中心，会议时间固定于每周三或周五上午 7 点到 10 点，参会人员为纽约市警察局副局长、各部门主管、各分局局长等在内的所有中高级警官，以及 76 个警区的部分官员，布拉顿亲自坐镇主持会议。为了让所有警区警官随时对本辖区的治安了然于心，被选中的警区警官只在会议召开两天前被告知。会议进行时，利用地理信息系统制作的犯罪模式图被投射到三块大屏幕上，显示最近一周以来罪案发生的时间、地点等，到会人员将会被布拉顿和其他与会者质问案件高发的原因，以及所采取的对策和行动效果等。

通过这个会议，纽约市警察局领导可以对各级主管是否获取准确及时的情报、是否做出分析、是否做出正确部署等有一个详细全面的了解。另外，通过这个会议，纽约市警察局领导和各主管可以直接对话，警务信息交流突破各种限制，上下级之间、同级之间可以相互传播，加强了彼此之间的沟通和交流。这改变了过去纽约市警察局的各个部门（如巡警局、刑侦局、缉毒处、风化犯罪执法处等）彼此隔绝、各自为政的局面，使得整个地区常常被忽视的一些综合性问题得到有效解决；协调了各部门的行动，实现了向犯罪严重的特定地区投入适当的警力（Silverman，1999：97-103；王瑞平，2009：237-239）。

那么，“情报制导战略会议”是如何处理问题的呢？

> 主持人阿内莫纳（Anemone）问某警区警察局局长：“你局最近情况如何？你和汽车犯罪署布鲁克林反汽车盗窃特别小组一起工作吗？汽车被追回了吗？作案有没有什么规律或套路？你检查了汽车销赃店的车牌吗？你已经锁定车牌主人了吗？相关机构是否已发出传票？咱们来讨论一下。”
>
> 再如邓恩（Dunne）主持的情报战略会议（Dunnestat Meeting）议程如下：主持人邓恩问一个警区警察局局长：“我们对那些声称汽车被盗的人的询问情况如何？我们需要信息。你们使用‘社区犯罪高发地多部门联动’(Multi-Agency Response to Community Hotspots)程序了吗？你们检查站工作怎样？你们是如何运行小型检查站的？这些检查站受到监督吗？谁监督他们？如果我们控制住第 73 警区和第 75 警区的重大汽车盗窃，那将对纽约市消除犯罪隐患、保障社会安全产生积极的影响。”(Silverman，1999：163-164)

在这些“情报制导战略会议”上，除了讨论当时各分区犯罪情况、侦查情况外，还把当时犯罪情况与上个月或上年同期犯罪情况进行比较，以便从长时段考察各区犯罪变化趋势。当然，各警区警察局局长也利用机会进行案情分析和分享成功破案的经验和方法。举例如下。

> 会议主持人问某警区警察局局长：“这个月你的辖区有 8 起抢劫案，比去年同期多了 4 起，这是怎么回事？”
>
> 该警区警察局局长答道：“4 起抢劫案和朋友及家庭有关，1 起是约会抢劫，另外 3 起是陌生人所为，其中 2 起看起来是一个人作案。”

主持人转向站在该警区警察局局长旁边的辖区刑警中队长问道：“中队长，请告诉我调查情况。”

该中队长站到讲台上开始汇报调查过程。

在此期间，主持人将其讲话打断，并向坐席中另一个警区警察局局长问道：“几个月前你辖区出现类似案件，你是如何破案的？”

该警区警察局局长向大家介绍了他们的方法和经验。

稍后会议过程中，当讨论到抢劫机动车案件时，一个警区警察局局长问到拦查 2 辆正在拖小汽车的大客车是否合法。（用大卡车将小汽车拖走是纽约市犯罪分子抢劫机动车的一种常见方式）大家各抒己见，但众说纷纭。主持人请法律事务局局长回答。(Henry，2006)

纽约市警察局下设 76 个警区。“情报制导战略”的优势在于，不管在哪个警区，也不管是哪类犯罪，只要犯罪事件一发生，警察局就立即启动情报制导战略系统进行追踪，包括罪犯的信息、受害者信息、犯罪发生的时间和地点以及其他细节。有了这些资料和信息，警察执法人员迅速判断犯罪的手段或方法（pattern）。同时，由计算机生成的地图表明了全市范围内犯罪发生的时间、地点。警察利用高科技的微型地图，可以迅速判定犯罪地区，并迅速布置警力打击犯罪。

“情报制导战略”的运用打破了之前在巡逻警员、侦探、毒品调查员等之间的壁垒和交流障碍，实现了他们之间信息的共享；将地区长官、中层管理者与高层管理者之间紧密联系起来，实现了他们之间的沟通和交流；改变了各个执法机关各自为政的局面，使其他执法机关积极参与到打击犯罪的行动中，很好地配合了警察部门的工作。这一警务策略的变化还大大增强了纽约市警察的灵敏反应能力。计算机提供的分析和大大改善了的统计数字使警方能够及时确定犯罪“热点”。比如，当警方从最新的计算机评估结果中了解到某一地区成为枪杀或抢劫的主要区域，他们随后即可采取行动，部署警察，盘查过往车辆，逮捕嫌疑犯，甚至可以骑自行车巡查，在街道的每一个路口设卡检查，迅速扑灭犯罪活动，减少了纽约市的枪杀和凶杀案件的发生。

第四节　社区警务与预防犯罪

一、社区警务及其困境

“社区”（community）一词，意为“关系密切的伙伴和共同体”。社区可分为两类：一类是地域意义上的社区，另一类是功能意义上的社区。地域意义上的社区，是指由生活在同一区域的人们所组成的共同体，他们住处相邻，彼此交往较多，有一定的组织形式和共同的利益诉求。功能意义上的社区，由具有相似问题、兴趣、需要和价值取向的人们组成，而不以住处相邻或生活在同一地区为基础。

“社区警务”也叫“以社区为中心的警务”，它试图在社区开展形式多样的警察服务，密切警察与社区之间的关系，以减少犯罪损失，提高社区的整体生活质量。在美国，社区警务有多种定义。美国社区警务联盟[①]认为，“从本质上看，社区警务是警方与社区在认定和解决社区问题方面进行的一种合作”。警察不再是社区法律和秩序的唯一守护人，所有社区成员都应该成为积极的盟友，共同努力促进社区安全、提高社区生活质量。社区警务意义重大（The Community Policing Consortium，1994）。“社区警务之父”罗伯特·特罗亚诺维兹（Robert Trojanowicz）认为，“社区警务应该是一种全方位服务的哲学理念，是一种个性化的警务活动模式，警察常驻某一地区巡逻、工作，与居民一起发现社区问题，处理社区的问题”（曾忠恕，2005：197）。这种警务策略不仅仅是一种工作模式，还是一种理念，其核心是警察与社区成员互相合作，共同评估社区中的问题与需求。社区警务的工作范围远远超出了传统的警察工作范围，如促进社区居民参与警察辅助工作、成立支援警察的志愿组织以及危机干预队伍等。

本书中的“社区”概念，指地域意义上的社区。纽约市警察局将全市地域空间划为 76 个警区管辖，每个警区设有 1 个由本管辖区人士组成的社区理事会。每个社区理事会任命一名主任，社区理事会主任受社区理事会的直接领导，而不是受警区的领导，并独立于官方机构之外而行使权力，其主要职责是：作为社区理事会办事机构的管理者行使职权，向社区理事会提出建议并执行社区理事会的决议，与政府官员、立法机关就本社区与居民相关问题进行协商、合作，提供帮助和建议。

事实上，早在 20 世纪 60 年代末到 70 年代初，美国就开始探索社区警务。1977 年 9 月，波士顿实施“邻里警务计划”（Neighborhood Policing Project），即“波士顿-芬威项目”（the Boston Fenway Program），该项目获得较大的成功（Bratton and Knobler，1998：87-98）。但是，社区警务并没

① 社区警务联盟（Community Policing Consortium）是美国联邦资助的警察组织，其成员包括国际警长协会（International Association of Chiefs of Police）、全国非裔执法官员组织（National Organization of Black Law Enforcement Executives）、全国治安法官协会（National Sheriffs' Association）、警察行政研究论坛（Police Executive Research Forum）和警察基金会。

有在美国取得预期的效果，也没有在美国普及起来。因此，虽然社区警务模式已经开始产生，但并未得到普遍认可和实施。这一时期警察形象是头戴钢盔、肩别对讲机、手持盾牌、腰挎手枪的“机械战士”。警察与公众的接触很少，两者之间缺乏交流，更谈不上合作。警民关系冷淡，警察远离民众，民众也很少向警方提供有关犯罪的线索，警民之间产生严重隔阂，造成警民关系恶化。20 世纪 60 年代末发生在纽约市街头的一起抢劫杀人案充分显示了警民隔阂的恶果。

> 1964 年的一天，家住纽约市皇后区一位名叫姬蒂·吉诺维斯（Kitty Genovese）的女工下班回家，在路上遇到歹徒持刀抢劫。她一边与歹徒搏斗，一边大声呼救，四周住户都听到了求救声，却未能采取有力行动赶走歹徒，甚至没有人及时报警。在她与歹徒搏斗的过程中始终没有警察赶到现场。最终，吉诺维斯被残忍地杀害了。这就是后人熟知的“吉诺维斯悲剧”，它对纽约市社会产生了深远的负面影响。(Jackson，1995：458)

20 世纪 80 年代，社区警务被美国很多地区接受。警察吸取了警务专业化时代脱离群众的教训，采取措施改善警民关系。警察不再单枪匹马解决犯罪问题，开始强调与社区居民合作的重要性。这一时期的纽约市也开始积极实施社区警务。1984 年，纽约市试行“社区巡逻警员计划”。这一计划将社区警员分组，派遣一名警长负责管理，并直接对区指挥官报告。每一个社区巡逻警员都有权力在其职权范围内处理犯罪和治安问题。“社区巡逻警员计划”首先在一个区试点，后逐渐在全市推广。但是，1986 年 12 月到 1988 年 2 月的一项调查研究表明，这一计划在全市推广中遇到了很多阻碍。巡逻警员发现很难调动公民参与的热情，从而失去了很多解决问题的机会。

到 20 世纪 90 年代初，社区警务得到进一步发展。1990 年，纽约市市长丁金斯和纽约市警察局局长李·布朗大力推行社区警务，着手社区警务制度化的工作，实施了被称为“安全街区、安全城市”计划。“社区巡逻警员计划”的人数由 786 人增加到 4895 人，增加了约 523%，所有人员被分成 10 个人组成的社区问题解决小组，他们先被部署到一个示范区，后扩展到全市。这一计划还增加由缉毒警官辅助的街头巡警的数量，并对 7 个犯罪高发区进行重点侦查。改革警政，对警察局实施重新评估，上千名警员从行政岗位调至巡逻岗位，新进的警员经培训取代调离的警员。1992 年 11 月，纽约市警察局局长雷蒙德·凯利（Raymond Kelly）建立了一个社区警务评估小组，这个小组由首席助理阿龙·罗森塔尔（Aaron Rosenthal）负责。罗森塔尔在 1992 年 11 月到 1993 年 8 月间，向凯利提供了 24 份报告，调查结果显示由于各种原因，社区警务实施效果并不明显（Silverman，1999：56-59）。

虽然从 20 世纪 60 年代末到 90 年代初社区警务实施了 20 多年时间，但是成效并不显著，究其原因有以下几点。

第一，过去的社区警务不够完善，而且实施中障碍重重。在 20 世纪 60～70 年代社区警务刚实施之时，还处于传统警务时代。这一时期的警务以被动式反应为特征，缺乏积极主动的警务策略，仅仅注重对犯罪的打击和治理，没有很好的预防措施。到 80 年代，社区警务开始慢慢推广，但纽约市警察局长期以来的集权体制根深蒂固，实施这一策略的警员持观望或者敷衍的态度，严重阻碍了社区警务的实施进展。而且，1994 年之前，警察局内部各部门及警察局与其他执法部门之间各自为政，彼此合作甚微，各种犯罪信息没有很好地实现共享，这都影响了社区警务实施的效果。

第二，纽约市警察局的腐败丑闻不断，严重损坏了警察的形象和声誉。自 20 世纪 80 年代到 90 年代初，纽约市警察局腐败丑闻不断。1984 年 10 月 29 日，纽约市警察试图驱赶一名情绪失控的非裔老太太埃莉诺・邦珀斯，斯蒂芬・沙利文警官连开两枪结束了这位非裔老太太的生命，但犯罪警官并没有受到法律的惩处。

警察这种渎职腐败行为接连不断。1985 年 3 月，有一位名叫谢尔曼的警官和 2 名值班警员乘坐的警车，在帕克大街撞了 2 名路人并导致其中一人身亡。更为严重的是，3 名警官都驾车逃逸，并修改了警方记录企图掩盖真相。后来调查证明，肇事警官早在申请入职时就患有精神疾病而不适宜从事警察工作，但警察部门招聘时的渎职行为让其蒙混过关，并最终酿成恶果。

一个月后，一位警员和一位警官因使用电击枪折磨一名涉案毒贩而遭到指控，并在皇后区第 106 分局被捕。调查显示，类似行为在各个警区均有发生。这些事件导致 25 人被起诉、免职或者开除，其中有几名是皇后区警署高层。1986 年，布鲁克林贝德福德-斯泰弗森特地区发生一件丑闻，一名警员撬开毒贩的门偷走了钱和毒品，后将偷来的毒品卖掉；1992 年警员迈克尔・多德（Michael Dowd）参与毒品交易被捕，在其家里搜出 2 万美元的现金（Silverman，1999：45-49）。纽约市警察局的腐败和丑闻使警察的形象严重受损，居民对警察的满意度较低。加之这一时期警察在实施社区警务时态度敷衍，导致社区警务的效果大打折扣，社区警务预防犯罪的作用没有真正得到发挥。糟糕的社区管理、丑陋的警察形象，严重地损害了纽约市政府的声誉，所有这些促使纽约市警察局采取必要措施，警务改革迫在眉睫。

二、布拉顿的社区警务及其实践

沉疴必须用猛药才能医治。1994年2月，布拉顿出任纽约市警察局局长以后，就大刀阔斧地对纽约警务进行改革。布拉顿有丰富的社区警务经验，他在波士顿警察局时就在社区警务方面取得了不俗的成就。他认为治理犯罪、消除骚乱，光靠逮捕是不行的，而应当以社区为基础，把犯罪消灭在萌芽状态。他公开表达对社区警务的信心，积极肯定布朗实施社区警务的作用，并在警察工作目标、组织结构、处警方式和绩效评价标准等方面，提出了一些新的理念。

（一）提升警察在社区的形象

布拉顿上台以后，积极在社区开展工作，消除警察腐败的形象。社区是城市的细胞，社区建设关系到城市的健康发展和长治久安。他通过在社区建立责任区，与社区成员一起群防群治，消除潜在的犯罪根源和社区各种不稳定因素，从而很好地做到对犯罪的预防。这些工作离不开社区居民的大力支持，而警察的行为举止、工作能力尤为重要。1996年，纽约市警方实施了旨在提高警察形象的“礼仪、专业、尊重”（courtesy，professionalism，respect）策略，强调警察、监督人员、监视人员对公众的尊重，以此缓解警民关系。纽约市警察局在全市范围建立社区警务研究所，就“礼仪、专业、尊重”策略的一些问题（如职业道德、文化意识、领导关系、警察与社区关系技巧）对警察进行培训和指导，重点针对年轻的警察。这一策略具体措施有三个方面：一是注重对应聘警察的考核和选用。为了更好地尊重纽约市的多元化和社会差异性，新警察更多地在纽约市市民中选取，纽约市市民应聘警察或升职评估，都可以得到额外加分。加大力度从少数族裔社区大学中选取新警察。对新警察的学历要求也从原来的高中提高到两年制学院毕业或者有两年军队服役的经历。二是加强对警察的监督和对居民投诉的处理。纽约市警方有六套独立的监控体系，用于鉴别和追踪警察违反规章、滥用职权以及因个人因素而渎职的行为。对被投诉的警察及时进行汇报，分析原因，并采取必要的纠正措施。三是警察要出席各区代表组成的社区会议，这种会议为警察和公众提供了一个很好的交流平台。所有警察都要接受道德文化意识培训，接受关于如何消除警民隔阂、更好地与市民进行语言交流的指导（林广，2011）。通过一系列的努力，市民对警察的印象不断改观，警民关系得到了很好的改善，这对有效地预防和打击犯罪起到了积极的作用。

（二）大力推广社区警务项目

布拉顿在社区警务方面有着丰富的经验。当他还是波士顿警察局一名年轻警官时，他就开展了社区警务的试验并获得成功。他经常公开表达对社区警务项目基本原则的信心，坚持加强与社区之间的工作伙伴关系，努力解决犯罪问题，并要求加大对犯罪预防的必要投入。他认为警察工作不仅仅是破案，更主要的是预防犯罪。在纽约市，布拉顿继续推行社区警务项目。事实上，早在 20 世纪 70 年代，纽约市警察局便已开始采取社区警务的策略，但收效并不明显。对此，布拉顿认为主要是领导层出了问题。他在一次演讲中提到："过去 20～25 年，警察局领导层是失败的。他们浪费了优质资源，消磨了警察们的创造性和积极性。丁金斯市长犯了一个足以葬送其选举的错误，他将两倍于'安全街道'的钱花在了社会服务计划上，而不是立即招录警察。当然社会服务计划很重要，但是公众渴望的是被保护的感觉，他们希望看到更多的警察在街道巡逻。"（Bratton and Knobler，1998：198）布拉顿意识到民众与警方的关注点有所差异。警察更在乎那些凶杀、强奸之类的暴力犯罪，而民众更在乎那些在警察看来微不足道的事，诸如清理垃圾、消除噪声、帮助老弱病残等。布拉顿在实施社区警务项目时要求，巡逻警察走出警车，广泛接触市民。警察要具备理解、同情民众的道德素养，以及善于沟通、组织民众的工作技能。警察积极与社区遵纪守法的民众合作，处理他们亟待解决的问题。通过下大力抓基础性、根本性的社会服务工作，警民之间的互动、交流较之前有明显的增多。市民恐惧感逐渐下降，从而积极配合警方工作，警方也能获取更多、更快、更准确的治安信息，确保治理犯罪行动取得预期的成就。

布拉顿要求警察机构尽量向社区居民、学校、企业、社团开放，鼓励社区居民参与警务活动，通过市民巡逻计划、青少年探营活动、企业安全援助项目等，提升警察机构的亲和力和社区成员对警察工作的了解和满意度，提高社区成员与警方合作的自觉性和主动性。

为了调动基层警官工作的积极性，更好地完成社区警务项目，布拉顿还把纽约市警察局的权力下放给各区的社区警察，他们可以在各自管辖区内自主处理很多犯罪问题，包括各种重罪和轻微犯罪问题，以此提高基层警察参与决策的权力。1995 年，布拉顿着力促成纽约市公屋警察局（Housing Police Department）、纽约市交通警察局和纽约市警察局合并。合并之后，纽约市警察局的警察人数也由原来的 2.6 万增加至 3.8 万。作为全美最大规模的警察局的领导者，他将权力下放给各个辖区的指挥官，让他们根据纽约市警察局确定的总体目标，根据他们辖区的实际情况和各个社区不同的情况和环境，部署不同的警力资源，自行决定合适的警务措施（李胜，2016）。接着，各警察分局局长又会根据所辖区域的具体情况将权力下放到社区各个警察手中。因此，各个社区警察都有自主决策权，这极大地提升了基层警察的责任感和成就感，工作热情和效率也大大提高了。

（三）变被动式警务为主动式警务

传统的警务是以快速反应来打击犯罪，但是不管警察反应速度多快，警察都是被动接警出警，滞后于犯罪活动，而社区警务是具有前瞻性的“预警式犯罪防范”（proactive crime prevention）巡逻策略。纽约市警察局要求警员在社区内走出警车，步行、骑马或者骑自行车巡逻，在人口稠密地区或商业街道上缓慢巡逻，这样既可以较近距离地广泛接触民众，又可以对犯罪活动起到一定的威慑作用（宋会敏，2010：47-49）。对社区居民住宅、商家进行登门拜访，在社区会议上对治安问题做出解释和接受咨询，组织实施防范社区犯罪的各种邻里互助计划，在社区做好识别犯罪手段、事前预防犯罪的宣传等，这都是社区警务主动性的典型表现。

（四）加强对警务工作的考核

布拉顿在担任纽约市警察局局长期间，特别重视对各层级警官和警察的考核，以激励先进。传统警务下对警员的考核是通过其应对犯罪事件的反应速度、破案率等来衡量的。这一时期，不再单纯以速度、数量作为警察考核的标准，而是在犯罪率、破案率等评价标准之外，增加了公众安全感、公众对警察满意度、警民关系融洽程度等指标，而公众安全感和对警察满意度是社区警务绩效重要指标。为了实施这一考核标准，纽约市设立了居民投诉审查委员会。这一委员会受理居民对警察的投诉，投诉内容主要包括动用武力、滥用职权、无礼和语言冒犯四类。

经过布拉顿及其继任者的不懈努力，纽约市社区警务工作取得了显著成效，警察形象和能力都得到了较高的评价和肯定。如图 5-1 所示，1996～1999 年，居民对警察不满的投诉明显下降。例如，对警察动用武力的投诉，尽管在 1998 年有较大幅度的反弹，但从整体来看，从 1996 年的 1438 件降到 1999 年的 206 件，下降了 85.7%；对滥用职权的投诉从 924 件下降到 129 件，下降了 86.0%；对无礼的投诉从 776 件下降到 136 件，下降了 82.5%；对语言冒犯的投诉从 717 件下降到 80 件，下降了 88.8%（Giuliani et al.，2000）。

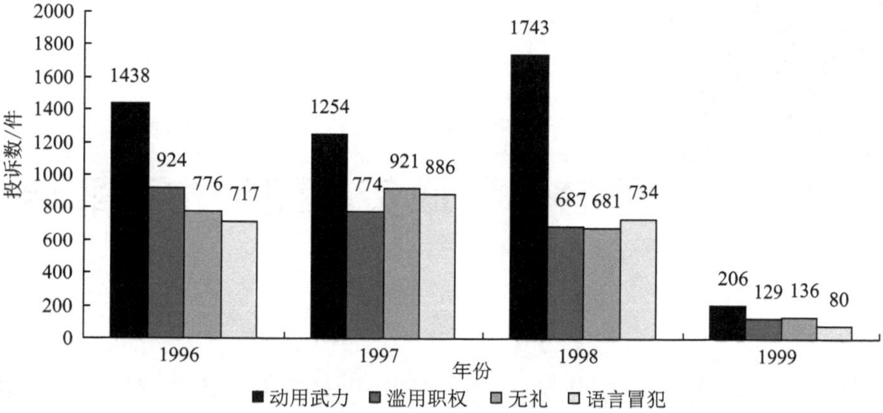

图 5-1　1996～1999 年居民投诉审查委员会收到的各类投诉数量

资料来源：Giuliani（2000：12）

1994 年以来社区警务发挥积极作用是各种合力的结果。1994 年之前，虽然各个时期为了应对犯罪，纽约市警察局也采取了相应的措施，但 1994 年以来，纽约市警察局真正大刀阔斧地改革，实施了“零容忍”政策、“情报制导战略”、专项缉枪和缉毒行动等一系列活动。加之，这一时期经济好转，就业率上升，一定程度上降低了犯罪的动因；在文化的发展和媒体的净化等多方面的综合作用下，纽约市的犯罪率下降非常显著。在这一有利的形势下，纽约市对社区警务进行完善和推广，配合其他各种打击犯罪的措施，积极加强与其他部门的合作，对腐败进行惩治等，使警察的信誉有所恢复，警民关系得到真正的改善，社区警务的作用自然得到很好的发挥。因此，这一时期纽约市社会治安空前好转，犯罪率大幅度下降。

第六章 “零容忍”政策与纽约市犯罪治理

从20世纪60年代到80年代末，纽约市的社会治安状况持续恶化，虽然在这期间纽约市政府和纽约市警察局也采取了相应的治理措施，但是由于美国社会环境恶化、经济危机等原因，再加上纽约市政府与纽约市警察局对犯罪问题的忽视、打击犯罪方法不当以及纽约市警察局的腐败等因素的影响，纽约市犯罪率到80年代末一路飙升至最高点，到丁金斯任市长时略有下降。1994年朱利亚尼上台之后，立即着手警务改革，大力推行“零容忍”政策。“零容忍”政策是纽约市在“生活质量警务”的基础上更加全面地治理犯罪的重要战略，其内涵是：警方对于任何违法犯罪行为，包括对损害民众生活质量的轻微违法犯罪行为，都不能放任不管，而必须主动出击，及时进行有效的打击（McArdle and Erzen，2001：60）。从1994年7月开始，纽约市警察局开始实施“零容忍”政策，从拘捕强行抹车仔、清除涂鸦、抓地铁逃票入手，到在全市开展打击严重刑事犯罪的活动，经过多年的努力，纽约市犯罪率显著下降，社会治安得以恢复。因此，探讨纽约市警察局在实施“零容忍”政策、维护公共秩序、打击犯罪的过程中所取得的经验和教训，对研究和预防城市犯罪均有借鉴意义。

第一节 “零容忍”政策与毒品犯罪治理

在经历了20世纪60年代的“法律和秩序”到70年代的“对犯罪强硬”再到80年代的“打击毒品犯罪”，纽约市治理犯罪的严打政策——“零容忍”政策就这样应运而生。“零容忍”政策是纽约市警察局全方位治理犯罪和城市环境的指导思想，是纽约市警察局进行日常治安管理的重要政策。从提出到付诸实施，“零容忍”政策经历了一个较长的时期，并最终成为一项成熟的政策或战略。

一、“零容忍”政策的提出及其影响

大多数学者都认为“零容忍”政策的想法源于人们广泛熟知的、美国政治学家詹姆斯·威尔逊和犯罪学家乔治·凯林提出的“破窗理论”。威尔逊和凯林于 1982 年在《大西洋月刊》上发表了《破窗：警察与社区安全》一文。其核心观点是环境中的不良现象如果被放任自流、不加管制，会诱使更多人效仿，甚至变本加厉，这就是“破窗理论”的由来，此后该理论开始出现在学术界。根据“破窗理论”，如果社区中有一栋建筑的一扇窗户遭到破坏而未得到及时修补，那么，肇事者就会认为整体建筑都无人管理，从而得到了自己可以任意进行破坏的心理暗示，久而久之，这些破窗户就会给人一种社会无序的感觉，各种违反秩序的行为和犯罪行为就会在公众麻木不仁的氛围中潜滋暗长，整个社会治安状况随之逐步恶化（Wilson and Kelling，1982）。“破窗理论”认为环境中的不良现象如果被放任自流，会诱使人们效仿，甚至变本加厉。这个理论的重要贡献在于，它非常有力地使人们相信，在轻微的违法行为与严重的犯罪之间有着重要的联系，而“零容忍”政策正是一种有效合理的修补“破窗”的策略。

事实上，“破窗理论”不是空穴来风，而是建立在有效的实验基础之上的。早在 1969 年，美国斯坦福大学心理学家菲利普·津巴多（Philip Zimbardo）找了两辆大致相同的汽车，把其中一辆停在加利福尼亚州帕洛阿尔托市（Palo Alto）的一条街道上，另一辆则停在相对杂乱的纽约市布朗克斯街区。然后他把停在布朗克斯街区的那辆车的车牌摘掉，顶棚打开。结果在这辆停在布朗克斯街区的汽车“停放”之后不到 10 分钟，就有人开始偷车的零部件。首先到来的是一个家庭——爸爸、妈妈和年轻的儿子。这个男孩把散热器和电池搬走了，接着 24 小时之后几乎所有值钱的东西都被人拿走了。随后人们开始对车子进行随意的破坏，车窗被砸碎，车内装饰被撕烂，门把手被拧掉，孩子们也开始把汽车当作游乐场。这些“破坏公物者”的成年人中大多数都是衣冠楚楚、干净利落的白人。然而停在帕洛阿尔托市的那一辆车，过了一个多星期也没人动过。后来津巴多用大锤把那辆车的玻璃敲了个大洞。结果不到几个小时，该车所有的窗户都被砸烂了，零部件全部被偷光，最后该车被人掀了个底朝天。这一次“破坏公物者”基本上也是受人尊敬的白人（Wilson and Kelling，1982）。由此，津巴多得出结论：对于完美的东西，大家都本能地维护它并且自觉阻止破坏行为；反之，对已经遭到破坏的事物，人们不仅对破坏行为视而不见，甚至会火上浇油，加剧它的破坏程度。这种情况类似于我们中国的民间说法，“小洞不补，大洞二尺五”，也是一种防微杜渐的做法。受津巴多实验的启发，1982 年美国预防犯罪学家凯林和威尔逊提出了犯罪心理学的“破窗理论”。这种理论使人认识到，维护公共秩序至少同解决犯罪问题本身一样重要，严肃处理小偷小摸行为能够降低恐惧感和预防更多的严重犯罪。“破窗理论”从心理学的角度向人们证明了一个事实：轻微违法行为与犯罪行为之间存在着密切关系，如果对轻微的违法行为不加以制止和处罚，就会质变为严重犯罪行为。

“零容忍”政策的提出是美国政府在 20 世纪 60～80 年代严厉打击枪支、暴力和毒品犯罪实践的产物。“零容忍”一词很有可能在 80 年代初期至中期首次使用，当时军队各个部门正在打击军队内部的毒品使用。在“零容忍”政策概念中，我们可以很容易地发现，其中都渗透着一种思想，那就是对微小违法犯罪行为给予严厉的打击，而这就是“零容忍”政策的基本思想。虽然“零容忍”政策这种表述出现得比较晚，但是这种思想却早已出现，也可以说“零容忍”政策是治理枪支、暴力和毒品犯罪活动的结果（Kana iaupuni and Gans，2005）。

“零容忍”政策最先是 20 世纪 80 年代中期美国海关在打击毒品犯罪时提出来的政策。1988 年 2 月，美国当时的司法部部长埃德温·米斯（Edwin Meese）授权海关当局，“对那些哪怕仅仅是携带了微量毒品的过境者，也要扣押船只、汽车和护照并将其起诉到联邦法院，这使得‘零容忍’政策一词引起了全国的普遍关注”（王世洲和刘淑珺，2005）。随后该政策被用于处理其他违法行为。纽约市警察局是践行此理论的典型，这应该归功于纽约市警察局时任局长布拉顿。他在担任纽约市交通局局长时通过“零容忍”政策对地铁秩序进行了整顿，结果犯罪率大幅下降，这引起了朱利亚尼的重视。

“零容忍”政策的概念主要有三个方面。①对犯罪采取强硬态度。要求所有的法律都得到执行，所有的犯罪分子都应予以拘捕，绝不能让其逍遥法外；犯罪分子一旦定罪，均应面临严厉的惩罚。②严格的非任意的执法。警察一旦发现犯罪，不论其严重程度如何，均逮捕或告发犯罪分子，而不用预先发出警告。也就是说，警察采取的是一种进攻性的警务执法方式，不管犯罪分子所犯罪行的类型如何，也不管其是在什么情况下发生的，均毫不例外予以惩罚。③重视对轻微犯罪和扰乱社会秩序犯罪采取行动。警察不仅不会忽视轻微犯罪和扰乱社会秩序犯罪，反而特别关注“亚犯罪”或“生活质量型犯罪”。

我们可以从“破窗理论”看出，除了主观因素，人们的行为也会受外界因素的影响。任何一种不良现象的存在，都在传递着一种信息，这种信息会导致不良现象的无限扩展，同时必须高度警觉那些看起来是偶然的、个别的、轻微的“过错”，如果对这种“过错”不闻不问、熟视无睹、反应迟钝或纠正不力，就会纵容更多的人去犯更大的过错，极有可能演变成“千里之堤，溃于蚁穴”的恶果。

“破窗理论”的提出者之一凯林 1972 年开始在美国警察基金会中工作。他在津巴多的实验的基础上，开展了几次大规模的警务实验，其中最著名的是新泽西州纽瓦克（Newark）的步行巡逻实验，它是 1973 年新泽西州的“安全洁净社区计划”（Safe and Clean Neighborhoods Program）的一个组成部分。“安全洁净社区计划”是对不断增加的毒品犯罪活动的回应，是提高和改善社区生活质量的重要步骤。但是，政府财政资金的紧缺、犯罪率的不断飙升以及公众的高期望值使得警察局必须采取更加有效的措施来工作。市民们强烈要求实行步行巡逻，因为他们把步行巡逻与过去那种低犯罪率的社区相联系，他们喜欢与警察频繁地交流，看见警察在街道上会感觉更加安全（Wilson and Kelling，1982）。在这种情况下，1973 年新泽西州通过了“安全洁净社区计划”。在这个计划中，步行巡逻被当成一种强制实行的措施来使警察随处可见。州长和其他官员对于把步行巡逻作为减少犯罪的方法很有热情，但是许多警察却对此表示怀疑。在他们的眼中，步行巡逻是非常不可靠的。它减少了警察的流动性，对市民的需求很难快速回应，并且削弱了总部对巡逻警察的控制。许多警察刚开始的时候也不喜欢步行巡逻，主要是因为，这是一项非常艰苦的工作，他们不仅要饱经风霜，而且减少了偷懒的机会。还有一些部门把步行巡逻作为一种对警察的惩罚方式。警务方面的专家质疑步行巡逻对降低犯罪率的作用，大多数专家认为这只不过是对公众想法的一种敷衍而已。但是由于州政府支付这项费用，因此地方政府便响应这项计划。

在这项计划开展五年之后，华盛顿哥伦比亚特区的警察基金会应新泽西州政府的邀请，对新泽西州纽瓦克的步行巡逻进行评估。警察基金会的调查结果是：步行巡逻没有降低犯罪率。但是实行该计划的社区市民普遍感觉更加安全了，他们认为犯罪减少了，采取的自我保护措施也减少了。而且实行该计划的社区对警察有了更好的印象，而巡逻的警察也有更大的工作热情，对市民的态度更加和善了（Wilson and Kelling，1982）。既然犯罪率没有下降，那么市民为什么却认为更安全了呢？在威尔逊和凯林看来，要回答这个问题就需要明白在公共场所是什么令人们感到害怕。事实上，许多市民主要是害怕犯罪，尤其是被陌生人突然地暴力袭击。这种危险在纽瓦克和其他许多城市都是真实存在的，但是，我们忽视或是忘记了其他的恐惧——被不守秩序的人所打扰。他们不是使用暴力的人，也不是罪犯，而是肮脏的、吵闹的“不速之客”：乞丐、醉酒者、“瘾君子”、嚣张的青少年、性工作者、闲荡的人以及精神失常的人等。这种威胁性也许会极大地改变他们的生活方式。面对这种威胁，他们会关闭门窗、携带枪支或者待在室内。因此，恐惧会破坏大城市的发展，降低城市居民的生活质量。同时，还应该看到，警察和市民的密切接触会有助于前者收集第一手的犯罪资料，这样的信息系统从长远来看会有积极的影响。

这种借步行巡逻来打击无秩序行为从而达到社区安全干净目的的理念，后来经过威尔逊和凯林的研究和总结，并于 1982 年在《大西洋月刊》上发表（《破窗：警察与社区安全》一文），成为后来被人们广泛熟知的“破窗理论”。

威尔逊和凯林在综合这两个实验的基础上写道：一些人认为，一个熟练的步行巡逻者可以保持秩序，但是这种秩序对缓解社区恐惧没有很大的作用。也就是说，对暴力犯罪只有很小的影响。但是凯林和威尔逊认为：要认识到，旁观者不应该假想他们知道有多少对大城市社区的焦虑来源于对真正犯罪的恐惧，有多少是来自无序的街道和令人忧心的遭遇；在社区中，无序和犯罪是紧密联系的，这是一种发展顺序（Wilson and Kelling，1982）。社会心理学家和警察倾向于认为，如果不去修理一扇破窗户的话，那么剩下的窗户都会被破坏。这种情况在良好的社区与衰落的社区中都会发生。准确地说，一扇没修的窗户便是一个没有人在乎的信号，所以破坏更多的窗户就自然而然会发生了。

总的来说，“破窗理论”的思想就是重在保持城市运行有序、防微杜渐，警察不仅应该保护个人还要保护社区；“破窗理论”的贡献就在于它非常有力地使人们相信，轻微的违法行为与严重犯罪的发展之间存在着重要的联系。“破窗理论”为“零容忍”政策提供了理论根据和强有力的支持。

20 世纪 80 年代后期，在“破窗理论”的影响下，纽约市地铁站实施了保持秩序的政策，试图减少城市犯罪活动（Fagan and Davies，2000）。在朱利亚尼参加纽约市市长选举之前，朱利亚尼竞选总部邀请弗瑞德·西格尔（Fred Siegel）与政策顾问理查德·史瓦茨（Richard Schwartz）共同为朱利亚尼设计课程。这些课程的老师包括移民政策专家、教育专家、犯罪学家等。在这些前来讲课的专家之中最具影响力的就是哈佛大学约翰·F. 肯尼迪政府学院凯林教授，他到此讲授的是打击犯罪学。凯林一再强调，失序与犯罪紧密相关，两者交互影响：只要有一名破坏者投掷石头砸破窗户，其他人便会群起而效尤，直到大楼窗户悉数粉碎为止。通融轻罪行为逍遥法外，终将演变成重罪案。纽约市等大城市警务策略失败的原因就在于警察局将注意力从街道犯罪转向高级毒枭以及大规模犯罪案……在授课期间，朱利亚尼对凯林的论述大感兴趣，他聚精会神地聆听，记下厚厚的笔记，并提出尖锐的问题，如何谓合法与不合法？如何巧妙地运用法律，以便达到目标？（安德鲁·科兹曼，2004：7）在朱利亚尼成功竞选上纽约市市长之后，凯林成为纽约市警察局的顾问，而且早在 1985 年，凯林就在纽约市警察局中担任顾问（Fagan and Davies，2000），检验“破窗理论”的实践情况。在 1984～1990 年，纽约市警察局重点治理了涂鸦和地铁的卫生。在授课的专家队伍中还有时任波士顿警察局局长的布拉顿。1990 年布拉顿担任纽约市交通警察局局长时把凯林当作自己的“知识导师”。凯林深受纽约市市长与纽约市警察局局长的欢迎，这使得他的“破窗理论”在纽约市的全面推行变得顺理成章。

二、“零容忍”政策对毒品犯罪的影响

“零容忍”政策最初是海关在打击毒品犯罪中提出来的。在美国，城市犯罪的主要导火索就是毒品。“瘾君子”和毒贩为了吸毒、贩毒而盗窃、抢劫甚至是杀人。美国联邦部门的调查显示，“‘瘾君子’的犯罪概率是他们未吸毒时的 4～6 倍，而且很多都是暴力犯罪”。20 世纪 80 年代的打击毒品行动已经不适应毒品形势的发展，毒品犯罪也越来越猖狂。从 1980 年到 1986 年，毒品犯罪报案从 13 135 件增加到 58 577 件，短短 6 年当中增长了约 3.5 倍；而在缉毒中缴获的赃款数额从 86.4 万美元增加到 290 万美元，增长了约 2.4 倍（王瑞平，2009：135）。朱利亚尼上台之后，号召对一切微小犯罪活动实行“零容忍”政策，而毒品活动作为危害已久的严重犯罪活动自然不会逃脱“零容忍”政策的打击。纽约市警察局通过各部门的相互合作以及开展专项行为来治理毒品犯罪，清除纽约市毒贩，彻底“夺回”街道。

纽约市曾经有美国数量最大的海洛因、可卡因吸食者群体，也是最大的、五花八门的非法贩卖毒品的市场，还是犯罪、暴力、城市混乱频发的地方。但在 20 世纪 80～90 年代，纽约市警方未能铲除毒品犯罪根源，以致出现“快克时代”和“大麻时代”（Blumstein and Wallman，2000：164）。经验丰富的检察官、警官、法官都明白纽约城市犯罪的导火索就是毒品，这从“零容忍”政策被美国最先用于打击毒品犯罪的史实就可见一斑。毒品和暴力犯罪有着千丝万缕的联系，毒品可以导致一个人采用暴力方式对待别人；为了满足自己挥霍无度的毒品消费，许多“瘾君子”采用抢劫这种违法方式增加自己的收入；毒品销售是发生在主流经济之外的，法律制度很难对其起作用。因为毒品与暴力犯罪如此紧密的联系，所以“零容忍”政策实施期间，纽约州政府、市政府和纽约市警察局就格外重视采取措施来制止毒品的泛滥。

针对毒品犯罪的特点，纽约市政府在以下几个方面实施了“零容忍”政

策。①实行警察局众多辖区的综合管理，建立特殊小组，采用统计信息来控制整个城市的犯罪和混乱情况；增加警力，加强纽约市警察局各辖区的缉毒人员和纽约州缉毒人员以及联邦调查局的联合行动，追捕上游毒品供货方（Blumstei and Wallman，2000：166-188）。②麻醉品专业调查队负责将户外的毒品交易活动赶离街道，并对交易者的枪支、现金、毒品和车辆追查到底（王国琦和陈莉，2007）。③“在毒品交易频繁区，警察有规律地盘查是否有人非法携带枪支，违反者会面临一年或是更长时间的牢狱之灾，同时重点打击贩毒链条中的中游供货方和毒贩”（王瑞平，2009：137），安排警察驻守在毒品贩卖频发区域，防止毒品交易死灰复燃。

从这三项措施中可以看出，纽约市政府改变了 20 世纪 90 年代以前的市政部门互不通气的情形，相关部门相互配合打击毒品犯罪。纽约市警察局还增加警力，解决警力不足的问题，同时有重点地打击贩毒链条中的供货方和毒贩。这些手段的实施有助于警察局对毒品交易的各个方面实施打击。

（一）打击毒品滥用和暴力犯罪

1996 年初，纽约市警察局发动了六项打击麻醉毒品行动，这也是减少毒品滥用和暴力犯罪的关键措施。这六项措施主要在布鲁克林区和曼哈顿区北部、布朗克斯区南部、皇后区东南部以及哈莱姆区中部和斯塔滕岛实施。

实施专项打击计划以后，纽约市在“1998 年的毒品逮捕人数比 1997 年增加了 17%，比 1993 年增加了 91%”。其中，轻罪逮捕人数在过去的 5 年中也急剧增加了。“1998 年的轻罪逮捕人数比 1997 年增加了 26%，比 1993 年增加了 204%。对毒品违法相关行为的轻微犯罪逮捕人数比 1997 年增加了 12%，比 1993 年增加了 516%。”（Giuliani，1999：4）

（二）采取“阳光操作”行动，感化和教育毒犯

1997 年 11 月，纽约市开始实施新的计划，以阻断麻醉毒品犯罪活动和有组织毒品犯罪。纽约市警察局麻醉品管理处（the NYPD Narcotics Division）、美国管制（特殊）药品监督管理局（the U.S. Drug Enforcement Administration）和纽约州警察局（the New York State Police）共同努力，成立缉毒工作队，调查高级别的毒品交易组织。

除此以外，1997 年，朱利亚尼市长还宣布在华盛顿广场公园实行“禁毒区域”行动，同时与感化教育署联合实行“阳光操作”行动，目标都是针对那些处于缓刑期的在公园销售毒品者以及药物滥用者进行感化教育；建立一个 24 小时的热线电话，帮助市民举报与毒品有关的犯罪行为；扩大城市公立

学校的无毒品学校区域和实施安全走廊计划，以应对校园毒品问题（Giuliani，1998：5-6）。

上述计划和行动取得了良好的效果。从表 6-1 中可以看出，1994～1999 财年麻醉毒品逮捕人数呈持续上升趋势，从 1994 年的 69 294 人上升到 1999 年的 123 700 人，增长了 78.5%（Giuliani，1999：6）。在 1998 财年的头 4 个月里，缉毒工作队逮捕了 286 个毒品犯罪分子，比 1997 财年同期逮捕的 207 人增加了 38%；收缴到 60 磅海洛因，比 1997 财年同期收缴的 40.5 磅增加了 48%。1998 财年缴获的海洛因价值超过 500 万美元，比 1997 财年的 380 万美元增加了约 32%（Giuliani，1998：6）。这主要是全市范围内的毒品整治行动使得主要犯罪活动场所发生了变化，也使得枪击案件和与毒品有关的凶杀案减少了。

表 6-1 1994～1999 财年麻醉毒品逮捕人数 （单位：人）

项目	1994 年	1995 年	1996 年	1997 年	1998 年	1999 年
麻醉毒品逮捕人数	69 294	94 105	98 403	102 947	115 639	123 700

资料来源：Giuliani（1999：6）

（三）实施“居家安全”计划，消除滋生毒品犯罪的土壤

为了彻底消除毒品犯罪，朱利亚尼实施了一项新的“居家安全”（Safe at Home）计划，它是打击毒品战略的组成部分。“居家安全”计划就是在相关街区加大执法力度，集中进行房地产开发和保护工程，消除滋生犯罪的环境因素来减少犯罪。纽约市警察局和住房保护与发展部（the Department of Housing Preservation and Development）选择两个街区实行了“居家安全”计划，其中一个是位于南布朗克斯区的“波士顿大道”，另一个是位于布鲁克林区的贝德福德-斯泰弗森特的富尔顿大街。1999 财年，住房保护与发展部为“居家安全”计划拨款 950 万美元，援建 194 个新的住宅单元（residential units）。

1999 年 7～10 月，有组织犯罪控制局缉毒处部署了 3394 名警察在整个城市执行打击毒品行动。1999 财年，缉毒处从毒犯那里收缴的毒资达到 5500 万美元，同比增加了 22%；查处的毒品重量同比增加了 115%（Giuliani，1999：5）。朱利亚尼的“居家安全”计划取得了良好的效果。

（四）打击毒品专项行动的效果

为了集中力量对毒品严重泛滥地区进行打击，纽约市在 1997 财年开始实

行北曼哈顿计划（The Northern Manhattan Initiative），开创将禁毒工作集中在毒品犯罪严重地区的行动。2000 年 10 月，纽约市警察局开始对 37 个警区开展毒品打击计划，其中有 8 个在布朗克斯区，15 个在布鲁克林区，7 个在曼哈顿区，6 个在皇后区，还有 1 个在斯塔滕岛。在 2001 财年的头 4 个月里，分配到布朗克斯中心区的警察逮捕了 2262 名毒犯，执行了 39 次毒品搜查；分配到曼哈顿区东哈莱姆区的警察逮捕了 1310 名毒犯，执行了 29 次毒品搜查；分配到西北皇后区的警察逮捕了 1129 名毒犯，执行了 34 次毒品搜查；分配到南布鲁克林区的警察逮捕了 941 名毒犯，执行了 35 次毒品搜查（Giuliani et al.，2001：2）。

纽约市警察局制定的法律法规加大了对毒品的打击力度，同时与各部门开展的合作也扭转了以前市政部门之间“老死不相往来”的局面，信息共享、相互配合使纽约市警察局在打击犯罪上得心应手；而针对毒品犯罪多发地区开展的专项行动，则是出重拳打击犯罪热点地区。从 1996 年到 2000 年，几乎每年一次的专项行动都有力地清扫了毒品贩子，而如此密集的打击行动也有助于制止毒品犯罪死灰复燃。自对毒品开展“零容忍”政策以来，贩卖和吸食毒品活动有大幅度减少，纽约市枪击案以及和毒品有关的凶杀案显著减少。

“零容忍”政策有效地打击了毒品犯罪，从源头上减少了违法和犯罪案件，但是“零容忍”政策在实施过程中存在一些问题，或者说“零容忍”政策与刑事司法系统上的量刑与罪行相一致的原则是相悖的。例如，有学者认为在某种意义上，“零容忍”政策有可能会刺激贩毒者贩卖数量更多的毒品。在某种不确定的条件下，不考虑拥有毒品的数量，而通过运用最大强度的惩罚措施来对毒品吸食者采取强硬措施，那么这在事实上也许不会降低其他吸毒者的吸毒量（Caulkins，1993）。同时，执法过程中存在的因种族偏见等因素造成的一些警察先入为主的以非裔为“犯罪嫌疑人”的观念，以及警察执法腐败问题，都影响着这项政策的实施效果。

第二节　“零容忍”政策与青少年犯罪治理

实施“零容忍”政策之前，对于纽约市的很多青少年来说，上学的日子始终伴随着恐惧。暴力的威胁、吸毒的威胁无时无刻不在困扰着纽约市的青少年，而这种威胁不仅发生在街道上，甚至在学校里、课堂上都屡见不鲜。根据美国人口普查局的统计，“纽约的青少年人口（19 岁或 19 岁以下人群）在 1970～1992 年间减少了 25%。然而，同一时期，纽约人口中遭拘捕——尤其是因为严重暴力犯罪而遭到拘捕——的青少年比例却大幅度上升。青少年按人头计，因谋杀而遭逮捕的数量增长了近 4 倍；因抢劫罪而遭拘捕的数量增长超过 2 倍；因人身伤害罪而遭拘捕的数量增长了将近 3 倍……因携带枪支重罪而遭拘捕的 15 岁或 15 岁以下的青少年犯罪人员的数量在 1970～1992 年间增长了近 3 倍”（王瑞平，2009：124）。可见，在 1992 年以前，纽约市青少年因犯罪而遭到拘捕的数量在持续上升。

“零容忍”政策在学校的实施可以说是由来已久并且范围广泛。1989 年，美国加利福尼亚州和肯塔基州的一些学区首先实施“零容忍”政策，主要目的是对参与毒品活动和帮派活动的学生给予开除的惩罚。1993 年，“零容忍”政策被美国各学校的董事会广泛采纳，主要目的是防止毒品和暴力进入学校（姚计海和张彩云，2003）。1994 年，克林顿总统签署了《校园禁枪法》，规定对持有武器和违反法律的学生勒令停学一年，并且遣送到刑事法庭或是少年法院。这部法律的出台标志着美国联邦政府开始在全国范围内实施“零容忍”政策。1996～1997 年，美国有大约 75%的学校都采取了这一政策（Verdugo，2002）。2001 年，美国学校枪击案一再发生，这使得全国开始更加严厉地贯彻“零容忍”政策。

1994 年朱利亚尼上台之后，纽约市政府提出明确要求，“必须集中所有可用资源来减少学校周边的暴力行为，直至所有的纽约儿童能自由自在地上学，能自由自在地参加他们成长中的各种活动”（王瑞平，2009：123）。纽约市警察局对青少年暴力行为实施“零容忍”政策正是对这一要求的正面回应。首先，在法律制度方面，纽约市警察局重新编审和修订了关于青少年犯罪的规定，并且与纽约市教育局签订了安全备忘录，借以确保无论何时何地发生青少年犯罪事件，学校必须最大限度地支持、配合警方工作。其次，在警力方面，开展相关的青少年暴力犯罪的培训课程，同时分配更多人力资源，以治理青少年犯罪，对青少年暴力犯罪案件开展迅速调查、积极跟进，努力不使一名嫌疑犯漏网。再次，在学校方面，由于警方把学校作为减少青少年暴力犯罪的重点区域，因此纽约市警察局实施了一系列计划来保证学生安全、减少暴力犯罪。这包括纽约市警察局和纽约市教育局磋商、各警区实施的学校安全计划，主要指案件发生后，警察迅速介入、校方积极配合，纽约市警察局和学校要保持互动；学校安全管理小组实施的暑假青少年安全计划，主要指假期在公园、操场等人员密集的地方进行巡逻；各警区实施的安全地域行动，主要指在上学和放学的重要交通路段安排警察驻守；成立警察小分队负责遣送逃学青少年归校（王瑞平，2009：129）。最后，为了打击学校及其周围的帮派活动，以及镇压全市范围内的与犯罪有关的帮派，纽约市警察局在1997年开展了一项新的打击帮派的活动。

为了支持全市反帮派执法队的工作，纽约市警察局在5个区分别成立了镇压帮派行动科（Gang Suppression Units）。分配到镇压帮派行动科的警察都经过系统的培训，以便去甄别帮派事件、成员、成员标志和文身、手势、佩戴的饰品以及其他的帮派表现。他们尤其针对帮派活动高发区域和学校开展行动，以消除帮派的影响和保护孩子。为了加强镇压帮派行动科的工作，各区刑警大队（Detective Borough Command）都建立了帮派调查小队（Gang Investigative Squad）。这些小队将对所有与帮派有关的犯罪活动进行后续调查和处理。在1998财年的头4个月里，帮派调查小队记录了全市340个与犯罪事件有关的帮派，逮捕了1012名帮派成员嫌疑人。同期，他们还鉴识了与帮派相关的69件砍人伤人案件，并逮捕了85名罪犯（Giuliani，1998：6-7）。

从上述措施可以看出，纽约市警察局针对以前矫正青少年教育措施不完善的缺点，从法律制度、警力以及学校三方面制定出完备的策略，加强了学校与警方的联系与合作，而且加大了警察在处理青少年暴力犯罪方面的作用；针对学校中的帮派问题，纽约市警察局开展专项行动打击重点犯罪区域，有效地保证了校园的洁净以及孩子的安全。

自“零容忍”政策在纽约市的学校实施以来，学校的青少年犯罪和暴力犯罪有了很大幅度的下降。“2000年，美国执法机构估计逮捕了1400万人，其中17%（约240万）为18岁以下的青少年。2000年逮捕的青少年人数比1994年低了13%。许多重罪逮捕人数下降更加显著。1994～2000年，美国青少年凶杀犯罪逮捕下降了68%，抢劫犯罪逮捕下降了51%，入室盗窃犯罪逮捕下降了33%，机动车盗窃犯罪逮捕下降了42%”（Butts and Travis，2002：9）。青少年犯罪率下降了，纽约市警察和校方在学校安全方面也取得了很大进步。但是，随着“零容忍”政策在学校的实施，它似乎把所有复杂问题都简单化了，好像“零容忍”政策能解决所有问题。“零容忍”政策在学校的实施所产生的问题时有发生。正因为如此，该政策也受到一些美国学者的批评和质疑。

美国学者韦尔杜戈（Verdugo，2002）认为，首先，它刺激了学校中不公平现象的进一步发展，激化了种族歧视和阶级矛盾。某些“零容忍”政策在美国的公立学校中比其他政策更为普遍，如统一校服、封闭校园、控制进入学校的通道、搜查毒品、随机运用金属探测器检测等，而这些手段似乎在少数族裔学生居多和贫困的社区采用得更多。他根据学校少数族裔学生所占的百分比和免费或减价午餐计划的学生所占的百分比的比较，来检验公立学校“零容忍”政策的实施情况，其目的是表明此政策在少数族裔学生居多和贫困的社区中更为普遍。统一校服是一种与“零容忍”政策相关的做法。在全国范围内，只有大约 3%的公立学校实行这样的政策。然而，这样的政策似乎与种族和社会经济地位有关。也就是说，少数族裔学生居多的学校更有可能制定校服政策。封闭校园政策似乎也与少数族裔学生的存在和学生群体的社会经济地位低下有关，而统一校服更可能存在于少数族裔学生占比较高的学校。

总之，少数族裔占比较低的学校，实施“零容忍”政策的百分比较低；随着少数族裔在学校总人数中占比的增加，实施“零容忍”政策的百分比也有所增加；当少数族裔超过学校总人数的 50%时，实施“零容忍”政策的学校百分比最高（表 6-2）。另外，在一些学校中还应用警察驻守学校的政策，而这些学校同样是少数族裔学生的比例偏大。这说明在实施“零容忍”政策的过程中确实存在着种族歧视的问题。

表 6-2　少数族裔占比不同的学校与实施“零容忍”政策的关联　（%）

少数族裔学生在学校的比例	暴力犯罪	枪支犯罪	其他武器犯罪	酗酒犯罪	毒品犯罪	吸烟犯罪
＜5	71	92	88	82	83	75
5～19	79	94	92	89	90	80
20～49	83	95	90	87	89	79
＞50	85	97	94	90	92	83

资料来源：Verdugo（2002：54）

注：本表按犯罪类型划分

美国教育部和民权办公室（Office for Civil Rights）的数据显示，少数族裔学生比白人学生有更高的休学率，其中非裔学生和美洲印第安人/本土阿拉斯加学生的休学率最高，分别是 13%和 7%。如果可以假设“零容忍”政策是这些数据背后的驱动力，那这些数据再次强调了之前关于公平的观点。看到这些统计数据，有一种观点认为事实可能就是大比例的少数族裔学生被休学或被开除，因为他们大多数在学校里有过不当的行为。这似乎是个合理的解释。然而数据说明真相，当查看休学或开除的原因时，结果却显示并不是这么回事。高比例的少数族裔，尤其是非裔男学生被休学或被开除的原因是，他们在校园里可能有过一些威胁性的行为或是他们有过一些无礼的言行。相比之下，一些白人学生被休学的原因则是他们携带枪支或其他武器以及吸毒（Skiba，2000）。数据清楚地表明，有些白人学生遭到惩罚是因为他们确实违法了，而少数族裔的学生则是由于模棱两可的罪名而被驱除出学校的。这说明在美国一些地方“零容忍”政策实行过程中存在着种族歧视和不公平的问题。

其次，美国公立学校实行的“零容忍”政策剥夺了部分学生受教育的权利。接受免费的公共教育的权利是工人阶级在20世纪末通过艰苦的斗争得来的。开除学生或是使学生休学剥夺了他们接受教育的权利。可以说，学校已经部分丧失它的初衷，学校不再以学生为中心。有时候，青少年犯的错误甚至还没有与武器、毒品等真正的威胁扯上关系，而只是涉及旷课以及不当言论。但是，即便是这样，这些行为依然会受到“零容忍”政策给予的休学或是其他形式的严厉处罚，学校很少考虑到学生生活的家庭环境以及当时事情发生的背景。这种做法常常把正常的学生驱除出学校，从而使其置身于一个更加危险的环境当中。同时，“一些专注于‘零容忍’政策的研究还关注到：随着‘零容忍’政策的实行，在帮助孩子们从错误中学习以及形成良好的判断方面，老师的作用也逐渐减弱。同样令人担忧的还有，在处理学生不当行为时，学校管理者的专业判断力正在受到侵害”（Sughrue，2003）。

再次，学校在施行“零容忍”政策时，应该制定一个惩罚标准的通用手册，这种通用手册应该清楚地规定什么样才是违反了“零容忍”政策以及适当的惩罚措施是什么（McNeal and Dunbar Jr.，2010）。“零容忍”政策的初衷是要求学校开除那些持枪、吸毒的学生以及帮派分子。但是许多学校把“零容忍”政策的适用范围严重扩大了，以至于一些有考试作弊、对教师不敬以及扰乱课堂秩序等行为的学生也遭到了开除或是休学的处分。因此，缺少惩罚标准就会导致学校管理者以及教师在判断学生行为是否触犯规章制度的时候带有很大的随意性，滥用自由裁量权。“零容忍”政策的目的是要保证学生在学校有安全感，但是这种不知道自己什么时候触犯了校规，也不知道什么时候就会被开除的担忧整日困扰着学生。正如佩德罗·诺格拉（Pedro Noguera）在《哈佛教育评论》（*Harvard Educational Review*）上所写的：“草率的惩罚不会改变学生的行为，而仅仅是强调了教育者的权威地位。”（Skiba and Peterson，1999）“零容忍”政策加深了学生与学校管理者的矛盾，学校也变成了一个没有安全感和不受学生喜欢的场所。

最后，学校提供给学生的安全质量并不高。学生们在学校并不感到安全，因为很多安全设备存在问题，并且安保人员的数量不够，质量也不好。安保人员必须经过专业训练，但是，学校管理者从开支方面考虑，经常随便在社区雇用一个人。据一些学生说，学校的安保人员仅仅就是一个戴着徽章的人。由于安保人员具有很高的自由裁量权，所以没有经过专业训练的安保人员很难做到客观、公正，也不能保证学生们的安全。雇用高水平的安保人员将有助于“零容忍”政策的实施。同时，解决学校的安全问题将会使得学生们可以在一个相对自由和安全的环境中成长，而不用成天担心他们的个人安全。这样也可以使得“零容忍”政策产生真正意义上的影响，而不是浮于表面的象征性的影响（McNeal and Dunbar Jr.，2010）。

青少年作为社会上一个比较特殊的群体，身心发展还不成熟，他们的犯罪问题应该与成年人的犯罪问题分开处理。笔者认为可以按照“零容忍”政策的规定指出青少年行为的不当之处，但是解决问题的办法应该以劝导、关心为主，而不是仅仅通过简单的逮捕、休学或是开除的方法来解决。

第三节 “零容忍”政策与公共场所犯罪治理

20 世纪 80 年代的纽约市是犯罪者的“天堂”，不仅重大犯罪率一直居高不下，而且公共场所的轻微犯罪同样也不可小觑：地铁上四处可见流浪人群，街道上充斥着威胁性的乞丐和性工作者、飙车的人，墙壁上的涂鸦大行其道，机动车道上强行抹车仔也随处可见，公园里、广场上随处大小便的现象更是屡见不鲜（McArdle and Erzen，2001：8）。与严重犯罪相比，公共场所的混乱似乎与人们的生活更加息息相关。混乱的公共场所不仅使纽约市民放弃使用这些公共设施，更有甚者开始了逃离纽约的“大迁徙”运动。1992 年和 1993 年的一项调查显示，“在逃离纽约的市民当中，有 59%的市民是因为生活质量下降才选择离开的；22%的市民说，他们搬离纽约的原因是社区墙壁上到处都是涂鸦，而垃圾和废弃的物品也随处可见；17%的市民说，如果纽约市警察局认真处理轻微犯罪和失序行为，他们是不会轻易离开纽约的”（王瑞平，2009：149）。因此，面对如此严重的情况，纽约市警察局开展了“生活质量计划”，落实“零容忍”政策，打击任何违法犯罪行为，即使是微小的犯罪。

一、严厉打击“擦车流氓”行为

强行擦车是纽约街头的一大奇观，即不管车主需不需要擦车，违法分子强行为车主擦车，然后向车主索要钱财。有时擦车就是一个动作也要求车主付钱，好多纽约人把他们称作“擦车流氓”。强行擦车违反了纽约市的交通法规，不仅阻碍交通还扰乱了公共秩序。警察局不断努力，将打击强行擦车行为制度化，以便警察在打击擦车行为时有法可依。1996 年，朱利亚尼市长签署法律，使纽约市警察局能够增加有效的措施来控制强行抹车仔，并把他们的违法性质提升为轻度犯罪（Giuliani，1997：5）。

根据《生活质量实施方案》（Quality of Life Enforcement Options），那些靠近行驶中的车辆，或阻拦车辆以便强行擦洗车窗的人，违反了《纽约市交通法规》（New York City Traffic Regulation）第 4 章第 4 条第 3 款。这种行为不仅阻碍了城市交通，也违反了《纽约州刑法》第 240 章第 20 条第 5 款，即犯了扰乱社会治安罪。警察在将违法人员移交法庭之前应当确认嫌犯违反了这一法律条款，并提供嫌犯在场的证据。在曼哈顿地区，警察在给犯罪嫌疑人发出传票之前，必须明确嫌犯是否是第三次违法（McArdle and Erzen，2001：37）。如果是这种情况，那么逮捕嫌犯就具备足够的条件，逮捕令将会立即发布。

二、加强对反涂鸦法的执法力度

“涂鸦”（graffiti），是一种视觉字体设计艺术，涂鸦内容包括很多，以变形英文字体为主，其次有 3D 写实、人物写实、各种场景写实、卡通人物等，配上艳丽的颜色可以产生强烈的视觉效果和宣传效果。在纽约市的街头，尤其是哈莱姆区，公共汽车的站牌上、建筑物的外立面上涂着乱七八糟的脏话、图像或符号。朱利亚尼任纽约市市长后，坚决扫除街头涂鸦。他强调群众的监督作用，只要有人发现当场涂鸦行为，路人可向巡警举报，举报者可获得奖金。同时，1997 年在纽约市的“提高生活质量运动”中，重点是整顿街景、消除街头涂鸦。朱利亚尼提出：要彻底消除纽约市街头杂乱无章、毫无秩序的现象，把纽约市的街道变成规范化、多样化、艺术化和电子化的“文明走廊”（刘国栋和张国华，1997：100）。

政府对罪行较轻的嫌疑人给予从事清洁类的社区服务的惩罚，而对惯犯则加重处罚；同时发放打击涂鸦策略的宣传小册子，做到家喻户晓，提高广大市民对此事的重视程度。朱利亚尼还发挥群众的监督作用，举报者可获得奖金，这种奖励行为大大调动了市民的积极性，以致出现“1 人犯事，居然有 3 人拿出手机，打 911 电话报警”的奇观（谢芳，2004：234）。据统计，“1993 年，共有 910 名嫌犯因涂鸦行为遭到拘捕”（王瑞平，2009：157）。1997 财年，警方逮捕违法涂鸦人员 883 人，比 1996 财年的逮捕人数增加了 3%；1999 财年，警方逮捕违法涂鸦人员 1236 名；2000 财年逮捕违法涂鸦人员

1657人（Giuliani，1997：6；2000：69）。

经过政府打击和综合治理，纽约市的涂鸦行为有了明显的减少，街道整洁有序，市容面貌较之前有了很大的改观。另外，虽然涂鸦并非暴力行为，看上去对社会没有大的危害，但是它却是社会安全的一种潜在威胁。“零容忍”政策治理涂鸦就是防微杜渐，从小处抓起，可以预防犯罪，从而达到打击犯罪的目的。

三、清理乞讨人员

纽约是世界闻名的国际大都市，但街头行乞、流浪的人随时可见，这是纽约市社会治安的重要隐患。“零容忍”政策实施之前，每个街区都会有无家可归的行乞者，每个街区都能看到几个吸毒的人。这些人长期在街道和公共汽车及马路上游荡，严重影响了市容和交通秩序，是纽约市“生活质量运动”首先要清理的对象。《纽约市交通法规》多章条款都用于街道和马路上的乞讨人员。例如，第2章第E条第1款规定禁止任何人和通行车辆中的任何人讲话，禁止向车上人员推销商品。那些在交通信号灯前靠近车辆的乞讨人员将会以违反《纽约州刑法》第240章第20条第5款扰乱社会治安受到指控；《纽约市交通法规》第3章第D款禁止任何个人在车辆行驶过程中随意地开关车门（当然，这不包括诸如开车门的迎宾人员为车主开门等社会礼仪）；《纽约市交通法规》第4章第5款规定，任何人不得在公司内、计程车内或是其他交通工具内乞讨获利。所有上述规定都必须严格遵守，对违规者法庭必须追究其责任（McArdle and Erzen，2001：36）。

1996年7月，《生活质量实施方案》公布之后，所有在公共交通工具上、街道马路上乞讨的人员都会被分别以妨害社会公共安全罪、扰乱社会秩序罪以及违反公共交通法等罪名签发传票。同时，为防止犯罪人员抵赖，警察必须熟悉有关法律和法规。如果处罚不当，也会遇到麻烦。例如，“1993年，在行乞者路柏（Loper）控告纽约市警察局一案中，美国联邦第二巡回法院上诉庭判决纽约市警察局败诉，裁定纽约州法律中关于‘因行乞而在公共场所闲逛、逗留或停留违法’的内容（《纽约州刑法》第240章第1条）违宪，认定该内容侵犯了宪法第一修正案中的关于行乞者的权利。事实上，从1986年到1992年6月，纽约市警察局仅对违反行乞条款的1113人提出指控”（王瑞平，2009：151）。因此，纽约市警察局也不能对违反条款的人进行有效的处罚。因为警察的执法行为受到宪法的约束，所以，即使在20世纪90年代实行了“零容忍”政策，但是纽约市行乞者仍然存在，只不过是数量有所减少。

四、严格垃圾管理

在垃圾处理问题上，纽约市警察局与环境卫生委员会协调合作。环境卫生委员会有权打击乱丢垃圾行为，维护城市街道以及其他公共场所的卫生状况。因此，该委员会有权移除或处置丢弃在公共场所的违章车辆、纸箱、桶、商品包装盒以及其他可移动的物品。如果警察看到这些遗弃在公共场所的物品，他们可以通知环境卫生委员会来处理这些东西。

《纽约市行政法规》（New York City Administrative Code）第16章第113条第7款（b项）规定，未经授权，任何人无权清除房东或租客放置在房屋走廊、房前或房屋区域内的垃圾，除非征得房屋所居人的同意方可清除。警察一旦看到有人违反这一规定，可以向犯罪嫌疑人开出传票。不过，这一规定不适用公共垃圾箱。《纽约市健康守则》（New York City Health Code）第153章第9条规定，在公共场所随地大小便属于轻度犯罪，同时《纽约市健康守则》第131章第3条规定随地吐痰也属于轻度犯罪。如果警察遇到这种违法情况，有权开传票给犯罪嫌疑人（McArdle and Erzen，2001：37-38）。

五、打击公共场所酗酒行为

公共场所酗酒既影响市容，也会因酗酒伤己伤人、扰乱社会治安等。因此，根据纽约市《公园管理署法规》（Parks Department Regulations）第1章第5条第1、第3款，在纽约市公共场所酗酒是违法的，除了公园委员会所特许的个别场所之外，其他任何在公园、操场、沙滩、游泳池等公共娱乐场所酗酒的行为都被视为轻度犯罪。此外，任何人如果携带、持有或饮用受《纽约州刑法》限制的酒精饮料进入纽约市公园管理署所属的公园或相关设施场所，或在这些场所饮用受《纽约州刑法》限制的酒精饮料，一经发现，都得根据《纽约州刑法》受到相应的处罚，因为酗酒者极有可能在头脑不清醒的情况下危害自己或他人，或者造成公共秩序的混乱。同样，违法者也会收到警察的传票。同时，禁止任何人在包括地铁、公共汽车在内的公共交通工具上携带开盖的酒精饮料，违者都将根据规定受到处罚。

依照《纽约市行政法规》第10章第125条的规定，在公共场所酗酒是违法的，任何个人不得在公共场所酗酒，酒会、宴会等场合除外。警察在执法前应注意到违法情况，并派发传票。同时，根据《车辆和交通法》（the Vehicle and Traffic Law），个人在饮酒之后无论是作为司机或是乘客都不得上路，一经发现，饮酒的当事人被视为违法者，要受到处罚。游客禁止在公园等地酗酒。这些措施对打击公共场所酗酒行为起到了重要的作用。

六、杜绝卖淫嫖妓活动

纽约市警察局的“生活质量计划”不仅要减少城市轻罪的发生率，而且要消除这些犯罪对社区安全感产生的负面影响，以及打击更严重的犯罪。纽约市积极追求预定的战略目标。根据《纽约州刑法》第 245 条“公开猥亵罪”条款，一个人在公共场所故意裸露自己身体的隐私部位，或做出某种淫荡的举止，或做出任何猥亵行为，或者这些猥亵行为能够被他人在公共场所和私人场所看到，包括有意让别人观看，都属于公开猥亵罪（McArdle and Erzen，2001：43）。纽约市警察局通过设置圈套、增加巡逻警察和便衣警察以及没收作案汽车等方法来开展持久、有效的打击卖淫活动。1997 财年，纽约市警察局加大了对卖淫嫖娼的执法力度，逮捕性工作者的数量从 1996 财年的 546 人增加到 1997 财年同期的 1159 人，增加了 112%，逮捕嫖客的数量从 1996 财年前 4 个月的 436 人上升到 1997 财年同期的 772 人，增加了 77.1%（Giuliani，1997：5）。

1998 财年，纽约市警察局下辖的第十警区（含曼哈顿中城的切尔西和克林顿地区）开展一项“根除性工作者的倡议”（Prostitute Eradication Initiative）的行动。它采取高可见度的街头巡逻行动和便衣执法，旨在对街头卖淫产生持久的威慑作用。高可见度战术包括在该地区部署一辆大型野战指挥车、战略性关闭街道、设置车辆检查站、使用打击卖淫执法队，并安排徒步巡逻人员。1998 财年的前 4 个月里，该警区采取了 14 次钓鱼执法行动，一共逮捕从事卖淫和嫖娼活动的 81 人，没收涉案车 36 辆（Giuliani，1998：7）。这些专项执法行动极大地改善了社区的环境，清除了社区中的非法活动。

七、消除公共场所的噪声污染

公共场所的噪声污染，是超过国家规定的环境噪声排放标准，并干扰他人正常生活、工作和学习的现象。环境噪声污染是一种能量污染，与其他工业污染一样，是危害人类环境的公害，在许多国家都属于犯罪行为，受到严厉的打击。消除噪声污染也包括消除制造噪声的设备，包括音响、功率放大器、收音机等各种制造及扩大音量的设备。为了彻底消除公共场所的噪声污染，纽约市对声音设备有许多详细的规定。例如，《纽约市行政法规》第 10

章第 108 条规定，未经允许私自使用音响、功率放大器、收音机等各种制造及扩大音量的设备，都属于轻度犯罪。警察可依法开具传票，并没收设备作为他日出庭时的呈堂证供。11 岁以上 16 岁以下的青少年犯罪可酌情处理，教育为主，设备不用没收。

同时规定警察执法规范化。例如，警方接到对噪声问题的投诉时应该将其记录在工作日志上，详细标明投诉人的姓名和住址。至于采取何种措施，警方可以根据具体情况决定依据何种法规进行处理。譬如，警方可以根据《纽约州刑法》第 240 章第 20 条第 2 款签发传票，移交法庭办理；或者根据《纽约市行政法规》第 24 章第 218 条有关环境控制委员会处罚条例，将其定性为轻度犯罪。

汽车噪声是城市环境污染的重要内容，以前往往被人们忽视。根据《纽约州刑法》第 240 章第 20 条以及《纽约市行政法规》第 24 章第 210 条规定，公共场所范围内如果汽车喇叭音量过大（如“音箱车”），可将其定性为轻度犯罪。为了确定多大的音量为噪声，警察一般都得接受相应的声音训练，并且利用声音测量仪表确定分贝。通过精确测量，警察可以根据《车辆交通法》的规定扣押那些违规车辆。

上述有关法律条目非常具体，不仅有利于市民掌握和了解，也有利于警察执法。

八、规范沿街商贩贩卖的相关规定

纽约市街道上不允许无证贩卖，违者属于轻度犯罪，会受到处罚。《纽约市行政法规》第 17 章的食品贩卖条例对公共场所贩卖也有着明确的规定。商贩必须同时具备手推车执照和营业执照，缺一不可，否则货物将被扣押充公。违者无论缺少哪一项都会根据环境控制委员会处罚条例第 17 章第 307 款被视为轻度犯罪（McArdle and Erzen，2001：42）。

《纽约市行政法规》第 20 章的商贩条例对街头贩卖有着详尽的规定，根据该法规，无证商贩触犯了该法规的第 20 章第 453 条，属于轻度犯罪。环境控制委员会处罚条例发布了在公共场所贩卖的处罚规定，违法者将被逮捕及拘留。除此之外，对书籍、贺卡等印刷品也有特殊规定。警察在执法前应将违法情况报告给位于曼哈顿南部的商贩管理处（Peddler Task Force）。1997 财年，逮捕沿街叫卖商贩 5191 人，比 1996 年的逮捕人数增加了 4%（Giuliani，1997：6）。纽约市对商贩的行动也取得了较好的成绩。

九、打击涉车犯罪

1999 年 1 月，纽约市警察局实施了一项新的涉车犯罪行动，在每个巡逻区指定一个涉车犯罪协调者来监督一个区级的调查小组，以及监察机动车盗窃团伙。1999 年，纽约市警察局报道严重偷盗机动车辆相比于 1998 年下降了 10%，比 1993 年下降了 65%。

十、打击不正当行业

纽约市对那些有非法经营、扰民、色情、赌博以及违反《纽约州行政法规》、纽约州《酒精饮料控制法》（the Alcoholic Beverage Control Law）的行业勒令关闭。1996 年 11 月，负责社区发展和商业服务的副市长重启夜总会执法的行动，这是一项针对问题夜总会采取的多部门协作行动。该行动的目标是解决社区居民的投诉，确保俱乐部顾客和民众的安全，并关闭那些曾经违反州、市法律法规的滋扰场所，以便减少这类场所的犯罪行为。参与这项行动的有市长办公室、社区援助部（the Community Assistance Unit）、建设局、消费者事务部（the Department of Consumer Affairs）、卫生局、财政局、治安官办公室（the Sheriff's Office）、消防局、地区检察官办公室以及纽约州酒类管理局（the State Liquor Authority）。参与者会在周末晚上暗查有问题的机构，一旦发现这些机构有违法犯罪行为，便立即发出传票，封闭它们。1996 年 6～12 月有 6 个周末，上述有关机构针对皇后区的 55 个场所展开行动，关闭了其中的 14 个，逮捕了 43 人（Giuliani，1997：5）。在 1999 年的头 4 个月中，纽约市警察局法律事务局民事执法处依据《消除妨害法》关闭了 252 家非法经营的企业，2000 财年关闭了 225 家非法经营的企业（Giuliani et al.，2000：5-6）。

经过近 10 年的努力，“零容忍”政策在治理纽约市街头秩序、打击公共场所违法犯罪方面取得了可喜的成就。在打击轻微犯罪过程中，抓获了一些涉及大案的犯罪嫌疑人，在一定程度上也杜绝或避免了一些大案的发生。

第四节　“零容忍”政策及实施的评价

自从实施“零容忍”政策以后，纽约城市面貌焕然一新，公共秩序恢复了正常，犯罪率显著下降。但是由它引起的问题也是不容忽视的，如警察暴力问题、种族歧视问题、社会公平问题等。随着纽约市犯罪率的显著下降，美国很多其他城市甚至其他国家都开始借鉴“零容忍”政策。因此，我们在客观肯定“零容忍”政策的成就时，也要分析它存在的问题。

一、“零容忍”政策的实施效果

朱利亚尼执掌纽约市政权的八年间，“零容忍”政策是贯穿始终的。“零容忍”政策的主要目的就是通过打击轻微犯罪来阻止更严重犯罪行为的发生，而纽约市急剧下降的犯罪率也说明这项政策成效显著。

（一）城市犯罪率显著下降

表 6-3 显示，1994～2001 年 8 年间，纽约市凶杀案从 1561 例下降到了 649 例，下降率为 58.4%；强奸案从 2666 例下降到了 1530 例，下降率为 42.6%；抢劫案从 72 540 例下降到了 28 202 例，下降率为 61.1%；重伤害案从 59 755 例下降到了 37 893 例，下降率为 36.6%。可以看出，朱利亚尼执政期间，纽约市的凶杀、强奸、抢劫和入室盗窃等犯罪率整体呈下降趋势。同时，不仅这些可以量化的犯罪数据显示纽约市变得安全，纽约市民也慢慢感受到这座“犯罪之都”的转变。1999 年纽约市开展了一项社会调查，调查中 60%左右的被调查者认为警察是在尽心尽力地工作，80%左右的被调查者认为夜晚独自一人走在街上是安全的，只有不到 10%的被调查者在过去的一年中遭遇过抢劫，70%的被调查者认为纽约市是一个很好的居住城市，纽约居民的安全感明显提升。同时来纽约市旅游的人也越来越多，纽约市的房地产市场和旅游观光业也兴盛起来，整个城市呈现出一片欣欣向荣的景象，纽约市已经复兴了。同时，纽约市犯罪率一直呈下降趋势，尤其是暴力犯罪（表 6-3）。2004 年纽约市进入美国犯罪率最低的十大城市之列，并且位列前茅（Christie，2005）[①]。

表 6-3　1994～2002 年纽约市暴力犯罪数据　　（单位：例）

年份	凶杀	强奸	抢劫	重伤害
1994	1 561	2 666	72 540	59 755
1995	1 177	2 374	59 280	52 322

① 2004 年，按城市每 10 万人中的暴力犯罪人数从低到高排序，美国十大城市分别为圣迭戈（524 人）、圣安东尼奥（654 人）、菲尼克斯城（676 人）、纽约（687 人）、洛杉矶（1126 人）、休斯敦（1173 人）、芝加哥（1210 人，该数据中不含强奸犯罪人数）、圣何塞（1347 人）、费城（1393 人）、底特律（1657 人）。参见 NEW YORK (CNN/Money)—Crime Continues to Fall in the United States, According to the Latest FBI Statistics. https://money.cnn.com/2005/10/17/news/safest_big_cities/[2022-07-01].

续表

年份	凶杀	强奸	抢劫	重伤害
1996	983	2 332	49 670	45 674
1997	770	2 157	44 707	45 229
1998	633	2 046	39 359	43 853
1999	671	1 702	36 100	40 551
2000	673	1 630	32 562	40 880
2001	649	1 530	28 202	37 893
2002	587	1 689	27 229	30 102

资料来源：1995～2003 年的《美国统一犯罪报告》，转引自 Langan 和 Durose（2004：24）

（二）毒品犯罪率下降

纽约市警察局制定法律法规加大了对毒品的打击力度，同时与各部门开展合作也扭转了以前市政部门之间“老死不相往来”的局面，信息共享、相互配合使纽约市警察局在打击犯罪上得心应手。经过打击毒品的专项行动，那些毒品交易的“根据地”被摧毁。自 1996 年到 2000 年几乎每年一次的专项行动，都给毒品犯罪分子以极大威慑力，有力地清除了毒品犯罪分子，而如此密集的打击行动也有助于制止毒品犯罪死灰复燃。自对毒品开展“零容忍”政策以来，贩卖和吸食毒品活动数量都有大幅度下降。因为毒品犯罪和盗窃、伤害、抢劫、凶杀等有千丝万缕的联系，所以毒品犯罪减少，也意味其他类型犯罪减少，或者说毒品犯罪率下降对纽约市犯罪率下降做出很大贡献。

（三）青少年犯罪率下降

纽约市警察局针对青少年特点，制定法律法规，成立各种组织，帮助青少年健康成长，并通过建设安全的校园环境，避免青少年走上犯罪道路；开展专项行动打击重点犯罪区域，清除校园外围的帮派组织，斩断犯罪集团与青少年的联系，有效地保证了校园的洁净以及孩子的安全；从法律制度、警力以及学校三方面制定出完备的策略，加强了学校与警方的联系与合作，而且加大了警察在处理青少年暴力犯罪方面的作用。自“零容忍”政策在纽约市学校实施以来，学校的青少年犯罪和暴力犯罪有了很大幅度的下降。从 1994 年到 2000 年，“青少年犯罪逮捕人数下降了 13%，美国青少年凶杀犯罪下降了 68%，抢劫犯罪下降了 51%，入室盗窃犯罪下降了 33%，青少年机动车盗窃的逮捕下降了 42%”（Butts and Travis，2002：35）。纽约市政府和警察局把教育、预防和打击三者有效结合起来，取得了良好的效果。青少年

犯罪率下降了，对家庭、社会和政府都有着积极的意义

纽约市犯罪率下降了，纽约也从一个人人望而生畏、不断逃离的“地狱之城”逐渐还原出自己本来的面目：一个国际金融中心，一个国际文化中心，一个国际经济中心。

二、“零容忍”政策的不足

“零容忍”政策在纽约市犯罪率下降的过程中作用很大，但是它的负面影响一直为人们所诟病。人们的注意力也逐渐从纽约市高犯罪率问题转向了“零容忍”政策引起的一系列社会问题上。不可否认的是，这些负面作用确实给美国社会带来了深远影响。

（一）违法收监人数大幅度上升

“零容忍”政策对轻微违法的犯罪分子实施逮捕，首先造成监狱系统膨胀。自“零容忍”政策实施以来，纽约州监狱数量每年递增，因为轻罪在城市监狱中服刑一年或一年以下的人的数量一直保持在一个比较高的稳定的水平上。其次，刺激了种族关系，种族歧视问题进一步恶化。纽约市警察局1997年和1998年的数据显示，4.5万人——主要是非裔和拉丁美洲男性——遭到搜身，而且经常是无缘无故的，只不过是因为他们是非裔和拉丁美洲人（McArdle and Erzen，2001：123）。

由于“零容忍”政策针对的是轻微犯罪活动，因此，诸如处理市民投诉、街头流浪汉等问题的权责大部分集中到了犯罪司法机构中，1973年纽约州关押了1.25万名犯人，但是时至2001年单单纽约市就已经关押了7.2万名犯人。自实施“零容忍”政策以来，精神病患者遭到监禁的概率大大增加。纽约市警察局对于有关精神病患者的投诉每起必管，绝不遗漏，无论该案件是否受到当事人委托，以至于每年至少可以接到5000宗和精神病患者有关的投诉电话。随着对精神病患者的主要关注点从精神健康体系转向犯罪裁决体系，纽约市警察局也首次成了全州最大的精神病机构——赖克斯岛监狱[①]的实际掌控者，因为警察在遇到紧急情况时必须快速做出判断并采取措施，但是大部分的警察都没有接受过专业的技能培训。纽约州监狱大约能收押7680名

① 赖克斯岛（Rikers Island）监狱是纽约市最大的监狱，位于纽约市拉瓜迪亚机场北面的鲍厄里海湾（Bowery Bay）东河的一个岛屿上，占地面积162公顷，自1935年以来一直是纽约市监狱。该岛上最初建立了拘留所、男女教养院、安娜·克罗斯中心（Anna Kross Center）、青少年拘留所和赖克斯岛医院。安娜·克罗斯中心是男性拘留者中心，它包括一个针对被拘留者的美沙酮戒毒中心和1962年成立的精神健康中心。

精神病患者，其中至少有 2850 名被收入纽约市监狱体系内，这事实上使赖克斯岛监狱成了纽约州最大的精神病医院。纽约市监狱中 15%～20%的囚犯都是精神病患者。1997 年，纽约市监狱 1.5 万名囚犯患有严重的精神障碍疾病，每年有 33 325 名囚犯接受心理健康服务，占纽约市囚犯总数的 25%，占纽约州囚犯总数的 7%～8%（McArdle and Erzen，2001：53-69）。因此，纽约市警察除了日常的工作之外，又多了一份任务，那就是管理纽约市的精神病患者，尤其是那些流浪汉。然而精神病因素的介入干扰了警察们对于犯罪概念的认知，也经常使得没有接受过精神健康疾病等专业训练的警察们在应对患有精神病的犯人时感到力不从心。

（二）种族歧视严重

美国是一个移民国家。在过去大约 4 个世纪里，从世界各地“进入美国（包括英属北美殖民地时期）的移民总数超过 6035.6 万人，他们在美国生育繁殖后代的人数就更多了。所以人们常说，美国‘是个由外来移民及其后裔组成的国家’”（梁茂信，1996：1-2）。从 20 世纪末开始，美国的外来移民（非法和合法）人数又开始逐年攀升，2005 年已经达到 3520 万人，是 1910 年美国移民浪潮高峰时（1350 万人）的 2.6 倍，占美国总人口的 12.1%（Camarota，2005）。不同种族、肤色的人都在这里体验着多元文化，但当美国人民在享受着异彩纷呈的文化的同时，文化的异质性也使得不同种族的人之间产生摩擦，种族歧视问题在美国由来已久。1992 年，美国第二大城市洛杉矶的种族骚乱①前后长达近 13 个月。骚乱结束后，洛杉矶市共有 2 万多人失业，58 人死亡，2383 人受伤，被捕的 1.9 万人中被判刑者达 6000 人（聂万举，2000）。这次骚乱还造成该市 5000 多座建筑物被毁，经济损失达 10 亿美元。

纽约市作为美国最大的城市，移民的人数自然不会少。2000 年，纽约市约有 45%的成人是在外国出生的，而“20 世纪 90 年代这短短的十年间，就有 120 万的外来移民涌入纽约市”（Rosen et al.，2005），2000 年纽约市移民占纽约市人口的 35.9%。尽管纽约市没有发生像洛杉矶这样大规模的种族骚乱，但是小的冲突摩擦始终不断，而“零容忍”政策的实施似乎使得这种情况愈演愈烈。

---

① 1991 年 3 月 3 日，4 名白人警察以驾车超速为由殴打非裔青年罗德尼·金（Rodney G. King），舆论要求当局惩办打人凶手。但是，直到一年之后，法庭才开始审理此案，并且宣布打人警察无罪。消息一经传出，数千名非裔涌上街头举行游行示威活动，以致局面失控，爆发了大规模的暴力冲突，从而引发了洛杉矶 20 世纪以来最大的种族骚乱。

2000 年，美国司法部得出一项结论，纽约市警察局在办案的过程中存在种族压迫行为，并且建议对所有警察实施监管。“司法部认为，54%的纽约人口是有色人种，但是被警察‘合理’怀疑有犯罪行为的人群中，有 90%是少数民族人口。因此，警察局的官员滥用了职权，并实行了种族压迫的行为来阻止犯罪。”（詹姆士·阿尔布雷特，2008a）一项民意调查显示，42%的非裔美国人和 36%的西班牙裔美国人说道：他们和警察打交道感到非常恐惧和担心。这种恐惧和担心并不是没有道理的，在街头，非裔比白人会遭到更多的警察拦截搜身，因“零容忍”政策受处罚的比例也比较高；在学校中，非裔学生比白人学生遭到更多的休学处罚，但是非裔学生和白人学生的行为方式却相差无几，没有什么明显不同。“美国教育部的统计数字表明，学校中非裔学生占 17%的比例，但是遭到停学处罚的非裔学生比例却高达 32%。”（王世洲和刘淑珺，2005）事实上，在美国监狱中因“零容忍”政策被囚禁的罪犯中，非裔美国人或是西班牙裔美国人都占有很高的比例。这也表明在美国司法、执法过程中同样存在着严重的种族歧视。

在执行“零容忍”政策时，针对少数族裔的暴力执法更是加剧了种族间的矛盾和冲突。1994 年 12 月 22 日，29 岁的拉丁裔安东尼·贝兹（Anthony Baez）在被纽约市警官弗朗西斯·利沃蒂（Francis Livoti）逮捕后因窒息死亡。事件起因是利沃蒂命令贝兹和 3 个兄弟停止踢足球，因为足球击中了利沃蒂停放的警车。接着在贝兹拒绝把双手放在背后之后，利沃蒂扭住贝兹的脖颈，采取警察局禁止的跪压锁喉动作，结果导致贝兹被捕一个小时之后死亡（McArdle and Erzen，2001：2-3）。1995 年 3 月 24 日，布鲁克林区希普斯黑德贝（Sheepshead Bay）一名 16 岁的华人少年黄永新拿着一支玩具枪，正兴高采烈地与几个小伙伴在自家后院玩耍，美国邻居见状立即报警。尽管黄永新把枪放到了地上，警察仍然对着他的后脑勺扣动了扳机（McArdle and Erzen，2001：186）。可怜的黄永新 1986 年才从中国广东移民美国，在美国生活了还不到 10 年，就被警察无端地夺去了性命。事发后警方声称是因手枪走火而误杀黄永新的，杀人警察被判无罪。黄永新的家人及华人社区虽进行了长期抗争，但终究无法改变这一无罪判决。1999 年 2 月，4 名纽约市便衣警察在纽约市北部的布朗克斯公寓的门廊附近将非裔移民阿马杜·迪亚洛（Amadou Diallo）误认为犯罪嫌疑人，并且连射 41 枪，致其中弹死亡，而法庭宣判 4 名警察无罪（McArdle and Erzen，2001：10）。迪亚洛事件在美国社会上引起巨大的反响，但最后结局仍是不了了之。事实上，纽约市历史上少数族裔受到警察局不公正对待的案件已司空见惯。

也许由于教育、经济等原因，外来移民确实存在高犯罪率问题，在打击犯罪的过程中容易引起警察的关注，但是从上述事件来看，不可否认的是，种族歧视问题还是显而易见的。打击犯罪、保卫城市固然重要，但是如果引发大规模的种族冲突，不仅城市安全得不到保障，而且社会稳定也会遭到破坏。种族问题是美国的一个顽疾，如果由于打击犯罪问题而引爆了这颗定时炸弹，从而导致社会动荡，这就得不偿失了。因此，纽约市警察在处理案件的过程中，应该秉公执法，抵制种族主义的侵蚀；适当增加少数民族警察的数量；纽约市警察局应该加大力度对警察的种族歧视行为进行惩罚。

（三）警民关系紧张

“零容忍”政策是要求警察变被动防守为主动进攻，因此在实施的过程中，警察的这种“强硬”姿态经常会导致暴力执法、滥用职权的现象发生，从而损害市民的个人权益，进而导致警民关系紧张。

由于“零容忍”政策是要打击轻微违法犯罪分子，因此实施之后，就出现警察随意拦截行人搜身的问题。在街道上、公园内或是公寓中，警察经常没有原因地进行搜查，而且遇到态度粗暴的警察搜查时，市民们也必须保持配合的态度，不能有抵触情绪，否则就有可能被逮捕。1997～1998 年，街道犯罪小组（the Street Crime Unit）的记录显示，街头犯罪便衣警察为搜查枪支拦截盘查了 45 000 人，其中遭到逮捕的就有 9500 人。

另外，警察在办案过程中的一些严重暴力行为，更是恶化了警民关系。1997 年 8 月 9 日，30 岁的海地移民阿布内 · 路易玛（Abner Louima）由于在布鲁克林一家夜总会门口与警察发生争吵而遭到逮捕并拘禁。他在拘禁期间受到警察的棒击和虐待，致使身体一些部位器官严重受损（McArdle and Erzen，2001：2）。更为严重的是，许多警察在对待精神病患者时采取野蛮执法行为，这引起公愤。1998 年 6 月，一位名为斯特林 · 罗伯逊（Sterling Robertson）的 69 岁老年男性精神病患者在曼哈顿被警察枪杀；1998 年 10 月，一位名为凯文 · 切尔贝利（Kevin Cerbelli）的男性间歇性精神病患者因为在皇后区警察分局中用螺丝刀戳一名办公室的警察而被连射 8 枪致死；1999 年 5 月，一位名为罗德尼 · 梅森（Rodney Mason）的严重精神病男性患者在皇后区因为殴打斯蒂芬 · 德卢卡（Stephen Deluca）警官而被该警官的同伴枪杀；1999 年 6 月，一位名为雷纳托 · 默卡多（Renato Mercado）的 63 岁男性严重精神病患者在曼哈顿上西区（the Upper West Side of Manhattan）因挥舞砍刀被警察枪杀；1999 年 8 月，一位名为吉顿 · 布施（Gidone Busch）的间歇性精神病男性患者在布鲁克林区的博朗公园内因向一名警察挥舞锤子被击毙，身中 12 弹（McArdle and Erzen，2001：74）。类似的案件在警察执法的过程中已经是屡见不鲜了。

随着警察暴力执法的新闻不断公之于众，市民投诉委员会受理的关于警察的投诉案件也开始不断上升。“1994 年到 1995 年市民投诉委员会的投诉有所上升。1994 年 7 月到 12 月市民投诉共有 5377 件，1995 年同期有 5453 件，1996 年同期有 4736 件。”（Giuliani，1999：7）虽然有所下降，但是，在 1998 年的下半年投诉数量又开始增长。然而，如此多的投诉案件却并没有引起纽约市警察局的重视。市民投诉委员会提到：“这些投诉从来就没有对纽约市警察局产生过影响。事实上，有一些投诉案件中的警察被市民投诉委员会判定为行为不当，但是将近一半的警察没有受到任何惩罚，主要原因是警察局重新调查这些案件时声称证据不足，然后这些投诉便被束之高阁了。”（Flynn，1999）其实，投诉案件不受重视：一方面是由于这些暴力行为发生后，市长朱利亚尼大多是力挺警方、为警察说话；另一方面，归根结底对投诉案件的处理还是警察局的责任，那就免不了存在包庇现象。

具有讽刺意味的是，“零容忍”政策在施行之初声称“要增加市民的安全感，减少对犯罪的恐惧，建设安全社区，建立和谐警民关系”，但是，“零容忍”政策施行了几年，纽约市民对犯罪的恐惧是减少了，但是却时不时地遭受着警察的暴力执法的威胁。2006 年，一名叫肖恩·贝尔（Sean Bell）的准新郎就惨死在警察手中。当年的 10 月 25 日凌晨，23 岁的非裔青年肖恩·贝尔在其婚礼前与两位朋友在皇后区一家夜总会举办告别单身聚会，当他们聚会结束开车离去时，汽车撞上了载有数名便衣警察的面包车，而倒车时又碰上了另外一名警察，结果遭到了 5 名警察向他们小车的疯狂扫射，最终造成贝尔身中 50 枪死亡、其两位朋友重伤的恶劣案件（沈克明，2008）。

“零容忍”政策是一种强势的、主动出击的政策，这种强硬的态度固然满足了市民的严厉打击犯罪的心理需求，但是它所造成的负面影响也不容忽视。因此，纽约市警察局应该积极听取市民投诉委员会的意见，提升办案警察的素质，严惩滥用职权、暴力执法的警察。同时建立一个强有力的监督机制，监督警察的违法行为，保障市民的个人权益。

（四）打击犯罪手段比较简单

“零容忍”政策实施之后，逮捕量急速上升。从理论上来说，逮捕轻微违法者的目的是进行感化教育，解决犯罪问题。丁金斯时期，纽约市警察局的重点不是逮捕，社区警政才是解决犯罪问题的主要方式。但是由于社区警政纷繁复杂、需要花费大量的时间，这对于主动性极强的“零容忍”政策来说并不适用。因此，朱利亚尼上台之后，纽约市警察局就越来越重视逮捕率。

打击街道涂鸦的逮捕数量“从 1994 年 7 月到 10 月的 32 件上升到 1998 年同期的 382 件，而对重罪、轻罪以及麻醉剂毒品的逮捕数量则从 1994 年的 7 月到 10 月的 24 341 件上升到 1998 年同期的 43 386 件，增加了 78%”（Giuliani，1999：5）。

事实表明，纽约市警察局积极推行“零容忍”政策过程中，局长布拉顿及其后任都有一个想法，就是认为打击轻度犯罪能减少重罪发生，因此扩大逮捕率就成了重要措施。自朱利亚尼上台后，纽约市逮捕率基本上呈逐年上升趋势。逮捕率上升，可以说明警察是在尽心尽力地工作，但是这种数字化的指标越来越成为警察局衡量一名警察是否努力工作以及升迁的重要乃至唯一标准了。因此，不论是警察局的高层领导还是在一线工作的街道警察都把逮捕率当作重中之重。

上述扩大逮捕率能降低犯罪率的思想在警察局领导中已经根深蒂固。1994 年，在纽约市警察局领导召开的“情报制导战略会议”上，28%的皇后区警察在头半年一起犯罪逮捕都没有执行过这一事件被披露之后，纽约市警察局就把逮捕量当作警察工作效率的标准之一了。“在各分局的计划表背后有一份警察人数和逮捕人数的统计，该表格显示了分局有多少警察进行了有效逮捕，因此可以找出没有尽心尽力的那部分警察。同时这个消息也被通知到各分局的长官以引起重视。”（Silverman，1999：105-106）

因此，在实行“零容忍”政策的过程中，人为增加逮捕数的思想浸透在警察的头脑中，导致他们在工作中使用各种策略，完成逮捕任务。一位有着 20 年工作经验的老警察说：“逮捕多少人是警员工作表现评价的一部分，这是监督方法成功的方式，除此之外没有别的路可走。而且警官在考虑谁应得到升迁的时候，就看谁的逮捕数量多，谁发的传票多。”纽约市约翰·杰伊刑事司法学院（John Jay College of Criminal Justice）的犯罪学家说道：“我长期从事纽约市中心区的毒品犯罪研究工作，平时会接触到很多毒品零售商和‘瘾君子’。而我姐夫是打击毒品犯罪的街道警察，他多次请求我为他指出可以逮捕的人。他急切渴望多逮捕一些人。”（Wynn，2001）还有一位在纽约市警察局任职 20 年的警察队长也不无抱怨地说：“我认为我们已经过了零容忍的极限。警察们对逮捕人抱有不切实际的期望，结果是社区现在将我们视为占领者，而不是解决问题的人。”（McArdle and Erzen，2001：107）当把发传票数、逮捕率与警察个人业绩、评价挂钩时，一些警察在工作中就会丧失原则，更没有任何人道主义和仁慈可言，仅仅关注逮捕人的数字，一切努力都是为了使逮捕率上升。

迫于压力与个人利益，街道警察在办案的过程中始终秉持着“提高逮捕率”这一观念。在“零容忍”政策实施的过程中，对于那些轻微违法分子，街道警察只是简单地把他们送进监狱。对于行乞者、流浪汉等来说，他们最需要的不是监狱而是社会福利机构。对于轻微违法的青少年来说，他们动辄就被开除、休学或是逮捕，这样一种简单的解决方式只能把青少年推到更加危险的边缘，逮捕率是上升了，但是从长远来看这并不有利于社会的长治久安。

逮捕是执法机构执行的、对有证据证明有犯罪事实的犯罪嫌疑人、被告人在一定时间内完全剥夺人身自由的强制措施，也是同犯罪做斗争的重要手段。但是如果过量使用逮捕手段，错捕滥捕，就会伤害无辜，侵犯公民的人身权利和民主权利。但是，纽约市显然在“零容忍”政策的道路上已经越走越远，警察在逮捕违法者方面的急功近利导致社区的市民把警察当成了社区的占领者而不是保卫者。所有一切质变都是由量变慢慢积累而成的。警察由社区的保卫者变成某些市民眼中的“社区占领者”，已经与“零容忍”政策的初衷相差甚远了。因此，在警察局高层中“提高逮捕率”的思想应该转变成“保护社区安全，打击犯罪”的最初愿望，有时逮捕率与社区安全度并不是成正比的。在警察局高层思想转变的情况下，街道警察在办案的过程中应该具体问题具体分析，不能妄想通过简单的逮捕就可以解决所有事情。

（五）对弱势群体关心不够

“零容忍”政策打击的轻微违法分子中有很多乞讨者、流浪汉、无证商贩等弱势群体。对他们的逮捕虽然可以暂时“夺回街道”，还纽约市民一个安全、干净的城市，但是，站在弱势群体的角度来说，这样的解决方式不足以从根本上解决问题，其中表现得最明显的就是纽约市警察局对于精神病患者的处理情况。

从理论上来说，纽约市的精神病患者应该由精神健康医疗体系管辖。但是，当时纽约市的精神健康医疗体系退化十分严重。随着医疗条件的改善，纽约市开始关闭精神病院，医院的床位从1972年的93 000个减少到20世纪90年代的6000个。虽然有关人士呼吁把节省下来的资金用于建造社区精神病服务中心，但是，这项建议并没有付诸实施。1999年，纽约州心理健康办公室（the State Office of Mental Health）计划再减少500个床位，州长表示将采取长期计划把床位数减少到4500个（McArdle and Erzen，2001：55）。在这种情况下，纽约市有大约12 000名精神病患者无人看管以致流浪街头。据统计，“纽约市共有大约100万名精神病患者，其中10万人患有严重的精神病和精神分裂症”（New York City Department of Mental Health，2001）。

可是在“零容忍”政策实施的大背景下，一些无家可归的流浪汉也成为纽约市警察打击的目标了。纽约市警察局对有关精神病患者的投诉每起必管，绝不遗漏，无论该案件是否受到当事人委托，以至于每年至少可以接到5000宗和精神病患者有关的投诉电话。但是，由于警察缺乏专业护理经验，因此对于患有精神病的犯人的处理经常是采用非常暴力的手段。即使进入监狱，精神病患者的麻烦也并没有就此结束。在监狱中，由于缺少相关的治疗，精神病患者的状况会越来越差。出狱之后，由于没有相关的福利制度、医疗保险以及足够的收留场所，他们会再次流浪街头，恶性循环也会就此开始。

在实施“零容忍”政策的过程中，警察一般为了提高工作效率会轻率地逮捕精神病患者，然而不能把所有的患者都抓进监狱。针对精神病患者的特殊性，纽约市必须重视建立精神健康体系，应该尽快和医院或相关的精神健康机构达成协议，确保它们可以快速地接收警察局送来的精神病患者。

其次最需要相关部门配合的是“零容忍”政策矫正青少年教育这个问题。纽约市警察局对待轻微违法的青少年动辄就是开除或是拘捕，完全没有考虑到他们作为“学生”这一角色的特点。青少年应该被看作是社会治安混乱的“受害者”而不是“始作俑者”，他们最需要的是关心、帮助而不是被“清除”。

关于如何用“零容忍”政策矫正青少年教育问题，有学者建议纽约市警察局向芬兰警察学习（王巍巍，2012）。在1999年8月到2000年7月，芬兰的西南部城市坦佩雷（Tampere）开展一项针对青年人的“零容忍”政策。该市的目标就定位在是关心青年人而不是惩罚上。坦佩雷警方建立了很多帮助青少年的社会机构。尤其是建立了一个与警察局有联系的提供24小时社会服务的机构，这个机构特别关心儿童和青少年。通常情况下，这些提供24小时服务的机构为只为严重醉酒的青年人提供庇护所，但是在实行“零容忍”政策期间，一些被警察带到醒酒站的青少年并非醉酒，而是随身带了含酒精的饮料（Korander and Torronen，2005：48）。在坦佩雷的这种处理方式下，社会上并没有出现太多反对“零容忍”政策的声音，而且青少年的问题也得到了顺利的解决。

总而言之，当面对日益猖獗的犯罪活动时，纽约市社会管理政策逐渐从社会福利方面转向社会控制方面，从朱利亚尼上台之前的纽约市市长们面对犯罪问题优柔寡断转向严打政策。历史恰恰证明了朱利亚尼执政时期对轻微犯罪问题进行严厉打击是符合历史潮流的。打击犯罪活动本身就是一个长期、复杂的过程，而“零容忍”政策的打击对象又涉及很多复杂群体，因此，在执法的过程中，纽约市警察局并不能孤军奋战，需要与相关的市政部门以及社会组织合作。纽约市政府也应该为这种合作提供必要的条件。只有全市各相关部门联合起来，在公正合理的基础上执法，才能从根本上消除犯罪。

第七章

人口结构与纽约市犯罪率变化

20 世纪 80～90 年代，纽约市犯罪率经历了迅速上升和急剧下降的变化。这种“过山车”式的起伏变化引起了国内外学术界的普遍关注。我们已经从经济、文化、警务管理等方面对此进行了探讨。虽然犯罪是一个复杂的行为过程，是由许多综合因素或偶然因素构成的，但是所有因素都是通过犯罪主体“人”来起作用的。人口的年龄构成、种族构成等因素都与犯罪率起伏密不可分。本章主要从年龄、族裔结构等方面探讨纽约市犯罪率起伏和社会治安状况变化之间的关系。

第一节　年龄、种族与犯罪的关系

一、年龄与犯罪的关系

年龄与犯罪两者之间的关系被犯罪学家和社会学家所广泛论述。各种犯罪数据表明，儿童、老年人在犯罪中所占的份额是微不足道的，而介于 15～24 岁这一年龄段的人口具有更高的犯罪率（Steffensmeier et al.，1989）。以美国 2001 年的数据为例，年龄在 65 岁以上的老年人口的人均逮捕率大约只有年龄在 15～19 岁年轻人的 1/5，而 65 岁以上的老年人口成为严重暴力犯罪受害者的比例甚至比青少年的 1/10 还要小（Levitt，2004）。统计数据表明，年龄与犯罪存在正相关的关系。

美国学者马弗尔等（Marvell et al.，1991）认为，任何有关年龄的因素都会影响犯罪行为。这些因素包括促使人们出现犯罪行为的生理发展水平和化学因素，如容易诱发犯罪的睾酮水平、道德发展水平、控制并抵御犯罪的能力、获得可观的合法收益的机会、与家庭的关系密切程度等。之所以犯罪的老年人口较少，是因为随着年龄的增长，他们积累了丰富的社会经验，思想比较成熟，遇事比较冷静，不易冲动。但是青少年则与之相反，他们正处在成长发育阶段，虽然生理发育很快，但是心理发展却比较慢，思想上不成熟，社会经验少，考虑问题比较简单，容易走向歧途；并且易受到外界感染、刺激，产生感情冲动，走向极端。这些青少年或行凶杀人、严重伤害，或暴力抢劫，或实施强奸，犯罪手段恶劣。在各种类型的犯罪行为中，青少年都显得尤其活跃，但是在不同类型的犯罪行为中犯罪年龄的高峰期存在着一定的差异。

图 7-1 显示的是 1960 年和 1980 年美国因凶杀案被逮捕的犯人年龄分布状况。从中可以看出，凶杀案的犯人从 12.5 岁到 67.5 岁都存在着不同数量的分布，17.5～27.5 岁这一年龄段犯凶杀案的人数远多于其他年龄段，在 22.5 岁犯凶杀案的人数最多，之后随着年龄的增长犯凶杀案的人数开始逐步下滑（Cohen，1987）。1960 年和 1980 年的机动车盗窃案也显示出同样的变化趋势（图 7-2），但是不同的是机动车盗窃的犯罪年龄高峰要来得更早，并且相比于凶杀案，机动车盗窃案逮捕犯人犯罪年龄在达到最高峰之后开始急速下降（Cohen，1987）。

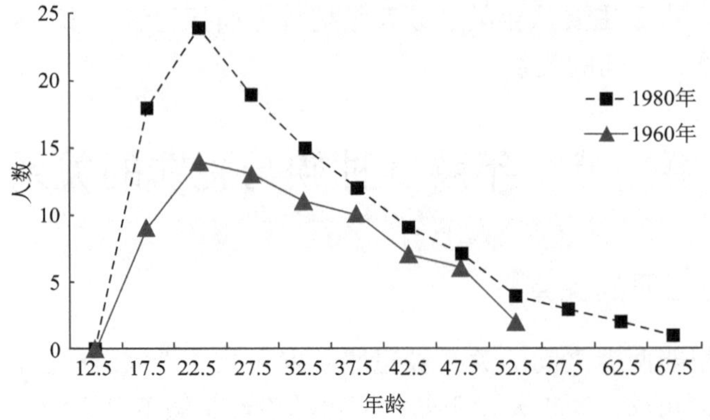

图 7-1　1960 年、1980 年美国凶杀案逮捕犯人的人数和年龄分布

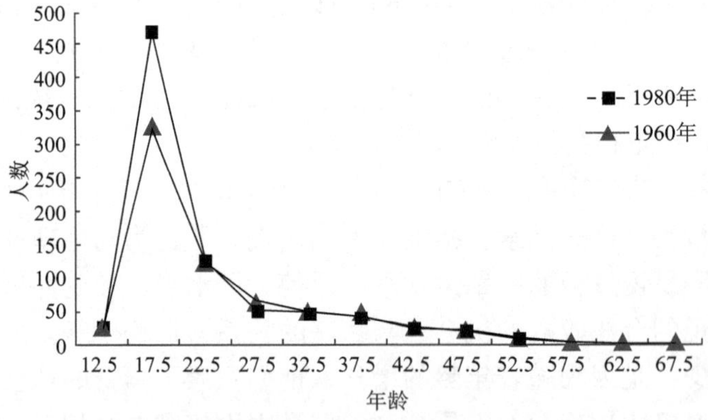

图 7-2　1960 年、1980 年美国机动车盗窃案逮捕犯人的人数和年龄分布

犯罪学家在不同时期和不同地点收集的数据显示，从十几岁至二十几岁是一个人最容易发生暴力犯罪和盗窃犯罪的阶段。例如，美国联邦调查局在全国范围内的警察局所收集的逮捕数据显示，在 17 岁这个年龄段发生入室盗窃行为的犯人数量要远远高于其他的年龄段，而到了 21 岁，发生入室盗窃行为的比例就已经下降了一半。又如，抢劫犯罪，其犯罪人口年龄顶峰也是 17 岁，但是相比于入室盗窃犯罪，抢劫犯罪率下降的速度稍微放缓，直到 25 岁时这一犯罪率才下降到 17 岁时的一半。对于凶杀案来说，犯罪人数最多的年龄段是 18～24 岁。不幸的是，凶杀案从犯罪年龄顶峰下降的速度远远慢于抢劫和入室盗窃犯罪。美国全国范围内的统计数据显示，谋杀罪的犯罪人口直到 35 岁其犯罪率才实现近一半的下降（Karmen，2000：243-244）。

早在 20 世纪 80 年代，美国的犯罪学家就开始根据犯罪的年龄特征进行预测，他们用各种词语对即将到来的 90 年代青少年进行描述，比如“青少年——超级捕食者”“犯罪时代的大爆炸”，他们甚至预测即将成长起来的一代青少年不可避免地会引起社会大冲突。确实，美国在 80 年代到 90 年代初经历了青少年犯罪急剧增长。1980～1994 年，美国青少年犯罪（包括凶杀、强奸、抢劫和重伤害）的逮捕人数增长了 64%，其中青少年凶杀犯罪的逮捕人数增长了 99%。如果仅仅计算 1984～1993 年美国青少年凶杀犯罪逮捕率的增长情况，那么这个数值则高达 180%，即每 10 万人中因凶杀犯罪被逮捕的人数从原来的 5 人增加到 14 人（Butts and Travis，2002：7）。如果青少年犯罪继续增长下去，势必会导致整个社会危机的出现。

20 世纪 90 年代初期，美国的青少年暴力犯罪现象引起了美国社会政策制定者和新闻媒体的注意，同时也引起了社会大众的注意。美国几乎所有的州都制定了新的有关青少年犯罪的司法制度，这些新的司法制度大多数包括了减少对青少年罪犯的自由判决权以及用成人法庭对青少年进行审判等，而大多数司法制度都被批评过于软弱和毫无效果。一些学者和犯罪学家们开始预测下一个十年美国的状况将会变得更为糟糕。可是真实的情况超乎了所有人的想象，2000 年，美国的法律执行机构对当年犯罪的逮捕人数的初步调查显示，其中 17%的被逮捕者为 18 岁以下的青少年。与 1994 年相比，2000 年美国青少年犯罪逮捕人数下降了 13%。其中，暴力犯罪逮捕人数下降了 34%。各主要类型的犯罪逮捕人数下降的速度更快。例如，青少年凶杀犯罪的逮捕人数下降了 68%，抢劫犯罪的逮捕人数下降了 51%，入室盗窃的逮捕人数下降了 33%，机动车盗窃的逮捕人数下降了 42%，青少年涉枪犯罪的逮捕人数下降了 41%（Butts and Travis，2002：9）。但是在某些轻微犯罪方面，青少年犯罪人数不降反增。例如，从 1994 年到 2000 年，青少年酒后驾车的逮捕人数增加了 54%，违反酗酒法令的逮捕人数增加了 33%，触犯毒品法令的逮捕人数增加了 29%。另外，我们从图 7-3 中可以看出，从 1994 年到 2000 年，在几种暴力犯罪方面，不同年龄段的逮捕人数都有下降，但就逮捕人数下降幅度而言，18 岁以下青少年超过了 18～24 岁年龄段人群，也超过了 24 岁以上人群。

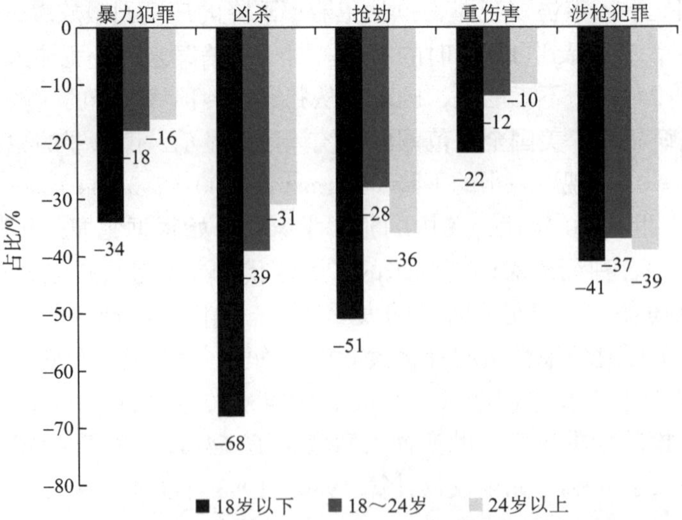

图 7-3　1994～2000 年美国各年龄段暴力犯罪逮捕人数下降的百分比

资料来源：Butts 和 Travi（2002）

20 世纪 90 年代的美国，青少年犯罪率下降的幅度要超过其他年龄段的人口，其前提条件是美国在 90 年代最具犯罪倾向的青少年人口总量的下滑。事实也正是如此，从 80 年代开始，美国境内的青少年人口就出现了大幅度的下降，至 1990 年为止，10～17 岁的青少年人口下降了 2700 万人，虽然美国人口普查局曾在 1993 年预测以后 20 年美国的这一年龄段的人口将增加 20%，但是在 90 年代这种假设并没有变成现实（金娟，2011：34-35）。

从表面上来看，虽然 20 世纪 90 年代的美国各个年龄段的人口都对这一时期的犯罪率下降起到了作用，但是如果没有青少年犯罪率的大幅度下降，整个美国的犯罪率的降幅就不可能出现我们所看见的效果，美国仍然会延续 80 年代的犯罪人口膨胀的状况，并且这一状况还有可能进一步恶化。令人欣慰的是，堕胎合法化让美国的青少年人口的增长得到了行之有效的控制，而这一效果恐怕是当初这一政策实行的时候没有预料到的。

不过，近期美国堕胎合法化的问题出现了历史大倒退。2022 年 5 月 24 日，美国最高法院裁定，取消宪法规定的堕胎权，推翻 1973 年“罗伊诉韦德案”（Roe v. Wade）的裁决，并将堕胎的合法性问题留给了各州应对。这一裁决颠覆了近 50 年前具有里程碑意义的先例，是一个反时代的逆转，挑战现代美国的生殖自主权。这意味着在标榜自由平等与人权至上的美国，女性堕胎权将不再受到宪法的保护。在性别平等、推动妇女发展与进步早已成为世界共识的今天，美国联邦最高法院的做法无疑是倒行逆施，将对妇女权益保护产生恶劣的影响。

二、种族与犯罪的关系

种族对犯罪的影响是被犯罪学家们不断证明的理论之一，即不同的种族在犯罪方面存在着差异，非裔成为罪犯的可能性远远高于其他种族。美国社会学家、佛罗里达大学法学院教授拉塞尔（K. K. Russell）等学者对美国种族与犯罪的关系进行了广泛和深刻的研究，认为犯罪与种族之间存在着紧密的关联，不同种族的犯罪率和犯罪状况是不同的（Russell et al.，2000）。美国的犯罪统计表明，少数族裔尤其是非裔的犯罪率要比白人高。虽然美国有些学者认为这是某些人对非裔的偏见，但是在大量的事实面前他们的争辩似乎是苍白乏力的。以 20 世纪 70 年代为例，非裔在全美总人口中仅占 12%，但暴力犯罪人数却占 46%，几乎占美国监狱犯人的一半。在 1985 年，每 10 万人中因犯凶杀罪而被逮捕的非裔为 28.5 人，西班牙裔为 15.1 人，印第安人为 7.7 人，白人为 4.1 人，亚裔和太平洋岛屿人为 3.6 人。1990 年，非裔占美国总人口的 10%左右，但非裔美国人占了美国因谋杀罪被捕人数的 55%、因强奸罪被捕人数的 43%、因抢劫罪被捕人数的 61%、因盗窃罪被捕人数的 30%、因卖淫罪被捕人数的 39%。在纽约市，在犯罪行为上的种族差异同样是巨大的，以 1990～1991 年为例，纽约市凶杀案中白人犯罪者只占 10%，亚裔人口占 4.1%，而非裔则占了凶杀案总量的 47.5%（倪建钢，2005）。

为了对犯罪的种族差异性有一个清楚的认识，美国犯罪学家通过众多的资料数据来研究美国人这种群体行为的差异。自 1980 年以来，美国在人口普查中分别对白人和非裔进行了统计。通过人口普查、出生和死亡记录，并进一步统计非裔和白人在结婚率、非法行为、社会福利、青少年怀孕等行为上的差异，这些统计数据成为研究美国种族间行为差异性的基础。

学者们认为这些差异性同样表现在犯罪上。在美国历史上，白人和非裔在两大类主要犯罪数据（人身犯罪和财产犯罪）上单独进行统计。例如，在美国联邦调查局的《统一犯罪报告》中，非裔和白人的犯罪记录一直都是独立记载的。《统一犯罪报告》的数据建立在各地警察局的逮捕数据基础之上，自1930年之后，美国各地方警察局的逮捕数据汇总成一份统一的国家性报告，然而即使其他少数族裔已经改变或者下降，报告中仍然单独记载非裔和白人的逮捕率。因此在美国种族逮捕率的差异通常仅仅被看作是白人和非裔的差异，而这些统计数据无不证明非裔的逮捕率要远远高于白人。

但有美国学者（Covington，1995）对《统一犯罪报告》所反映的结果持怀疑态度，他们认为警察局对非裔的偏见会导致非裔逮捕率的上升，而对犯下相同罪行的白人则会适当放行。为了避免这些预设的偏见，犯罪学家继而转向第二种犯罪资料——《全国犯罪受害者调查报告》。受害者调查是衡量犯罪程度的方法之一。美国人口普查局与司法统计局每年都联合起来对受害者个人和受害者家庭进行调查。

这个统计在高校学生中进行抽样调查，要求被调查者回答在最近一段时间内是否有受到不法分子的侵害。最初调查报告显示，非裔和白人在犯罪数量上是有差别的。这种数据调查方式能够反映出犯罪的真实情况，因此这一数据资源既有受害者的数据而又能避免白人警察对非裔的偏见，最终得出了一个客观公正的结论，即种族犯罪差异是客观存在的，非裔的犯罪率要高于白人（Covington，1995）。

非裔美国人的高暴力犯罪率现象是一个较为复杂的问题，是多种历史因素和社会因素的综合产物，非裔美国人高暴力犯罪率的产生既有历史因素，也与现实相关。在南北战争前，非裔美国人用暴力反抗残酷的奴隶制，这是对自由、正义的追求；从南北战争到民权运动前，非裔美国人用暴力反抗赤裸裸的种族歧视；民权运动后，非裔美国人用暴力反抗变相的种族歧视和社会不公。目前国内外学术界对这一现象的解释涉及的领域基本涵盖了犯罪学、社会学、历史学、经济学、文化学、人种学、地理学等诸多学科，故不同立场、不同学术背景的人研究成果有所差异，甚至大相径庭。

种族与犯罪的关系是一个与政治联系很紧密的敏感问题，有国内学者总结国外学界对这一问题的几种解释。第一种解释认为非裔犯罪率天生就高，这是由他们的“种族劣性”所决定的。第二种解释认为非裔犯罪率偏高是由于刑事司法机构不平等的司法实践造成的。第三种解释认为非裔犯罪率偏高是由其在美国低下的社会地位所决定的。第四种解释将非裔犯罪率偏高归结为非裔文化与白人文化冲突，而白人文化又占据了统治地位，非裔犯罪率偏高是这种社会文化冲突的结果（郭建安，1992）。

“种族劣性”导致犯罪率高的观点，无疑是毫无根据的。社会发展史证明，人类基因的变异是极其缓慢的，不同种族的基因差异也是很小的。另外，非裔美国人的祖先多是非洲人的后裔，而许多非洲国家并不具有高犯罪率的特征，因此，关于“种族劣性”观点往往是有关人员把种族偏见用于分析非裔犯罪问题所致，忽略了犯罪原因具有复杂性，也忽略了犯罪和社会、经济、教育、文化等因素密切相关。

威尔逊和赫恩斯坦（Wilson and Herrnstein，1985：68-69）总结了 80 年代初学术界流行的关于非裔高犯罪率的观点：第一，诱发犯罪的生理因素在非裔中比白人更为普遍。智力、性格两个生理因素是非裔高犯罪率的原因。第二个通常称为经济贫困论，非裔的经济机会要比白人少得多，社会不公加剧，他们只能用非法手段获取不正当利益，因此非裔的犯罪人数就比白人多。第三种认为非裔家庭没有教导孩子要很好地倾听别人的意见，也没有教导孩子要继承传统的价值观。第四，非裔的高犯罪率不是经济或家庭生活方面的原因，而是非裔中的许多人由于自身的经历形成了与主流社会对立的价值观所致。但是威尔逊和赫恩斯坦也对“种族劣性”提出反驳，认为所谓的“种族劣性”不是遗传的，更不存在“犯罪基因”或“天生罪犯”。我们认为，美国非裔的犯罪率高于其他种族主要存在以下几个方面的原因。①美国普遍存在的系统性种族主义是造成非裔犯罪率高的主要原因。系统性种族主义包括一系列复杂的“反非裔”行为、白人不公正获得的政治/经济权力、种族间持续的经济和其他资源不平等，以及白人创造的旨在维护和合理化其特权和权力的带有情感的种族主义框架（racist framing）等（刘艳明，2019）。长期以来，由于种族歧视，非裔美国人在教育程度、经济和社会地位等方面都处于不利境地。为了改变不平等地位和不公平的待遇，他们经常进行反抗和斗争，以致他们动辄触犯法律。②非裔美国人犯罪率偏高的背后确实存在着司法机关执法的不平等，白人警察的种族歧视导致他们会把注意力更集中于非裔聚集的地区，因此他们发现非裔犯罪的机会要比白人多得多。而且，即使发现了犯罪，比起对待非裔来，警察也不愿意逮捕白人，即使犯下同样的罪行，非裔遭起诉的可能性也比白人大（林广，1997）。种族歧视会影响到非裔的犯罪率，但是种族在犯罪率差异性上所起的作用是微弱的，并不足以改变犯罪率的走向。③非裔受教育程度低和收入水平低是其高犯罪率的一个重要原因。大多数非裔经济状况都比较差，导致他们的后代大多缺乏足够的教育，因此对法律条文认识比较模糊，而一些受教育程度不高的非裔为了生存，容易采取一些非法手段获利。正如前面所述，非裔在抢劫、盗窃等犯罪行为的人数上的比例远远高于其他种族。④非裔和白人及其他种族在文化方面的冲突最终会演变为现实生活中的暴力冲突。不同的民族有着不同的风俗习惯、宗教信仰。在一个多民族社会中，这种文化冲突异常激烈。在美国社会中非裔往往处于弱势地位，在这种冲突中往往显得很脆弱和无助，他们感觉只能寻求那些非正常的方式才能捍卫他们的尊严。相对于非裔而言，黄种人和白人在遭受不公平待遇时更能冷静对待，不易冲动，处理问题的方式也更加理性，发生暴力冲突的可能性较低，这一因素往往在暴力犯罪中体现得最为明显。同时，正如前面的数据显示，由于美国境内亚裔黄种人与白人具有较高的文化水平，因此更有助于他们树立正确的价值观和人生观，思维更具有理性，对法律的认识也更加清晰。此外，受教育程度往往和社会地位之间有着千丝万缕的联系，接受过高等教育的人口往往具有较高的社会地位，而这有助于减少犯罪的发生。种族在犯罪率方面的差异性是就种族犯罪率的平均水平而言的，非裔犯罪率高于其他种族是指这个群体整体出现犯罪行为的比率要高于其他群体。

三、纽约市犯罪的年龄、种族分布状况

20 世纪 90 年代纽约市犯罪率的下降引起了美国社会的广泛关注，一时间纽约市犯罪率骤降的原因成为社会学家和犯罪学家共同探索的焦点，学术界多把原因指向纽约市警务政策的调整和对毒品与枪支管理的加强，但并没有得出一个统一的、完全令人信服的结论。约翰·艾克（John Eck）认为是警察的打击降低了犯罪率，但警察不是孤军奋战的，而是在城市委员会、市长、州以及联邦政府的帮助下才获得成功的（Eck，2003）。国内学者给出的有关纽约市犯罪率下降的众多原因中，人口结构变化与纽约市犯罪率起伏的关系研究仍然鲜见（高英东，2001；王世洲和刘淑珺，2005；林广，2013）。到底人口结构变化在纽约市犯罪率起伏中有何影响呢？纽约市警察局对纽约 20 世纪 90 年代犯罪人口的有效统计为本书研究提供了有力的证据。1990 年，纽约市的各项犯罪几乎都达到了第二次世界大战后的最高峰，因此这份数据非常具有代表性，和其他年份的数据进行有效的对比，可以对纽约市犯罪率的下降和人口之间的关系有一个清晰的认识。

表 7-1 中的犯罪人口统计数据显示，在犯罪的性别差异上，男性在犯罪事件中充当了主要角色。在 4468 件凶杀案中，男性作案多达 3842 件，占了犯罪总数的 86.0%，可谓是占了绝对份额；而女性只占据了极其微弱的份额，仅有 14.0%。实际上，男性由于身体比较强壮，比女性更具有攻击性，因此无论是实施抢劫、凶杀，还是在盗窃犯罪中，都占绝对的份额。在强奸案中男性更是占据了所有的份额，女性更容易在犯罪行为中成为受害者。

表 7-1 纽约市凶杀犯罪人口特征（1990～1991 年度）

分类	特征	数量/人	占比/%
性别	男性	3842	86.0
	女性	624	14.0
	未知	2	0.0
年龄群体	15 岁以下	140	3.1
	15～24 岁	1492	33.4
	25～34 岁	1520	34.0
	35～53 岁	1025	22.9
	53 岁以上	271	6.1
	未知	20	0.4
种族群体	白人	446	10.0
	非裔	2121	47.5
	拉丁裔	1708	38.2
	亚裔以及其他种族	185	4.1
	未知	8	0.2

资料来源：Bowling（1999）

从犯罪人口的年龄分布状况来看，犯罪数据显示在纽约市的犯罪活动中青少年扮演了极其重要的角色，尤其是 15～34 岁年龄段的人口占到犯罪总数的 67.4%。中老年犯罪的可能性远远低于年轻人，在 4468 件凶杀案中，53 岁以上的中老年犯人占比为 6.1%，只占据了极小的比例。另外，纽约市青少年犯罪比例高还可从美国《全国犯罪受害者调查报告》中得到佐证。该报告显示，青少年成为暴力犯罪者的可能性是 25～49 岁成年人的 2 倍，大约是 50 岁以上的人的 11 倍。大多数受到暴力犯罪指控的都是青年、非裔、男性。在 1994 年，12～15 岁青少年占暴力犯罪受害者的 1/9，其中非裔占 1/16，白人占 1/20；男性占 1/17，女性占 1/24（文森特·帕里罗等，2002）。

再从族裔构成来看，表 7-1 显示，在纽约市 4468 件凶杀案中，非裔和拉丁裔作案 3829 件，占到犯罪总数的 85.7%，而白人、亚裔以及其他种族人口犯罪仅占 14.1%的较少份额。这表明纽约市犯罪中各族裔所占比例大不相同，非裔人口触犯法律的频率要远远高于其他种族。这并不是纽约市警察局对非裔的歧视，而是纽约市犯罪状况的真实反映。如果在这份数据中把非裔和拉丁裔的犯罪数据统计在一起，那将是一个更为庞大的数字，而相反白人、亚裔以及其他种族出现犯罪行为的比例相对要小得多。非裔犯罪率高不仅能从数字上看出，也可从非裔聚居区的社会治安状况了解。例如，位于纽约市哈莱姆中心地带的第 129 街，居民大多数为贫穷非裔，街上破败空置的房屋比比皆是，治安状况极其糟糕，警察局向该区派遣警员时都会事先给予警示，以便引起重视，社区内随处可见的是无人修剪的草坪、废弃的汽车，这里没有杂货店、药店，也没有图书馆。由于街上经常发生枪战，人们的生命安全时常受到威胁。1990 年的一天，一个 4 岁小孩在自家沙发上睡觉时被射入房屋的子弹打死（姬虹，2001）。在这样环境中生活的人，其行为和思想肯定会受到很大的影响。

事实上，造成纽约市犯罪率起伏的人口因素还有很多，如经济状况、受教育情况、家庭状况等，我们这里仅探讨种族、年龄构成和人口素质等因素与 20 世纪 80～90 年代纽约市犯罪率起伏的联系。

第二节　20 世纪 80～90 年代纽约市族裔结构的变化及其影响

一、移民法的出台及其影响

纽约市是一个典型的移民城市，移民在纽约市人口中占有很大的比例。大量的移民参与纽约城市建设，对纽约社会产生了巨大的影响。

第二次世界大战以后，纽约市新移民人数增多，这对城市社会治安造成了负面影响。从 1946 年至 1996 年的 51 年时间里，纽约市的移民人口总数达到 3 206 299 人，占美国移民总数的 16.7%（New York Department of City Planning Population Division，1996）。1980 年的人口普查表明，纽约市人口共 7 071 639 人，外国出生的移民有 1 670 199 人，占总人口的 23.6%（Bogen，1987）。如果加上未登记的移民，纽约市有约 200 万名移民，占 1980 年纽约市总人口的 28.3%，居民使用的语言多达 121 种。另外，纽约市移民构成也发生了很大变化，早期纽约市的移民大多数来自英国、荷兰、爱尔兰和东南欧等国家和地区，1965 年以来，墨西哥、日本、苏联、多米尼加、牙买加、海地的移民迅速增加。1965～1980 年，纽约市有 3/4 的移民来自加勒比地区、拉丁美洲和亚洲地区（林广，2005b）。

20 世纪 80～90 年代，纽约市移民人口持续增长，但是种族构成有着显著的变化。这种变化的最重要的原因就是移民政策的变化。20 世纪 80 年代以来，美国的社会失业率居高不下，经济依然没有走出长期滞胀的困境。在这种情况下，为了控制移民数量，美国国会颁布了《1986 年移民改革与控制法》[①]。其内容主要包括：①禁止雇主雇用非法移民；②加强对非法移民的控制和管理；③在 1981 年之前入境并一直居住在美国的非法移民可以在 1988 年 5 月 4 日之前申请临时居住资格；④设立“特殊农业工人计划”（Coutin and Bibler，2007：179）。《1986 年移民改革与控制法》对控制非法移民起到了一定的作用，同时使部分非法移民通过申请临时居住资格而获得合法身份，这对犯罪减少也起到了一定的作用。一项研究表明，“该法使 300 万名移民（占美国总人口的 1%）的身份合法化了，也使美国犯罪率以 3%～5%的比例持续下降，财产犯罪下降尤为突出。犯罪率的下降相当于全国每年减少 12 万～18 万起暴力和财产犯罪”（Baker，2015：210）。

大量外来移民涌入纽约市，引起纽约市移民结构中“老移民”和“新移民”比例的变化，并最终对纽约社会产生了极大的负面影响。在社会治安方面，这种变化给纽约市带来的负面影响就比较明显。例如，“老移民”中犹太人的比例较高，他们非常重视子女教育。犹太文化的一个显著特征，就是对知识、学问的尊重和景仰。“母亲希望自己的女儿能嫁给有学问的人，穷点也没关系。大多数移居美国的犹太人没受过多少教育，但他们却和教育结下了不解之缘。”（Jackson，1995：93）犹太移民不管自己生活多么艰苦，也要千方百计地让子女尽可能多地接受教育。据统计，犹太裔只占美国总人口的 2.4%，但受过大学教育的人口中，犹太裔的比例却高达 8%以上，犹太裔 80%以上的青年受过大学教育，是美国各移民族群中平均受教育程度最高的（Muller，1993：337）。良好的教育使犹太移民能在就业时得心应手，他们多从事专业技术工作，如法学、医学、科学、金融或艺术等。犹太人较好的职业决定了其有较高的收入。犹太人的家庭收入在美国族裔中是最高的，高出全国平均水平的 72%（林广，2005b）。

犹太移民大多数都能过上体面的生活，这也决定了他们不会为蝇头小利以身试法，也不会铤而走险牟取暴利，因为违法犯罪也是要计算成本的。事实上，学者早就认识到经济与犯罪之间的密切关系，罪犯的犯罪行为是有目的的、故意的自觉行为，在决定实施犯罪之前，罪犯会尽自己的所能思考犯罪的机会、代价、收益以及可能面临的风险，并将这些因素与自己的动机和需要进行衡量。只有犯罪机会适宜，犯罪收益能满足自己的需要，并且所需

① 参见 1986 年 11 月 6 日第 90 届美国国会发布的《1986 年移民改革与控制法》（Immigration Reform and Control Act of 1986. 1986-11-6. Public Law 99-603, 100 Stat. 3445. The 90th United States Congress）。

付出的代价、承受的风险在可接受的范围内，罪犯才可能实施犯罪。加里·贝克尔总结了犯罪行为的预期收益公式，“即犯罪的预期收益等于犯罪成功的可能性乘以从犯罪中获得的收益，再减去犯罪失败之可能乘以由犯罪失败而产生的损失，当预期收益为正时，罪犯便有可能实施犯罪”（Becker，1968）。因此，纽约市的犹太移民犯罪率一直都很低。

与之相比，“新移民”中来自加勒比地区的西班牙裔人数众多。他们从古巴、墨西哥、波多黎各等地移民而来。1990 年，纽约市的西班牙裔人口为 1 783 511 人，主要来自波多黎各、哥伦比亚、萨尔瓦多、多米尼加等国，大多数住在布鲁克林和皇后两区。其中波多黎各人占 50%（宿景祥，1992：655-656）。同年的人口普查统计数字显示，纽约市的 44%的工人都是外国出生的移民，其中 3/4 为亚裔和西班牙裔。

与犹太移民相比，西班牙裔子女接受教育的程度低得多。他们深受语言的困扰，辍学率很高。据统计，西班牙裔学生占总注册人数的 10%，但辍学率高达 23%（邓蜀生，2001：268）。纽约市的西班牙裔学生辍学率比非裔学生还要高。尽管经过努力，他们争取到了双语教学的机会，但其效果并不理想，他们在就业时仍旧面临语言障碍。

受教育的影响，西班牙裔在纽约市主要从事低报酬的工作，如从事制鞋业或在宾馆、餐馆做洗碗工或服务员助手，以及在低报酬的工厂工作。据 1991 年美国劳工部统计，纽约市从事管理行业的人数占就业总数的 14%，西班牙裔从事管理行业的人数占其就业人数的 7.6%，不及非裔所占的比例（9.3%）；纽约市从事专业技术的人员占就业总数的 16.5%，而西班牙裔从事专业技术的人员占其就业人数的 7.5%，低于非裔所占的比例（10%）（梁茂信，1996：180）。这样的职业构成直接影响西班牙裔移民的收入水平。1988 年，西班牙裔移民人均年收入是 7956 美元，低于非裔人均年收入（8271 美元）和白人人均年收入（13 896 美元），约为普通白人人均年收入的一半。另外，从失业情况看，西班牙裔移民也高于美国白人。1990 年，白人失业率为 4.7%，西班牙裔失业率高达 8.0%（托马斯·索威尔，1992：31，377）。在这种状态下，教育影响了就业，就业制约着收入，导致那些贫困、失业的西班牙裔走上不法道路。

由于《1986 年移民改革与控制法》的“申请赦免”条款存在漏洞，很多移民钻了空子，美国非法移民数量并没有得到有效的控制，反而有所上升；同时劳动力市场受到严重的影响。因此，当时社会上呼吁控制外来移民的呼声日益高涨。

1986 年，参议院司法委员会主席爱德华·肯尼迪（Edward Moore Kennedy）和参议员艾伦·辛普森（Alan Simpson）联名向参议院提交了一份改革议案，其主要内容包括如下几点。①每年的移民总限额增至 59 万。其中，技术类移民为 12 万人，三年后增至 15 万人。②美国公民的外籍直系亲属继续享有较大的优先权。③设立独立类移民条款，即在《1965 年外来移民与国籍法修正案》（The 1965 Amendments to the Immigration and Nationality Act）中规定的技术类移民条款的基础上，重点照顾具有突出才能和美国急需的技术类移民入境。在这一条款下，实行积分制，按照申请者的文化素质、学历、工作经验和年限、技术专长、已取得的成就、英语水平和年龄打分。④设立“投资移民”条款，凡是在入境后愿意并且能够投资 200 万美元、至少能雇用 10 名美国人和合法移民的“资本移民”可以优先入境，这类限额每年为 4800 人。凡持此类签证而入境的移民可以在入境两年后申请永久居留权。如果这类移民入境后没有按照规定创办企业，该移民及其家属将被一同驱逐出境（梁茂信，1996：402）。肯尼迪和辛普森提出的改革议案虽然得到了参议院的批准，但是众议院认为这部议案过于严格，因此迟迟没有采取相应的行动。

1990 年，美国国会通过了新移民法——《1990 年家庭团聚与就业机会移民法》（Family Unity and Employment Opportunity Immigration Act of 1990），推出 EB-1 签证、投资移民签证，吸引在科学、艺术、教育、体育和商业方面具有特殊才能的人才。为此，美国将世界划分为六大限额区：非洲、亚洲、欧洲、大洋洲、北美洲和南美洲，在每个财年内，根据世界各地区的人口增长状况和各地区入境移民人数确定“高入境区”和“低入境区”。所谓高入境区是指上述六大区域内每年各国移民平均人数超过 5 万人的地区，低于这个标准的则为低入境区。在各财年内，国会必须根据各国限额的使用状况，酌情将剩余的限额转用于那些移民人数较少的国家。为了控制入境移民的民族来源，限制那些移民较多的国家移民。国会还规定，任何一个国家每年入境的移民人数最多不得超过总限额的 7%（约 5 万人）。凡是在艺术、贸易、教育、体育、文学和科学技术等领域任职三年以上并且享有国际声誉的人均属于有突出才能的移民，这类移民入境时必须保证入境后在美国失业率较高的地区投资 100 万美元，或在农业地区投资 50 万美元以上，并且雇用 10 名美国本地人①。移民人口是纽约市人口的重要组成部分，在第二世界大战后至 2000 年的几十年间，该城市中有 45%的人口都是外国出生的成年人。在整个 90 年代，有约 120 万的外来移民人口涌入纽约市（Rosen et al.,

① 参见 1990 年 11 月 29 日第 101 届美国国会发布的《1990 年家庭团聚与就业机会移民法》，https://www.congress.gov/bill/101st-congress/house-bill/4300/text[2022-07-05].

2005）。《1990 年家庭团聚与就业机会移民法》对美国劳动力市场、社会财富和社会稳定都产生了积极的影响（翁里和夏虹，2001）。该法对纽约市移民人口的影响比起美国其他城市更为明显，其中涌入纽约市的移民中有 61%的移民是受了新移民法中有关家庭团聚法规的影响，每年超过 10%，平均每年有将近 1.2 万名移民是由于“种族多样性计划”的实施而得以进入纽约市的（New York Department of City Planning Population Division，1996）。新移民法对移民来源地的严加控制、对移民的技术和经济条件方面的要求，使得传统的移民来源地受到了条件限制，而从内容上看该移民法倾向于吸引欧洲人移居美国，因此该移民法的颁布和实施对纽约市人口族裔结构产生了重要影响。

第一，非裔移民受到很大的限制。非裔是纽约市种族中人数众多的一个群体，除了本土出生的以外，纽约市的非裔人口主要来自非洲以及拉丁美洲的国家，尤其是海地、牙买加、巴巴多斯、多米尼加、圣卢西亚等加勒比国家等。其中，作为纽约市最大的国外出生族裔——多米尼加共和国移民，其人口以黑白混血种人和非裔居多，受新移民法影响非常明显：1990～1994 年，多米尼加移民的人数占纽约市移民人口总数的 32%，而此后两年，这一比例下降为 28%（New York Department of City Planning Population Division，2004）。2000 年，多米尼加移民达 369 200 人，但其占纽约市外来出生人口总数只有 13%，并且这一比例随着时间的推移还进一步下降。除了多米尼加之外，海地、牙买加等加勒比国家移民数量都有不同程度的减少。《纽约客》的数据显示，整个非西班牙裔的加勒比人口在纽约市总人口中的比例仅为 20.6%。在纽约市的拉美非裔移民数量减少的同时，纽约市另一个传统的重要的非裔移民来源地——非洲移民的数量也在不断减少。1980～1990 年，纽约市的非裔人口比例增加了 9.2%，约 25 万人。进入 90 年代以后，在新移民法的影响下，非洲移民的增长势头得到了有效的控制，1995 年纽约市非洲移民的数额占总移民人口的 5.4%，而到 2000 年这一比例更是一降再降，仅为 3.2%（New York Department of City Planning Population Division，2004）。综上所述，90 年代纽约市的非裔总人数相对于 80 年代而言依然有所增加，但是与 80 年代相比，在总人口中所占的比例显著减小。

第二，亚裔移民成为纽约市人口中的重要组成部分。按照来源国人口数量，对 2000 年纽约市移民群体进行划分，在位居前 11 的移民来源国中，有 7 个是亚洲国家，其中中国位居第 4，印度、孟加拉国和巴基斯坦分别排在第 6、第 7、第 8 位，而韩国、菲律宾、日本分别排在第 9、第 10、第 11 位（Rosen et al.，2005：1-7）。亚裔人口从 80 年代开始就一直保持高速增长的势头，1980～1990 年纽约市的亚裔人口增长了 40 多万，增长率为 114.6%，是 80 年代所有种族中增长速度最快的。新移民法对亚洲移民并没有产生太大的限制，因为 90 年代的亚裔移民相比于拉美移民具有教育优势和经济优势。例如，在美国的各国移民中，印度移民接受教育的时间平均为 16 年，中国和菲律宾移民在 14 年以上，韩国移民在 13 年以上，均高于美国人的平均水平。然而古巴、牙买加移民接受教育的时间平均为 12 年，墨西哥移民受教育的时间更短，仅为 8 年左右（梁茂信，1996：410）。90 年代，纽约市的亚裔人口仍然保持着较高的增长率。1990～1995 年，亚裔移民在纽约市移民总数中所占比例，从 16%增加到了 25.8%（New York Department of City Planning Population Division，1996）。2000 年，亚裔移民比例仍然达到 23.9%，远远高于非裔移民，也高于西班牙裔移民。但相对于非裔移民和西班牙裔移民等因受新移民法影响而减少的现状，同时在增长比例没有大的变动的情况下，纽约市亚裔移民人口总数相比于 80 年代而言则有了大幅度的增长，从而促进了纽约市族裔结构的变化。

第三，从族裔结构来看，白人一直是纽约市人口构成中最主要的群体。纽约市是欧洲人最早在美洲建立的殖民地城市之一，300 多年来白人在纽约市人口中一直占据着首要地位。如表 7-2 所示，1980 年，纽约（都市区）非拉丁裔白人的数量为 12 229 920 人，是纽约各种族中唯一人口数量突破 1000 万的族群，而且其中还不包括拉丁裔的白人（Logan and Zhang，2002）。但是，随着 80 年代纽约市经济的间歇性衰落，以及欧洲经济实力的增强，移居美国的欧洲人增长速度趋缓，纽约人口中的欧洲移民人数有所减少。到 1990 年纽约的非拉丁裔白人数量减少了 915 564 人，相比于 10 年前下降了 7.5%（New York Department of City Planning Population Division，2004）。相反，非拉丁裔非裔人数却增长了 251 917 人，增幅为 9.2%。如果加上拉丁裔非裔，这个增幅会更高。此外，纽约的亚裔人口增长最多，增长达到 46 万余人。

表 7-2　纽约（都市区）族裔增长对比表（1980～1990 年）

族裔类别	1980 年/人	1990 年/人	增长率/%
非拉丁裔白人	12 229 920	11 314 356	-7.5
非拉丁裔非裔	2 727 080	2 978 997	9.2
其他族裔	46 900	68 641	46.4
亚裔	402 320	863 476	114.6
拉丁裔	2 077 820	2 655 300	27.8
总人数	17 484 040	17 880 770	2.3

资料来源：Myers（1999）

1990 年的新移民法对移民来源地严加控制以及对移民的技术和经济条件要求，让传统的移民来源地受到了限制，而对于欧洲移民则更多地给予政策鼓励。事实上，美国国会通过新移民法的一个重要目的就是吸引更多的欧洲移民。据统计，新移民法对纽约市白人人口数量的增加是有效的，1995 年纽约市的欧洲移民数量与 1990～1994 年相比，增加了 3%。如果进一步考虑到拉丁美洲移民中的白人数量，90 年代纽约市族裔构成中白人实际数量会更多。新移民法的颁布和实施让纽约市人口族裔结构向着均衡的方向发展，传统意义上的三大种族群体在纽约市出现了结构性的变化，白人数量出现了上升的趋势，非裔数量上升的趋势得到了有效的控制，在总人口中所占的份额开始逐渐减小，亚裔在 80 年代和 90 年代都显现出高速增长的趋势。

二、种族群体变化与纽约市犯罪率下降

20 世纪 90 年代以后，纽约市人口中非裔所占比例下滑，白人和亚裔的比例上升，这种变化对纽约市社会治安的改善有着积极的意义，因为非裔一直是纽约市犯罪的高危群体，而白人和亚裔犯罪率较低。非裔犯罪率较高的原因比较复杂，与非裔的性格、宗教信仰、个人习惯以及这个群体的总体社会习俗有关，但是更多的是由于非裔受教育水平较低、失业率较高、经济状况较差。

20 世纪 80 年代，纽约市犯罪率的迅猛上升及 90 年代犯罪率毫无征兆地骤减与纽约市种族群体的变化有着紧密的联系。种族和犯罪率之间的各种关系是客观存在的，对于纽约市这样一个移民人口约占半数、种族群体具有多样性的城市而言，种族对犯罪的影响更加突出。在这一点上，纽约市警察局的犯罪调查报告能提供最有力的证据。以 1990～1991 年度纽约市的凶杀案为例，非裔和拉丁裔所犯凶杀案的数量占该年度凶杀案总量的 85%左右，而这两部分人口在纽约市总人口中所占的比例还不足一半；白人是纽约市人口的主要组成部分，但是该年度所犯凶杀案的比例仅为 10%；而同期亚裔人口所犯凶杀案的比例更低（表 7-3）。90 年代，种族多样性的新变化对纽约市犯罪率的影响首先体现在非裔人口的直接下降上。

表 7-3　纽约市凶杀犯罪的人口种族特征（1990～1991 年度）

种族群体	数量/人	占比/%
白人	446	9.98
非裔美国人	2121	47.47

续表

种族群体	数量/人	占比/%
拉丁裔人	1708	38.23
亚裔及其他	185	4.14
未知种族	8	0.18

资料来源：Bowling（1999）

种族因素不但包括各个种族在总人口中所占的比重大小，还包括各种族的其他状况，如受教育情况和经济情况。除了我们在前面所叙述的各种族的人口比例发生了显著的变化以外，纽约市各种族人口的教育水平和经济条件在20世纪90年代以后也逐步提升，特别是在1990年新移民法正式生效之后。

虽然新移民法对移民的受教育程度有一定的限制，但是仍然没有办法改变纽约市不同种族之间受教育程度的差异性。在整个20世纪90年代，新移民人口中平均大学毕业率为27%，低于本土居民的31%，但是要明显要高于90年代以前移民纽约人口21%的比例。但从移民的来源国来看移民的大学毕业率，我们不难发现，纽约市亚洲移民中受过高等教育的比例较高，其中日本移民受过高等教育的比例最高，为62%；其次是菲律宾移民，为61%；而印度和巴基斯坦移民的比例为42%，韩国移民的比例为41%。除亚洲之外，纽约市的东欧移民受高等教育比例也较高，其中俄罗斯、乌克兰和乌兹别克斯坦移民的大学毕业率都达到了46%，这些来源国的移民大学毕业率均高出本土出生人口的31%。来自非洲和加勒比地区的移民接受高等教育的比例则较低，如牙买加、特立尼达、多巴哥、海地及圭亚那地区的移民大学毕业率仅为10%，尤其是这些移民来源地的非裔受教育程度更是远低于纽约市其他移民群体及本土出生的人口。纽约市非裔受过高等教育的人口比例在2000年达到了18.9%，尽管比1990年的12.8%高出了6.1%，但是我们仍能清晰地看出，纽约市的非白人种族中亚裔人口受教育水平一般要高于其他种族（Rosen et al.，2005：1-7）。正如前所述，种族在犯罪方面的巨大差异性，不只与种族间先天性的因素有关，与后天因素也不无相关，而文化水平的高低就是非常重要的一个后天因素。在纽约非裔人口增长速度放缓的同时，由于新移民法对外来移民的受教育水平有相当程度的限制，而亚洲人的受教育水平高成为他们移居美国的优势所在，这才让纽约市的亚裔种族人口成倍地增长变成可能。同样，欧洲人也具有同样的优势。教育可以帮助人们树立正确的价值观、高尚的道德观，使人们的行为更加符合社会规范。在相同情况下，那些受教育水平越高的群体其犯罪的可能性也就越低；反之，受教育水平越低的人犯罪的可能性越大。因此，新增长的亚洲人和欧洲人触犯法律的可能性也就低得多。

种族的多样性对犯罪率的影响不仅受到受教育程度的影响，还受到经济条件的影响。受教育程度与收入水平成正比，这两者之间存在着紧密的联系。以 2008 年为例，美国高中学历以下人口的失业率为 9%，高中学历者的失业率为 5.7%，大专学历者的失业率为 3.7%，大学学历者的失业率为 2.8%，硕士学位者的失业率为 2.4%，专业性学历者的失业率为 1.7%，博士学位者的失业率为 2%。这表明，受教育程度越高，失业率越低；反之，失业率越高（程黎和杨灿明，2010）。随着 20 世纪 80 年代纽约市经济状况恶化，犯罪类型中的盗窃和机动车盗窃的案件发生率要明显高于经济较繁荣的时期。以机动车盗窃为例，在 20 世纪 80 年代早期纽约市经济环境较好的时期与经济衰落的中后期就有着显著不同，纽约市的机动车盗窃发案率在 1990 年达到了第二次世界大战后的最高峰（表 1-1）。90 年代，纽约市的整体经济状况相对于 80 年代而言有所好转，其中移民就业率显著提升。1982～1989 年，移民就业率平均为 7.9%，到 1999 年移民就业率上升到 9.9%。2000 年，男性移民的市场参与率是 66.9%，高于纽约市本地男性市场参与率（62.6%），同年占纽约市人口 36%的移民市场参与率高达 43%（New York Department of City Planning Population Division，2004）。在 90 年代的所有移民种族群体中，来自墨西哥、加勒比地区、拉美的移民的收入水平在各种族群体中最低。就失业率而言，同样也是加勒比地区的移民最高，其中多米尼加共和国移民的失业率为所有移民来源地之最，为 17%。失业率最低的种族群体是中国移民，失业率仅为 5.9%，其劳动参与率也是最高的，达到 62.6%。90 年代纽约市 16 岁以上非裔人口的失业率也从 1990 年 12.2%降低到 2000 年的 8.9%（Rosen et al.，2005：4-7）。非裔失业率的下降、无业人数的减少，意味着他们参与毒品交易、盗窃、抢劫等犯罪行为的可能性降低。

纽约市 20 世纪 90 年代总人口数虽与 80 年代基本持平，但是人口族裔结构却发生了重大变化：非裔人口在总人口中的比例开始下降，亚裔人口数量持续上升，白人人口比例也有所回升。这一变化趋势有利于纽约市犯罪率的下降，因犯罪率是犯罪人口与总人口的比率，如果一个种族在总人口的比例下降，而这个种族的犯罪率又保持相对稳定，因而这个种族的犯罪人口在总人口中的比例也随之下降。根据前面的数据，非裔是纽约市所有种族中犯罪率最高的群体，而亚裔和白人犯罪率则较低，因此非裔人口比例的下降，亚裔和白人人口比例的上升带来的直接影响是犯罪人口在总人口中的比例下降，即意味着犯罪率的下降。

第三节 纽约市犯罪率与人口年龄结构

一、堕胎合法化政策与纽约市人口年龄结构的变化

人口年龄结构与 20 世纪 90 年代美国犯罪率下降之间有着紧密的联系，有学者认为，人口年龄结构的改变至少导致四种类型（包括凶杀、抢劫、盗窃、强奸）的犯罪下降了 7.9%～19.9%（Conklin，2003：155）。90 年代，美国人口年龄结构的改变一方面是因为第二次世界大战后“婴儿潮”时期出生的人口开始步入中老年，而同时又随着 70 年代联邦法院颁布的堕胎合法化政策的生效，寻求堕胎的女性逐渐增多，出生率下降，导致 90 年代青少年人口数量的减少。在各个年龄段的人群中，青少年犯罪的可能性要远远大于其他年龄段的人口，因此 90 年代美国人口年龄结构的变化减少了犯罪行为的发生。纽约州是美国最早实行堕胎合法化政策的州之一，70 年代以来人口出生率受该政策的影响十分明显，而更深远的影响是 90 年代青少年人口比例的下降，而青少年人口比例的下降与纽约市社会治安的好转之间存在着直接的联系。

美国对堕胎的限制源自 19 世纪，主要目的在于限制非专业人士实施堕胎。1845 年，马萨诸塞州首先将堕胎定为犯罪，此后反堕胎者积极推动各州制定法律，对堕胎采取更加严厉的制裁。至 1910 年，除肯塔基州外，美国各州均将堕胎定为重罪进行处理，并规定只有在孕妇有生命危险的情况下才允许堕胎，而那些介绍、提供堕胎或无外科执照而施行堕胎的医生则被视为触犯刑法。专业外科医生拥有堕胎是否合法的决定权和解释权。从 20 世纪 40 年代开始，有一些赞同计划生育的医生希望改变限制堕胎的法律，但未获成功。60 年代后，争取堕胎合法化的斗争伴随着性解放和妇女权利运动而蓬勃发展起来。这时期发生的一起法律诉讼最终把堕胎合法化的斗争推向了巅峰，这就是美国历史上著名的“罗伊诉韦德案”。

1969 年，美国有一位名叫诺尔玛 · 麦科维（Norma McCorvey）的女性发现自己意外怀孕了，但是刚经历离婚又失业的她认为自己目前没有能力抚养孩子，于是她决定寻求堕胎，但是当时美国得克萨斯州的法律规定，女性只有在身体不适并且危及生命的情况下才能堕胎，否则就是违法行为（黄贤全，2006）。因此，当地没有医生愿意为她进行堕胎手术。于是，她决定用法律手段来争取自己的权利。1970 年，诺尔玛 · 麦科维化名“简 · 罗伊”（John Roe），由于担心说出真实状况不会得到州法院的支持，所以她捏造了自己被性侵致孕的谎言，并对得克萨斯州达拉斯县检察官亨利 · 韦德（Henry

Wade）进行起诉。法庭上针锋相对的争论引起了庭外美国各界的大讨论，这是一次关于“生命权”和“选择权”的争论。前者认为生命开始于受孕那一刻，生命是神圣不可侵犯的，来自上帝的赐予，只有上帝才能结束人的生命，未出生的婴儿是同母亲一样的人，其生命权不得予以剥夺；而后者则认为胎儿虽然具有潜在的生命，但不是完整的人，不受宪法保护，怀孕妇女的权利重于胎儿的任何一种权利（汝小美，2003）。最终，得克萨斯州联邦地方法院以违反宪法第九条修正案为由做出了支持罗伊的判决，但是地方法院无权推翻州法，因此该州禁止女性堕胎的法令并没有废除，最终这一案件上诉到了美国联邦最高法院。

1971年底，在全国人民的关注中，美国联邦最高法院开始了对“罗伊诉韦德案”的第一次审判。法庭上，双方就禁止女性堕胎的法令有无侵犯人的生命权进行了激烈的争论。由于控辩双方各执一词，美国联邦法院并没有立即做出判决，其中原因之一是等待即将到来的两位新任大法官刘易斯·小鲍威尔（Lewis Powell，Jr.）和威廉·伦奎斯特（William Rehnquist），而更重要的原因则是如果这次法院的判决不当，就会掀起整个美国社会的舆论风波，所以不能轻易做出判决。1972年，经过10个月的漫长等待之后，联邦最高法院对本案进行了第二次庭审。罗伊的律师在这次庭审中的辩护使得联邦法院大法官心里的天平向她这一方倾斜，法官认为虽然堕胎最终不是一件好事，但是为了保护宪法赋予妇女的基本权利，还是应该让她们自由决定是否堕胎。

几经周折，这件轰动美国的案件终于在1973年1月22日得到判决，美国联邦最高法院以7∶2的表决，支持罗伊的诉求，得克萨斯州的这项禁止女性堕胎的法律最终被废除。法院从三个方面说明了这项判决的理由。其一，法律应该保护正在承受肉体和精神折磨而又不愿意生育的妇女，而不是在法律地位上模糊不清的胎儿。“从一切情形看，联邦宪法所指的‘人’都是特指出生以后的人。”其二，自由堕胎权是个人隐私权的重要组成部分。其三，法院应该根据妇女妊娠期的不同阶段给予区别对待。最初3个月，胎儿没有成形，堕胎一般不会对妇女造成危害，可以允许妇女有充分的选择自由；中间3个月州政府可以加以一些管理，但仅限于规范堕胎程序安全，以切实保护孕妇身体安全健康，堕胎的决定应由孕妇与医生协商做出；最后3个月，由于胎儿基本发育成熟，此时堕胎对孕妇风险很大，州政府才有理由禁止堕胎（任东来，2007：378）。美国联邦最高法院否决得克萨斯州不加区别地禁止堕胎的法律，确认妇女决定是否继续怀孕的权利受到宪法上个人自主权和隐私权规定的保护，这在一定意义上承认美国堕胎合法化。

美国联邦最高法院的判决产生了重大而深远的影响。半个世纪以来，围绕自由堕胎和反堕胎的斗争、生命权和自由选择权的争吵持续了半个世纪（赵梅，1997；张天娇，2009）。当然，“罗伊诉韦德案”的直接影响就是在得克萨斯州之后，美国各州都先后严格按照联邦最高法院的判决修正了一切禁止或者限制堕胎的法律。实际上，在美国“罗伊诉韦德案”判决之前纽约州已实行了堕胎合法化政策。早在 1970 年 7 月，纽约州的堕胎合法化政策即开始生效。纽约州的堕胎合法化政策的实施不仅仅意味着法律制度更注重保护人的权利，对纽约市而言更为重要的意义是人口出生率在这项法律实施前后出现了明显的变化，并且 70 年代出生率的变化最终影响到了 20 年后的纽约市人口年龄结构。

自从纽约市 1970 年实施堕胎合法化政策，允许妇产科医生可以对怀孕 24 周以内的孕妇进行医学堕胎以后，纽约市婴儿的出生率比美国其他任何一个城市的下降速度都要快，尤其在非婚生婴儿的出生数量方面出现了颠覆性的转折。从 1970 年 7 月 1 日以来纽约堕胎合法化政策正式生效到 1972 年 6 月 30 日止，共有 40.1 万名孕妇合法地终止了妊娠，其中第一年的人数为 17.3 万，第二年的人数为 22.8 万（Pakter et al.，1973）。

纽约市堕胎合法化的重要意义在于可以让那些未婚少女在意外怀孕时能够自由地决定是产下婴儿还是选择堕胎，而在堕胎没有合法化之前她们没有选择的权利。同样，对于那些已婚女性也存在着同样的意义，当很多女性怀孕时他们发现自己缺乏抚养婴儿的条件，或者不能给予孩子一个良好的生长环境，堕胎成为她们唯一的选择。堕胎合法化政策颁布的 1970 年成为纽约市人口出生率变化的分界线，1970～1971 年，纽约市非裔青少年的分娩率下降了 18.7%，而同期白人青少年的分娩率下降了 14.1%，每月平均分别减少的出生人数约为 142 人和 111 人（Joyce and Mocan，1989）。如果具体到纽约市的各种族，其分娩情况又各不相同，特别是拉丁裔女性人口的堕胎率超过纽约市其他的白人人口，其中非裔女性受堕胎合法化政策的影响要远大于白人。

第二次世界大战之后，随着美国社会的安定、经济的迅速增长、医疗条件的改善，至 70 年代初这段时间里，整个美国的人口出生数量猛增；而对于纽约市而言，不仅受到第二次世界大战后“婴儿潮”的影响，还受到“移民潮”的影响。随着大量外来人口的涌入，特别是非裔和拉丁裔人口的涌入，纽约市婴儿出生数量在 1970 年达到了第二次世界大战后的最高峰。60 年代出生的婴儿在 80 年代开始步入他们青少年时期的人生阶段，这一群体以其绝对的人口数量优势占据了纽约市人口的主体地位，因此 80 年代纽约市的人口年龄结构中青少年人口的比例上升。堕胎合法化之后，纽约市寻求堕胎女性人数的增加让纽约市自第二次世界大战后“婴儿潮”以来的高出生率得到了有效的遏制，纽约市的人口出生率在此后 20 年的时间里持续保持下滑势头，70 年代以后的低出生率让纽约市在进入 90 年代以后，人口的年龄结构向中老龄化迈进。第二次世界大战后“婴儿潮”时期出生的人进入 90 年代就已经迈入了中年，他们大多数人已经过了行为不端和犯罪的高风险时期。70 年代的低出生率又导致了 90 年代青少年人口比例的下降。据统计，从 1990 年到 2000 年，纽约市 14 岁以下的人口数量从 1417289 人增加到了 1632809 人，增长了 15.2%，15～19 岁年龄段的人口增加了 10.6%，20～24 岁年龄段的人口增加了 2.3%，25～34 岁年龄段人口不但没增，反而减少了 0.1%，85 岁以上的老人数量从 1990 年的 102554 人增加到了 2000 年的 121703，增加了 18.7%（New York City Department of City Planning，2004：1）。可以看出，这一时期纽约市年龄结构呈现出“两头大中间小”的情况，即 14 岁以下和 85 岁以上人口增加幅度较大，而 20～24 岁年龄段的人口增加幅度较小，25～34 岁年龄段人口还有所减少，这意味他们在总人口中的比例下降。因为 20～34 岁年龄段的人口都是易犯罪群体，这一年龄段人口的减少，在一定程度上也减少了犯罪的发生。这些数据正好对应了纽约市 1970 年 7 月正式生效的堕胎合法化政策后出生率的下降趋势。

在分析 20 世纪 90 年代纽约市年龄结构变化时，除了需要考虑纽约市人口的出生率增长的因素之外，还要考虑纽约市作为移民城市的因素。纽约市的移民人口数量庞大，2000 年该城市中有 45%的人口都是国外出生的，因此移民人口的年龄结构在一定程度上也影响着纽约市的总体年龄结构。尽管外来移民与本土出生的人口在年龄组成方面存在着一定的差异性，但是这些差异性并不足以影响年龄的总体分布，新移民相对比较年轻，1990～2000 年纽约市的外来移民中年龄在 25～34 岁的人口占了总移民人口的 42%，而本土出生的人口这一比例仅有 27%，新移民中 65 岁以上人口的比例为 7%，而本土人口的这一比例则达到了 20%。单从上述数据来看，似乎新移民的涌入几乎抵消了堕胎合法化政策对 90 年代纽约人口年龄结构的影响，但是实际上这只考虑到了纽约市人口迁入的情况，而忽略了人口迁出的情况，整个 90 年代虽然有 120 万外来移民涌入纽约市，但是与此同时也有 130 万的人口迁出纽约市（Rosen et al.，2005：2-6）。因此，人口迁入和流出对纽约市人口年龄结构产生的影响可以相互抵消。最终可以得出结论，堕胎合法化政策对纽约市人口结构产生了深远的影响，直接导致了 90 年代纽约市青少年人口在总人口中的比例下降。

二、20 世纪 90 年代人口年龄结构对纽约城市犯罪的影响

1995 年，犯罪学家詹姆斯·阿兰·福克斯（James Alan Fox）给美国司法部部长写了一份关于美国犯罪状况的研究报告，其中详细谈到了青少年犯罪浪潮即将到来。在这份报告当中，福克斯提出了两套方案，一套是乐观方案，另一套是悲观方案。在乐观方案里，福克斯指出，在美国未来 10 年当中，美国的青少年犯罪率将上升 15 个百分点；而悲观方案则指出，青少年犯罪率的上升将超过 100%。可能是美国人被吓怕了，尽管当时美国犯罪率呈现出下降的趋势，但那个悲观方案还是给人们带来巨大的恐慌。连当时的美国总统克林顿也不无担忧地说："我们有 6 年时间来扭转当前青少年犯罪的形势，否则我们的国家将陷入一片混乱。"（史蒂芬·列维特和史蒂芬·都伯纳，2006：135-145）然而，现实的情况却恰恰相反，犯罪率并没有不断上升而是不断地下降，同样青少年犯罪率不仅没有像福克斯所预言的那样上升 100%或 15 个百分点，而是在 5 年的时间里下降了约 50%，并且这几乎涉及各种类型的犯罪，大到凶杀、抢劫、重伤害，小到盗窃，都是如此。

事实上，就在这些专家为人们描述恐怖未来的时候，这些变化已经在发生了。那些当初没有预料到这种下降的专家们一时之间又开始忙于向人们解释为什么会发生这种变化。他们提出的大多数理论听起来都非常符合逻辑。有人说是 20 世纪 90 年代一路狂飙的经济增长率帮助扭转了青少年的犯罪势头；也有人说这是因为不断变化的人口结构、毒品和枪支交易市场的变化、扩大的监禁、警务改革等因素（Butts，2000）。

这些理论不仅符合逻辑，还十分振奋人心，因为它们都把犯罪率的下降归结为某种具体的人为因素，它说明了只要采取某些必要的措施，犯罪行为是完全可以得到控制的。如果枪支得到有效的控制以及采用更为行之有效的巡管方案，或是使人们都获得更好的工作机会能够让犯罪率下降的话，那么可以说美国人已经掌握了控制犯罪的秘诀，当以后美国再次出现犯罪率上升的时候，人们就可以用同样的方法进行应对。于是一时间这种理论在美国得到了广泛的传播，社会学家、犯罪学家们大肆鼓吹，媒体也大幅宣传，因此在一个很短的时间里，这一理论就成了为人所熟知的常识性知识。

美国著名犯罪学家和经济学家史蒂文·莱维特[①]（Steven Levitt）认为真正导致纽约市犯罪率下降的并不是枪支控制，也不是强劲的经济增长，更不是新的巡管方案，真正的秘密是潜在的罪犯数量的急剧减少（Levitt，

① 部分作品译为史蒂芬·列维特。

2004）。毫无疑问，莱维特的观点有点片面。纽约市犯罪率的下降不是一两种原因导致的，它是各种因素综合的产物，但是在众多因素中，青少年犯罪的减少对犯罪率下降的积极作用是无可替代的。犯罪学中有一条最为人所熟知的真理，那就是性别和年龄与一个社会犯罪数量的走向两者间有着极大的关联性。往往某些特定类型的犯罪成了年轻人的游戏。犯罪学家在不同时期和不同地点收集的数据表明，十几岁至二十几岁这个年龄段是一个人最容易犯下暴力行为和盗窃错误的人生阶段，因为他们比其他任何年龄段的人都更冲动，也更容易受外界的诱惑。

如前所述，美国联邦调查局在全国范围内的警察局所收集的逮捕数据显示，犯盗窃行为的犯人在 17 岁这个年龄段的人数要远远超过其他年龄段，而到了 21 岁，发生盗窃行为的比例就已经下降了一半。在各种类型的犯罪中最容易犯罪的年龄都集中在 18～24 岁，只是某些类型的犯罪在达到犯罪年龄的最高值以后，就开始快速下滑，然而另一些类型的犯罪则回落得明显要迟缓一些。让人感觉很不幸的是，暴力犯罪中最为恶劣的凶杀案从犯罪年龄顶峰下降的速度要远远慢于抢劫和盗窃行为。全美范围内的统计数据显示，谋杀罪的犯罪人口直到 35 岁左右这个年龄段，其犯罪率才实现了近一半的下滑（Blumstein，1995）。

从犯罪统计的角度来说，事实证明，并非所有的孩子生下来都是平等的，他们之间有着巨大的差距。那些出生在不幸家庭中的孩子成为罪犯的可能性要远远大于那些出生在幸福家庭中的孩子。在“罗伊诉韦德案”之后，为数众多的女性都跑到医院实施堕胎手术。以 1984 年为例，当年纽约卫生部门报道的堕胎数量为 17 210 起，而当年的婴儿出生数量仅为 13 175 人（Joyce，1988）。事实上寻求实施堕胎手术的人大多是贫穷、未婚或者是未成年的女性，如果她们的孩子出生的话，这些孩子成为罪犯的可能性要远远大于在一个健康家庭环境里成长起来的孩子。正是由于允许女性堕胎法案的颁布，这些孩子最终才没有降临世间。这样一个事实所产生的影响是极为深远的：许多年以后，就在那些未出生的孩子将要进入犯罪高危年龄段的时候，整个社会的犯罪率开始急剧下滑。

在纽约市，特定年龄段的凶杀犯罪逮捕率所呈现的情况和联邦调查局统计数据显示的全国范围内的特征完全相似。1978～1997 年，纽约市大多数杀人犯和他们的受害者都是男性少年和青年人口。1978 年纽约市被控告的杀人犯的平均犯罪年龄为 25 岁，而这一数值基本在整个 80 年代一直保持，直到 1990～1997 年，凶杀案的罪犯平均年龄下降到 22～23 岁。换句话说，从 70 年代晚期到 80 年代，16～25 岁犯凶杀案的罪犯数量占这一类型总数量的

50%；而到了 90 年代，20 岁左右的年轻人占据了更大的份额，约 60%的犯凶杀案的罪犯都是这一年龄段的人口，如果进一步考虑到 20～30 岁中的其他类型犯罪，那么就有超过 70%的可疑罪犯都是 16～30 岁这一年龄段的人口；如继续考虑到 30～40 岁和 40 岁出头的案犯，那么在凶杀案的犯罪分子中将会有 90%以上的人口处于 16～45 岁这一年龄段（Karmen，2000：244）。可见，不同年龄的人犯罪率存在很大的差异，因而在研究犯罪时必须考虑罪犯的年龄因素。

由于年龄、性别和犯罪之间存在着重要的关联性，因此当一个地区的少年和青年人口猛涨时，该地的犯罪率就会随之增长；反之，犯罪率就会下降。随着年龄的增长，人的心智越来越成熟，青春期的鲁莽和好斗的性格不见了，取而代之的是稳重。因此，犯罪率的增长与青少年人口的增长有着很大的关系。

即使是为数不多的一部分青少年犯下了伤害他人的罪行，我们也应将整个青少年群体作为犯罪研究的重要对象。第二次世界大战结束后，大批军人返回美国，从而使 1946 年成为美国“婴儿潮”的开始。1946 年，美国有 340 万名婴儿出生。在此后的 1946～1964 年，美国共有 7590 多万名婴儿出生，约占美国总人口的 1/3。尤其是 60 年代出生的人，到了 80 年代进入青少年期，他们改变了整个社会的人口结构，美国人口中 20 岁左右的青少年数量激增。对于纽约而言，80 年代年龄结构的变化是灾难性的，它引发了许多社会问题，其中就包括了犯罪活动的泛滥。“婴儿潮”时期出生的一代人到 80 年代均处于 15～35 岁这一年龄段。从 90 年代开始，这一群体的大多数成员已步入了一个思想行为成熟的中年阶段。与此同时，70 年代以后，由于堕胎合法化政策的颁布而形成的“生育低谷期”出生的一代人也即将进入狂躁不安的青春期和成人阶段。例如，从 1990 年到 1998 年，9 年时间里纽约市 20～24 岁年龄段的人口下降了 19%，25～30 岁的成年男性人口也减少了 18%，15～19 岁的人口也下降了 2%。上述 3 个年龄段人口在 1990～1998 年都下降了 14%（Karmen，2000：245）。简而言之，一个地方的成年人口结构的变化对整体犯罪影响相当大。1990～1998 年，纽约市处于容易犯罪的三个年龄段的人口数量出现了较大幅度的下降，尤其是这一群体中男性人口结构的下降对抑制城市犯罪起了非常重要的作用。

纽约市几个人口众多的种族群体与不同类型的犯罪率的升降密切相关。非裔少年与青年男性因为暴力行为而遭逮捕的比例远远高于同一类型的拉丁裔群体。在这两个群体里，无论是因凶杀案被控告的人口数量还是比例都要远超过同一年龄段的白人。根据人口数据的资料，在 20 世纪的最后 10 年，生活在纽约市的白人男性青少年越来越少，由于白人卷进街头犯罪的比例很低，所以白人的这种人口趋势对犯罪率的影响并不是主要的。但是，非裔青少年男性居民的减少对犯罪则形成了巨大的冲击力。同样，20～29 岁的拉丁裔男性人口规模的缩减对犯罪率的下降起到了积极的作用。总的来说，“婴儿潮”时期出生的那一代人进入了成熟的中年时期，潜在的犯罪高峰期年龄段的人数也减少了，这些都促使了纽约市犯罪率的下降。

通过对 20 世纪 80～90 年代人口年龄结构、族裔结构的比较和分析，我们清楚地看到 90 年代青少年群体数量减少、非裔人口增长缓慢、白人移民占比有所上升、亚裔移民迅速增加的事实。如果把这种变化与纽约市犯罪率起伏的历史过程结合，我们可以看出年龄结构、族裔结构变化与犯罪率之间存在着某种直接或间接的联系。

首先，20 世纪 90 年代纽约市的族裔结构变化中，纽约市非裔人口比例的下降对犯罪率的减少所起的作用最为突出。一般情况下，人们都不愿接受非裔和犯罪之间的必然联系，认为这样就会被贴上种族歧视的标签，在美国，非裔更认为这是对他们最直接的歧视和人格侮辱。但是美国历史上各个时期的犯罪数据都不约而同地把箭头指向了非裔，但是这并不意味着非裔真像某些种族主义者所叫嚣的“非裔是劣等人”的那样，而真正的原因是与他们所处的社会地位以及经济状况等息息相关。但是，正如美国学者弗兰克·斯卡皮蒂（Frank R. Scarpitti）所说的，“非裔、墨西哥人、波多黎各人和印第安人都保持了高犯罪率，而犹太人与东方人的犯罪率比所有社会集团的平均犯罪率都低得多……种族与社会阶级经常重叠，非裔一般处于较低的经济集团，而这些经济集团往往有较高的犯罪率”（弗·斯卡皮蒂，1986：291-292）。

但是，20 世纪 90 年代，美国颁布及实施的新移民政策侧重于对新移民的来源地、经济状况以及受教育水平的审核。1990 年正式生效的新移民政策促使移民主体——拉丁裔和非裔开始出现下滑趋势，亚裔仍然保持了高速增长的势头，欧洲人在人口中的比例也开始上升。90 年代纽约市非裔在总人口中的比例减少，即意味着犯罪高危种族数量在总人口中的比例减少。

其次，20 世纪 90 年代纽约市人口年龄结构的变化，尤其是青少年比例的下降对犯罪率的影响重大。年龄与犯罪之间的关系是毫无争议的，在所有年龄段的人口中，青少年是犯罪行为最为活跃的。事实上，各种类型的犯罪行为似乎都在这个年龄段达到了顶峰。由于青少年往往没有形成正确的世界观和价值观，年轻气旺，易受外界的影响，因此比其他年龄段的人口更容易触犯法律。在一个社会中，青少年所占人口的比例越高，往往意味着犯罪率越高。随着 1970 年纽约市堕胎法律的改变，堕胎在纽约市变成合法行为，随之寻求堕胎的女性人数逐渐增多，1971 年成为纽约市人口出生率的分水岭，70 年代纽约市的人口出生率相比于 60 年代大幅度下降。70 年代的低出生率即意味着进入 90 年代之后纽约市青少年人口的减少，而也正是这个年龄段的一群人成为 80 年代纽约市治安混乱的罪魁祸首，同样犯罪高危年龄段人口数量的减少对 90 年代社会治安状况的改善，特别对暴力犯罪的下降有积极作用。

最后，人口素质的提高与犯罪率下降之间有着密切的关联。提高国民教育水平通常能够提升人们的人力资本，使得他们收入增加，也更少失业，由此便提高了他们犯罪的机会成本。受过高等教育的人可能过着更为体面的生活，如果他们受到刑事惩罚，则会对他们的名誉、地位、心理等造成相对更大的伤害，这也进一步遏制了这些受过高等教育的人犯罪。此外，教育也会使人变得更加文明，改变他们的不良偏好，减少犯罪。实证研究表明，学校的教育可以显著降低犯罪率。90 年代纽约市接受高等教育的队伍不断壮大，极大地促进了纽约市犯罪率的下降。

纽约市犯罪率由 20 世纪 80 年代的高峰到 90 年代的骤降，是众多因素综合作用的产物，人口结构的变化是其中一个极其重要的因素，正如纽约市市长朱利亚尼所说："犯罪不是一种自然行为，而是人的蓄意所为。"（高英东，2001）但是，人口结构变迁是一个动态的过程，本身具有很多不确定因素，政府决策的改变或新法律的颁布，抑或是社会经济形态的变化都会引起某一区域人口结构向特定方向转变。在特定的历史阶段和社会环境下，人口结构对犯罪所产生的影响不尽相同。20 世纪 80～90 年代，纽约市人口结构的变化对犯罪所产生的影响无法回避生育政策和新移民政策的作用，同时受到社会文化的制约，并与纽约市经济结构转型和经济形势的好转息息相关，我们不能孤立地理解纽约市人口结构变化对犯罪的影响。因此，关于人口结构的变化对 20 世纪末纽约市犯罪率下降的影响，我们既不能夸大其作用，也不能忽视其影响。

纽约市在 20 世纪最后 20 年所面临的社会治安的问题是城市化过程中所不可避免的，我们可以通过对纽约市的犯罪问题研究为城市的可持续发展提供许多的启示。

第一，制定正确的政策以促进城市人口迁移的正常、有序地进行，加强对城市流动人口的管理。当人口迁移处于盲目的、无序状态时，会对社会发展产生一定的负面影响。由人口迁移所导致的民族和种族的混杂，会伴随着风俗、习惯、心理、观念以及生活方式上的摩擦和冲突。在缺少相关机制和举措的情况下，这种摩擦和冲突会长期存在，并对社会治安构成一定威胁。因此政府必须在政策上加以引导，在经济上为迁移人口提供更多的机会，以加速迁移人口融入迁入地的生活。

第二，加强对青少年的教育投入。青少年是国家的未来和希望，也是社会发展充满活力的人力因素。一个国家或一个城市里青少年是社会经济活力所在，但同时青少年也给社会治安带来了巨大的压力。对城市中的青少年犯罪问题，要采取法律措施来打击和控制，同时更有效的方式是尽量为青少年提供更多的教育机会，解决适龄青少年的就业问题，铲除导致青少年犯罪的土壤。

第三，建立健全城市人口最低生活保障制度、福利制度、医保制度。城市中的贫困人口是城市治安的不稳定因素，虽然许多贫困者确实在为生存和改善自身的境遇而奋斗，但是有些人无论多么努力，仍然无法找到合适的工作以摆脱贫困，因此难免会出现绝望和悲观的情绪，他们为生存会寻求各种方法，其中包括敌视和挑衅社会的行为，比如破坏行为、盗窃、袭击。如果贫困人口的基本生活可以得到保障，从社会得到的是温暖而不是无情的冷漠，他们犯罪的概率就会降低。

第八章

福利改革与纽约城市犯罪

提供社会福利是现代国家政府的一项重要的公共管理职能，社会福利开支已成为政府预算开支的重要内容，为此各国政府都要精心构思其社会福利政策。美国是较早实行福利政策的国家，其福利主要包括由联邦政府直接管理的养老保障项目，还设立了增加工作机会项目以提供就业机会，创设了联邦援助授权项目，即联邦授权州和社区对未成年人、老人和残疾人进行财政援助，有失业补贴、就业服务、儿童福利、公共住房、城镇改建、职业教育等项目。2021 年，美国社会福利开支（包括社会保险、医疗补助等项目）为 10 560 亿美元，占当年联邦财政预算（68 230 亿美元）的 15%[①]。但 20 世纪 90 年代情况大不相同，1995 年美国社会福利开支占 1995 年联邦预算的 55%，仅其中的医疗补助项目就高达联邦预算的 18%（王章佩，2004）。可见，那个时期美国社会福利开支比较高，为老、弱、病、残、幼、贫等弱势群体提供了及时的援助，减少了他们因生活困顿而铤而走险、危及社会的机会。社会福利与犯罪率存在着密切关联。传统的社会福利能减少贫困，在一定程度上降低犯罪率，但第二次世界大战后西方福利政策发展很快，却不一定降低犯罪率。本章探讨从里根政府到克林顿政府时期的福利政策与纽约城市犯罪的关系。

第一节　战后美国社会福利政策的演变

第二次世界大战后，美国的社会福利政策经历了巨大的调整和变化。罗斯福新政之后，美国政府的福利职能呈迅猛发展的态势，然而到了 20 世纪 70～80 年代之后扩张的势头有所削减，进入了缓慢调整阶段。里根政府率先放弃了传统的“福利国家”理念，试图把联邦政府的福利干预职能降到最低

---

① Welfare Budget. https://federalsafetynet.com/welfare-budget[2022-07-07].

限度，而克林顿政府则采取了经济手段和其他的措施增加工作机会、加强教育培训，实施积极的福利政策。

20 世纪 70 年代之后，美国工业生产指数急剧下降，美国经济形势迅速恶化。“私人建筑开工数从 1973 年 1 月的最高点到 1974 年 12 月的最低点，计下降 64.8%，这是战后下降幅度最大的一次，接近 30 年代大危机期间的下降幅度；汽车产量从 1973 年 10 月的最高点到 1975 年的最低点，计下降了 56.4%；钢产量从 1974 年 3 月的最高点到 1975 年 7 月的最低点，下降 34.4%。到 1975 年 5 月，失业人数猛增到 825 万人，失业率达 8.9%，为 1941 年以来最高纪录。”（刘绪贻，2008：435-436）美国经济发展减缓、失业率居高不下以及人口老龄化等困境，使实施新政以来持续快速扩张的社会福利政策受到挫折和挑战，促使尼克松的福利改革进一步深化。尼克松当政以后，由于新政国家垄断资本主义的内在矛盾日益突出，为应对“滞胀”危机，调整各级政府关系和改革庞大的社会福利体制，解决美国社会出现的新问题，争取中产阶级和南部白人的支持，尼克松提出新联邦主义和家庭援助计划。

1969 年 8 月 8 日，尼克松在电视演说中第一次提出新联邦主义的口号，对实施新政以来联邦政府的干预理念进行了反思，他认为“罗斯福的改革导致华盛顿的权力越来越大”。他说，美国正面临着城市危机、社会危机以及对政府的信任危机，必须“修理机器以适应 70 年代的需要”。同时，他认为 60 年代以来形成的庞大社会福利体系，是导致联邦政府机构恶性膨胀的重要原因之一，现行的社会福利制度造成大量非裔和穷人涌入福利较高的北部大城市。这是 60 年代城市动乱的根源。美国中产阶级和部分蓝领工人，对“从摇篮到坟墓”的福利体系日益不满。尼克松认为这种“造就懒汉”的福利体系要改革，因而提出家庭援助计划。根据这一计划，“联邦政府将对年收入低于 3920 美元而又有未成年孩子需要供养的 4 口之家，提供每年 1600 美元的援助；受援家庭的成人，必须登记接受职业训练”（刘绪贻，2008：369-370）。但是，家庭援助计划推行的过程并不顺利。

到了 20 世纪 80 年代，里根主义采纳新右派的思想理念，对福利的认识主要有四点：①政府的公共援助在费用上应该控制在最小的幅度内；②联邦政府应该弱化在公共援助中的角色；③仅那些真正需要的人才能获取公共援助；④如果可能，公共援助应该建立在短期的基础上（DiNitto，2005：49）。他同时认为，政府不应该是福利的唯一提供者，福利服务可以由公共部门、营利部门、非营利部门、家庭和社区共同承担，政府的角色应当转型为福利服务的规范者、购买者、质量管理和仲裁者，并督促其他部门提供福利服务。里根执政时期采取的“大规模削减个人及公司所得税、大规模削减非国防开支、大规模增加国防开支”等措施（刘绪贻，2008：498）也是上述思想的体现。

里根执政后进行了大刀阔斧的改革，除了采取减税等措施力图恢复经济外，在社会福利方面也采取了重大措施。首先，里根政府通过构建“社会保障体系”帮助真正需要帮助的人，重组社会福利项目，但许多针对穷人的补贴项目并没有被社会保障体系所覆盖，比如对抚养未成年人家庭的援助和食品券。社会保障体系中的许多项目是社会保险类的，无法提高低收入群体的直接收入。其次，里根政府在社会福利领域重构了联邦与州政府间的关系，建立了所谓的新联邦主义。他们改变了以往由联邦或其代理机构先审查州政府的具体实施方案再进行福利决策的做法，创新了权力授予机制，即由联邦政府将社会福利区分为一些基本功能，如健康、教育、社区发展等，再根据这些基本功能将资金相应地划拨给州政府或地方政府，州政府和社区只要在相应的功能范围内即可自由地确定方案、使用资金。新的做法减轻了联邦政府的负担，同时将决策权下放到了州政府或社区，保证了资金使用上的灵活性和高效率。最后，里根政府将私人机构融入社会福利体系中，分散了政府福利供给的压力。

里根的保守福利政策造成了严重的后果。“收入最高的 1/10 的纳税人，在 1977 至 1988 年间，平均税额下降 6.4%，而收入最低的 1/10 的纳税人，其平均税额则上升了 20%。与此同时，里根政府对社会计划开支的削减，则扭转了 20 年贫困率长期下降的趋势。1987 年，美国穷人占美国总人口的 13.6%，10 年前只占 11.8%。更令人惊骇的是，还出现了‘超贫穷人口’，他们靠不足官方贫穷收入标准一半的资金维持生活。到 1989 年，每 20 个美国人中就有一个，即 1200 万[其中 35%为黑人（非裔），41%为儿童]属于这一范畴。这表明自 1979 年以来此种人口增加了 45%。这些人到处流浪，从事犯罪、街头斗殴、吸毒等活动，（成）为美国社会的不安定因素。”（刘绪贻，2008：506-507）因此，人们希望政府的社会福利政策能帮助需要的人渡过难关，维护社会和谐稳定，但并不是所有福利政策都能达到这样的目标。

在 1988 年的大选中，里根政府副总统共和党人乔治·布什获得成功。他继承里根的经济政策，但是美国经济衰退，通货膨胀严重，财政赤字超过预算，国债超过最高限额。赤字从 1989 年的 1520 亿美元上升到 1992 年的 3180 亿美元，达到历史最高水平；1990 年 4 月的统计表明，美国债务总额从 80 年代初的 4 万亿美元跃升为 80 年代末的 11 万亿美元。美国从最大债权国变成最大的债务国（刘绪贻，2008：511-512）。在社会福利政策方面，布什任期也是萧规曹随，没有大的建树，即使在1990年6月国会同意增税，但所增税款不足以弥补财政赤字。

克林顿的福利政策的指导思想是采取经济刺激或其他手段使人们获得工作、胜任工作，取得工作收入，实现自给。这是一种更为积极的福利政策思想，既重视政府在福利领域的地位和作用，又不是对凯恩斯主义的回归，是20世纪90年代西方兴起的“积极福利思想”的体现。

通过对美国社会福利政策思想演变的梳理，可以看出美国对福利政策的认识是一个不断完善的过程，同时也有其理论来源。从早期政府不干预而自动实现社会福利最大化的思想，到罗斯福要求联邦政府直接介入社会福利领域，这些变化和内容无不体现凯恩斯主义的社会福利思想。新右派的兴起对政府干预的理念提出了质疑，并倡导新联邦主义，主张降低联邦政府在社会福利领域的地位和作用，将相关的权限转移到州政府，导致了里根政府对社会福利的保守态度；克林顿谋求的折中路线是建立在对里根政府的保守态度的反思基础上，但又不是对新政思想的简单回归。

事实上，西方社会福利政策也受到学术界的批评，尤其是自20世纪70年代初爆发第二次世界大战后最严重的经济危机以来，新自由主义学派对福利国家政策发起猛烈的抨击。他们认为福利国家制度导致金钱大量浪费，而且培养了懒汉，缺乏竞争，经济生活官僚化。为什么所有西方国家同时转换政治方向，大规模削减社会福利?里斯本小组撰写的《竞争的极限》概括出以下几个原因：①20世纪60年代末开始的经济危机，助长了一种只关注自己生存与进攻性竞争形式的生活逻辑；②技术革命改变了生产方式，使许多劳动岗位变得多余，并且在世界范围内改变了工业地区的产业与地域分布；③正在出现的、以竞争为取向的金融与其他市场的全球化，生产全球化，公司战略与组织、行动方式的全球化；④社会结构的转变（工人阶级的瓦解、中间阶层的削弱、老年人比例的日益增多）促使个人主义与功利主义的价值观再度兴起；⑤国家财政赤字、资金匮乏与国家开支方面存在必要的轻重缓急次序。里斯本小组（2000：65）认为：“这些因素使得世界范围内多数国家把竞争的无上命令作为最主要的经济与政治目标。在全世界绝大多数政治领导力量的观念中——首先是在富裕国家中——维持社会福利国家意味着经济竞争能力的丧失。今天公众舆论相信，一个国家较强的竞争能力是无法与维持社会福利国家的庞大负担相协调的。”

总之，由自由放任的福利观到新政时期政府进行干预的福利观，到里根政府保守的福利观，再到克林顿时期的积极福利政策，这是一个逐渐演变的过程，也是美国政府根据现实而采取的灵活、变化的政策的过程。其演变的动力是美国社会发展的需要，也是两党传统的政治理念和经济利益博弈的结果。正是这些演变对美国社会经济产生了深远的影响。

第二节　福利政策与纽约市犯罪率上升

在 20 世纪 80 年代经济衰退、社会治安恶化的大背景下，纽约市社会福利政策也处于复杂的困境之中。当时纽约市正处于民主党人爱德华·科克市长的第二、第三任期，财政负担沉重，资金捉襟见肘。他在施政纲领中承诺 148 亿美元预算以扩大公益，但很快就发现无法兑现。至 1981 年，当全市 21.7%的居民收入低于全国最低贫困线时，该市的多个医院系统和数十万个家庭的生存完全依靠联邦政府的补助（乔治·J. 兰克维奇，2005：293）。随着经济危机、财政赤字日益严重，联邦融资部分逐步下降，但众多服务机构想从日益减少的政府基金中多获得一点资金的念头却有增无减。

在这样的困境中，纽约市社会问题有增无减，无家可归、艾滋病护理、毒品干预、儿童供养、环境安全等一连串“当务之急”，使得纽约市财政需求增加，社会福利受到影响。“暴力备受公众瞩目，犯罪率因毒品文化的扩散继续向上攀升，仅 1981 年，在该市范围内就有 1800 起凶杀案发生。”（乔治·J. 兰克维奇，2005：293）犯罪率居高不下，毒品潮席卷，让纽约市经历了最恐怖的年代，而科克市长不仅没有缓解毒品潮带来的犯罪，反而有意激化纽约市族裔之间的矛盾，于是族裔之间的争斗也成了纽约市的特色。

在社会治安恶化、种族矛盾不断加深的背景下，社会各界迫切希望通过更换市长来改变纽约市的困境。时势造英雄，1989 年底，曼哈顿区的非裔区长、民主党人丁金斯击败科克，出任纽约市市长。他获胜的原因有以下几个方面。

首先，前任市长科克连任三届纽约市市长，尽管在纽约市经济发展方面有些成就，如 1987 年就业大军达到 361 万人，创造 17 年来失业率最低水平的纪录，应纳税不动产大幅度增加（乔治·J. 兰克维奇，2005：298），但并没有解决纽约市贫困和社会治安恶化问题。

具体来说，纽约市收入低于全国贫困线居民的比例并未降低，相反还上升了，从 1975 年的 15%猛增至 10 年后的 23.9%。两度增加贫困补助津贴也未能扭转这一趋势。例如，在 1985 年，纽约人死亡的主导因素，年龄为 20～24 岁的是自杀，25～44 岁的则为艾滋病。随着犯罪率的急剧上升，成千上万名各种肤色的中产阶级决定逃离这片是非之地。贫困率发展到 25%以上，无家可归者流落街头，此时各种报刊的金融版面充斥着华尔街企业兼并和举债收购的新闻。纽约市的阶级差别看起来比以往任何时候都大。曾一度是很小威胁的艾滋病逐步升级为一场名副其实的瘟疫。同时，种族矛盾日益复杂，科克市长对少数族裔关注的事务反应冷淡。

其次，在科克三个任期内时常有警察虐待非裔事件发生。例如前文所说的在布鲁克林区的本森赫斯特发生的名为优素福·霍金斯的非裔青年被杀事件，就引起全市非裔抗议游行，造成纽约市社会严重不安和恐慌。这些都损害了科克在非裔社区的形象。

最后，纽约市少数族裔移民的增加也为丁金斯的当选助了一臂之力。自美国国会于1965年改革全国移民限额以来，重新开始的移民潮又来到纽约市，这股人流又因《1986 年移民改革与控制法》而得到加强。其中《1986 年移民改革与控制法》中一项重要内容是："凡是能够证明自己在1981年12月31日以前入境并一直在美国居留的非法移民可以在1988年5月 4 日之前申请临时居留美国的资格。"同时非法移民还可以申请赦免，凡被赦免者可以在 1990 年 11 月 6 日之前申请永久居留美国的资格。这就意味着大量非法移民可以合法居留美国。因此，大量移民借助移民法中的有利条款进入纽约市。据统计，70～80 年代涌入纽约市的新移民人数达到165.4万（White et al.，1990）。1990年4月，纽约市人口达到7 322 564人，其中有色人种占总人口的比例超过 50%，外国出生居民的比例已剧增到 28%以上（乔治·J. 兰克维奇，2005：304）。少数族裔在纽约市政治生活中占据越来越重要的地位，丁金斯利用这些得天独厚的优势在大选中成功胜出。

但是，丁金斯上任伊始就面临着纽约市严峻的治安形势。每年因毒品被捕的人数达到10万人；用于一支至少有1万人的无家可归者大军的市政开支超过2.25亿美元，6000名艾滋病患者挤满医院。面对危境，丁金斯该如何处理社会福利问题呢？为此，他上任不到 72 小时，就提出暂缓雇用 1800 名警察的计划，并大力削减开支，增加房地产税，以便为良好的城市社会治安创造坚实的经济基础。

可是，1990 年是从 1982 年以来城市经济情况最差的一年：纽约市一家出类拔萃的百货公司——奥尔特曼商店于 1 月份关闭；金贝尔、科尔韦特和亚历山大等商店营业额严重下滑；1990 年前三个季度失去了 3.4 万个工作岗位；建筑业呈现萧条态势；一向火爆的律师业第一次出现裁减合伙人的情况。1990 年 10 月，标准普尔公司将纽约市列为"信用戒备"等级。在丁金斯一届任期里，纽约市共失去 40 万个工作岗位（乔治·J. 兰克维奇，2005：

294-304）。纽约市拮据的财政对丁金斯的社会福利政策造成严重的负面影响。在资源有限的情况下，丁金斯在社会福利方面仍然采取许多措施，对城市弱势群体提供援助。

第一，儿童福利计划。儿童福利计划是丁金斯最推崇的福利项目。无论是儿童还是其家长，都欢迎并支持这项计划。他在就职典礼上宣称，孩子们的福利是他最优先考虑的。但是，由于财政捉襟见肘，他未能如愿以偿给予儿童们福利。纽约市自由派批评家们谴责市长削减他认可的儿童福利计划，批评他空有一副菩萨心肠。

第二，为公立学校教师大规模加薪。为教师谋福利是一项利国利民的“树人”计划。当时纽约市教育面临巨大挑战，教师工资太低，教员紧缺。丁金斯希望通过为教师加薪，提高教师的待遇，调动教师的积极性，稳定教师队伍。当时，有人还批评丁金斯格外优待教师可能是缘于一桩政治交易，因为教师们一向支持民主党市长候选人。可是后来因为经费不足，不仅未能对教师大规模加薪，反而为减少开支不得不裁减教育界员工。为此，丁金斯受到教育界的批评。

第三，对弱势群体提供援助。按地方性法规，纽约市不但参与许多联邦计划，如医疗补助制度、对有子女家庭补助计划和提供收入资助，而且还为没有住房的个人和家庭提供巨额附加救济，保护领养儿童以及照料艾滋病患者。作为该市最大的房地产主，纽约市每年差不多要花费 50 万美元用以维护 4.8 万套已取消回赎权力的公寓单元，同时它每年还要改造另外 1.5 万幢建筑物。纽约市还保持着拥有 1.1 万张床位和 16 个单元的医院系统，为贫民提供最基本的保健护理，这项费用每年高达 8 亿美元。

20 世纪 90 年代初，美国进入全国性经济衰退期，纽约市也处于经济疲软期，不但全市收入急剧下降，资金来源进一步缩小，失业和福利救济人员名册也同时扩大。福利和扶贫的开支跃至 20 年来的最高点，但同时经济衰退导致财政收入锐减。丁金斯可谓是“巧妇难为无米之炊”，无法满足社会福利需求。

人们对丁金斯的诟病还在于，存在大量享受到福利的人，并没有消除社会混乱的状态，反而滋生了大量游手好闲、不劳而获者。这些人成天游荡街头，过着寄生生活，自由散漫，成为街头犯罪的潜在力量。虽然早期西方国家社会福利曾起到过扶贫济弱的作用，但到了现代社会，社会福利的功能发生了很大变化。在有些发达国家，社会福利甚至起了负面作用，如滋生懒汉、抑制工作积极性等。有学者说：“美国贫困状况并无好转，贫困人口有增无减。战后，美国在职人员与养老金领取者人数之比为 16：1，现在是

2.5：1。”（臧秀玲，2004）可见，丁金斯执政时期的福利政策并没产生好的社会效益。

第三节　20世纪90年代社会福利政策与纽约市犯罪率下降

20世纪90年代，随着科学技术革命的发展和信息技术的广泛应用，美国出现了“新经济”现象，整个社会的生产方式由劳动密集型向知识密集型转化。这必然带来工业结构的大规模调整，由传统工业部门裁减下来的工人由于其工种、专业技术不符合要求而失业并且很难再就业。同时，知识密集型产业带来了劳动生产力的巨大提高，这必然使社会产生越来越多的剩余劳动力，从而产生严重的失业现象。这对美国社会福利政策产生了重要影响。人们反思传统福利政策，希望积极地运用福利政策，造福社会。

一、克林顿与“积极的福利政策”

克林顿入主白宫之后，美国进入新经济时代，经济形势好转，但社会治安恶化，犯罪问题严重。克林顿对美国60年来的社会福利政策进行了反思，罗斯福、杜鲁门、肯尼迪、约翰逊等民主党政府扩展的福利政府出现了问题，而艾森豪威尔、尼克松、福特、里根、布什等共和党政府收缩的社会福利政策改革又带来了新的问题。克林顿吸取前任的经验和教训，对社会福利政策进行改革。

1992年9月13日，民主党代表大会通过《致美国人民的新契约》，其反映了克林顿折中的福利政策思想，“我们希望以坚持两个简单的原则来打破这种福利循环：能够工作的人不能永远地靠福利生活；有工作的人不能生活在贫困中。我们将继续帮助不能自助的人。福利是一种许诺，保证给处于贫困的人提供帮助”（萨本望等，1992：200-202）。他认识到既要改革福利政策的弊端，即避免使领取福利成为一种生活方式，让有工作能力的人进行工作，减轻福利的支付压力；同时又承诺给处于贫困或不能自助的人以帮助，实现社会福利政策的宗旨和功能。

1992年，克林顿上台后任命了一个福利专家组对福利政策进行分析论证，得出的主要政策原则可以归纳为如下几点：①采取经济的或其他刺激措施以实现自给，如通过经济刺激或其他服务使抚养未成年人的家庭进入或重新进入工作队伍中；②提高对儿童的支持力量，并加强父亲的责任；③通过教育、培训和其他必要的经济刺激使领取福利者获得工作并胜任工作，此外通过增加工作机会和其他灵活手段使抚养未成年人家庭获得工作收入；④将家庭领取福利的时间限制在两年，从而使领取福利不至于成为一种生活方式，同时发展州政府的增加工作机会的项目，使人们在领取福利的期限结束后能够找到工作（DiNitto and Johnson，2005：200）。

1996 年 8 月，克林顿签署了曾经两度被否决的《社会福利改革法案》。其主要内容包括如下几点：①领取社会福利的最长期限为 5 年，并且需要在 2 年内找到工作；②冻结赠款，由州政府决定如何使用联邦政府的援助资金；③18 岁以下的单身母亲必须在校或与监护人居住在一起才能得到福利金；④未成为公民的合法移民不能获得联邦政府的福利金，州政府将拿出福利项目的 30%用于儿童补助。

《社会福利改革法案》的重点是进一步弱化联邦政府在社会保障体系中的主导作用，强化州政府和社区的地位和责任。联邦政府的职能将逐渐从社会福利的直接提供者转化为决策者和监督者。从中可以看出克林顿政府的福利政策的核心有两个，即在保证政府对公民的福利责任的前提下进一步削弱联邦政府的福利供给地位并转化其角色，以及变消极福利为积极福利，变风险防范为高质量的充分就业。

克林顿指出“政府不仅要更多地干预，而且要更好地干预”，因此采取了经济和其他的措施增加工作机会，加强教育培训，实施积极的福利政策（王章佩，2004：89-96）。传统福利国家所提供的广泛的社会保障是以追求终生就业为前提的；而积极的福利制度则认为，在迅速发展的信息社会中，普遍的终生就业在某些时候可能成为例外，因此，接受高质量的终生教育或培训是必要的。这可以为人们提供使之适应社会发展的生存技能。为了适应知识经济时代和全球化时代对公民的职业技能的需求，福利国家把原来的消极被动的保障服务变为提供积极的技能服务。强调国家不应操办一切，而应转变就业机制，变被动的恩惠式福利为主动的进取式福利，变事后补救性福利为事前预防性福利，变生活福利为工作福利。

同时，福利也包含“培训和教育性的社会投资”。具体来说，政府通过为公民提供良好的教育条件来提高其素质，使个人具备适应新经济发展的知识技术能力。尤其是对于大批失业者，国家帮助的重点不再仅仅是发放救济金，而是对其进行职业技术培训，帮助其掌握新技术，提高就业能力。“授之以鱼不如授之以渔”，提供高质量的终生教育和培训，使公民具备为个人负责、为国家负责的本领，才能变消极福利为积极福利。这些做法改变了过去只是营造社会保障体系的做法，并在实践中初见成效。

二、朱利亚尼与福利改革

经过丁金斯四年的执政，纽约市既没有复兴经济，也没有恢复秩序。人们再次通过选举，把改革呼声高涨的共和党人朱利亚尼推上纽约市市长的宝座。朱利亚尼一上台就进行了铁腕改革，整治腐败打击犯罪，短短几年纽约市就复兴了，吃福利的人口削减了 2/3，只剩几十万人，犯罪率大幅度下降，纽约市重新成为一个适合生活的城市。

继 1989 年之后，1993 年朱利亚尼再度参选纽约市市长，当时选举的主要议题在于犯罪和税赋的政策。朱利亚尼抨击时任市长丁金斯过度扩张了市政府的预算，并且缺乏管理市政的才干。丁金斯不断强调他在担任市长时促进了纽约市的多元文化发展，然而他任内却也在布鲁克林区发生了反犹太主义的暴动，以及当地非裔社群对韩裔商店的抵制事件。

朱利亚尼强调纽约市已经面临社会和政治秩序崩乱的危险，批评丁金斯治下的纽约市无法应对当时全国性的经济衰退，使得失业率居高不下——1989 年到达 6.7%，1992 年飙涨至 11.1%，也使得纽约市的犯罪率创历史新高；同时，批评丁金斯培养懒汉的福利政策并不能消灭贫困问题。朱利亚尼强调要恢复社会秩序、处理当今面临的问题关键在于重振经济，稳定社会秩序，打击犯罪。因此，在社会福利方面，朱利亚尼强调不能走丁金斯的老路，而是要走一条新路，这就是"工作福利"计划，即开展技能培训，增加就业，促进经济发展，并且通过改善城市治安、公共建设以及城市生活来达到改善纽约市形象的目标。为保证"工作福利"计划的顺利进行，朱利亚尼采取以下几项措施。

（一）推行减税政策

1994 年朱利亚尼上台时，纽约经济已经走到刀锋边缘，身为国家经济反射中枢的纽约经济，已经持续萧条 38 年之久。数十万个工作机会随着企业出走连带消失。然而整个 80 年代，纽约市政府预算竟然扩增至原来的 3 倍，从每年的 100 亿美元扩增至 300 亿美元，社会救济人数高达百万人。纽约市预算赤字经常在 20 亿～30 亿美元，亏空现象一年比一年严重。但丁金斯时期年年削减福利、增加税收、贱卖资产、恳求工会合作，并祈祷否极泰来。就在其他城市仅仅征收财产税之际，纽约市自创了一系列闻所未闻的杂项科目及经费，同时也不放过所得税、消费税以及财产税等。依赖救济的人数持续增多，但有能力支付税款的人数却逐渐减少。

为了打破危局，减轻人民的负担，恢复城市秩序，朱利亚尼首先从经济入手，节省开支。一方面，他一口气删减 3.5 亿美元的政府津贴；另一方面，精简机构，减少开销，强迫资遣数百名员工。他聘请夏沃（M. Shaw）担任财政委员，拉克曼（A. Lackman）担任预算主任，目的就是让“挥霍无度的都市”消灭日益庞大的赤字。纽约健康与医院集团（Health and Hospitals Corporation，HHC）就削减 2200 名雇员，同时削减董事会一半编制。布鲁克林区教育局也裁员 2000 名（安德鲁 · 科兹曼，2004：35-37）。2000 年，朱利亚尼市政府减税 30 亿美元（乔治 · J. 兰克维奇，2005：323）。

朱利亚尼裁员和减税政策并非一帆风顺，多数民权领袖都表示反对。《纽约新闻报》便对朱利亚尼大加挞伐：“这绝非负责公仆应有的态度。”另外那些被精简的单位也起来抵抗。当政府提出废除艾滋病防治服务部时，就遭到人们的抗议，艾滋病防治抗议者占据市政大厅回廊，静坐抗争，几乎使整个城市瘫痪。结果，政府出动警察维持秩序，逮捕了 20 多名抗议者。后来，经过有关部门的申辩，朱利亚尼也认识到，艾滋病防治服务部虽然存在不足，但对艾滋病患者而言仍有存在的必要，并最终决定不废除艾滋病防治服务部。通过这一事件，我们也能看到，削减编制工作并非一件容易的事件，而是充满着矛盾、斗争和协调。据一位纽约市前高官回忆起那段市政府预算报告的日子时说，朱利亚尼的耐心惊人，“那些个会议，总可熬上 3 个钟头，单单为弄清楚究竟聘雇更多员工以疏解加班现象较为合理，还是多付加班费更划算，我们可以反复讨论个没完”（安德鲁 · 科兹曼，2004：39）。朱利亚尼通过减税政策、减员政策，大大缩减了政府编制，减少了政府开支，这也就在很大程度上减少了财政负担。

（二）援助弱势群体

我们通常所讨论的社会福利，就是政府把合法征税获得的一部分收入作为社会福利提供给广大居民，尤其是那些需要帮助的老、弱、病、残、幼等弱势群体，以帮助他们过上正常的生活。众所周知，这实际上是国家给经济注入的一种市场需求，有利于刺激经济发展。同时，社会福利政策对减少贫困、缓和社会矛盾、促进安定发挥了一定作用。美国政府通过税收政策把一部分财富集中起来，然后再通过社会福利政策来分配，实现了国民收入分配的相对均衡化，缓解了贫富收入的两极分化，缓和了社会矛盾。这是第二次世界大战后大部分欧美国家解决国内社会危机、缓和社会矛盾的主要方式，也是美国一直保持着相对稳定的社会、经济秩序的重要原因。

朱利亚尼上任伊始，就显示出对弱势群体的关心。例如，在社会经济正常运行的时候，人们对外来移民能持包容和欢迎的态度，但一到经济衰退、政治危机等情况时，移民就会受到一些不公正的待遇。1994 年，国会众议院议员制定了一部名为“与美国的契约”的政治行动纲领，允诺在赢得对众议院的控制权后，在新一届国会的第一个 100 天内投票立法，就财政开支、赋税、赤字和债务等十个方面采取措施。这些措施旨在消灭预算赤字，大幅度削减从社会保障计划、老人医疗保险到学生贷款的福利开支，但同时又增加国防经费。这个纲领理所当然地遭到民主党的强烈抨击。作为共和党人的朱利亚尼，并未被党派利益纠缠，非但没有坚定地站在共和党控制的国会一边，反而公开谴责将美国存在的问题责怪到移民头上。他上台以后，支持移民政策，对那些有困难的移民，即使是非法移民，也要提供援助。他认为“只要你否认移民的贡献，你就不可能成为一位纽约人。我们自己国家把它的存在归功于移民们的辛勤劳动、决心和远见”（乔治·J. 兰克维奇，2005：318）。朱利亚尼的这些做法颇有新意，深得纽约市民的拥护和赞赏。

（三）清除街头流浪汉

朱利亚尼上任前，纽约市每年都有上百名无家可归者、流浪汉死于地铁站。他们被老鼠咬，被冻伤，被快速驶过的火车碾毙。在纽约市上西区，“街道就此成了悲怆之地。散落四处的游民横卧街头、行乞者也四处游荡。精神错乱、酒醉蛇行或尿骚熏人的男子，对着来往行人尖声怪叫。那些失落的灵魂，仿佛在寻找一种难以理解的和平”（安德鲁·科兹曼，2004：45）。当地居民对街头流浪汉也深恶痛绝，唯恐避之不及。每当乞丐出现在地铁站出口时，路过的人们总会皱眉头。

对于流浪汉来说，街头就是他们的家园。他们可以到处流浪、随地大小便、拦路要钱、强行“擦车窗”等。他们是弱势群体，生活没着落，生命安全没保障，通过强制手段把流浪汉送到社区有关福利机构，让他们享受正常生活，对他们来说是一种福利；但对大多数市民来说，没有流浪汉的骚扰，没有流浪汉的游荡，街道更整洁，社会更安定，财产更安全，这也是他们的福利。对城市来说，无论是流浪汉还是市民，清除流浪汉都是社会福利。朱利亚尼发誓要整治社会治安，还纽约市以安全街道、安全城市之本来面目。

布拉顿担任纽约市警察局局长之后，他决心把这些流浪汉扫出地铁，他认为如果让流浪汉游荡在地铁里，那是一种犯罪行为。“地铁并非用来睡觉，更不是用来居住的。我们要用将这些无家游民驱离地铁的方式，将他们再度驱离街道”，布拉顿斩钉截铁地说。尽管有人批评布拉顿，认为他的

“扫荡街道”行为是“骚扰非裔青年”“损害流浪汉的权利”，但布拉顿不为所动，决定必须还纽约市一个清静的街道。

在纽约市政府对街头犯罪大加整治的同时，对流浪汉的清理是纽约市警察局恢复纽约秩序的一个重要措施。布拉顿设置了一个 35 人小组，将流浪汉从“袋床”、瓦楞纸箱以及临时住篷驱赶出去，并给他们提供一个庇护之地。流浪汉若是拒绝，则会被驱离，或在某些特定情况下遭到逮捕。至于行乞者，尽管高等法院判决《反游荡法令》（The Anti-loitering Law）违宪，然而警方却运用任何想得到的理由，破解了这道难题。行乞者若靠近行车驾驶，则根据《纽约州刑法》第 240 章第 20 条第 5 款规定，以妨碍车辆通行遭到传唤。他们若与行人有肢体接触、跟踪或甚至出现威胁性手势，根据《纽约州刑法》第 240 章第 26 条第 1 款规定，则会被指控犯有骚扰罪（安德鲁·科兹曼，2004：46）。经过朱利亚尼市政府的努力，纽约市恢复了安全，城市旅游业繁荣，文化艺术发展，城市经济发展，这才是纽约人最大的福利。

（四）“工作福利”计划

20 世纪 80 年代至 90 年代初，庞大的福利开支已经拖垮了纽约市的财政。朱利亚尼总结前任的教训，决心进行福利改革。他提出的“工作福利”计划就是其福利改革的成果。这个计划和克林顿总统正在推行“积极福利政策”不谋而合，目的就是把福利作为激发人们通过培训、工作最终脱离贫困的动力，成为城市发展的潜在力量。

许多美国学者认为，朱利亚尼在公众福利方面投入太少，但是当政府财政收支失衡、入不敷出的时候，政府无法增加足够的福利开支。他号召紧缩开支，减少政府对公共图书馆的投入，还曾否决市议会增加社会服务开支的要求，也曾要求教育委员会主任在 1994 财年进一步削减 3.32 亿美元。尽管他的要求没有获得通过，但也看出他的反对态度。他之所以要削减教育经费，是因为他认为纽约市教育部门官僚化、效率低下，系统内教师跟不上时代的步伐。一旦他认为对教育投入有价值时，那他毫不犹豫地以最大的努力支持教育。例如，当他发现教育官僚机构得到改善，学生成绩有所提高时，就会投入更多教育资金。1996 年，朱利亚尼创立享誉全国的“工作福利”就是福利改革的典范。

所谓“工作福利”，就是经过改革的福利制度，强调享受社会福利者必须从事某种公益工作或接受培训。这项制度深受市民拥护。它使接受福利人数从丁金斯任期时的 110 万名减少到 1997 年的不到 70 万名，到 2001 年底，福利救济人员名册大概降到 48 万名以下（乔治·J. 兰克维奇，2005：320）。

如果单单从数量上看，朱利亚尼的福利受众人数不及前任的一半，但从实际效果看，这个“工作福利”计划值得称道。首先，它是在财政困难时期的权宜之计。因为纽约市财政拮据，资金不足，社会福利不能杀鸡取卵，所以投入社会福利多寡要量力而行，不能寅吃卯粮，以免造成更大的财政赤字。因为当时城市社会治安恶化，城市当务之急是恢复经济、稳定社会秩序、打击犯罪，让人们获得安全感。其次，“工作福利”不是扶弱济贫，而是一种既扶弱济贫又对城市可持续发展有利的积极福利政策。这和克林顿总统提出的“积极福利政策”有异曲同工之效果。“积极福利政策”强调福利受益者不能再如过去那样张口要饭，而是要接受培训和教育，学会适应社会发展的生存技能，变消极被动的保障服务为提供积极的技能服务。强调国家不应操办一切，而应转变就业机制，变被动的恩惠式福利为主动的进取式福利，变事后补救性福利为事前预防性福利，变生活福利为工作福利。

教育培训是“工作福利”中的重要内容。朱利亚尼上台之前的几届政府，纽约市教育委员会向来严密，以致几乎无人能够了解他们的书面数据，使得外人对那儿究竟有多少员工、靠什么营生，全无头绪。整个机构犹如暗箱操作，历任纽约市市长挫败不已，他们义务提供赞助，却无权监督控管。

朱利亚尼对纽约市教育极为不满，与几任教育委员会负责人关系不睦，但他通过“工作福利”计划和其他必要的经济刺激，使享受福利者获得培训机会，为将来胜任工作做好准备；通过增加工作机会和其他灵活手段使抚养未成年人家庭获得工作收入；将家庭领取福利的时间限制在两年，从而使领取福利不致成为一种生活方式。另外，享受福利者必须按规定参加公共部门的公益活动，培养他们平等的人格精神和正确的人生价值观。这种教育培训对青少年来说意义特别重大。

三、教育培训对犯罪率下降的影响

“工作福利”计划以及政府教育的投入对受福利惠泽的人是有重要意义的，对人的思想品行、道德修养会产生重要影响，必将影响人的行为规范，从而减少城市犯罪。受过教育培训、参加过公益活动的人对城市经济发展和社会治安好转都起到积极的影响。

（一）减少了弱势群体的犯罪机会

纽约市的福利改革成为城市要优先考虑的政策。改革分为许多部分，其中之一就是强制性的工作福利制分配，并没有在正常劳工市场工作的个人被要求参加“工作经验强化培训计划”，“到 1999 年前期，超过 3 万人在给定的星期参加基本的工作经验强化培训工作，这是传统的没有薪水的工作福利制分配”（Nightingale et al.，2002）。这意味着所有具备劳动能力的成年人都必须参加工作，对于那些既不参加正常工作也不愿意参加“工作经验强化培训计划”的人，政府将强制执行，纽约市政府想通过这个计划传达出有能力工作者必须工作的信号，也想提高居民的就业技能以改善城市的就业状况，并促进城市经济的长远发展，福利制度的改革促使 1992～2002 年享受福利的人数下降了一半。这些享受福利者多半是弱势群体、曾经的流浪汉、失学少年或失足人员，如今他们经过培训，重新走上工作岗位，减小了走上犯罪道路的可能性。

（二）教育培训具有教化作用

尽管 20 世纪 90 年代初纽约市政府财政状况不佳，但政府还是增加教育投入，用于购买学校书本和计算机，增加图书馆的开放时间，购买大量图书资料，以及为警察们提供再教育。朱利亚尼市政府要投资的项目经费太多，引起城市委员会的不满，因此市长的部分计划，如对年轻人服务，为精神病患者、吸毒者和酗酒者提供治疗设备等的 9660 万美元资金的计划被驳回（Myers，1994）。90 年代，美国联邦政府计划为各个州提供资金，帮助学校吸收、雇用和培训教师，以达到缩小一年级至三年级课堂规模的目标。纽约市的学校系统先后从州、市和联邦政府获得的财政资源增加了约 8 亿美元资金。到 1998 年，纽约市教育部门官员说：“他们已经雇用了 5000 名教师，这足够应付城市中 1100 所学校每个班级开学时对教师的需求。”到 1999 年 8 月，所有小学班级都限制为 20 名学生的规模（Archibold，1998）。在 1997～1998 年，用于每个学生的花费从 7622 美元增加至 8330 美元，每个全日制普通教育学生的花费从 6183 美元上涨到 6727 美元，非全日制特殊教育学生的花费从 12 284 美元上升到 13 289 美元，全日制特殊教育学生的花费从 20 767 美元增加到 22 564 美元，110 万名学生中大约有 13.5%的学生加入特殊教育计划中（Archibold，1999）。

（三）培训教育提高了市民的素质

“工作福利”计划中开展的培训项目，有利于市民文化素质和就业能力的提高，进而提升了市民的经济能力，减少了贫困人口，直接降低了抢劫和机动车盗窃等犯罪数量，并部分消除了城市犯罪发生的潜在因素。有学者将纽约市的经济比喻成“胡萝卜”，将“犯罪控制”比喻成“大棒”，并调查它们对纽约市的凶杀、重伤害、抢劫、盗窃和机动车盗窃的影响，“胡萝卜”又定为失业率和最低实际工资，“大棒”则定为犯罪的确切拘捕率、警力规模和纽约州监狱中拘捕者数量。经过研究调查发现，失业率对入室盗窃和机动车盗窃存在影响，但是最低实际工资对凶杀和抢劫有影响（Corman and Mocan，2005）。20 世纪 90 年代中后期，纽约市经济的发展对犯罪的骤降起着重要的作用，但是，事实确实如同研究结果指出的一样，人们的文化素质和正确的价值观对犯罪产生了很大的影响。

（四）援助弱势群体政策有利于减少犯罪

那些享受福利的人非聋即哑，或身体残疾，或智力障碍，经过“工作福利”计划或培训，都能获得一定的工作和生活的能力，这对社会非常有益。否则，这些人谋生能力差、收入较低，为了生存，经常会铤而走险，走上犯罪道路。福利受益者经济条件的改善对犯罪率的下降也有着重要作用。研究成果显示，从 1990 年至 2000 年，10 个低收入地区的凶杀率从 80 人下降到 18 人（每 10 万名居民），而 35 个中等收入地区则从 20 人降到 10 人（每 10 万名居民）（Bram et al.，2003：27-28）。20 世纪 90 年代，纽约市外国出生的移民数量占到总人口的 36%（Bloomberg and Burden，2000）。因家庭团聚的移民减少，就业、避难等移民数量增加，这使得移民中存在大量弱势群体，需要政府援助。90 年代进入纽约市的移民比较年轻，工作经验较少，即使有的移民有较高学历也受限于他们的英语水平难以找到合适的工作，90 年代好转的物质文化环境部分解决了移民就业所面临的困难。据统计，“在 1992 年，依赖社会资助的市民达 35%，至 2000 年，依赖社会资助市民的比例下降到了 21%”（Bram et al.，2003：27-28），这有利于消除移民因失业而诱发犯罪的潜在因素。因此，朱利亚尼援助移民的福利政策，为移民解决许多后顾之忧，避免一些人走上犯罪道路，从而减少了纽约市的犯罪。

从 1980 年到 2000 年，纽约市的社会福利政策经历了从传统的福利政策到积极的福利政策的过程，从简单地向受援者提供经济援助，到向受援者提供包括培训教育在内的多元援助的过程。这个历史过程和纽约市犯罪率起伏过程相对吻合。从中可以看出，社会福利政策和城市社会治安有着正相关关系，但是，随着现代社会的发展，受到各种社会思潮的影响，这种关联变得更加复杂起来，值得学术界长期关注。

结语

人类自诞生以来，从穴居山林到逐水草而居，从原始村落到现代都市，始终追求建立一个理想的社会组织：一个公平、有序的社会。人类从农业文明进入工业文明，再进入以信息为主的后工业社会，人们通过科学技术来提高生产力，创造高度的物质文明和精神文明，不断推进现代化进程；人们通过宗教、道德、教育来提高素养，利用契约、规章来约束矛盾和化解冲突，运用社会控制和法律手段打击破坏秩序的行为。但是，伴随着工业化和城市化进程的推进，那些破坏社会秩序的行为并没减弱，而是变了花样继续危害人民生命财产安全和社会结构，给人类带来严重的危害。通过对纽约城市犯罪及其治理的实践的考察研究，我们对人类犯罪问题应该有一个深刻的认识，尤其是现代化进程中的城市犯罪。

一、纽约城市犯罪研究的启示

纽约市是世界上著名的国际性大都市，其物质文化和精神文化都高度发达，是世界的金融中心和文化中心，但是 20 世纪 60 年代以后，纽约市社会治安混乱，犯罪活动猖獗，成为世界城市发展史的黑色“奇葩”。80 年代到 90 年代末期，纽约市犯罪率正好经历从低到高再由高回落的一个过程。这种犯罪率起伏是美国社会矛盾的外在表现，也是纽约城市社会危机的反映。纽约城市犯罪的原因和治理都是多方面因素共同作用的结果。

（一）资本主义贪婪本性仍然是犯罪产生的根本原因

自美国立国以来，“美国梦”就成为亿万美国人和外来移民追求的目标，但真正实现“美国梦”的人又有多少呢？尽管如此，“美国梦”仍在膨胀，无数人为了这个梦而不择手段、诉诸暴力，大大刺激了各种违法犯罪活动和反社会的思潮；而美国精神中极具特色的个人主义为反社会的思想提供了无限的动力。马克思曾经在描述资本的本质时写道：“一有适当的利润，资本就会非常胆壮起来。只要有 10%的利润，它就会到处被人使用；有 20%，就会活泼起来；有 50%，就会引起积极的冒险；有 100%，就会使人不顾一切法律；有 300%，就会使人不怕犯罪，甚至不怕绞首的危险。”（马克思和恩格斯，1972：829）资本的这种本质在市场经济条件下普遍存在，但在资本主义社会里，在缺乏国家干预的情况下更加肆无忌惮。事实上，资本主义公开提倡和鼓励极端个人主义和拜金主义的价值观和人生观，这就意味着有人将为此良知泯灭和道德沦丧，其结果是犯罪变得自然而平常。

同时，日益加深的不平等现象和各种社会问题正威胁着美国的社会结构。第二次世界大战后，科学技术革命的发展，促使美国社会阶级结构发生变化，最明显的变化就是蓝领工人减少而白领工人增加。1980 年，美国白领工人占就业总人数的 63%。工人阶级的收入和生活水平有所提高，即使是生活在贫困线以下的百分之十几的人，通过社会保险和社会救济的所谓“保障网”，一般也能维持最低的生活水平。有些人反社会并不是“活不下去”，也不像马克思和恩格斯时代的那样存在“你死我活”的情况，而是为了活得更好，活得更加体面，活得更有尊严。另外，贫富差距和相对贫困造成的心理失衡也是引发犯罪的一个诱因。里根执政以来，美国贫富差距的确日益扩大，1989 年 10%的最富有家庭所拥有的财富占全国财富的 60.1%，10%最贫穷的家庭平均负债超出财产 4722 美元（刘绪贻，2008：610-615）。同时，企业经理人员与工人之间的收入差距日益扩大。“自 1977 年以来最富有的 1%人口的年收入显著增长，中间层的收入只有不大的增长，而底层五分之一的（人口）实际收入是下降的。在整个 80 年代，尽管公司利润上升了 108%，但工人工资却只增长了 28%，而首席执行官的报酬则上升了 481%。”（中国社会科学院美国研究所，2000：250-251）这种贫富悬殊的情况引起了普通百姓极大的不满，造成社会问题频发的现象。上述情况在纽约市表现得非常典型，这也是纽约市犯罪率上升的重要原因。

（二）经济起伏是犯罪率上升的诱因

经济与犯罪之间存在着一定的关联性。在资本主义早期，马克思、恩格斯等在研究资本主义制度时就证实，恶劣的居住条件是导致工人犯罪空前增长的主要的原因。“人的观念、观点、概念，简短些说，人们的意识，是随着人们的生活条件、人们的社会关系和人们的社会存在的改变而改变的。”（马克思和恩格斯，1958a：488）物质社会的生产方式决定了人们社会生活、政治生活和精神生活的过程。不是人们的意识决定人们的社会存在，相反，是人们的社会存在决定人们的意识。这足以说明，犯罪现象同其他社会现象一样，都与当时特定的经济因素紧密相连，正如马克思指出的那样：不是人性，而是生产力状况产生了法、法律和犯罪。科学家统计了欧盟（包括之前的欧洲共同体）40 年来的相关记录，发现在欧盟，失业率每增长 1%会导致 65 岁以下人口的自杀和凶杀案增长约 0.8%（Stuckler et al.，2009：315-323）。这说明人在贫困或失业状态下行为会失去理智甚至铤而走险，坠入犯罪的深渊。

20 世纪 80 年代的纽约市未能彻底摆脱“滞胀”危机带来的影响，失业率较高，企业开工不足，财政危机造成警员不足、警用设备有限，社会治安混乱。90 年代初，纽约市摆脱了经济衰退的困扰，经济开始稳步发展并出现了繁荣的局面，劳动力市场出现好转，就业率有所提高，青少年的就业情况得到了很大的改善，移民生活条件好转，非裔社会地位有所提高和生活状况有所改善，这都减少了犯罪的动因，为犯罪率的下降奠定了坚实的经济基础。

失业率升降和犯罪率起伏有着密切的关联。这种结果也符合有关学者对犯罪成本与失业率和纽约市犯罪率关系的研究，即犯罪行为在某种程度上可以说是低收入者的另一种获取收入的途径。当低收入人群收入没有保障时，选择通过犯罪这种手段获取收入的情况就会上升（于波，2007：37）。换句话说，就业状况良好时，犯罪率会下降，尤其是与年轻人相关的犯罪种类；相反，当失业率上升时，犯罪率也会上升，尤其是与年轻人相关的财产类犯罪上升较快。当然，我们也不能把失业率升降看成是影响犯罪率起伏的唯一因素。例如，1997 年失业率高达 9.4%，但犯罪率并没有上升，而是继续下降。这是纽约市警察局对犯罪分子采取“零容忍”政策的结果。

20 世纪八九十年代，纽约市犯罪率经历了从上升到下降的过程，这是多种因素共同作用的结果，但是，经济因素是影响犯罪率变化的一个重要因素。经济状况好坏、财政投入多寡、工资收入差距以及劳动力市场状况等对犯罪率起伏都有着很大的影响。财政投入、警务改善、工资收入与犯罪率呈负相关关系，而失业率等经济因素与城市犯罪成正相关关系。但是，经济状况与犯罪率相关度又有所不同，20 世纪 80 年代到 90 年代初相关性表现得最为明显，此后经济状况与犯罪率关联较小。

（三）警务腐败是纽约市犯罪率上升的催化剂

从 20 世纪 80 年代开始，纽约市警察腐败事件屡见不鲜，给社会治安造成了恶劣的影响。从目前的材料看，纽约市警察腐败大体表现在以下几个方面。一是警察渎职，不履行职责或者不正确履行职责。这种情况的主观原因是警察素质较差，许多警察没有经过警校学习和有关机构的培训，即使有的经过培训，但培训时间不足。客观原因是经济危机造成财政危机，致使警察减员严重。1975 年纽约市警察局武职警察多达 3 万人，到 1982 年，纽约市警察局的武职警察减少到 2.39 万人。这种情况导致警力打击犯罪的力度下降，进而影响犯罪治理效果。二是警察利用自己的特定身份，利用职务上的便利，以权谋私。例如，警察是缉毒的主力军，但在利益面前，有些警察包庇毒犯，甚至参与毒品犯罪，或者参与抢劫、重伤害、入室盗窃、盗窃等犯罪。警察是忠实维护国家法律公平与公正的工作人员，人们一向对他们尊重而敬仰。人们常常用“执法如山”“刚直不阿”来褒扬那些忠实维护法律公平与公正的警察。警察一旦知法犯法，其影响是非常恶劣的，危害性极大。

警察在执法中表现出严重的种族歧视，造成少数族裔受害者增多。美国是典型的移民国家，外来移民为美国的发展做出了重要贡献。但是美国白人至上的种族主义根深蒂固，司法系统和执法系统普遍存在种族主义问题，暴力执法、有罪不罚现象屡见不鲜。美国司法系统未能采取有效措施保护非裔和其他少数族裔民众，以致美国被认为是一个具有系统性种族歧视的国家，结果导致警察执法中对移民过分使用暴力，甚至发生对非裔连开 50 枪的惨案。同时，一些少数族裔或移民的诉求得不到及时解决，心理创伤严重且生活中积怨太深，既可能成为犯罪受害者，也可能发展成为犯罪实施者。

（四）文化环境是城市可持续发展的重要保障

城市具有教化人的功能，是人类培养文明、教化人的基地。城市实质上已经成了人类的化身，是改造人类、创造人类文明的场所。芒福德认为，“终于，城市本身变成了改造人类的主要场所，人格在这里得以充分发挥。进入城市的，是一连串的神灵；经过一段段长期间隔后，从城市走出来的，是面目一新的男男女女，他们能以（够）超越其神灵的禁限”（刘易斯·芒福德，2005：117）。在芒福德看来，城市具有强有力的教育功能，其建筑设施和文化设施较为丰富和现代，在这样的环境里，面对城市丰富的物质和文化景象、开放的社会风气、宽容的生存环境，生活在城市里面的人，心灵深处爆发出强烈的求知欲和接受感，表现在行为上更加绅士、语言上更加优美、道德上更加高尚。城市犯罪部分归咎于一种冷漠的文化环境，也就是一些人受到外界的忽视和冷漠，并且被置于低贱的社会地位，那么他们会增加反社会的情绪和不满心理。因此，家庭、邻居、朋友和学校都有责任共同塑造良好的文化环境。城市的犯罪治理离不开文化这种看似无形实为有形的环境。

纽约市人口中移民成分较高，具有高度的多样性和异质性特征，迫切需要良好的文化环境。20 世纪 70 年代至 90 年代中期，是纽约市由以制造业为主到以服务业为主的产业结构调整时期。在产业结构调整过程中，大量制造业就业机会丧失，失业率的增加促使社会问题突显，市民的人生观、价值观等随着经济的变动而发生变化；图书馆、学校等文化环境受到经济下滑的影响而未能发挥应有的教育功能，最终未能净化社会风气，成为导致城市犯罪率上升的一股潜在力量。在 90 年代中期，纽约市已经成为一座后工业城市，服务业取代制造业成为城市产业结构中的主体部分，服务业带来的就业岗位缓解了就业矛盾，城市有能力投入更多的物力和人力来维护城市正常运转，无论是物质文化环境还是精神文化环境都有很大的改善，这对社会治安好转和犯罪活动减少产生了积极的影响。城市物质文化环境好转促使犯罪率在“一乱一治”中急剧下降。事实表明，纽约城市文化环境好转与城市犯罪下降密切相关，这值得城市管理者的高度重视。

但是，城市管理者必须明白，犯罪是多种因素造成的，它涉及城市的经济、文化、教育、管理等众多方面。城市文化环境只是影响犯罪率升降因素中的一个重要方面，运用城市文化环境来分析纽约市犯罪率的升降需要参考其他相关因素，而且城市物质文化环境和城市精神文化环境对不同类型的犯罪有不同的影响。城市物质文化环境更多地作用于盗窃、抢劫等以获取物质利益为指向的犯罪类型，城市精神文化环境对犯罪类型影响的指向性不是很明显。

纽约城市物质文化环境与城市精神文化环境变化分别发生在较短时段和较长时段，它对纽约市的犯罪产生的影响并不是简单的数据能够表明的。本书通过 20 世纪 90 年代中期前后两个时段的比较研究发现，城市物质文化环境能够在短时段内发生明显变动，并且对犯罪升降产生明显的作用，但是城市精神文化环境则属于潜移默化型的长时段影响因素，它对纽约城市犯罪的影响并不能用短时段的数据体现。

纵观 20 世纪最后 30 年，伴随着产业结构调整和城市财政危机，纽约市的犯罪率表现出了先升后降的变动趋势，而城市文化环境作为城市经济、人口和社会控制等因素之外的另一个重要因素发挥了至关重要的作用。

20 世纪 70 年代至 90 年代中期，在美国严重的经济危机以及将城市推向破产边缘的城市财政危机背景下，城市绝大部分教育设施、教育服务项目以及其他重要的文化设施受到波及，纽约城市文化环境中短时段性质的城市物质文化环境恶化的趋势比较明显，城市物质文化环境的恶化制约了市民的就业及个人发展，打破了市民较为稳定的生活方式。另外，具有长时段属性的城市精神文化环境在许多方面陷入了困境，种族关系十分紧张，部分市民的道德价值观腐化，城市精神文化环境在种族关系等方面进入了发展的困难期。

朱利亚尼市长时期，经济危机和城市财政危机的影响逐渐消减，城市物质文化环境逐渐好转，表现为教育设施和教育服务项目等方面的恢复和改善。另外，受城市经济的好转、社会对传统道德关注的提升以及城市福利制度改革等因素的影响，市民对城市经济发展和城市安全的自信心增强，趋于稳定的多元化家庭模式降低了家庭模式变动带来的消极影响，城市福利制度改革加强了市民自强自立的道德价值观，抑制了市民懒惰及不劳而获等腐败思想的蔓延，这些方面促使城市精神文化环境好转。

城市是人类文明的体现，它也应该成为人类共同享有的成果。不同国家和不同地区的城市拥有独特的历史特征。在长期的历史发展中，其独特的地理特征和人文环境塑造了多种多样的城市文化环境，但是，城市文化环境也存在着普遍性特征。任何城市的文化环境都是由生活在其中的群体所共同创造的，城市文化环境的发展也应该体现出不同群体的要求。历史证明，纽约市在历史发展中形成了文化多元化的特征，只有遵循文化多元化的主体发展方向，体现城市中不同群体的要求，协调好不同群体之间的关系，城市文化环境才能持续而且健康地发展，才能对犯罪等社会问题形成良好的效应。

（五）优质的人口结构有利于减少城市犯罪

人是城市的主体，城市是人意志的表现，人口的数量、素质、年龄等对城市发展有着重要的意义。其中，人口年龄结构、人口质量与城市犯罪之间的关系十分密切，经常被犯罪学家和社会学家所关注。与其他年龄段的人口相比，15～24 岁这一年龄段的人口具有更高的犯罪率，而老年人口成为罪犯和犯罪受害者的比例通常很低（Steffensmeier et al.，1989）。

20 世纪 90 年代，纽约市人口年龄结构的变化，尤其是青少年比例的下降对犯罪率下降的影响重大。年龄与犯罪之间的关系是毫无争议的，在所有年龄段的人口中，青少年是犯罪行为中最为活跃的。美国学者约翰·康克林在认真分析了《纽约时报》上有关年龄与犯罪的争论的基础上提出：“15～24 岁的人口特别容易因为犯下四种类型的罪行而被捕（包括凶杀、机动车盗窃、抢劫、盗劫）。”（Conklin，2003：143）事实上各种类型的犯罪行为似乎都在这个年龄段达到了顶峰。由于年轻人往往没有形成正确的世界观和价值观，年轻气盛，易受外界的影响，因此比其他年龄段的人口更容易触犯法律。在一个社会中，青少年所占比例越高，也就意味着犯罪率越高。随着 1970 年纽约州立法机构将堕胎合法化，堕胎开始在纽约市变成合法行为，随之寻求堕胎的女性逐渐增多，1971 年成为纽约市人口出生率的分水岭，70 年代纽约市的人口出生率相比于 60 年代大幅度下降。70 年代的低出生率即意味着进入 90 年代之后纽约市青少年人口的减少，而 80 年代也正是这个年龄段的一群人成为纽约市治安混乱的罪魁祸首，同样犯罪高危年龄段人口数量的减少对 90 年代社会治安状况的改善，特别对暴力犯罪的下降有着直接的影响。

虽然城市人口中青少年人口比例较高，会给社会治安带来巨大的压力，但同时预示着城市经济充满活力。在解决城市发展过程中这个矛盾时，我们不能一味地通过采用生育政策控制人口数量来解决这一问题，人口老龄化不利于经济的发展。对城市中的青少年犯罪问题，最有效的方式是尽量为青少年提供更多的教育机会，解决适龄青少年的就业问题。

总之，人口素质的提高与犯罪率下降之间有着密切的关联性。提高国民教育水平通常能够提升人们的人力资本，使他们收入增加，也更少失业，由此便提高了他们犯罪的机会成本，从而减少犯罪。受教育程度较高的人可能过着更为体面的生活，如果他们受到法律惩罚，则会对他们的名誉、地位、心理等造成较大的伤害，这也进一步遏制了这些受过高等教育的人犯罪。此外，教育也会使人变得更加文明，改变他们的不良偏好，减少犯罪。实证研究表明，学校的教育可以显著地减少青少年犯罪。

正如纽约市市长朱利亚尼所说的，“犯罪不是一种自然行为，而是人的蓄意所为”（高英东，2001：43-45）。但人口结构变迁是一个动态的过程，本身具有很多不确定的因素，政府决策的改变或新法律的颁布，抑或是社会经济形态的变化都会引起某一区域人口结构向特定方向转变。因此，人口结构对犯罪行为的影响必须和其他社会因素相结合，在特定的历史阶段和社会环境下，人口结构对犯罪所产生的影响的大小不尽相同。20 世纪 80～90 年代，纽约市人口结构的变化对犯罪所产生的影响无法回避生育政策和新移民政策的作用，同时受到社会文化的制约，并与纽约市经济结构转型和经济形势的好转息息相关，我们不能孤立地理解纽约市人口结构变化对犯罪的影响。

城市管理者要制定正确的政策以促进城市人口迁移正常、有序地进行，加强对城市流动人口的管理。当人口迁移处于盲目、无序状态时，会对社会发展产生一定的负面影响。由人口迁移所导致的民族和种族的混杂，会伴随着风俗、习惯、心理、观念以及生活方式上的摩擦和冲突。在缺少相关机制和举措的情况下，这种摩擦和冲突会长期存在，并对社会治安构成一定威胁。因此，政府必须在政策上加以引导，在经济上为迁移人口提供更多的机会，以帮助迁移人口加速融入迁入地的生活。由人口迁徙或流动引发社会治安恶化的情况，是许多国家城市化过程中遭遇的共同问题。

城市政府应为市民建立最低生活保障制度、福利制度、医保制度。城市中的贫困人口是城市治安的不确定因素，虽然许多贫困者确实在为生存和改善自身的境遇而奋斗，但是有些人无论多么努力，仍然无法找到工作以摆脱贫困，因此难免会出现绝望和悲观的情绪，他们会为生存寻求各种方法，其中包括敌视和挑衅社会的行为，比如破坏、盗窃、袭击。如果贫困人口的基本生活可以得到保障，从社会得到的是温暖而不是无情的冷漠，他们犯罪的概率就会降低。

（六）沉疴用猛药的严打政策是权宜之计

城市管理是一门科学，但其具有鲜明的时代特征。不同历史时期，城市管理的方法和原则大不相同。纽约市打击犯罪的“零容忍”政策根植于美国 20 世纪 60～80 年代的动荡的社会中，它的产生有深厚的社会土壤。

纽约市警察局在执法过程中采取“零容忍”政策，提高了打击犯罪的力度。“零容忍”政策的核心就是防微杜渐与严厉打击，哪怕是对轻微的违法行为，也要毫不犹豫、绝不妥协地进行彻底的斗争。因此，诸如强行乞讨、毁坏公物、酗酒、随地大小便、在公共场合涂鸦、违章驾驶等各种影响社会生活质量的轻微犯罪也成为警察严厉打击的对象，因为这些犯罪既增加了人们对犯罪的恐惧，也经常直接成为暴力犯罪和其他重罪的导火索。20 世纪 80 年代末到 90 年代初，纽约市地铁站、公园等公共场所到处都是无家可归的流浪者、强行乞讨者、欺行霸市的地痞、非法推销的小贩，墙壁上的涂鸦、随地大小便现象以及烧得面目全非的汽车随处可见，暴力犯罪和青少年犯罪搞得人心惶惶。1990 年，时任纽约市交通警察局局长布拉顿从严厉打击地铁逃票入手整顿纽约市的治安秩序，取得了显著的成效。朱利亚尼当选纽约市市长后大力支持“零容忍”政策，支持警察局把“零容忍”政策推广到纽约市的犯罪治理中。此后几年，纽约市警察局针对毒品、枪支、青少年犯罪、机动车盗窃、交通违规、家庭暴力和各种影响社会生活质量的犯罪实施了“零容忍”政策（McArdle and Erzen，2001：111-128）。纽约市政府对在公共场所之任何违法行为，即使再轻微，也绝不予宽容，而是严厉制裁，通过将轻罪者绳之以法的方式遏制重大犯罪活动，并积极建立井然有序的社会环境。“零容忍”政策实施结果是，纽约市政府“重新实现了对城市街道的有效控制”，犯罪率大幅度下降，治安状况明显好转（王巍巍，2012：54-66）。

“零容忍”政策仅是打击犯罪的一种应急方法，类似于我国的严打政策。沉疴下猛药，乱世用重典。“零容忍”政策严厉打击重罪，对轻微犯罪绝不姑息，起到立竿见影的效果，纽约市的犯罪率大幅下降，城市风貌和形象逐渐改观，纽约市民的安全感逐渐增强。

同时，纽约市警察局开展警务改革、技术革新，将计算机技术运用到犯罪统计和侦查中，形成“情报制导战略”，提高了案件的侦破率。纽约市警察局通过每周召开“情报制导战略会议”，及时了解犯罪情况，加强了各区主管和高层领导的沟通，提高了警察局的工作效率。社区警务密切了警察与社区居民的关系，有效地预防了犯罪的发生，提高了社区安全和生活质量。专项缉枪和缉毒行动对纽约市的毒品交易和枪支犯罪进行专项打击，大幅度减少了涉毒和涉枪犯罪。

严厉惩治犯罪的政策往往有着立竿见影的良好效果，但是这些政策不是针对犯罪的根源，充其量只是治标之举，暂时缓解了治安危机。不仅如此，这些措施多有滥用暴力之嫌，受到一些人的诟病，所以很难得到全社会的支持和配合。从整体上说，它们未能从根本上消除犯罪根源。

自纽约市的犯罪率开始急速下降以来，“零容忍”政策受到很多人的关注。有的人大力推崇“零容忍”政策，也有人持反对态度。反对者在比较了纽约市和圣迭戈市两座城市的犯罪治理方式后，认为纽约市实施的“零容忍”政策是一种刚性执法手段，而圣迭戈市采取的“邻里警务计划”相对比较温和，也取得了比纽约市更大的成功。“邻里警务计划”打击犯罪活动，就是警察和市民共同为解决犯罪问题承担责任并进行执法。它的“重点在于创造解决问题的合作伙伴关系，促进警方和社区的信息共享，与市民一起努力来解决犯罪和违法问题，促使其他的公共和私人机构提供资源来帮助解决问题”（朱迪·格林，2009）。所以说，圣迭戈的“邻里警务计划”在打击犯罪以及处理警民关系方面同样取得了成功。这也使我们认识到，治理城市犯罪问题的方式有很多种，每个城市都必须根据自己的状况采取适合自己的方式。

“零容忍”政策的产生是与美国社会的政治、经济形势紧密相连的，但它并不能“包治百病”，也不像它的反对者所批判的那样一无是处。任何维护社会治安的政策都不会十全十美，我们需要站在一个公正、理性的角度来看待这项政策。犯罪问题是一个复杂的社会问题，纽约市犯罪率下降，“零容忍”政策自然功不可没，但是这也是各种因素相互作用的结果。

我们也应该看到，“零容忍”政策在实施过程中在一定程度上损害了市民的人权和其他合法权益。美国是一个崇尚民主、重视自由的社会，但是“零容忍”政策的实施虽然不是强制每个人按照社会主流文化标准来行事，但是它却“吹毛求疵”地挑剔人们所有的行为方式。纽约市警察在维护社会治安的所作所为中也有侵犯人权的嫌疑，甚至有暴力执法、虐待嫌犯的行为。纽约市警察的暴力执法、虐待犯罪嫌疑人的事情经常见诸报端，阿马杜·迪亚罗枪击事件（McArdle and Erzen，2001：164）、随意枪杀精神病患者现象以及虐待非裔移民等这些问题都严重侵犯了公民的人权。总之，“零容忍”政策的产生、发展都有它特定的社会历史背景，它的出现是一系列政治经济因素作用的结果。它在挽救纽约市这个“腐烂的大苹果”时与其他因素相互配合发挥了巨大作用，但是也应该看到它的不足之处。

（七）预防犯罪仍是治理犯罪的首选

所谓预防，就是国家司法机关与有关部门紧密配合，动员全社会参加，调动一切积极因素，运用各种手段，抑制、消除诱发违法犯罪的消极因素，避免和减少违法犯罪发生的一种有组织的活动。为了治理恶化的治安环境，纽约市采取了一系列对策，其中包括制定犯罪预防措施，强化国家专政机器，增拨费用和增加警察力量，实行技术防范和侦破，保持法律的威慑力，加强社区建设、警民合作。

在工作重点方面，从单一的巡逻与刑侦模式转向社区模式。由于传统警务工作在打击犯罪方面收效有限，警察不得不把工作重点放到社区警务上来。据调查，一般情况下，“警察接到的报案电话中，只有20%与犯罪有关，80%是社会服务性的要求”（郭济，2005：592）。因此，越来越多的警察部门开始把工作重点转移到社区警务，重视宣传教育，增强家庭的安全观念与个人的防范意识。同时，在力量的主体认识上，从以警察为主体到以社会为主体，逐步认识到产生犯罪的根源在于整个社会，打击犯罪的主体也在于整个社会，因此，只有调动整个社会的力量才能减少犯罪。

此外，加强监控也是预防犯罪工作中的一项重要措施。在大街小巷安装电子眼能够有效地提高监控效果。世界上越来越多的国家开始在公共场所大量安装监视器，在最早安装这些设备的英国，21世纪初即有监视器400多万个，平均每14人就对应1台，在伦敦等城市，一个人一天可能被拍摄高达300次（Thompson，2004）。英国的监控举措收到了良好效果，以纽卡斯尔市为例，该市于1992年开始引入闭路监视系统，1994年的违法犯罪率与安装前的1991年相比，街头暴力违法行为下降了11%，入室盗窃下降了44%，刑事犯罪下降了44%（Deane，1995）。纽约市从1993年开始安装监视器，5年的时间里犯罪率就下降了30%～50%。从维护社会治安的角度而言监视器确实具有监管、预防、震慑违法犯罪和收集证据等多方面的功用。但是，监视器也存在一定的问题，一方面，犯罪分子只要选择在无监视器的区域实施犯罪即可成功规避，而且即便其并不躲避监视区域，如果犯罪分子采取蒙面伪装、反监视或者破坏监视设备等手段，监视器之治安功能也将大打折扣；另一方面，公共场所监视器在守护我们安全的同时，也会扮演偷窥者的角色，从而对公众隐私权造成侵害。

总而言之，纽约市犯罪率下降不是某一个因素的结果，而是很多因素综合作用的结果。它既缘于经济环境的好转、人口结构的变化、文化环境的改善，又缘于纽约市警察局的警务改革、严厉政策和科学的管理技术，还缘于美国整体社会治安变好的大环境。我们不能将这些因素割裂开来，否则就会陷入盲人摸象的境地。但是，这些因素并非对等的，纽约市政府和警察局的努力是最直接的原因，经济形势好转是根本原因，人口结构变化和毒品市场转变是间接原因，而文化因素存在潜在影响，也还有其他因素，仍需要进一步考察。

二、大城市犯罪问题的发展趋势

20 世纪 60 年代，英国城市与区域规划大师彼得・霍尔（Peter Hall）把伦敦、巴黎、兰斯塔德、莱茵-鲁尔、莫斯科、纽约和东京称作世界大城市，其中伦敦、巴黎、纽约、东京是四个最高级别的大城市（霍尔，1982）。这些城市是人口中心，人口都在 400 万以上。1991 年，丝奇雅・沙森（Saskia Sassen）教授把世界上有影响的国际大都市叫作全球城市，认为纽约、伦敦和东京都是世界顶级的城市（丝奇雅・沙森，2005）。当时这三个城市人口都在 800 万以上。因此，国际大都市一个重要特征是人口中心。同时，由于是国际大都市，纽约、伦敦、东京、巴黎等城市的人口成分复杂，外来移民人口比例都很高。不同文化、不同宗教、不同风俗习惯的人聚集在一起，城市的异质性增强，这也是国际大都市社会治安恶化、犯罪易发的一个重要原因。随着科学技术的发展，互联网通信的发达，犯罪类型、犯罪手段、犯罪性质等都会发生变化。

（一）城市犯罪类型多元化的趋势

芝加哥学派代表人物帕克曾指出："城市，尤其是大城市，永远处在一种不稳定的平衡状态，处于经常性动荡、骚乱之中。这表明，详尽而深入地研究城市环境中的集体行为是至为重要的。"（帕克等，1987：47）在帕克看来，"让人们生活更美好"的城市，也是犯罪滋生的良好环境。与一个世纪以前的帕克时代不同，现代交通运输便捷，通信网络发达，生活质量提升，但是犯罪却依然存在。尽管如此，随着时代的变迁，犯罪情况发生了变化，传统的犯罪类型发生率下降，有些新的犯罪类型发生率上升，有的犯罪依然存在，但新型犯罪类型、犯罪手段不断涌现。

纽约市的犯罪类型比较复杂，但本书只涉及社会危害大、性质极为恶劣的犯罪，包括凶杀、强奸、抢劫、重伤害、入室盗窃、盗窃、机动车盗窃等（斯蒂芬·巴坎，2011：66）。但由于国际大都市基本上都是金融中心和信息中心，也是各种人才汇聚、资本市场活跃的地方。为了获取额外的经济利益和满足个人无限制的欲望，各种白领犯罪会更加猖獗。

那些市政官员、交通警察或职能部门工作人员利用工作之便进行的虚假广告、侵犯版权、诈骗、操纵股票、价格垄断等，都被视为白领犯罪。随着时代的变迁，白领犯罪也增加了新的内容，如漏税、腐败、受贿、贪污和诈骗等。杰克·D. 道格拉斯认为，那些运用智谋和技能进行的犯罪，就是智能犯罪，如诈骗、伪造、制造计算机病毒等。

人类进入信息时代之后，犯罪类型又出现了电话诈骗、网络犯罪等。由于网络通信发达、物流资金流动便利、摩天大楼隐蔽性强等有利条件，国际大都市成了智能犯罪的渊薮。随着人类社会的发展，犯罪手段和犯罪类型可能还会发生变化，但他们的犯罪动机都是为了满足自己的某种需求而进行犯罪活动，都对国家或个人造成了不同程度的侵犯和损失，对社会造成了巨大的危害。

城市中的竞争压力催生了激情犯罪。城市之所以能够持续发展，由小变大，由大到强，得益于城市内部存在着竞争。人类要生存就需要一定的资源，需要一定的机会，但这类资源和机会并非应有尽有。需求大于供给，为获得资源，必须竞争。这样，人们就不仅处于相互依存的状况中，也处于为取得有限的资源而彼此竞争的状态中。人的竞争范围不仅包括各种生物关系的领域，还包括文化条件以及人类自觉活动的领域（帕克等，1987：64-65）。人类进入信息时代之后，竞争压力大、专业技能强、个体心理压力过大，压力如果不能及时得到释放，最终有可能会走上犯罪道路。

随着恐怖主义在世界的蔓延，一种新型犯罪“城市恐怖主义”将成为影响城市生活的重大祸患。2001 年 9 月 11 日，纽约市发生的世界贸易中心被恐怖分子用飞机撞毁的特大恐怖事件，成为城市恐怖主义犯罪的一次标志性事件，表明恐怖主义已经成为一种极其严重的全球性威胁。此后，伦敦、巴黎等城市相继发生数十起恐怖主义犯罪活动，几乎很少有城市可以置身事外，也几乎没有国家可以依靠一己之力单独抵抗恐怖主义并取得胜利。城市恐怖主义的行为是非法、非理性、违反人类社会公认准则的；它以最能引起国际国内社会注意的方式（爆炸和劫持飞机等）进行恐怖活动，而利用高新科技发动恐怖袭击很可能被越来越广泛地采用。恐怖主义具有很强的现实威胁，恐怖主义者主要想破坏国际安全环境，阻碍世界经济发展，干扰国际社会正常生活秩序，威胁民众生命及财产安全等（刘汾，2008）。城市恐怖主义给世界城市发展前景带来了巨大的负面影响。许多人，特别是美国人，至今仍然对其心存恐惧，谈虎色变。细心的人们在总结世界历史上所发生的数十起大大小小的恐怖主义事件过程中发现，城市是恐怖主义猖獗的热点地区，几乎 95%以上的恐怖主义事件都发生在城市（欧阳林超，2003：43-44）。之所以选择大城市，因为大城市都是人口中心、经济中心、金融中心，或者是政治中心，在这样重要的城市发动恐怖袭击，能给人员生命和财产造成巨大伤害，能引起国际轰动效应，给实施对象带来巨大深远的经济影响和心理创伤。城市恐怖主义将成为那些实力弱小、灭绝人伦、报复对手的组织或个人的犯罪趋势。如何有效打击现代化城市中的恐怖主义成为当今世界各国政府共同面对的难题。

（二）城市犯罪原因的新变化

城市犯罪原因是复杂的、多元的。通过纽约城市犯罪研究，我们认识到城市的社会经济、政治环境、文化环境、教育福利政策、警务管理、社区环境等因素都与犯罪紧密相关。但是，随着社会经济的发展和科学技术的进步，城市犯罪原因也发生了变化。社会历史原因依然存在，但是那种因绝对贫困导致犯罪的概率会逐渐减少，而相对贫困导致的犯罪日益增多，同时过去不太明显的心理因素、种族矛盾等因素将成为未来城市犯罪的主因，预示着新形势下城市犯罪原因更加多元。

例如，激烈的竞争导致人们心理失衡，诱发犯罪。如前文所述，随着信息时代的来临，城市社会竞争压力日益增大，优胜劣汰、适者生存，既是残酷的现实，也是社会发展的动力。由于每个个体自身各方面条件不同，在竞争中处于劣势的人，就自然而然成了弱势群体。他们面临的心理压力和精神压力都是前所未有的，容易造成心理失衡。心理失衡是指社会中的某些成员在一定时期内与其所处的实际生活环境不相适应的一种心理现象（黄伟明和赵元英，2003：76-79）。另外，激烈的竞争造成不同群体、不同职业的收入差距拉大，或贫富差异较大，但并不是不能维持生活，而是所谓的“相对贫穷”，以致心理产生落差，心理不平衡。这就是美国社会学家斯托夫（S. A. Stouffer）所说的“相对剥夺感”（relative deprivation），即人们将自己的处境与某种标准或某种参照物相比较而发现自己处于劣势时所产生的受剥夺感，这种感觉会产生消极情绪，可以表现为愤怒、怨恨或不满（周明宝，2002：37-38）。在竞争激烈的社会里，竞争压力、相对贫困等心理失衡造成人与人以及人与社会之间的抵触情绪，如果找不到正确的排解方式，有可能使人走上犯罪道路。

城市让生活更美好，但商品经济繁荣带来的物质丰富、光怪陆离的生活，令人眼花缭乱，各种各样的诱惑铺天盖地，这些都是可能导致犯罪的因素。城市化使城市居民的收入增加，正所谓“饱暖思淫欲”。城市发展过程中会产生一些娱乐场所，而这些娱乐场所并非都是“清清白白”的，许多娱乐场所成为滋生犯罪的温床，如嫖娼卖淫、毒品交易以及赌博。这些形式的犯罪与城市居民收入的提高存在一定的关系。上述非法行为皆在暗处进行，国家如果取缔不当而又缺乏必要监管，就会自然产生黑社会性质组织。同时，随着经济的发展，白领犯罪数量不断增多。一些职能部门的公职人员利用职权，行贿受贿，渎职失职，走上犯罪道路；有的人知法犯法，直接参与吸毒贩毒，或参与洗钱行动；有的人充当黑社会的保护伞；如此等等。这里并非都是经济发展的产物，而是城市经济发展带来的衍生品。近几年来，和经济相关的白领犯罪仍有潜在扩展的环境。

种族歧视引发的仇恨成为城市犯罪的重要因素。大城市通常人口构成复杂、种族构成复杂、宗教背景多元，移民比例较高。像纽约、伦敦、巴黎和洛杉矶等国际性大都市，都有大量的外来移民。由于外来移民比例较高，所以大城市的异质性增强，族裔矛盾和冲突比较激烈，其中最突出的问题就是种族歧视引发的犯罪问题。种族歧视导致社会处于不稳定状态之中。以美国为例，长期以来美国主流社会对白人种族主义的现实存在与危害的漠视，致使种族歧视行为至今在美国社会各个方面仍普遍存在，不仅给非裔美国人造成了难以弥合的精神创伤，而且对美国社会具有非常严重的负面影响（胡锦山，2008）。种族歧视具有持续性、系统性和全面性的基本特征，严重威胁着少数族裔的各项权利。从汤普金斯广场公园骚乱中的警察暴行和皇冠高地事件等来看，当时美国执法司法领域种族歧视未见改善，仇恨犯罪和排外主义抬头，少数族裔在社会、经济、就业、入学、健康等领域仍处于非常不利的地位，政党领袖和高官排外主义言论进一步激化了美国社会的种族歧视矛盾，极大地动摇了“城市让生活更美好的”根基。

（三）城市犯罪区域化、跨国化趋势

进入 21 世纪以来，城市是社会经济发展的中心，尤其是国际性大都市，有的是全球 500 强公司总部所在地，有的是全球贸易、经济往来网络中的节点，有的是资本投资的重要场所。随着全球化进程的加快，城际联系、国际联系、洲际联系日益频繁。

一方面，航空运输、城市轨道交通效率高、能耗低、集约化、乘坐方

便、安全舒适等诸多优点，是解决城市交通拥堵问题、实现城市空间布局调整及城市均衡发展的重要途径。据统计，截至 2017 年，纽约市地铁全长 373 千米，伦敦市地铁全长 408 千米，东京市地铁全长 312 千米，巴黎市地铁全长 217 千米，上海市已有地铁的线路总长 567 千米（智研咨询，2017）。另一方面，近年来，国际航空业迅速发展。国际航空运输协会发布的 2018 年全球民航客运数据显示：按乘客千米计算，2018 年全球民航客运需求同比增长 6.5%；2018 年全球航空公司安全运送了 44 亿多人次（杨海泉，2019）。尽管目前受到全球新冠肺炎疫情的影响，国际航空业困难重重，但世界航空业的前景依然向好。

这些现代化设施给城市犯罪带来很大的便利，因此城市犯罪越来越显现出跨区域、跨国化的趋势。根据 2000 年 11 月 15 日联合国第 55 届大会通过的公约，洗钱、恐怖活动、盗窃文物和艺术品、侵犯知识产权、非法买卖武器、劫机、海盗、打劫交通工具、骗保、计算机犯罪、生态犯罪、贩卖人口、人体器官交易、非法买卖毒品、虚假破产、贪污受贿行贿等十七大类犯罪，都属于跨国有组织犯罪（联合国大会，2000）。这些犯罪和城市生活有着千丝万缕的联系。

其中跨国洗钱、毒品交易、恐怖活动、网络诈骗等犯罪，将是城市犯罪的主要类型。例如，在当今社会经济全球化背景下，现代化物流条件、通信服务、经济发展、网络信息，使洗钱犯罪日趋区域化、国际化，跨国洗钱犯罪行为无论数量、规模都是空前的。1998 年，美国政府保守估计全球洗钱金额为 1000 亿～3000 亿美元。1999 年 8 月 18 日，美国联邦调查局和纽约市警察局联合调查纽约银行特大洗钱案。调查人员发现，从 1998 年初开始，大约有 100 亿美元黑钱通过纽约银行流向各地，仅 1998 年 10 月到 1999 年 3 月，俄罗斯一黑帮头目塞米昂・莫吉列维奇就通过设在纽约银行的一个账户转账 1 万多次，累计金额大约为 42 亿美元（陈俊侠，1999）。

这些资金流转程序非常复杂，且不同国家在洗钱的管制和制裁上存在差异，所以刑侦部门对洗钱活动的刑事侦查十分困难。随着全球化进程和互联网的普及，洗钱犯罪越来越具有较强的跨国流动性特征。由于各国法律的差异性和司法管辖的归属，跨国的反洗钱协作非常困难。另外，洗钱的国际性，不仅仅指洗钱犯罪涉及的地域非常广泛，还包括犯罪技术的国际化，先进的犯罪手段会迅速在全球范围内传播开。所以，建立国际反洗钱协作，是打击洗钱犯罪的必要手段。

从毒品犯罪来看，全球毒品走私已形成完备的走私路线和产、供、销网络，成为一个没有国界的全球行业（祝凤瑞和王孔林，2005）。毒品问题越发成为一个影响世界和平与稳定的国际性问题。未来的跨国毒品犯罪形势严峻，因此加强国际禁毒、缉毒的合作成为各国打击毒品犯罪的重要举措。

另外，城市犯罪手段和影响越来越国际化。城市犯罪行为具有传染性和被模仿性，这个问题经常被忽视。例如，足球流氓问题越来越成为全球性的社会问题。由于交通便利，在举行重要赛事时，球迷跨越城市甚至跨越国界看球赛的情况越来越普遍。有的足球流氓假借一支球队为旗帜，去球场滋事，宣泄情绪，宣扬暴力，崇尚斗殴。它的危害性很大，而且随着将来国际体育赛事的增多，足球流氓问题仍会是城市管理者面临的棘手问题。例如，英国利物浦和伯明翰、法国的巴黎、意大利的佛罗伦萨等城市的足球流氓，在国际赛事中经常违法犯罪，甚至导致重大灾难，如“海瑟尔惨案”①。足球流氓问题产生原因有其历史根源、社会根源和心理根源等，但是，有学者从社会心理学方面对德国、波兰、荷兰等欧洲国家足球流氓问题进行研究，其结果表明各国足球流氓在社会阶层和社会心理方面有很大的相似性（石岩和王莹，2007）。英国警方的调查则发现，足球流氓的行为大多是心理因素所致，如家庭关系破裂、发泄不满等。专门研究足球流氓的心理学家沃尔格雷夫（Walgrave）等学者则认为足球流氓与种族主义和右翼狂热主义密切相关（van Limbergen et al.，1989）。不过，他们的观点也受到巴克等（Back et al.，1999）学者的质疑，认为并不能简单地把种族主义和足球流氓画等号。同时，足球流氓犯罪行为具有传染性。以前足球流氓多在欧美国家，我国很少出现，随着互联网的发展和足球赛事的转播，足球流氓的违法行为也传到了我国，一些国内赛事也出现足球流氓的端倪，这需要引起有关管理部门的重视。

（四）现代警务改革方向

既然犯罪是一种历史现象，那么有效地打击和治理犯罪就成了各国政府和警务部门的重要职责。许多学者在预防和控制方面提出了预防违法犯罪的理论、观点、方案、对策和措施，推动现代警务模式改革。警务管理是指警察管理和决策机关为保障警务工作顺利开展而采取的各种措施和为促进警务工作有效开展而运用的组织、协调、控制手段的总称，也是有效打击犯罪的

① 海瑟尔惨案（Heysel Disaster），1985 年 5 月 29 日在比利时布鲁塞尔的海瑟尔体育场，利物浦队与尤文图斯队进行欧洲冠军杯决赛前，意大利球迷与英格兰球迷发生冲突，造成多人死亡。死者中包括 32 名意大利人、4 名比利时人、2 名法国人、1 名爱尔兰人，还有 300 余人受伤。比赛因此推迟了 1 个小时，直到警察恢复了秩序才得以进行。事后，英格兰球队被禁止参加欧洲三大杯赛 5 年。

重要手段。它包括警察机构设置、装备保障、指挥监督、警力配置、管理训练、工作方式等方面的内容。在开启现代化过程中，欧美国家进行了四次警务改革（曹咏，2008）。

第二次世界大战后的欧美国家警务改革，就是要把快速反应与主动预防结合起来，变被动警务为主动警务，旨在唤起社会与公众的参与，采用各种手段减少犯罪，强调以预防为主，通过社会改革从根本上减少犯罪。现代西方国家所进行的社区警务、邻里守望等警务改革都可视为预防犯罪、打击犯罪的有机组成部分。

预防和控制是警务改革的重点。预防犯罪是治理犯罪的首选工作。预防违法犯罪不仅是为了防止违法犯罪活动对社会造成的危害，而且也使可能违法犯罪的人收敛其行为，不至于造成恶果。我国非常重视预防措施，这些措施包括：加强对服刑罪犯和劳动教养人员的思想改造，预防和减少重新违法犯罪；对有劣迹或有违法犯罪的人开展社会帮教；加强青少年的早期教育和预防；建立预防青少年违法犯罪的家庭、学校、社会三道防线；及时调解、疏导民间纠纷、社会矛盾，防止激化；建立群防群治、治安联防网络体系；建设精神文明，为社会提供健康的精神食粮；开展思想政治教育和法制宣传教育，提高全民族的法律意识；加强社会治安秩序管理，把综合治理纳入法制轨道；等等（孙国华，1997：491）。说到底，预防工作就在于教育人民，震慑社会上有犯罪倾向的人员，以达到防止和减少犯罪的目的。

目前，世界各国采取的预防犯罪措施都是综合性的，以执法部门为主，其他各职能部门共同参与，目的就是消除犯罪产生的土壤和条件。从政府层面上看，国家发展经济，提高国民的物质生活水平；普及文化科学知识，提高国民的文化素质；普及法律知识，增强国民的法律意识；充分发挥司法机关的职能作用，使其真正成为打击犯罪和预防犯罪的主力军等。具体管理部门则要动员人民群众积极投身到打击犯罪、预防犯罪的斗争中，充分发挥人民群众的力量，预防和减少犯罪的发生。公安机关根据法律所赋予的职权，对流窜犯罪分子进行控制和收容审查等；利用高科技手段加强预防犯罪工作，建立防范机制等，如警察机关在学校、公共建筑、公园等公共场所安装电子眼、报警系统、监控设施等，采用先进技术（如计算机犯罪预防技术等）预防犯罪。随着犯罪的大量增加和不断的智能化，技术预防的可能性和必要性也在不断提高，并在犯罪预防工作中占有越来越重要的地位，发挥越来越重要的作用。

纽约市为提高打击犯罪的效率，建立了“情报制导战略”系统的警务模式。该系统运用地理信息系统来绘制犯罪地图，改进侦查模式，降低了辨认该市犯罪高发地点的难度。在每周的“情报制导战略会议”上，纽约市警察局官员分析讨论犯罪统计资料，设计战略战术来解决问题，以便在全市范围内打击罪犯（Henry，2006）。“情报制导战略”系统利用计算机准确快捷地采集、统计、分析、传递各种与犯罪相关的数据，有助于警察局官员迅速精确部署警力和调遣相关警务资源，达到有效地打击犯罪的目的。

此外，随着全球化进程的加快和社会变迁，许多国家大力推动以预防和控制为主体的警务模式，如新加坡的儒家营建家庭的犯罪防控模式、西方国家的犯罪情境防控模式。

1996年，英国警察局长联合会公布的《21世纪犯罪预防战略》，提出把犯罪预防作为所有警官的职责。在这种新的警务模式里，所有警员、警佐和督察都与棘手的减少犯罪问题捆绑在一起。这个警务模式推行的是集中精力解决问题的工作方式，即推行问题导向式警务，而不是延续过去那种把精力集中在对事件做出反应的反应式警务。通过预防和制止犯罪，抓获、审判、改造和重新安置罪犯的各项措施，处理犯罪并找到引起犯罪的原因。具体措施包括以下几种：①在预防青少年犯罪上下功夫，通过审判和有效地改造防止重新犯罪；②实施“首尾相接”的战略，教育青少年首犯，严打惯犯；③设立“更安全和更强大社区基金”，帮助各地的服务部门，建立警察和社区合作伙伴，共同对付犯罪行为，改善公共空间和各个地区的居住环境；④加强跨机构的工作伙伴关系，对当地公众的要求作出更积极的反应，定期将执行和处理当地问题的情况予以反馈，让公众了解到他们可以获得的公共服务的支持及相关信息，这将使他们更加有信心地参与进来（王颖，2007）。随着全球化、城市化和信息化的发展，城市犯罪的类型、犯罪原因、犯罪规模和警务改革都发生了变化，传统单一的犯罪治理模式已不足以应对日益变化的犯罪形势，预防、禁止和惩治城市犯罪的手段和理念都会发展变化，以适应复杂多变的城市犯罪，确保城市健康、可持续发展。

三、现代化进程中的犯罪问题

自西方社会掀起工业化和现代化的浪潮以来，短短的几百年时间里，巨大的社会财富被创造出来，从而把社会生产力推进到一个崭新的历史水平，但同时犯罪也以其不可抑制的势头和与日俱增的危害成为严重的社会问题。美国学者路易丝·谢利（Lewis Shelly）指出：“近五十年来几乎所有的发达国家的犯罪率都在增长，而那些犯罪率稳定或下降的国家最近由于少年犯罪参与作案的增多，其犯罪率也在增长。”（路易丝·谢利，1986：116）犯罪的急剧增多，导致人们对现代化本身产生疑虑和对现代化社会产生“恐惧”。这就需要我们对犯罪和违法行为有一个比较正确的认识和理解。

（一）犯罪是社会发展到一定阶段的历史产物

人类的现代化进程深受犯罪的影响。但是，什么叫犯罪？美国社会学家伊恩·罗伯逊是较早研究犯罪问题的学者之一，他是这样解释犯罪的：“犯罪是被某一政权正式禁止的活动，通常是通过颁布法律来予以禁止。在以下两种情况下有可能被定为犯罪：①它必须被认为对社会破坏性太大，以至于不能被允许；②它必须是单靠非正式的约束力难以控制的行动。通过把某些活动定为犯罪，政权保证社会以一种规则的和可观测的形式对其做出反应。于是，法律被用来详细说明犯罪的性质，指出哪些人不准从事哪些活动，并组织运用正式的否定性的约束力来对付冒犯者。”（伊恩·罗伯逊，1994：258）在罗伯逊的话语体系里，犯罪是一种破坏性行为，对社会或个人产生严重的后果，政府通过制定法律来禁止这种行为的发生。犯罪是合法活动的反面，是反抗现存社会的行为。

犯罪是一个历史产物，它与具体的历史语境密切相关（Emsley，1996：2）。自有阶级社会和国家以来，犯罪就如影随形，始终伴随着人类社会的发展。因此，犯罪具有强烈的时代性。随着时代的变迁，犯罪的定义也在发生变化。例如，20 世纪以前的大部分时间里，美国买卖毒品可能都不是法律意义上的犯罪，但是到 1914 年美国通过《哈里森毒品法》（Harrison Narcotics Act）之后毒品贸易被宣布为犯罪。该法在当代美国发展过程中可能比任何其他单个立法做的都要多。该法确立了美国与其邻国以及与毒品贸易相关国家关系的指导思想。例如，它促成了《2009 年梅里达倡议》[①]的签订，根据该倡议，美国政府提供 16 亿美元运用军事和司法手段在墨西哥和中美洲打击毒品犯罪（柔桑，2010）。

在不同国家、不同时期和不同文化背景下，犯罪的含义存在差异甚至大相径庭。换句话说，犯罪定义有时带有一定的地域性差异，一种行为在 A 国可能是犯罪行为，但在 B 国，这种行为可能就不算犯罪。

首先，不同国家犯罪概念有差异。例如，美国国会在 1978 年通过《人道屠宰动物法》，规定牲畜在被屠宰之前要先让其失去对痛苦的知觉等以避免在屠宰时对动物造成不必要的痛苦，而有些国家则无相关法律。

①《2009 年梅里达倡议》（2009 Merida Initiative），美国布什政府倡议的一项打击贩卖毒品、贩卖人口及贩卖武器等非法行动的计划，根据该计划，美国承诺从 2006 年起，在三年内提供给墨西哥 14 亿美元的经费。

其次，即使是同一个国家，不同时期犯罪概念也有不同。例如，1970年，新加坡政府规定男性公务员蓄长发是违法的，将被革职，但在“反长发运动”的推动下，这项规定到80年代就被废除了（伊恩·罗伯逊，1994：258）。

最后，就是在同一国家，犯罪定义也有差异。美国各州的犯罪概念也不尽相同，如加利福尼亚州全州范围内餐馆、面包店和其他零售食品公司不允许销售含反式脂肪的食品，但餐馆可使用反式脂肪用于油炸食品和制作蛋糕；阿肯色州禁止零售商出售仿真玩具枪；内华达州和路易斯安那州的新法禁止出售设计成玩具、卡通人物、手枪、乐器等形状的打火机（乔磊，2010）。犯罪给社会带来巨大的危害。大多数学者对犯罪进行谴责，但也有一些学者用辩证的观点去看待犯罪。法国社会学家涂尔干（Emile Durkheim）以个人与社会、犯罪功能为切入点，对犯罪、失范、社会团结、集体意识、道德等问题进行了实证分析。涂尔干的犯罪学思想主要集中在四个方面：社会失范与犯罪、犯罪正常论、犯罪功能论、刑罚论。涂尔干认为，失范是社会发展到有机社会后产生的一种病理状态，这种状态会导致不同的社会弊病，其中也包括犯罪，犯罪就是在缺乏合适的社会规范的状态下，人的欲望或需要无限膨胀和用不恰当方式加以满足而触犯了强烈的集体意识的行为。涂尔干将犯罪看作是必然的，是任何社会都存在的正常现象，也是社会所需要的现象，它在社会中发挥着重要的功能。在涂尔干的观念里，犯罪是一种正常的社会现象，犯罪对社会有益；犯罪作为个人独创精神的体现，可以间接甚或直接地促进道德的进化；犯罪有助于增强公民的正义感，加强社会团结。涂尔干在认为犯罪是正常的社会现象的同时，辩证地指出它是社会现象中的一种病态形式，并提出相应的治理对策，提出运用压制型法律和恢复型法律维护社会团结（乔治·沃尔德等，2005：128）。

涂尔干的犯罪有益论的观点显然不符合客观现实，并受到学界的质疑。有学者认为，在涂尔干以前，一般社会学家与犯罪学家都认为犯罪是一种病态，是社会的病理事实。涂尔干的功绩在于他强调犯罪现象是社会“正常”运行的结果。但同时必须注意的是，对于犯罪作为社会正常现象而存在这一客观规律的肯定，不能演绎成为对犯罪存在价值的肯定，即不是因为犯罪必然存在就认为犯罪对社会有益。涂尔干在对犯罪的功能分析中将存在本身与存在的价值混淆起来。值得注意的是，涂尔干在讨论犯罪功能时，强调犯罪有益是有条件的、有限制的，不能就一般犯罪泛泛而谈。比如，在谈到犯罪可以增强社会团结时，涂尔干强调犯罪只是在受到谴责和镇压时才有用；在讨论犯罪作为个人独创精神的体现对道德进化有直接促进作用时，涂尔干唯一援引的例子是苏格拉底以及所有时代中的异端哲学家、自由思想的先驱。与涂尔干的犯罪有益论相似，有学者认为善与恶的斗争构成社会发展的动力，没有了犯罪这种恶，也就没有了善与恶的斗争，社会发展也就会失去了动力；社会的生命力越旺盛，犯罪也就越活跃，犯罪可以用来作为衡量社会发展的寒暑表；犯罪推动着法治的发展；等等。其代表人物有英国埃克塞特大学历史系埃尔费尔德（K. Allerfeldt）教授，他认为，正是因为社会上存在犯罪才促使美国司法体系和社会管理更加完善和有效。他通过《犯罪与现代美国的崛起：1865—1941》一书，证明从南北战争结束后的重建开始，到镀金时代、进步主义时期以及 20 世纪 30 年代的罗斯福新政，联邦政府司法改革、管理制度革新等，都和犯罪有着密切的关联，犯罪也是推动美国发展的力量（Allerfeldt，2001：7-10）。在犯罪有益论看来，正是米兰达犯罪才促使“米兰达告诫”[①]产生，即犯罪嫌疑人、被告人在被讯问时，有保持沉默和拒绝回答的权利（任东来，2007：358）。“米兰达告诫”使得法律要保护犯罪嫌疑人、被告人和犯人的权利。这的确是美国司法制度完善的里程碑式的事件。

当然犯罪有益论也是值得商榷的。有学者认为，犯罪有益论在讨论犯罪的促进功能时默认了一个必不可少的前提，就是犯罪在与其他事物相联系时，在一定条件下，才可能会产生某些积极的影响。但是应当注意的是，这种联系不是必然的，产生的积极结果不能“归功于”犯罪，“有益”不是犯罪本身的性质。现代社会犯罪的破坏力越来越大，退一步说，即使我们认可犯罪的某些积极影响（不是犯罪本身有益），我们为之付出的也未免太多。为犯罪辩护而大谈特谈这样的“益处”是没有意义的（苏明月，2004）。换句话，即使犯罪促使司法部门进步或给管理体系带来完善，那也不是犯罪本身带来的利益。

罗伯特·K. 默顿（Robert K.Merton）是美国结构功能主义的代表人物。他吸收了马林诺夫斯基倡导的功能主义思想和涂尔干的社会结构分析的方法，建立了他的结构功能理论。他以社会结构为基础来研究犯罪。在他看来，犯罪是社会系统不平衡的产物，社会与生物体一样都具有结构，一个社会由群体、阶级或阶层、社会设置组成。就生物体而言，只有各个器官正常

① 米兰达告诫（Miranda Warnings），又称米兰达权利（Miranda Rights），是美国刑事诉讼中的犯罪嫌疑人保持沉默的权利，起源于 1966 年美国最高法院“米兰达诉亚利桑那州案”（Miranda v. Arizona）中由美国首席大法官厄尔·沃伦（Earl Warren）所撰写的判决书。“你有权保持沉默。如果你不保持沉默，那么你所说的一切都能够用作你的呈堂证供。你有权在受审时请一位律师。如果你付不起律师费的话，我们可以给你请一位。你是否完全了解你的上述权利？”这句话就是著名的“米兰达告诫”。

运转时才能存活。同样，构成人类社会的各个部分也只有协调发挥作用，才能保证社会的良性运转。将社会的各个不同部分整合为一个整体是社会自身的基本需要，以社会成员接受社会阶层的共识价值观为前提。均衡与协调是社会的一种自然状态，犯罪之所以可以被大多数社会成员认为是有害的行为，原因就在于犯罪具有破坏社会秩序和社会稳定的负面功能，同时违背了刑事实体法所确立的社会主流价值观和道德倾向。人们之所以犯罪，是社会系统中出现部分障碍，影响其正常功能的发挥，一旦其阻碍了整个社会正常运行，犯罪就会发生。因此，犯罪是社会稳定发展中的一种失范状态（罗伯特·K. 默顿，2008：223-226）。与之相一致的观点，日本学者小野清一郎主张“犯罪是反文化、反正义的行为”（马克昌，1996：278）。这里，学者强调文化道德以及公民的义务，坚持建立法治社会秩序。

犯罪作为一种社会现象，其根源是生产力与生产关系这对社会基本矛盾，它在不同的社会形态和同一社会形态的不同阶段，发生的作用和社会后果不同。马克思和恩格斯（1960：376）在《德意志意识形态》一书中说：“犯罪——孤立的个人反对统治关系的斗争，和法一样，也不是随心所欲地产生的。相反地，犯罪和现行的统治都产生于相同的条件。”恩格斯在《英国工人阶级状况》一书中指出：“蔑视社会秩序的最明显最极端的表现就是犯罪。”（马克思和恩格斯，1956a：416）马克思进一步补充道：“凡是稍微熟悉犯罪统计的人都会看出，犯罪按照特殊的规律性在年年增长着，一定的原因按照特殊规律性在产生一定的犯罪行为。工厂制流行的结果就是犯罪数量到处都在增加。我们能够相当精确地预计一个大城市或者整个地区每年会发生的逮捕、刑事犯罪，以至凶杀、抢劫、偷窃等事件的数字，在英国就常常是这样。”（马克思和恩格斯，1956b：623-624）马克思和恩格斯所讲的犯罪本质上和其他社会学家的犯罪概念相同，都是破坏社会秩序的行为，但不同的是，他们更大程度上是揭露资本主义残酷剥削和压迫造成无产阶级的反抗，无产阶级以破坏统治阶级的社会秩序来改变自己受奴役的地位。

综上所述，由于立场不同和地位不同，人们对犯罪的看法也有差异。在英国资本家看来，任何捣毁工厂机器的行为就是犯罪，但是在马克思看来，遭受压迫和剥削的工人起来反抗，是获得个性解放的正义之举；有的犯罪因文化差异而有所不同，例如，爱尔兰人酗酒成风，即使烂醉如泥，也不是犯罪，但爱尔兰人移民到了美国，酗酒就是犯罪了；有的犯罪标准依照国家政治形势的变动而变更，或者依照国家政策的改变而变更。

作为一项学术概念，犯罪具有三重性质。首先，犯罪具有阶级性，它是由统治者或执政者来界定的，规定何为犯罪的刑法是统治阶级意志的展现和为统治阶级服务的工具。任何破坏社会秩序，尤其是统治阶级赖以生存的政治体制、经济基础的犯罪行为，都是不被统治阶级所允许的。其次，犯罪具有社会性。犯罪危害了整个社会的利益。其中，犯罪的主要受害者是中下层民众，因为他们缺少权力和金钱，无力承担雇用保镖的费用，也很难在受到严密保护的上层社区定居。相较而言，统治者由于掌握了军队、警察、监狱等专政手段，反而不易受到犯罪分子的侵害。随着全球化深入发展，一些犯罪如恐怖事件、腐败、跨境毒品、洗钱、侵犯知识产权、黑社会等，呈现出有组织、跨国化等特点，这不仅影响有关国家政治、经济、文化、社会的健康发展，也损害各国人民的切身利益，因而成为国际社会面临的共同危害。最后，犯罪具有历史性，犯罪的界定标准是各国、各地区社会历史发展的产物，受到特定文化传统、经济体制、政治制度及诸多历史事件的强烈影响。

（二）现代化与城市犯罪

西方犯罪学家对现代化进程中经济与犯罪同步增长的现象进行了大量研究，发现：一方面，现代化进程中，犯罪如影随形地始终伴随着经济发展和社会发展；另一方面，现代化国家终将形成经济发展与犯罪同步增长的格局和态势，无论发达国家还是发展中国家都是这样。现代化是人类发展的必由之路，在实现现代化过程中，无论是工业化还是城市化，抑或是移民浪潮等带来的社会变迁，过程中都存在犯罪，我们需要结合史实，具体分析现代化与犯罪之间的关系。

正如美国犯罪学家路易丝·谢利（1986：159）所说的，“现代化进程的发展给过去和现在各方面极不相同的国家带来了共同的犯罪情况，犯罪是现代化进程中的一种代价。无论是致力于发展本国经济的社会主义国家还是资本主义国家，它们都避免不了现代化所造成的犯罪方面的后果”。

从纽约城市的发展来看，在现代化开始阶段，城市的财产犯罪和侵犯人身罪的犯罪较之以往大大增加了。随着城市化进程的加快，大量农业人口迁入城市。这些新的城市居民和原来的城市居民相比处于被剥夺的状态，而且为前所未见的丰富的物质财富所包围，他们向往着现代化进程的果实，致使财产犯罪达到了新的高峰。例如，盗窃部分是出于他们难以满足的欲望，部分是出于实际的需求；暴力犯罪也随之产生。因此，在城市化开始阶段，城市的暴力犯罪与财产犯罪同步增长。

谢利认为，“现代化的标志是从（以）暴力犯罪为主的社会转变为（以）日益增多的财产犯罪为特征的社会。财产犯罪在所有现代化国家都是犯罪的主要形式，是因为日益世俗的而不是宗教的准则所支配的有形财富具有前所未有的重要性。在社会地位不断变动的现代社会里，决定人们社会地位的是财产而不是出身。在这种情况下，取得财物已不仅是为了满足实际的需要而且是得到社会地位的手段。获得财产，特别是在现代社会的少年中间通过合法的或非合法的手段去获得财产，已成为可以证明一个人的个人价值的一种手段”（路易丝·谢利，1986：160-161）。现代化促进了犯罪类型的变化，也引起了犯罪率的增长。

在西方国家，现代化促进了生产力的发展，也巩固和强化了资本主义社会的资本与劳动这一剥削与被剥削的关系。对于劳动者来说，并没有因为现代化而获得相应的实际利益和改善其低下的社会地位，从而结束被剥削的生涯；相反，贫富差距更为悬殊，相对贫困更加严重。富国的穷人更为强烈地感受到了被剥夺的滋味而倍感不满。尽管统治阶级不时用福利政策有意识地来调整和缓和日趋尖锐复杂的社会经济关系，但其作用只能是暂时的、局部性的。西方现代化加剧了贫富差别和种族歧视，形成了尖锐的社会对立和矛盾乃至剧烈的社会动荡，滋长了对现实的普遍不满情绪，这些正源源不断地为社会制造着大量的犯罪“后备军”（肖建国，1988：51-54）。因此，资本主义基本矛盾仍是西方社会犯罪的根本原因，居高不下的犯罪率正是西方社会经济关系日趋恶化的必然产物。

1. 工业化与犯罪

18 世纪 60 年代，以大规模机器生产为特征的工业生产活动在英国出现，并不断向英国以外的欧美地区扩张。经过大约 200 年的时间，世界大多数发达国家都完成了工业化进程。工业化的发展对人类社会的进步既有积极作用，也有消极影响。消极影响表现在，除了对自然、生态造成巨大破坏以外，更严重的是对人类生活方式和行为心理产生了负面影响。

工业化进程对传统生活方式产生了重要的影响，进而使犯罪类型、犯罪地理分布、社会条件等都发生了变化。17 世纪末以来，谋杀罪和一般的侵犯人身的犯罪都大为减少，财产犯罪似乎取代了暴力犯罪，盗窃和诈骗取代了凶杀和重伤害（路易丝·谢利，1986：28-30）。同时，工业化时期，居民就业不充分，糟糕的教育和医疗设备与拥挤不堪的住房等实际生活环境同城市堕落的道德气氛相混合，这些众多的社会条件对工人的家庭生活产生直接影响并导致家庭关系的破坏，导致个人的迷惑和社会反常，这一切都导致犯罪的增长。

恩格斯在《英国工人阶级状况》一文中关注工业化初期的犯罪问题，重点考察了城市生活普遍腐化堕落以及犯罪空前增长的原因（马克思和恩格斯，1956a：555-557）。随着无产阶级人数的增长和贫困的加剧，英国的犯罪量也增加了。“从内务部每年公布的‘犯罪统计表’中可以看出，犯罪的数字在英国是以不可思议的速度增加着。在英格兰和威尔士，当事人因刑事罪而被捕的事件人数在 37 年增加了 6 倍……在苏格兰，1819 年当事人因刑事罪被捕的只有 89 件，到 1837 年已经有 3176 件，到 1842 年甚至增加到 4189 件。”（马克思和恩格斯，1956b：416-417）这是因为工业化造成人们身体的重大伤害。繁重的工作导致筋疲力尽、睡眠不足、缺乏娱乐活动以及普遍的健康不良加剧了城市居民生活的紧张状况。这些因素是造成“街道、车间和街头的暴行”等犯罪的原因。马克思在《“模范国家”比利时》一文中同样指出犯罪率随着工业化进程展开而迅速上升，尤其是青少年犯罪率成倍增长（马克思和恩格斯，1958a：367-368）。在马克思看来，环境对人的性格形成起着决定性的作用，只有营造合乎人性发展的环境，才能消灭犯罪的根源。

法国学者塔德（Gabriel Tarde）和涂尔干（Émile Durkheim）认为，以前相对稳定的犯罪率突然变化，并不是出于经济制度的变动，而是由社会上各种社会关系的变动造成的。“社会变动对犯罪性质、犯罪行为方式和犯罪人口的成分有着深刻影响。”（路易丝·谢利，1986：14）这种观点在芝加哥学派的犯罪生态论里同样存在，即社会环境与犯罪密切相关，认为违法犯罪是工商业发达的城市的突出问题，认为产业中心周围地区是过渡地带，人口混杂，是一种有利于犯罪高发的环境；人口频繁流动，促进了社会文化的多元化，有限的资源加剧了生存竞争，削弱了社区的共同利益，造成家庭纽带趋于瓦解，从而形成滋生犯罪的温床。

上述学者的论断同样也能解释当代工业化发展过程中出现的犯罪现象。各国工业化历史表明，在工业化启动和快速发展时期，大量的农民离开了土地，被卷入工业化进程。在这个过程中，他们脱离了有良好风俗和稳定社会秩序的乡村社会，而在城市中，他们不得不忍受低廉的薪酬、残酷的剥削、低下的社会地位、恶劣的工作和生活环境，整日面对的不再是熟悉的乡亲朋友，而是纸醉金迷的城市文化、充斥着陌生人的城市社会。在这样的环境中，许多人身心俱疲，不愿从事正当工作，转而成为犯罪分子。不仅如此，如果说刚卷入工业化进程的农民多少还带有淳朴的乡村气息，那么他们的子女们往往并不是人人都具备这一优点。这些青少年成长在城市中，既为工业化社会的拜金主义、奢侈享乐氛围所感染，又极为深刻地意识到社会的不平等和自身极为不利、前途堪忧的处境。在这样的情况下，对相当一部分青少年而言，正当的职业和积极的文化便失去了吸引力，勤恳工作但收入微薄的双亲也不足以成为效仿的榜样，违法行为则因为成本低、心理刺激强、“挣钱”容易而备受青睐。于是，在工业化过程中，纽约市乃至整个美国，都出现了愈演愈烈的青少年犯罪问题。

2. 城市化与犯罪

在工业革命的推动下，英国成为世界上第一个完成城市化的国家。此后，城市化以前所未有的速度在全球范围内迅速推进，德国、美国、法国、日本、巴西等先后完成了城市化进程。城市化是现代化的重要内容，是现代化在空间上的表现。随着城市化的迅速发展，城市犯罪问题也逐渐凸显。城市的日益膨胀为犯罪提供了更加适宜的温床。高楼大厦为犯罪提供了隐蔽的场所，异质性群体的碰撞加速了犯罪的发生，贫富差距导致的被剥夺感增强从而刺激了犯罪。换句话说，人们在城市化进程中尽情享受现代化带来的成果，但同时也饱受它带来的痛苦和创伤。犯罪是城市机体上的毒瘤，吞噬着城市健康的细胞，摧残着城市人的心灵，是城市可持续发展的大敌，是制约现代化步伐的羁绊。

但是，研究表明，发生犯罪的概率在农业社会和城市社会里情况是不同的。在德国社会学家斐迪南·滕尼斯[①]研究中，人类社会存在两种相对的类型，以小乡村为其特征的“通体社会”和以大城市为其特征的“联体社会”。“乡村中有实质上一致的目标，人们为了共同利益而共同劳动，把人们联结起来的是具有共同利益和共同目标的家庭和邻居的纽带。”“通体社会”是活生生的机体，其生活特征是“亲密无间的、与世隔绝的、排外的共同生活”，其成员是由共同的语言和传统维系在一起的。他们有共同的善恶观念，有共同的朋友和敌人（斐迪南·滕尼斯，1999：75-80）。这里的“通体社会”，也就是“社区”，是通过血缘、邻里和朋友关系建立起的共同体，他们具有共同的意志、习惯、回忆、记忆，它与共同生活、劳动过程密不可分。这种具有共同意志的共同体即“社区”是有机的整体。这种互助式共同体的社会结构和人际关系，相同的地域文化和宗教、习俗等，都有利于消除邻里之间可能产生的矛盾和冲突。

另外，在传统的乡村社会，除了个别大地主外，大多数家庭占用的主要生产资料（如土地、农具、水源、森林等）相差不大，贫富差距并不巨大，人们心理压力相对较小。同时，由于生产力相对低下，劳动产品并没有多少富余，财富集中程度较低。再加上交通不便、人口流动比较困难等原因，在传统的农业社会里，犯罪数量较少、犯罪率较低，尤其是财产犯罪较少。

---

① 斐迪南·滕尼斯（Ferdinand Tonnies，1855～1936），社会学形成时期的著名社会学家，德国现代社会学的缔造者之一。他的社会学著作，尤其是成名作《共同体与社会》对社会学界产生了深远的影响。

城市化的发展使越来越多的农村人口涌入城市，给城市空间、人口结构、人际关系、劳动力市场等带来巨大的变化。所有这些变化都是犯罪问题越来越严重的诱发因素。换句话说，在城市环境中，人类犯罪类型、概率和特点都发生了很大变化。为什么会这样呢?

滕尼斯解释说，和乡村的“通体社会”不同，城市生活特点是分崩离析、肆无忌惮的个人主义和自私自利，甚至相互敌对。这里，人们根本不相信有什么共同利益，家庭和邻居的纽带也没什么意义。同样与“通体社会”“活生生的机体”不同，城市这种联体社会是“机械的结合”，城市中人会“变坏”（康少邦等，1986：4-5）。人之所以会“变坏”，主要是因为城市是靠人的理性权衡（即选择意志）建立起的人群组合，是通过权力、法律、制度的观念组织起来的。但是，一旦人们在利益诱惑面前失去理性，人们就会“变坏”。也就是说，尽管人们通过契约、规章发生各种联系，但手段与目的在本质上是相互分离的，一旦人们抵挡不住诱惑，这种机械的“合成体”就会瓦解（斐迪南·滕尼斯，1999：95-100）。

涂尔干进一步分析指出，城市生活的堕落，其最明显的征兆之一就是犯罪应当归咎于“小的集体”到“大的社会”的转变。当人们离开了传统的、固定的家庭生活进入非人情关系、变化无常的城市生活时，这种转变就发生了。犯罪以及其他社会混乱和个人失常的表现形式都是这种转变的结果。但是，与马克思的“资本主义制度是罪恶的根源”有所不同，涂尔干对社会发展充满了信心。他认为，从农村移居城市开始阶段的城市生活会遭受最大的损害，因为新的城市居民不习惯于这种缺乏由亲密的个人关系形成的日常生活。在经历了最初的转变以后，人类通过调整会建立一种稳定的生活类型（路易丝·谢利，1986：36）。

人类社会总是在不断地发展，但是在社会发展的进程中，在物质财富上升的同时，也出现了令人遗憾的事实——犯罪率的上升。这个事实早在 19 世纪末就已引起许多社会科学工作者甚至革命家的注意。马克思在《“模范国家”比利时》和恩格斯在《英国工人阶级状况》的著作中都曾经说到过犯罪随着工业化而迅速增长的问题。恩格斯用大量的数据证明在英国工业化阶段犯罪以不可思议的速度增加着。著名的英国犯罪学家利昂·拉齐诺维奇（Leon Radzinowicz）等学者有一个非常悲观的估计，“由于犯罪的首要原因是根源于社会结构中的社会的和个人的地位以及社会转变造成的破坏，所以政府或个人对控制犯罪是无能为力的”。他们认为，即使建立严谨的刑事司法制度，设立惩罚机构，扩充警察队伍，处以更重的刑罚，这些司法行政措施对避免犯罪的增长也几乎毫无用处（王子杰，1994：10）。

城市是人口、物品、资金的汇集中心，是满足人们各种私欲的场所。在那里存在各种攫取利益的机会。对于强者来说，城市是富有魅力的场所。但是同时却有许多人在竞争中被淘汰、挤垮。随着城市结构及生活的复杂化，劳动力流动中的落伍、逐梦过程中的失败、生活中遭遇的不幸以及各种城市矛盾孕育出的各类犯罪，正在冲击着城市的社会秩序。日本社会学家伊藤滋从心理、时间、空间等城市环境引起的变化来分析犯罪率上升的原因：①随着城市化的发展，人与人的关系变得冷淡，传统的地区秩序土崩瓦解，城市流动人口增加，彼此不知姓名互不了解，社会条件及心理条件发生变化，个人自由至高无上的思想盛行等；②居民区内建起了中、高层密集住宅，市中心出现了密集的木结构建筑区，某些中心地带趋于冷僻空荡，郊区广大的新兴住宅的环境太差，在城市的死角滥建商店楼、商店居民混合楼、超高层大厦、地下街、地下通道，致使城市的空间条件发生了变化；③城市与城市之间的人口的流动，城市与农村的人口流动，每天上班的高峰时间以及繁华街道、热闹场所熙熙攘攘的临时人口流动，造成市民之间、邻里之间关系疏远冷淡，使城市形成一个彼此素不相识的陌生社会（伊藤滋，1988：1-5）。这些情况都是滋生犯罪的土壤和条件，必然导致犯罪活动层出不穷。这些问题在工业化发达国家和正在工业化的国家都在以不同程度发生着。

在工业化的大力推动下，各国城市化快速发展，就业不充分的农村居民纷纷进入城市，城市人口迅速增长。但是，城市在没有为新的工人做好就业、医疗和居住条件等足够准备的情况下接纳了大量新来的年轻居民。这样大量的人口似乎无休止地向没有准备好的城市转移，给城市基础设施和城市生活等诸方面带来巨大的压力。

城市吸引着大多数处于犯罪易发年龄段的青少年，他们由于没有任何负担而具有更大的流动性。“这些青少年，免除了传统的家庭责任，离开了通常亲密的家庭生活的约束，因而比那些在社会上比较固定的人更易于发生不轨行为。”许多新来的城市居民没有接受什么教育，对较发达地区的要求又缺乏准备，因而找不到工作，只能采取非法手段维持生活。还有一些人是找到了人生中的第一份工作，但挣到的钱不知如何去花，便走上了赌博、嫖娼之类的道路，以填补由于失去了传统的生活方式而产生的空虚。由此看来，城市环境的易变和新奇，无论对就业还是失业的人，都有着潜在的促使犯罪的作用。新来的城市居民的生活条件之艰苦使他们难以承担维持社会秩序的义务。他们的期望与他们的现实条件之间有着明显的差别。城市生活之所以吸引他们是因为他们认为有机会享受由电力、交通、教育、医疗等提供的种种方便以及与城市相联系的全部刺激。不幸的是，这些好处对许多新来的居民来说却不能得到（路易斯·谢利，1986：71-73）。可见，在城市化过程中，城市犯罪问题并不一定减少，城市并不能让所有人都生活得更美好。

纽约城市发展的历史也证明，城市化与犯罪问题的恶化更有着明显而密切的联系。首先，在城市中，人口、财富的高度聚集使得犯罪分子可以选择的作案目标大大增加了，大至银行、首饰店，小到孩子的零用钱，乃至孩子本身，都可能成为犯罪分子侵害的对象。犯罪分子也能够在城市中找到臭味相投的同伙，乃至结成大规模的帮伙或黑帮。同时，在城市中，日出而作、日落而息已不再是一个必须遵行的习惯，由于城市为人们夜晚的活动提供了照明，夜生活随之丰富了起来，亦为犯罪分子作案提供了可乘之机。其次，在城市中，社会的约束、监督能力大为下降，人与人关系淡漠，个人主义、拜金主义盛行，许多人甚至对眼前发生的罪恶无动于衷或出于恐惧不敢对受害者伸出援手，担心招惹上麻烦事。1964 年发生的女工吉诺维斯与歹徒搏斗但最终被残忍遇害就是一个典型的事例。事后，研究人员对此案进行了调查。他们发现，在抢劫案发生时，附近至少有 30 位居民听到了这名女工的呼救声，但这些邻居竟没有一个人立即报警，结果吉诺维斯惨遭杀害。事后，有记者采访那位在歹徒驾车远去之后才报警的邻居，问他这些居民为什么不早点打电话报警时，他回答说他们“不愿受连累”（Cook，2014：1-2）。这一事件成为纽约人乃至所有美国人的耻辱，并引发了社会的广泛反思。最后，城市建筑众多、环境复杂、人口流动性大，易于犯罪分子流窜、聚集和作案，而警察工作则相应愈加困难，在警车、报警电话尚未普及的时代，城市治安存在着大量的盲点。即便自第二次世界大战以来现代化警务装备普及之后，纽约市警察也无力建立覆盖整个城市的安全网。

3. 信息化与犯罪

与工业化、城市化相比，学界对信息化和犯罪之间的关系的研究还不甚充分。根据我们的研究，信息化就是在人类社会各领域普遍地、大量地采用现代信息技术，从而大大提高社会生产力和生活质量的过程。信息化涉及国民经济各个领域，它的意义不仅仅局限于技术革命和产业发展，信息化正逐步上升为推动世界经济和社会全面发展的关键因素，关系每个人的切身利益。信息技术的普及与发展已把人类社会推向了网络化的时代，这不仅改变了长期以来我们既有的社会经济结构，而且改变了我们的价值观念和社会生活方式，形成了全新的社会生活空间。信息化的高度发展使信息传播的数量增多、速度加快，准确快速的信息给人们的生活学习带来便利，从而使人们普遍享受到了现代化的成果。

与此同时，信息化社会的互联网、电话、手机、社交软件等工具给犯罪提供了诸多可乘之机。从纽约市的发展来看，随着社会的发展，网络犯罪愈演愈烈，发案数不断增加，涉案罪名越来越多；涉案“主力军”多为文化程度较高的青年人；犯罪以侵财为主要目的；犯罪所致社会危害十分严重。另外还有涉及社会各个领域的信息欺诈、信息破坏、信息盗窃、信息渎职和信息污染等。

信息犯罪是信息社会中一种新的犯罪类型，它一般是指运用信息技术故意实施的严重危害社会、危害公民合法权益并应负刑事责任的行为。信息犯罪主要是利用计算机网络进行经济诈骗，贩卖色情信息，散布谣言，窃取个人、企业、政府的机密等。

信息犯罪具有智能性、隐蔽性、复杂性、虚拟性特点，作案不受时间、地点的限制，犯罪行为实施后对机器硬件之类的信息载体可以不造成任何损坏，甚至不留下任何痕迹，因此犯罪行为不易被发现、识别和侦破，犯罪成功率极高。据统计，在号称“网络王国”的美国，计算机犯罪的破案率还不到10%，其中定罪的不到3%，但信息犯罪所造成的损失却是巨大的。据媒体报道，美国康奈尔大学的一名研究生曾通过全美最大的计算机网络系统，把自己设计的病毒程序输入五角大楼远景规划网络，导致美国军事基地和美国国家航空航天局的6000多台计算机全部瘫痪，造成直接经济损失近1亿美元（王正德，2004：226）。

此外，信息化也带来了“信息鸿沟”的问题。因为人们只有经过长期的学习、训练才能够将信息化设备运用自如，而这样的学习、训练通常并不是免费的。在美国，中上阶层的青少年能够从小接触先进的设备、学习相关知识，而底层青少年甚至连计算机都摸不到。于是，社会的中上阶层能够尽享信息化带来的便利，抓住信息化带来的机遇，而社会底层居民则难以跟上信息化的浪潮。两方之间的差距在几代人的时间内迅速拉开，形成了严重的“信息鸿沟”问题。被“信息鸿沟”所困扰的社会底层青年难以进入主流的就业市场，从而沦为被社会“落下”的被遗忘者。正所谓“有恒产者有恒心”，在纽约市和美国其他城市中，社会底层青年由于求职无门往往沦为犯罪分子的“预备军”。

从世界和纽约市信息化历程的经验来看，无论个人、企业，还是政府组织，都在日常运作中运用信息技术来处理各种事务，信息化给人类带来了机遇，是人类历史上一次重大的飞跃。但信息化也是一把双刃剑，信息化带来不安全因素，更需要我们去面对和解决。随着信息化的日益发展，信息犯罪愈演愈烈，人们对信息犯罪的安全对策也提出了越来越迫切的要求。要预防和打击信息犯罪，全社会都应注重信息安全，国家应尽快立法，制定新的信息犯罪法规，共同防范和打击信息犯罪，如建立芯片卡制度，同时普及信息技术教育，运用技术措施和管理措施来防范信息犯罪。

总的来讲，犯罪是由刑法规定的危害社会的行为。犯罪产生的原因相当复杂，既有经济因素、心理因素、环境因素，也有文化因素、制度因素和年龄因素等，因为研究犯罪和治理犯罪都需要综合考虑，否则就会非常片面，犯“盲人摸象”的错误。从根本上讲，犯罪是在原始社会走向瓦解，私有制、国家和法逐渐产生的过程中产生的，原始社会中没有犯罪；犯罪的本质是孤立的个人反对统治关系的斗争。在马克思的观念里，犯罪的产生根源于社会物质生活条件；具体原因有贫穷、失业、贫富悬殊、道德堕落、人性扭曲、社会失范以及法律本身等。同时，只要有阶级的存在，各种犯罪活动就会存在（马克思和恩格斯，1958b：367-368）。所以，我们应该理性地看待犯罪现象，针对犯罪产生的原因，采取合理的应对措施，力求把犯罪降低到最低限度。

在现代化进程中，犯罪是客观存在的，无论是现代化肇始的欧美国家，还是后起的日本和中国，无论是资本主义还是社会主义，都是如此。但是现代化历史也证明，在一个国家或地区、城市，规划良好的工业化可以提高生产力，可以满足物质和精神上的需要；规划科学的城市可以成为人们生活的庇护所，政府管理部门提高社会控制的效果，教育和科学提高人们的文化素养，现代犯罪是可以大大减少的。

参考文献

阿尔弗雷德·C. 金赛. 2013. 金赛性学报告. 潘绥铭译. 北京:中国青年出版社.
埃德温·萨瑟兰. 2008. 白领犯罪. 赵宝成, 徐静磊, 等译. 北京: 中国大百科全书出版社.
安德鲁·科兹曼. 2004. 城市之王——纽约市市长朱利安尼. 秦佩兰译. 北京: 东方出版社.
蔡红. 2008. “零容忍”警务政策的理论与实践探微. 太原大学学报, (3): 21-24.
曹咏. 2008. 西方警务革命对我国警务改革之启示. 湖北警官学院学报, (5): 98-101.
查尔斯·德伯. 2005. 疯狂的美国: 贪婪、暴力、新的美国梦. 江胜, 何烨, 相华利译. 北京: 社会科学文献出版社.
陈春良, 史晋川. 2011. 收入差距、劳动力市场状况与犯罪率. 经济学动态, (8): 115-121.
陈春良. 2012. 中国转型期收入差距与刑事犯罪率的动态变化研究. 杭州: 浙江大学出版社.
陈俊侠. 1999. 俄罗斯黑帮在美国洗钱?——美调查纽约银行特大洗钱案. 中国经贸导刊, (18): 44-45.
陈柳钦. 2011. “健康城市”是诊治“城市病”的良方. 改革与开放, (3): 13-14.
陈奕平. 2006. 人口变迁与当代美国社会. 北京: 世界知识出版社.
陈永球. 2008. 浅议和谐视野下的“零容忍”警务及社会治安控制机制. 公安研究, (3): 14-18.
程黎, 杨灿明. 2010. 试论教育与收入差距的关系——兼谈美国社会的收入差距. 国家教育行政学院学报, (6): 89-95.
程式. 2011. “零容忍”理念下环境警务策略研究. 公安学刊(浙江警察学院学报), (1): 61-69.
戴维·古德菲尔德. 2018. 美国城市史百科全书. 陈恒, 等译. 上海: 上海三联书店.
丹尼尔·J. 布尔斯廷. 2009. 美国人——民主的历程. 谢廷光译. 上海: 上海译文出版社.
邓蜀生. 2001. 世代悲欢“美国梦”——美国的移民历程及种族矛盾(1607—2000). 北京: 中国社会科学出版社.
斐迪南·滕尼斯. 1999. 共同体与社会: 纯粹社会学的基本概念. 林荣远译. 北京: 商务印书馆.
弗·斯卡皮蒂. 1986. 美国社会问题. 刘泰星, 张世灏译. 北京: 中国社会科学出版社.
弗朗索瓦·维耶. 2016. 纽约史. 吴瑶译. 北京: 社会科学文献出版社.
弗雷达·阿德勒, 杰哈德·穆勒, 威廉·拉斐尔. 2006. 遏制犯罪——当代美国的犯罪问题及犯罪学研究. 廖斌, 等译. 北京: 中国民主法制出版社.
富兰克林·德·罗斯福. 1982. 罗斯福选集. 关在汉编译. 北京: 商务印书馆.
高英东. 1998. 美国毒品问题初探. 美国研究, (4): 78-97.
高英东. 1999. 从“罪恶之都”到安全城市. 社会, (6): 44-46.
高英东. 2001. 纽约成功遏止犯罪的启示. 社会, (1): 43-45.
高英东. 2016. 美国城市犯罪控制模式的变革. 城市问题, (2): 89-98.

格雷厄姆·郝吉思. 2010. 出租车！纽约市出租车司机社会史. 王旭, 等译. 北京: 商务印书馆.
郭济. 2005. 政府社会管理与公共服务改革. 重庆: 重庆出版社.
郭建安. 1992. 美国犯罪学的几个基本问题. 北京: 中国人民公安大学出版社.
郭忠义. 2021. 战后美国联邦公共图书馆政策演变研究(1946—2006). 上海: 上海辞书出版社.
国家统计局. 2001. 2000 年中国统计年鉴. 北京: 中国统计出版社.
国家统计局. 2019. 2018 年国民经济和社会发展统计公报. http://www.stats.gov.cn/zxfb/201902/t20190228_1651265. html[2020-11-29].
国家统计局. 2020. 2019 年中国统计年鉴. 北京: 中国统计出版社.
国家统计局. 2022. 中华人民共和国 2021 年国民经济和社会发展统计公报.
哈瑞尔·罗杰斯. 2012. 美国的贫困与反贫困. 2 版. 刘杰译. 北京: 中国社会科学出版社.
何永江. 2013. 中国经济的理性透视. 北京: 中国经济出版社.
胡锦山. 2008. 美国白人种族主义与“逆向歧视”. 世界民族, (3): 11-22.
黄豹, 廖明会. 2007. 社会治安综合治理中的零容忍理论研究. 中南民族大学学报(人文社会科学版), (1): 109-111.
黄伟明, 赵元英. 2003. 犯罪原因新议——心理失衡论. 山东警察学院学报, (2): 76-79.
黄贤全. 2006. 试析罗诉韦德案及其影响. 世界历史, (1): 74-83.
霍尔 P. 1982. 世界大城市. 中国科学院地理研究所译. 北京: 中国建筑工业出版社.
姬虹. 2001. 美国城市黑人聚居区的形成、现状及治理. 世界民族, (6): 44-52.
姬虹. 2008. 美国当代外来移民对城市的影响. 世界民族, (6): 61-69.
简·雅各布斯. 2005. 美国大城市的死与生. 金衡山译. 南京: 译林出版社.
杰克·D. 道格拉斯, 弗兰西斯·C. 瓦克斯勒. 1987. 越轨社会学概论. 张宁, 朱欣民译. 石家庄: 河北人民出版社.
金诚. 2007. “反恐”背景下美国警务模式的新走向. 中国人民公安大学学报(社会科学版), (2): 135-142.
金娟. 2011. 论人口结构与纽约城市犯罪问题(1980—2000). 华东师范大学硕士学位论文.
康少邦, 张宁, 等. 1986. 城市社会学. 杭州: 浙江人民出版社.
李洪海. 1987. 国外犯罪学研究文集. 北京: 中国展望出版社.
李胜. 2016. 威廉·布拉顿治理纽约城市犯罪: 背景、策略及其影响. 城市史研究, 34(1): 67-82.
李昕朔. 2014. 中美枪支管理制度比较研究. 湖北警官学院学报, 151(4): 48-51.
里斯本小组. 2000. 竞争的极限——经济全球化和人类的未来. 张世鹏译. 北京: 中央编译出版社.
联合国大会. 2000. 联合国打击跨国有组织犯罪公约及其议定书. https://www.unodc.org/documents/treaties/UNTOC/Publications/TOC%20Convention/TOCebook-c.pdf[2022-07-08].
梁茂信. 1996. 美国移民政策研究. 长春: 东北师范大学出版社.
林广. 1997. 从人口流变看纽约市哈莱姆贫民区的成因. 华东师范大学学报(哲学社会科学版), (6): 59-66.
林广. 2005a. 上海与纽约文化形态比较研究. 历史教学问题, (6): 49-53.
林广. 2005b. 纽约市族群地位的历史考察——对《1992 年纽约族群地位的调查》的一种解读. 华东师范大学(哲学社会科学版), 37(5): 89-95.
林广. 2011. 1990 年以来纽约市犯罪率下降原因初探//孙福庆, 杨剑龙. 双城记: 上海、纽约都市文化. 上海: 格致出版社, 上海人民出版社: 290-305.
林广. 2012. 20 世纪八九十年代美国人的焦虑及其化解. 探索与争鸣, (7): 20-21.
林广. 2013. 论经济因素对纽约市犯罪率起伏的影响(1980—2004). 求是学刊, 40(1): 159-167.
林广. 2014. 城市的基本功能是什么——论刘易斯・芒福德城市研究的遗产//孙逊, 陈恒. 刘易斯・芒福德的城市观念. 上海: 上海三联书店: 30-36.
林广. 2017. 20 世纪 90 年代美国治理犯罪研究. 社会科学家, 247(11): 8-14.
刘传炎. 1991. 当代美国经济问题新论. 长春: 吉林大学出版社.
刘汾. 2008. 试论城市中的恐怖主义: 根源、特征与治理手段. 复旦大学硕士学位论文.
刘国栋, 张国华. 1997. 万国之都——纽约. 长春: 长春出版社.
刘守芬, 牛广济. 2008. 反国际洗钱犯罪面临的问题与应对. 山东警察学院学报, 101(5): 47-53.
刘绪贻. 2008. 美国通史(第 6 卷)——战后美国史 1945—2000. 北京: 人民出版社.
刘艳明. 2019. 美国系统性种族主义理论综述. 北京社会科学, (3): 119-128.
刘易斯・芒福德. 2005. 城市发展史——起源、演变和前景. 宋俊岭, 倪文彦译. 北京: 中国建筑工业出版社.
刘易斯・芒福德. 2008. 城市文化. 宋俊岭, 等译. 北京: 中国建筑工业出版社.
卢拉・玛丽安. 2016. 跨国视角下的检察官. 杨先德译. 北京: 法律出版社.
鲁迪・朱利安尼. 2005. 领导: 纽约市市长朱利安尼自述. 韩文正译. 南京: 译林出版社.
路易丝・谢利. 1986. 犯罪与现代化: 工业化与城市化对犯罪的影响. 何秉松译. 北京: 群众出版社.
罗伯特・K. 默顿. 2008. 社会理论与社会结构. 康少杰, 齐心, 等译. 南京: 译林出版社.
马克昌. 1996. 近代西方刑法学说史略. 北京: 中国检察出版社.
马克思, 恩格斯. 1956a. 马克思恩格斯全集(第 1 卷). 中共中央马克思恩格斯列宁斯大林著作编译局译. 北京: 人民出版社.
马克思, 恩格斯. 1956b. 马克思恩格斯全集(第 2 卷). 中共中央马克思恩格斯列宁斯大林著作编译局译. 北京: 人民出版社.
马克思, 恩格斯. 1958a. 马克思恩格斯全集(第 4 卷). 中共中央马克思恩格斯列宁斯大林著作编译局译. 北京: 人民出版社.
马克思, 恩格斯. 1958b. 马克思恩格斯全集(第 5 卷). 中共中央马克思恩格斯列宁斯大林著作编译局译. 北京: 人民出版社.
马克思, 恩格斯. 1960. 马克思恩格斯全集(第 3 卷). 中共中央马克思恩格斯列宁斯大林著作编译局译. 北京: 人民出版社.
马克思, 恩格斯. 1972. 马克思恩格斯全集(第 23 卷). 中共中央马克思恩格斯列宁斯大林著作编译局译. 北京: 人民出版社.
倪建钢. 2005. 浅析 20 世纪 70、80 年代美国黑人高暴力犯罪率的主要原因. 中国人民大学硕士学位论文.
聂万举. 2000. 1992 年洛杉矶骚乱历史根源探析. 史学集刊, (2): 69-75.
欧阳林超. 2003. 城市——恐怖主义猖獗的热点地区. 中国人民防空, (2): 43-44.
帕克 R E, 伯吉斯 E N, 麦肯齐 R N. 1987. 城市社会学——芝加哥学派城市研究文集. 宋俊岭, 吴建华, 王登斌译. 北京: 华夏出版社.
钱入深. 2011. 城市文化环境与纽约市的犯罪问题(1970—2001). 华东师范大学硕士学位论文.

乔磊. 2010. 2010 年美国人绝对不可以做的十件事. http://edu.sina.com.cn/a/2010-01-11/1710184005.shtml[2022-07-08].
乔治·J. 兰克维奇. 2005. 纽约简史. 辛亨复译. 上海: 上海人民出版社.
乔治·弗莱切. 2007. 地铁里的枪声——正当防卫还是持枪杀人. 陈绪纲, 范文洁译. 北京: 北京大学出版社.
乔治·沃尔德, 托马斯·伯纳德, 杰弗里·斯奈普斯. 2005. 理论犯罪学(原书第 5 版). 方鹏译. 北京: 中国政法大学出版社.
任东来. 2007. 在宪政舞台上——美国最高法院的历史轨迹. 北京: 中国法制出版社.
任建新. 1993. 中国劳改学大辞典. 北京: 社会科学文献出版社.
柔桑. 2010. 美国与墨西哥之间的“毒结”. 检察风云, (3): 44-46.
汝小美. 2003. 美国堕胎问题的争论及其思考. 人口与计划生育, (8): 72-74.
萨本望, 王锁宝, 萨支红. 1992. 美国新总统克林顿. 北京: 军事谊文出版社.
塞缪尔·亨廷顿. 2010. 文明的冲突与世界秩序的重建. 周琪, 刘绯, 张立平, 等译. 北京: 新华出版社.
赛尔斯坦·塞林, 马林诺夫斯基. 2003. 犯罪: 社会与文化. 许章润, 等译. 桂林: 广西师范大学出版社.
上海市统计局. 2020. 上海统计年鉴 2020. 上海: 上海人民出版社.
沈克明. 2008. 美国人憎恨警察与公务员的不法行为. 社区, (9): 42-43.
石岩, 王莹. 2007. 欧洲足球流氓问题研究. 北京体育大学学报, 30(6): 725-728.
史蒂芬·列维特, 史蒂芬·都伯纳. 2006. 魔鬼经济学. 刘祥亚译. 广州: 广东经济出版社.
丝奇雅·沙森. 2005. 全球城市: 纽约、伦敦、东京. 周振华译. 上海: 上海社会科学院出版社.
斯蒂芬·巴坎. 2011. 犯罪学: 社会学的理解. 4 版. 秦晨, 周晓虹译. 上海: 上海人民出版社.
宋会敏. 2010. 从“犯罪之都”到“安全城市”. 华东师范大学硕士学位论文.
苏明月. 2004. 质疑“犯罪有益”——从 E. 迪尔凯姆说起. 犯罪学论丛, 2: 441-500.
宿景祥. 1992. 美国经济统计手册. 北京: 时事出版社.
孙国华. 1997. 中华法学大辞典·法理学卷. 北京: 中国检察出版社.
孙逊, 陈恒. 2014. 刘易斯·芒福德的城市观念. 上海: 上海人民出版社.
田鹤城. 2009. 经济发展与犯罪关系研究.西北农林科技大学博士学位论文.
涂平子. 1995. 美国纽约市的发展与规划展望. 现代城市研究, (1): 22-25.
托马斯·索威尔. 1992. 美国种族史. 沈宗美译. 南京: 南京大学出版社.
瓦克昆特. 2002. 一个窒碍不通的社会镇压模式. 法国世界外交论衡月刊(中文版), (5): 28-36.
汪民安, 陈永国, 马海良. 2008. 城市文化读本. 北京: 北京大学出版社.
王恩铭. 2008. 美国反正统文化运动——嬉皮士文化研究. 北京: 北京大学出版社.
王国琦, 陈莉. 2007. 美国警察的“零容忍”制度. 人民公安, (7): 46-47.
王辉忠. 2010. 以“零容忍”“零懈怠”为导向构建新形势下的和谐警民关系. 公安研究, (8): 5-8.
王瑞平. 2009. 当代纽约警察——机制·策略·经验. 北京: 中国人民公安大学出版社.
王世洲, 刘淑珺. 2005. “零容忍”政策探析. 中国人民公安大学学报, (4): 68-77.
王巍巍. 2012. 纽约市治理犯罪“零容忍”政策初探. 华东师范大学硕士学位论文.
王希. 2000. 多元文化主义的起源、实践与局限性. 美国研究, (2): 44-80.

王英杰. 1993. 美国高等教育的发展与改革. 北京: 人民教育出版社.
王颖. 2007. 城市化进程中的犯罪防控模式. 吉林公安高等专科学校学报, 22(2): 65-68.
王章佩. 2004. 美国社会福利政策演变考察. 广东行政学院学报, (2): 89-96.
王正德. 2004. 解读网络中心战. 北京: 国防工业出版社.
王志永. 2016. 纽约城市治理研究——基于警务改革的视角. 中国名城, (3): 69-73.
王子杰. 1994. 社会发展与犯罪预防. 北京警察学院学报, (6): 10-14.
文森特・帕里罗, 约翰・史汀森, 阿黛思・史汀森. 2002. 当代社会问题. 4 版. 周兵, 等译. 北京: 华夏出版社.
翁里, 夏虹. 2001. 论美国新移民法的国际影响. 浙江大学学报(人文社会科学版), 31(4): 140-146.
肖建国. 1988. 现代化进程中犯罪与社会发展关系思考. 政治与法律, (5): 51-54.
肖文波. 2011. 刍议警察“适度容忍”与社会和谐. 福建警察学院学报, (1): 56-60.
小路易斯・米泽尔. 1998. 智能犯罪 遍及全世界的白领犯罪与自我防范措施. 肃草, 等译. 北京: 中国物资出版社.
谢芳. 2004. 美国社区. 北京: 中国社会出版社.
解玉泉. 1996. 纽约市民自发维护社会治安秩序. 道德与文明, (4): 40.
徐代德. 1992. 背德的帝国: 资本主义美国史话. 天津: 天津社会科学院出版社.
杨海泉. 2019-02-20. 全球去年民航客运需求增长 6.5%. 经济日报, 第 13 版.
杨学锋. 2021. 破窗警务的误解澄清与重新发现. 中国人民公安大学学报(社会科学版), 37(1): 90-100.
姚计海, 张彩云. 2003. 美国学校的“零容忍”惩罚政策述评与反思. 外国教育研究, (12): 31-34.
伊恩・罗伯逊. 1994. 社会学(上、下册). 黄育馥译. 北京: 商务印书馆.
伊利尔・沙里宁. 1986. 城市: 它的发展、衰败与未来. 顾启源译. 北京: 中国建筑工业出版社.
伊藤滋. 1988. 城市与犯罪. 郑光林, 夏金池译. 北京: 群众出版社.
于波. 2007. 纽约市犯罪率下降的经济学分析: 1990—2005. 上海师范大学硕士学位论文.
袁征. 2002. 论美国枪支管制运动的发展及前景. 美国研究, (4): 69-86.
臧秀玲. 2004. 从消极福利到积极福利: 西方国家对福利制度改革的新探索. 社会科学, (8): 28-35.
曾忠恕. 2005. 美国警务热点研究. 北京: 中国人民公安大学出版社.
詹姆士・阿尔布雷特. 2008a. 从国际视角看美国社区警务的革命(上). 薛娇译. 公安学刊(浙江警察学院学报), (1): 25-29.
詹姆士・阿尔布雷特. 2008b. 从国际视角看美国社区警务的革命(下). 薛娇译. 公安学刊(浙江警察学院学报), (2): 34-37.
张平, 刘霞辉. 2019. 中国经济增长报告(2018～2019): 高质量发展与增强经济韧性. 北京: 社会科学文献出版社.
张天娇. 2009. 堕胎是自由还是犯罪——堕胎在美国的争论. 法制与经济, (6): 72-74.
张友好. 2007.公共场所安装监视器行为的法学思考. 法商研究, 24(1): 70-75.
章春明, 刘华. 2003. 警务改革的原动力——犯罪现象与警务改革. 云南公安高等专科学校学报, (1): 64-66.

章元, 刘时菁, 刘亮. 2011. 城乡收入差距、民工失业与中国犯罪率的上升. 经济研究, (2): 121-139.

赵金萍. 2007. 情报引导与绩效管理的双重警务机制——美国纽约市警察局 CompStat 模式评述. 铁道警官高等专科学校学报, (3): 82-85.

赵梅. 1997. “选择权”与“生命权”——美国有关堕胎问题的论争. 美国研究, (4): 55-87.

智研咨询. 2017. 2017 年中国轨道交通行业发展现状分析及未来发展趋势预测. https://www.chyxx.com/industry/201712/598155.html[2022-03-02].

中国社会科学院美国研究所. 2000. 美国年鉴 2000. 北京: 中国社会科学出版社.

中国社会科学院美国研究所. 2002. 美国年鉴 2002. 北京: 中国社会科学出版社.

周明宝. 2002. 浅析“相对剥夺感”. 社会, (5): 37-38.

周雯, 邢建武. 2009. 新经济时期以来美国制造业及服务业的发展. 特区经济, 240(1): 86-88.

朱迪·格林. 2009. “零容忍”: 对纽约市警务政策与实践的个案研究. 朱宏译. 公安学刊(浙江警察学院学报), (2): 24-31.

朱世达. 2001. 当代美国文化与社会. 北京: 中国社会科学文献出版社.

祝凤瑞, 王孔林. 2005. 跨国毒品犯罪的形势与对策研究. 云南警官学院学报, (3): 23-27.

Allen O E. 1990. New York, New York: A History of the World's Most Exhilarating and Challenging City. New York: Macmillan Publishing Company.

Allerfeldt K. 2001. Crime and the Rise of Modern America: A History from 1865-1941. New York, London: Routledge.

Archibold R C. 1998-09-08. Few teacher vacancies as New York City recruits 5000 to schools. New York Times, B. 1.

Archibold R C. 1999-01-27. Last year, cost per pupil in city school jumped 9.3%. New York Times, B. 4.

Attinger J. 1990-09-17. The decline of New York. Time, A. 12.

Back L, Crabbe T, Solomos J. 1999. Beyond the racist/hooligan couplet: race, social theory and football culture. British Journal of Sociology, 50 (3): 419-442.

Baker S R. 2015. Effects of immigrant legalization on crime. American Economic Review, 105(5): 210-213.

Baldrige M, Brown C J, Jones S, et al. 1985. Statistical Abstract of the United States 1985, 105th Edition. https://babel.hathitrust.org/cgi/pt?id=hvd.32044057700288&view=1up&seq=8&skin=2021[2022-07-09].

Baldrige M, Brown C J, Jones S, et al.1985. Statistical Abstract of the United States 1985. https://babel.hathitrust.org/cgi/pt?id=hvd.32044057700288&view=1up&seq=8&skin=2021[2022-07-09].

Barbara B. 1981-09-27. Children bearing guns: a growing peril in the city. New York Times, A. 67.

Barbara B. 1982-04-18. Car reported stolen every five minutes on New York streets. New York Times, A. 1.

Barr R G, Diez-Roux A V, Knirsch C A, et al. 2001. Neighborhood poverty and the resurgence of tuberculosis in New York City, 1984-1992. American Journal of Public Health, 91(9): 1487-1493.

Barrows S B. 1996. The Mayflower Madam: The Secret Life of Sydney Biddle Barrows. New

York: St. Martin's Paperbacks.

Becker G S. 1968. Crime and punishment: an economic approach. Journal of Political Economy, 76(2): 169-217.

Bellesiles M A. 2000. Arming America, the Origins of National Gun Culture. New York: Alfred A. Knopf.

Bender T. 2002. The Unfinished City: New York and the Metropolitan Idea. New York: The New Press.

Berger J. 1990-04-05. Teacher layoffs are feared with call for budget cuts. New York Times, B. 3.

Bloomberg M R, Burden A M. 2000. The Newest New Yorkers. Department of City Planning.

Bloomberg M R, Burden A M. 2004. The Newest New Yorkers 2000. Department of City Planning. New York City Department of City Planning Population Division.

Bloomberg M R, Frieden T R. 2003. Summary of Vital Statistics 2001: The City of New York. Bureau of Vital Statistics, New York Department of Health and Mental Hygiene.

Blumstein A. 1995. Violence by young people: why the deadly nexus. National Institute of Justice Journal, 229: 2-9.

Blumstein A, Wallman J. 2000. The Crime Drop in America. New York: Cambridge University Press.

Bogen E. 1987. Immigration in New York. New York: A Division of Greenwood Press, Inc.

Bourguignon F. 1999. Crime, Violence, and Inequitable Development. https://www.researchgate.net/publication/245815187_Crime_Violence_and_Inequitable_Development[2022-03-18].

Bowling B. 1999. The rise and fall of New York murder: zero tolerance or crack's decline?. The British Journal of Criminology, 39(4): 531-554.

Bram J, Edgerton J, Gelb Y, et al. 2003-03-27. Neighborhood Revitalization in New York City in the 1990s. https://www.federalreserve.gov/communityaffairs/national/CA_Conf_SusCommDev/pdf/bramjason.pdf[2022-03-18].

Bratton W J, Griffiths W, Mallon R, et al. 1997. Zero Tolerance: Policing a Free Society. London: IEA Health and Welfare Unit.

Bratton W, Knobler P. 1998. Turnaround: How America's Top Cop Reversed the Crime Epidemic. New York: Random House.

Brownlee C. 2021-12-27. Gun Violence in 2021, by the Numbers. https://www.thetrace.org/2021/12/gun-violence-data-stats-2021/[2022-07-09].

Bukwoski R W, Spetzler R C. 1992. Analysis of the Happyland Social Club fire with hazard I. Journal of Fire Protection Engineering, 4(4): 117-130.

Bureau of the Census, Department of Justice. 1998. The National Crime Victimization Survey. https://bjs. ojp.gov/data-collection/ncvs[2022-03-15].

Butts J A. 2000. Youth Crime Drop. Urban Institute.

Butts J, Travis J. 2002. The Rise and Fall of American Youth Violence: 1980 to 2000. Urban Institute.

Camarota S. Immigrants at mid-decade a snapshot of America's foreign-born population. https://www.thesocialcontract.com/artman2/publish/tsc1602/article_1374.shtml[2022-07-02].

Caulkins J P. 1993. Zero-tolerance policies: do they inhibit or stimulate illicit drug consumption?.

Management Science, 39(4): 458.

Cerrone K M. 1999. The Gun-Free Schools Act of 1994: Zero Tolerance takes aim at procedural due process. Pace Law Review,20(1): 131-134.

Christie L. 2005-10-17. The Safest Big U.S. Cities in 2004: Crime is Dropping in most Urban Areas Thoughout the Nation. CNN/Money. https://money.cnn.com/2005/10/17/news/safest_big_cities/[2022-07-01].

Chudacoff H P, Smith J E, Baldwin P C. 1988. The Evolution of American Urban Society. Upper Saddle River: Prentice-Hall.

Cohen L E. 1987. Age structure and Crime: symmetry versus asymmetry and the projection of crime rates through the 1990s. American Sociological Review, 52(2): 170-183.

Conklin J E. 2003. Why Crime Rates Fell. New York: Pearson Education, Inc.

Cook K. 2014. Kitty Genovese: The Murder, the Bystanders, the Crime that Changed America. New York: W.W. Norton & Company.

Corman H, Mocan H N. 2000. A time-series of crime, deterrence, and drug abuse in New York City. The American Economic Review, 90(3): 584-604.

Corman H, Mocan H N. 2005. Carrots, sticks and broken windows. The Journal of Law & Economics, 48(1): 235-266.

Coutin B S. 2007. Nation of Emigrants. Ithaca: Cornell University Press.

Covington J. 1995. Racial classification in criminology: the reproduction of racialized crime. Sociological Forum, 10(4): 547-568.

Deane J. 1995-10-13. CCTV boost follows crime-fighting success//Luk J W. 2002. Identifying Terrorists: Privacy Rights in the United States and the United Kingdom. Hastings International and Comparative Law Review, 25(2): 223-259.

Department of Labor. Unemployment Rate of New York City, 1976-2021. https://statistics.labor.ny.gov/laus.asp[2022-03-02].

DiNitto D M, Johnson D H. 2005. Social Welfare—Politics and Public Policy. London: Ally and Bacon.

Dogan M, Kasarda J D. 1988. The Metropolis Era: Megs—Cities. Beverly Hills: Sage Publications Inc.

Douglas M. 1989-05-28. The region: seeking a formula for liberty and order in the park. New York Times, A. 8.

Eck J. 2003. Police problems: the complexity of problem theory, research and evaluation. Crime Prevention Studies, (15): 79-113.

Ehrlich I. 1973. Participation in illegitimate activities: a theoretical and empirical investigation. Journal of Political Economy, 81(3): 521-565.

Emsley C. 1996. Crime and Society in England, 1750-1900. London: Longman.

Erzen T. 2001. Turnstile Jumpers and Broken Windows: policing disorder in New York City//McArdle A, Erzen T. Zero Tolerance: Quality of Life and the New Police Brutality in New York City. New York: New York University Press.

Evans D L, Cooper K B, Barron W G, Jr, et al. 2001. Statistical Abstract of the United

States1980-2001. Washington D C: the U.S. Government Printing Office.

Evelyn N. 1991-04-03. Fiscal cuts may still harlem pupils' violins. New York Times, B. 1.

Fagan J, Davies G. 2000. Street Stops and Broken Windows: Terry, Race, and Disorder in New York City. Fordham Urban Law Journal, 28(2):457-504.

Fagan J, Zimring F E, Kim J. 1998. Declining homicide in New York City: a tale of two trends. Journal of Criminal Law and Criminology, 88(4): 1277-1323.

FBI. 1971. Uniform Crime Reports: Crime in the United States.

FBI. 1980. Uniform Crime Reports: Crime in the United States.

FBI. 1981. Uniform Crime Reports: Crime in the United States.

FBI. 1987. Uniform Crime Reports: Crime in the United States.

FBI. 1990. Uniform Crime Reports: Crime in the United States.

FBI. 1991. Uniform Crime Reports: Crime in the United States.

FBI. 1992. Uniform Crime Reports: Crime in the United States.

FBI. 1994. Uniform Crime Reports: Crime in the United States.

FBI. 1995. Uniform Crime Reports: Crime in the United States.

FBI. 1996. Uniform Crime Reports: Crime in the United States.

FBI. 1997. Uniform Crime Reports: Crime in the United States.

FBI. 1998. Uniform Crime Reports: Crime in the United States.

FBI. 1999. Uniform Crime Reports: Crime in the United States.

FBI. 2000. Uniform Crime Reports: Crime in the United States.

FBI. 2001. Uniform Crime Reports: Crime in the United States.

FBI. 2002. Uniform Crime Reports: Crime in the United States.

FBI. 2003. Uniform Crime Reports: Crime in the United States.

FBI. 2004. Uniform Crime Reports: Crime in the United States.

FBI. 2013. Uniform Crime Reports: Crime in the United States.

FBI. 2019. Gun Control Statistics Background Overview. https://gun.laws com/gun-control--statistics[2022-03-26].

Finder A. 1997-04-13. A safer city raises spirits and questions. New York Times, A. 1.

Flynn K. 1999-10-08. Police accept civilian panel's inquiry in misconduct cases. New York Times, B. 3.

Fordyce E J, Singh T P, Vazquez F M, et al. 1999. Evolution of an urban epidemic: the first 100, 000 AIDS cases in New York City. Population Research and Policy Review, 18(6): 523-544.

Francis D R. 2002. What reduced crime in New York City. The Digest, (1): 2-3.

Frankel M. 1980-06-03. Poll finds people feel family life on decline. New York Times,B. 12.

Frankel M. 1991-04-04. Save libraries and New York's future. New York Times, A. 22

Freeman R B, Rdogers W M. 1999. Area economic condition and the labor market outcomes of youth men in the 1990s expansion. National Bureau of Economic Research.

Freeman R B. 1996. Why do so many young American men commit crimes and what might we do about it. Journal of Economic Perspectives, 10(1): 25-42.

Fryer R, Heaton P S, Levitt S D, et al. 2004. The impact of Crack Cocaine. http://citeseerx.ist.

psu.edu/viewdoc/download;jsessionid=A2B386E03CC650FDEDCBB365CDDF6DF9?doi=10.1.1.416.9491&rep=rep1&type=pdf[2022-03-17].

Galbraith J. 2000. Economic Report of the President, Transmitted to the Congress February 2000. Challenge, Taylor & Francis Journals, 43(6): 115-122.

Galea S, Ahern J, Tardiff K, et al. 2002. Drugs and firearm deaths in New York City, 1990-1998. Journal of Urban Health: Bulletin of the New York Academy of Medicine, 79(1): 70-86.

Gill J R, Goldfeder L B, Stajic M. 2003. The happy land homicides: 87 deaths due to smoke inhalation. Journal of Forensics Sciences, 48(1): 161-163.

Giuliani R W, Rose J B. 1999. The Newest New Yorkers 1995-1996: An Update Immigrants to NYC in the Mid' 90s. New York City Department of City Planning: 1-40.

Giuliani R W. 1994. Inauguration Speech by Archives of Rudolph W. Giuliani. New York: City Hall.

Giuliani R W. 1995. State of the city address, archives of Rudolph W. Giuliani. https://www1.nyc.gov/html/rwg/html/96/city95.html[2022-03-17].

Giuliani R W. 1997. Mayor's Management Report, Preliminary Fiscal 1997 Summary Volume.

Giuliani R W. 1997. The City of New York, Preliminary Fiscal 1997 Summary Volume. Mayor's Management Report.

Giuliani R W. 1998. The City of New York, Preliminary Fiscal 1998 Summary Volume. Mayor's Management Report.

Giuliani R W. 1999. The City of New York, the Fiscal 1999 Summary Volume. Mayor's Management Report

Giuliani R W. 2000. The City of New York, Preliminary Fiscal 2000 Summary Volume. Mayor's Management Report.

Giuliani R W, Lhota J J, Carpinello M T. 2001. The City of New York, Preliminary Fiscal 2001 Summary Volume. Mayor's Management Report.

Giuliani R W, Lhota J J, Carpinello M T. 2002. Reengineering Municipal Services 1994-2001, Mayor's Management Report Fiscal 2001 Supplement. https://www1.nyc.gov/assets/operations/downloads/pdf/mmr/0901_reengineering.pdf[2022-02-12].

Giuliani R W, Lhota J J, Barsky A J. 2000. Mayor's Management Report, Preliminary Fiscal 2000 Supplement.

Goldstein P J, Brownstein H H, Ryan P J, et al. 1989. Crack and homicide in New York City. Contemporary Drug Problems, 16(4): 651-687.

Goldstein P. 1985. The drugs/violence nexus: a tripartite conceptual framework. Journal of Drug Issues, 15(4): 493-506.

Goodwin M. 1984-06-06. More city workers will be hired as $98 million is added to budget. New York Times, A. 1.

Gould E D, Weinberg B A, Mustard D B. 2002. Crime rates and local labor market opportunities in the United States: 1979-1997. The Review of Economics and Statistics, 84(1): 45-61.

Grogger J T. 1995. The effect of arrests on the employment and earnings of young men. Quarterly Journal of Economics, 110(1): 51-71.

Grogger J T. 1998. Market wages and youth crime. Journal of Labor Economics, 16(4): 756-791.
Healy P, Roberts S. 2005-07-02. Like Sharpton himself, city and its fears have calmed since 1986. New York Times, B. 1.
Henry V E. 2006. Compstat management in the NYPD: reducing crime and improving quality of life in New York City. 129th International Senior Seminar.
Herbers J. 1981-05-16. Fear of crime leads in survey on reasons to leave big cities. New York Times, A. 8. https://urbanhealth.jhu.edu/_PDFs/HBR_Index_Community/BrookingsInstitute_2003_CensusProfile2000.pdf[2022-07-12].
Jackson K. 1995. The Encyclopedia of New York City. New Haven: Yale University Press.
Jacobs J B. 1999. Gotham Unbound: How New York City was Liberated from the Grip of Organized Crime. New York: New York University Press.
James G. 1994-07-06. Police project on street vice goes citywide. New York Times, B. 1.
Jay D. 1987. Crime, Fear, and the New York City Subways: The Role of Citizen Action. New York: Praeger Press.
Jeffery C R. 1971. Crime Prevention Through Environment Design. Beverly Hills: Sage Publications.
Johnson K D. 1998. The Personal Reponsibility and Work Opportunity Reconciliation Act of 1996: the Continual Changes to Policy that Change Who Benefits. https://cardinalscholar.bsu.edu/bitstream/handle/handle/191030/J66_1998JohnsonKeithD.pdf?sequence=1[2022-07-11].
Johnson L B. 1968-01-17. On Gun Control. https://www.ontheissues.org/Archive/SOTU_LBJ_Gun_Control.htm[2022-07-09].
Joyce T, Mocan N H. 1989. The impact legalized on adolescent childbearing in New York. American Journal of Public Health, 80(3): 273-278.
Joyce T. 1988. The social and economic correlates of pregnancy resolution among adolescents in New York City, by race and ethnicity: a multivariate analysis. American Journal of Public Health, 78(6): 626-631.
Kahan D M. 1998. Social meaning and the economic analysis of crime. The Journal of Legal Studies, 27(2): 609-622.
Kana Iaupuni S M, Gans M. 2005. How Effective Is Zero Tolerance? A Brief Review. https://docplayer.net/895633-How-effective-is-zero-tolerance. html[2022-06-26].
Kane J N. 1981. Famous First Facts. New York: H. W. Wilson Company.
Karmen A. 2000. New York Murder Mystery: The True Story Behind the Crash of the 1990s. New York: New York University Press.
Katzman M T. 1968. The economics of defense against crime in the streets. Land Economics, 44(4): 440
Keating R J. 1997. New York by the Numbers—State and City in Perpetual Crisis. New York: Madison Books.
Kelling G L. 1992. Measuring what matters: a new way of thinking about crime and public order. City Journal(Spring): 24-25.
Kelling G L, Coles C M. 1996. Fixing Broken Windows: Restoring Order and Reducing Crime in

Our Communities. New York: Free Press.

Kleiman M A R. 1988. Crackdowns: the effect of intensive enforcement on retail heroin dealing//Chaiken M R. Street Level Drug Enforcement: Examining the Issues. Washington D C: National Institute.

Koch E I. 1984. Mayor: An Autobiography. New York: Simon and Schuster, Inc.

Kominski R, Adams A. 1993. We the Americans: Our Education. U.S. Department of Commerce Economics and Statistics Administration Bureau of the Census.

Korander T, Torronen J. 2005. Zero confidence in youths: experiences of the zero tolerance experiment in Finland. Young, 13(1): 47-71.

Kurutz S. 2003-07-13. In the still of the night. New York Times, 14. 1.

Langan P A, Durose M R. 2004-10-21. The Remarkable Drop in Crime in New York City. Paper prepared for the International Conference on Crime, Rome, December 3-5, 2003.

LaRosa B D. 2002. Can Gun Control Reduce Crime?. https://www.fff.org/explore-freedom/article/gun-control-reduce-crime-part-1/[2022-02-23].

Levitt S D. 2004. Understanding why crime fell in the 1990s: four factors that explain the decline and six that do not. Journal of Economic Perspectives, 18(1): 163-190.

Logan J R, Zhang W. 2002. Immigrant enclaves and ethnic communities in New York and Los Angeles. American Sociological Review, 67(2): 299-322.

Lohman J. 2001. Truancy Law. https://www.cga.ct.gov/2000/rpt/2000-R-0957.htm[2022-02-13].

London H. 1989. The Broken Apple: New York City in the 1980s. New Brunswick: Transaction Publishers.

Louttit R. 1985-11-10. Street peddlers from Senegal flock to New York. New York Times, A. 51.

Marvell T B, Carlisle E, Moody C E. 1991. Age structure and crime rates: the conflicting evidence. Journal of Quantitative Criminology, 7(3):237-273.

McArdle A, Erzen T. 2001. Zero Tolerance: Quality of Life and the New Police Brutality in New York City. New York: New York University Press.

McCrie R D. 1995. Crime in a City: Urban Disorder and Its Consequences in New York, 1890-1990. City University of New York, Doctoral Dissertation.

McGillion A T. 1983-09-02. The city: suspect is sought in 4 rapes in park. New York Times, B. 3.

McKay M. 1981-01-08. Murder on New York. New York Times, A. 22.

Mclanahan S, Garfinkel I, Reichman N. 1998. Unwedded Parents or Fragile Families?. Center for Research on Child Wellbeing Working Paper.

McNeal L, Dunbar C, Jr. 2010. In the eyes of the beholder: urban student perceptions of zero tolerance policy. Urban Education, 45(3): 293-308.

Meadows R J. 2018. Gun Crime, Gun Laws and Citizen Defense in the United States. Social Sciences, 7(2): 81-87.

Meyers M K, Teitler J Q. 1999. New York City Social Indicators Survey: Pulling Ahead, Falling Behind. https://eric.ed.gov/?id=ED462470[2022-07-10].

Mieczkowski T M. 1996. The prevalence of drug use in the United States. Crime and Justice, (20): 349-414.

Miller J C. 1978. The emigrant and New York City: a consideration of four Puerto Rican writers. MELUS, 5(3): 82-99.

Mocan N. 2003. Crime Control: Lessons from the New York City Experience. https://scholar.google.com/scholar?hl=en&as_sdt=0,5&cluster=5262392648331030760[2022-07-13]

Morgan Quitno Press. 2005. Rankings by Population Group (Top 10/Bottom 10, Cities of 500,000 or More Population). http://www.morganquitno.com/xcit06pop.htm[2022-07-10].

Mosbacher R A, Schnabel R A, Darby M R, et al. 1991. Statistical Abstract of the United States 1991. 111th ed. Washington D C: U.S. Government Printing Office.

Muhlhausen D B. 2001. Do community oriented policing services grants affect violent crime rates?. https://www.facebook.com/heritagefoundation[2018-02-19].

Muller T. 1993. Immigrants and the American City. New York: New York University Press.

Murphy K M, Topel R H. 1987. The evolution of unemployment in the United States 1968-1985. NBER Macroeconomics Annual, (2): 11-58.

Myers D. 1999. Demographic dynamism and metropolitan change: comparing Los Angeles, New York, Chicago, and Washington D C. Housing Policy Debate, 10(4): 919-954.

Myers S L. 1994-11-26. Giuliani says he'll reverse a few cuts in his budget. The New York Times, A. 27.

Nadine B. 1980-01-01. Femalerunners: staying out of harm's way. New York Times, A. 54.

Nandi A, Prescott M R, Cerd M, et al. 2012. Economic conditions and suicide rates in New York City. American Journal of Epidemiology, 175(6): 527-535.

Nethaway R. 2004-04-18. Security Cameras Are Everywhere. Rocky Mount Telegram, A. 4.

New York City Department of City Planning. 2004. Demographic Characteristics—New York City 1990 and 2000 Census. https://www1.nyc.gov/assets/planning/download/pdf/data-maps/nyc-population/census2000/demonyc.pdf[2022-07-06].

New York City Department of Health. 1993. Summary of Vital Statistics 1990. Office of Vital Statistics, New York City Department of Health.

New York City Department of Mental Health. 2001. Mental Retardation and Alcoholism Services, 1998-2001, Local Government Plan for Adult Mental Health Services//McArdle A, Erzen T. Zero Tolerance: Quality of Life and the New Police Brutality in New York City. New York: New York University Press: 52-53.

New York City Mayor' Office of Operations. 1998. The Mayor's Managment Report, Preliminary Fiscal 1998.

New York City Police Department. 2001. Fallen Heroes: The Following Members of the Service Died in the Line of Duty. https://www1.nyc.gov/site/nypd/about/memorials/fallen-heroes.page[2022-03-20].

New York City Police Department. 2014. Uniform Crime Reporting Statistics(1985-2014). https://www.ucrdatatool.gov/[2022-03-21].

New York Department of City Planning Population Division. 1996. The Newest New Yorkers 1990-1994.

New York Department of City Planning Population Division. 2004. The Newest New Yorkers

2000.
New York department of health. 2003. Summary of Vital Statistics 2000. Office of Vital Statistics, New York City Department of Health. https://www1.nyc.gov/assets/doh/downloads/pdf/vs/2000sum.pdf[2022-07-11].
New York State Department of Labor. 2022. Unemployment Rate(New York City: 1976-2022). Local Area Unemployment Data. https://statistics.labor.ny.gov/laus.asp[2022-03-25].
Newman O. 1973. Defensible Space: Crime Prevention Through Urban Design. New York: Macmillan Publishing Company.
Nightingale D S, Pindus N, Kramer F D, et al. 2002. Work and Welfare Reform in New York City during the Giuliani Administration: A Study of Program Implementation. http://www.urban.org[2022-03-25].
O'Donoghue B. 1984-02-02. D-Day Hits Lower East Side Drug Trade; Heat Stays On. Villager, A.1.
O'Leary K, Morgan S. 2005. City Crime Rankings: Crime in Metropolitan America. 12th ed. Lawrence: Morgan Quitno Press.
Pakter J, O'Hare D, Nelson F, et al. 1973. Two years experience in New York City with the Liberalized Abortion Law—Progress and problems. American Journal of Public Health, 63(6): 524-535.
Perl R F. 1988. Congress, International Narcotics Policy, and the Anti-Drug Abuse Act of 1988. Journal of Interamerican Studies & World Affairs, 30(2/3): 19-51.
Piza E L. The crime prevention effect of CCTV in public places: a propensity score analysis. Journal of Crime and Justice, 41(1): 14-30.
Puzzanchera C. 2009. Juvenile Arrests 2008(NCJ 228479). https://ojjdp.ojp.gov/library/publications/juvenile-arrests-2008.2022-2-11.
Quindlen A. 1980-10-13. New York City Parks System Stands as a Tattered Remnant of its Past. New York Times, A. 1.
Raines H. 1997-03-08. Schools for Violent Students. New York Times, A. 22.
Raphael S, Ebmer R W. 2001. Identifying the effect of unemployment on crime. The Journal of Law & Economics, 44(1): 259-283.
Reaves B A, Hickman M J. 2002. Police Departments in Large Cities, 1990-2000. Bureau of Justice Statistics Special Report. https://bjs.ojp.gov/content/pub/pdf/pdlc00.pdf[2022-06-13].
Reitano J. 2006. The Restless City: A Short History of New York from Colonial Times to the Present. New York: Routledge.
Riley K J, Lattimore P K, Leiter J, et al. 1997. Homicide in eight U.S. cities: project overview and design. Homicide Studies, 1(1): 84-100.
Rivera-Batiz F L. 2002. The socioeconomic status of Hispanic New Yorkers: current trends and future prospects. https://files.eric.ed.gov/fulltext/ED465825.pdf[2019-01-30].
Robbins C A, Moylan C E. 2007. Research and Development Satellite Account Update Estimates for 1959-2004. New Estimates for Industry, Regional and International Accounts. Survey of Current Business: 49-64.
Roberto S. 1985-11-24. School library termed in trouble. New York Times, A. 52.

Roberts S. 1991-01-24. Striving to keep libraries open in budget pinch. New York Times, B. 1.

Roberts S. 1992-10-20. New York finds typical family being redefined, New York Times, A. 1.

Rosen R, Wieler S, Pereira J. 2005. New York City immigrants: the 1990s wave. Current Issues in Economics and Finance, 11(6): 1-7.

Rosenthal A M. 1981-10-15. Girl, 15, is raped by 5 youths and tossed into the Hudson. New York Times, B. 18.

Rosenthal J. 1991-04-04. Save Libraries, and New York's Future. New York Times, A. 22.

Rotolo T, Tittle C R. 2006. population size, change, and crime in U.S. Cities. Journal of Quantitative Criminology, 22(4): 341-367.

Russell K K, Pfeifer H L, Jones J L. 2000. Race and Crime: An Annotated Bibliography. Westport, CT: Greenwood Publishing Group, Inc.

Sachs S. 1998-07-06. Giuliani's goal of Civil City Runs into First Amendment. New York Times, B. 1.

Safir H, Whitman E. 2003. Security: Policing Your Homeland, Your State, Your City. New York: Thomas Dunne Books.

Sampson R J. 1988. Deterrent effects of the police on crime: a replication and theoretical extension. Law & Society Review, 22(1): 163-190.

Scott M, Kathleen M. 2006. America's Safest Cities. 13th Annual America's Safest Cities. http://www.statestats.com/safecity.htm[2022-03-15].

Shepard S B. 1997. The new economy: what it really means. Business Week, (3353): 38-40.

Silverman E B. 1999. NYPD Battles Crime: Innovative Strategies in Policing. Boston: Northeastern University Press.

Skiba R, Peterson R. 1999. The dark side of zero tolerance: can punishment lead to safe schools? Phi Delta Kappan, 80(5): 372-382.

Skiba, R. 2000. Zero Tolerance, Zero Evidence: An Critical Analysis of School Disciplinary Practice. Bloomington: Indiana University Press.

Skogan W. 1990. Disorder and Decline: Crime and the Spring of Decay in American Neighborhoods. New York: The Free Press.

Steffensmeier D, Allan E A, Harer M D, et al. 1989. Age and the distribution of crime. American Journal of Sociology, 94(4): 803-831.

Steinberg J. 1997-05-09. More money for school and child welfare and less for police. New York Times, B. 3.

Strawser C J, Wendel H F, DeBrandt K A. 2002. Business Statistics of the United States. 8th ed. Lanham: Bernan.

Stuckler D, Basu S, Suhrcke M, et al. 2009. The public health effect of economic crises and alternative policy responses in Europe: an empirical analysis. The Lancet, (374): 315-323.

Sughrue J A. 2003. Zero tolerance for children: two wrongs do not make a right. Educational Administration Quarterly, 39(2): 238-258.

Tavernise S. 2004-01-17. Watching big brother; on this tour, hidden cameras are hidden no more. New York Times, B. 1.

The Brookings Institution Center on Urban and Metropolitan Policy. 2003. Living Cities, The

National Community Development Initiative. Baltimore in Focus: A Profile from Census 2000.
The Community Policing Consortium. 1994. Understanding Community Policing：A Framework for Action. Bureau of Justice Assistance.
Thompson A. 2004-01-23. Big Brother UK. Daily Mail, 24.
Treaster J B. 1982-03-04. For Darryl, institutions were schools for crime. New York Times, B. 1.
U.S. Census Bureau. 2000. 2000 Census SF3, 1990 Census STF3, STF4, and 1990 5% PUMS file. https://www. archives.gov/research/census/1980-statistics.html[2021-06-17].
U.S. Census Bureau, Bureau of Justice Statistics. 1980. The National Crime Victimization Survey. https://bjs. ojp.gov/data-collection/ncvs[2022-03-15].
U.S. Department of Commerce. 2001. Bureau of Economic Analysis, Regional Economic Analysis Division-June 2001.
United Nations. 2009. Security Council presidential statement calls for stronger international cooperation with global, regional bodies against drug trafficking. https://www.un.org/press/en/2009/sc9807.doc.htm/[2022-02-25].
van Limbergen K, Colaers C, Walgrave L. 1989. The societal and psycho-sociological background of football hooliganism. Current Psychology, 8: 4-14.
Verdugo R R. 2002. Race-ethnicity, social class, and zero-tolerance policies: the cultural and structural wars. Education and Urban Society, 35(1): 50-76.
Watts J, Astone N M. 1997. The Personal Responsibility and Work Opportunity Reconciliation Act of 1996 by 104th Congress of the United States. Contemporary Sociology, 26(4): 409-415.
Weil D S. 1997. Traffic Stop: How the Brady Act Disrupts Interstate Gun Trafficking. Washington D C: Center to Prevent Handgun Violence.
Weinstein M. 1998. The teenage pregnancy “problem”: Welfare Reform and the Personal Responsibility and Work Opportunity Reconciliation Act of 1996. Berkeley Journal of Gender, Law and Justice, (1): 117-152.
White M J, Bean F D, Espenshade T J. 1990. The U.S. 1986 Immigration Reform and Control Act and undocumented migration to the United States. Population Research & Policy Review, 9(2): 93-116.
Wilder H, Basler B. 1980-11-21. The Calculus of Street Crime, New York Times, A. 30.
Wilson J Q, Herrnstein R J. 1985. Crime and Human Nature. New York: Simon and Schuster.
Wilson J Q, Kelling G L. 1982. Broken Windows: the police and neighborhood safety. The Atlantic Monthly, 249(3): 29-38.
Wynn J R. 2001. Can Zero Tolerance last?//McArdle A, Erzen T. Zero Tolerance: Quality of Life and the New Police Brutality in New York City. New York: New York University Press.
Zimring F E, Hawkin G. 1999. Crime Is not the Problem: Lethal Violence in America. New York: Oxford University Press.
Zimring F E. 2007. The Great American Crime Decline. Oxford: Oxford University Press.
Zimring F E. 2012. The City That Became Safe: New York’s Lessons for Urban Crime and Its Control. New York: Oxford University Press.
Zukin S. 1995. The Cultures of Cities. New York: Blackwell Publishers, Inc.

后记

本书是在国家社会科学基金项目和上海市浦江人才计划项目基础上修改而成的。从项目立项到初步完成，前后经历了 10 多年时间。选择做纽约城市犯罪研究，与我访美的经历有关。

2006 年，我有幸获得中美富布赖特研究学者项目的资助，赴美国纽约大学历史系访学。8 月 15 日，我们全家一起从中国最大的城市上海，来到美国最大的城市纽约，开始我在纽约一年的访学生涯，也就是在这期间，纽约城市犯罪问题进入我的研究视野。

事实上，在赴美访学之前，我对纽约社会治安情况有所了解，知道纽约犯罪分子十分猖獗，犯罪活动屡禁不止，夜晚的大街上非常不安全，地铁成了流浪汉和犯罪分子的活动场所。总之，纽约是一个不太安全的城市。但是，我申报的中美富布赖特研究学者项目不是纽约城市犯罪问题，而是纽约城市移民研究，尤其是 1920 年以来的纽约外来移民研究。因为我的博士论文写的是 1920 年以前的纽约外来移民研究，所以，我在申报中美富布赖特研究学者项目时，就侧重 1920 年以来的纽约移民研究，以便对纽约市移民史有一个完整的研究。

在纽约大学图书馆查找资料的过程中，我发现大量的有关纽约城市犯罪问题的资料，经过仔细研读，了解一个基本事实：20 世纪 80 年代初开始，纽约社会治安恶化，抢劫盛行，暴力犯罪问题严重，可是到了 90 年代初以后纽约市犯罪率迅速下降，社会治安好转……从一个“犯罪之都”变成一个“安全城市”。

纽约市犯罪率大起大落的情况引起我浓厚的兴趣，但心里充满狐疑。我想长期在纽约生活的人体会可能更加真切。于是，我就请教一位在纽约生活多年的朋友陆庆扬先生。他知道我们是第一次到纽约，善意地提醒我们注意安全，言谈之中隐隐地流露出对纽约社会治安的担心和不安。他说，纽约社会治安比以前好多了，1992 年他来纽约时，纽约社会治安恶化，犯罪分子猖獗，抢劫杀人案比 2006 年高几倍。纽约市政府采取“零容忍”政策等措施治理之后，现在治安状况良好，但是抢劫事件还时有发生，但要人性命的案件很少。所以他叮嘱我们每人身上带上 10 美元或者 20 美元的“保命钱”。

在纽约，如果你身上有 10 美元或者 20 美元纸币，那么结果就不会太糟。因为歹徒一般是要钱不要命的，如果你身上一无所有，惹得歹徒发火，那情况可能就不妙了，重则丢了性命，轻则落个鼻青脸肿的结果！这也证明一句俗话：“歹徒生气了，后果很严重！”听了朋友的话，我们心里似乎得到一点安慰，就算是花钱消灾吧。从此，我们家三个人外出时，一定随身带上 10 美元或者 20 美元纸币，以防万一。

纽约犯罪问题勾起我对国际大都市发展的新思考。纽约是一座世界级的城市，对全球的经济、媒体、政治、教育、娱乐与时尚界有着举足轻重的影响。纽约控制着全球 40%的财政资金，是世界上最大的金融中心。2018 年 2 月，纽约证券交易所拥有全球最大的上市公司总市值，全球市值为 30.1 万亿美元，有超过 2800 家公司在此上市[①]。截至 2018 年底，纽约市的 GDP 已达到 9300 亿美元。2019 年 10 月，全球市场研究机构新世界财富（New World Wealth）发布的报告显示：纽约市以 3 万亿美元成为 2019 年全球最富的城市，拥有 65 位亿万美元富翁和 38 万多位百万美元富翁，是全世界富翁最多的城市，东京以 2.5 万亿美元财富位居亚军[②]。即使在 1990 年，纽约市的 GDP 也是居世界首位的。

上述数字说明纽约在世界上有无与伦比的实力和地位，但是在这豪华美丽的外衣下曾掩藏着肮脏的内核：1990 年纽约凶杀案达到 2245 起……我一直认为，发达的经济和文化、先进的科技和创新，应该让城市生活更美好，但为何会发生这些犯罪活动呢？我带着这些问题向我的合作导师、纽约大学历史系托马斯·本德教授求教。

托马斯·本德教授是美国历史学家，长期担任纽约大学历史系主任和纽约大学人文学院院长，在美国文化史、城市文化史、美国公共教育史、纽约城市史等领域颇有建树，曾出版《未完成的城市：纽约与大都会观念》等 13 本著作和百余篇学术论文，1980 年荣获古根海姆奖（Guggenheim Fellowship）。本德教授长期生活在纽约，对 20 世纪 80～90 年代纽约的社会治安状况比较熟悉。他以亲身经历介绍 20 世纪 80 年代纽约严峻、恶劣的社会治安状况。他肯定纽约市犯罪率存在明显起伏的事实，并认为 2006 年纽约

① New York Stock Exchange: Company Listings. http://www.advfn.com/nyse/newyorkstockexchange.asp [2019-08-11].

② The wealthiest cities worldwild in 2019. https://cn.bing.com/search?q=the+wealthiest+cities+worldwild+in+2019[2022-07-08]. 财富包括居住在该城市的所有个人所拥有的私人财富的总和，其中包括现金、财产、股票和商业利益。

社会治安形势明显改善。他希望我利用纽约大学图书馆的资料，以及与纽约学者们的交流机会，研究纽约城市犯罪问题的历史演变。同时他也建议我利用“城市行走”的每一次机会，以获得一些书本、档案里不可能存在而现实里可能存在的有关信息。我在纽约大学的办公室紧邻华盛顿广场公园，每天都有很多全副武装的警察在那里巡逻。对此，我十分不解，同事告诉我那些警察是巡警，是新增加的警力，专门在街上、公园等公共场所巡视，以处理突发事件。事实证明，警力的多少与社区治安有一定的关系。充足的警力能够增加警察与街道、市民的接触密度，这会对犯罪分子产生一种威慑作用。1982年，纽约市仅有2.2万名警察，此后一直到90年代初，纽约市犯罪率逐年攀升。为了增加预防和打击犯罪的力度，纽约警察数量从90年代开始大幅度增加，从1990年的2.52万人上升到1993年的2.7万人，再增加到1999年的3.5万人，2005年纽约警察数量达到4.1万人。警力的增加也增强了市民参与打击犯罪分子斗争的信心。纽约大学的一位保安说，以前机动车盗窃案频发，后来由于警力增加，机动车盗窃案明显减少了。为了进一步弄清纽约预防犯罪的措施，我经常与本德教授交流。从他那里我了解到枪支管理也是预防犯罪的有效措施。美国是世界上民间枪支最多的国家。据统计，2017年，全球民间持有枪支约8.57亿支，其中3.93亿支为美国人持有①。枪支泛滥不仅给人们的生命安全带来威胁，而且会造成巨大的经济损失。例如，每一例枪杀案造成的经济损失总计高达179万美元②。1993年，纽约市有200万非法枪支，当年，1500人死于枪杀，为1960年的20倍，5000人受枪伤。1994年2月28日生效的《布拉迪法》让持有联邦颁发执照的枪械销售商对购买者进行检查，严禁向21岁以下任何人出售手枪，或向18岁以下任何人出售长枪。纽约市严格执行《布拉迪法》，加强枪支管理，追查所有持枪犯罪分子及其帮凶，审查他们的枪支来源。为了清除街头枪支，纽约市警察局成立街头犯罪科，积极加强对一切枪支的管理。1996年，街头犯罪科警力只占纽约市警察局的0.5%，但是逮捕了涉枪案人数的20%。1997年，非致命枪伤人数比纽约市警察局实施清除街头枪支战略前的1993年少了3600例（减少了62%）③。1994～1997年，枪案被捕人数为46 198人，收缴枪支56 081件。1998年纽约持枪杀人案件下降到1963年以来的最低点，这在很大程度上得益于城市

① 李秈. 调查：美国民间持有枪支数量约占全球 46%. http://www.zaobao.com/realtime/world/story20180619-868484[2019-05-04].

② Lengel A. 1997-12-28. The price of urban violence. The Washington Post, B. 1.

③ New York City Police Department. 1994. Getting Guns off the Streets(Profile No. 19. 1994). https://ojjdp.ojp.gov/sites/g/files/xyckuh176/files/pubs/gun_violence/profile19.html[2022-02-27].

枪支管制[①]。

20 世纪 90 年代初就来纽约读书和工作的陆庆扬先生，既热情好客，又是一名“纽约通”。他利用周末带我到中央公园、翠贝卡、哈莱姆区、唐人街、法拉盛等犯罪活动频发的地方进行田野考察。中央公园坐落在高楼林立的曼哈顿中心，是纽约这座繁华都市中一处静谧休闲之地，这里风景秀丽、鸟语花香，是纽约人休闲踏青的好去处。正如纽约市旅游局在“莎士比亚艺术节”的推介语中所说：“夏夜星空下，中央公园将在莎翁《仲夏夜之梦》的演出中化身魔力森林。美妙的音乐与舞蹈中，城市与森林、真实与梦幻，都不再清晰，空气里都是爱情的甜味。”[②]但是，我从陆庆扬先生讲述中得知，中央公园曾经是纽约犯罪分子经常出没的场所，命案频发，令许多人望而却步。这些恶性案件的发生给纽约人民带来了不良的影响。

为了整治公园犯罪，纽约市警察局组织志愿者参与“公园反犯罪计划”，预防犯罪。这些志愿者由居住在公园周围的居民和每天来公园锻炼的市民组成。警察局发给每位志愿者一部手机。这些志愿者随身带上警察局发的手机，一旦发现可疑情况就立即报警。志愿者的手机设定号码就是 911，只要他们开机，警察就知道他们的方位，并立即接通手机，迅速出警。现在纽约各大公园都有配备警察局手机的志愿者，中央公园有 1000 多人，布鲁克林远景公园有 450 人。这些参与“公园反犯罪计划”的志愿者，再加上公园的管理人员和警察，就等于撒下了一张天罗地网，给犯罪分子以巨大的震慑力。

纽约市公共场所电子眼特别多，我刚到纽约时就很不理解，美国人最重视隐私权的保护，怎么会容忍政府安装这么多的电子眼呢？原来，这些具有预防、监管、收集线索和证据等多方面功用的电子眼，对预防和减少城市的盗窃、抢劫等犯罪活动起着重要作用。它能够将恐怖袭击活动全部拍摄记录下来，有助于情报部门及时预防恐怖袭击的再次发生，对打击和控制犯罪活动有一定的威慑效果。在 1993 年世界贸易中心遭到袭击后，纽约就开始在体育场馆、银行自动取款机等公共场所安装电子眼。在随后的 5 年里，纽约市犯罪率下降了 30%～50%。由于安装电子眼在降低纽约的犯罪率方面取得了明显的效果，纽约市警察局从 1997 年开始在公共建筑、建筑工地、政治集会以及类似华盛顿广场公园的地方安装更多的电子眼。2001 年“9・11”恐怖袭击事件后，纽约市警察局在哈莱姆区和布鲁克林大桥等犯罪高发地点

① 林广. 2017. 20 世纪 90 年代美国治理犯罪研究. 社会科学家，247(11): 8-14.

② 莎士比亚艺术节（Shakespeare in the Park），每年夏天，一年一度在中央公园戴拉寇特剧院（Delacorte Theater）举行莎士比亚戏剧的演出，吸引成千上万名游客。https://www.sohu.com/a/156189153_699834[2022-02-26].

新安装 400 个电子眼。1999～2004 年，纽约市电子眼数量从 2397 个猛增到 7200 个[①]。

华盛顿广场公园是格林威治村的中心，也是人们聚会的场所。一些毒犯经常在这里从事各种非法毒品交易。1998 年，警方在公园的路灯上安装了 13 个电子眼。一天傍晚，我正在公园里散步，看到一辆警车飞驰而来，在我前面不远处停下，跳下两名警察，其中一名女警察上前一步，把一名西班牙裔男子双臂反剪压倒在地，并给其戴上手铐。那名嫌疑人高大威猛，但在警察面前一点脾气也没有，如果嫌疑人反抗，警察可以开枪击毙，因为纽约警察执行公务时有开枪的优先权。后来我了解得知，女警察抓捕的是一名正在进行毒品交易的毒贩，而发现他在“现场作案”的正是电子眼。

我曾在布朗克斯区租住过，每次从纽约大学乘地铁 6 号线回家，地铁开出曼哈顿岛刚进入布朗克斯区时，都要经过叫“狩猎点”（hunts point）的地方。20 世纪 70 年代，“狩猎点”是一个犯罪滋生地，因经常发生火灾而臭名昭著。80 年代政府在此设立工业园，1994 年“帝国动力区”完成，“狩猎点”成了一个发电站和食品生产基地。2005 年，纽约市政府和布朗克斯区政府共同投资，通过“狩猎点景观规划”，提升现有农产品市场的地位，开发食品真空包装中心。在工业园和附近居民区之间是一条缓冲带，建有自行车道、栅栏、高速公路、公园，以及人行道、电车道和滨水区。这里经过改造，成为一个环境优美、绿树成荫、融生活和工作于一体的社区，再也不是滋生犯罪的场所。纽约市类似的开发工程还有翠贝卡街区的美容品公司，科尼艾兰岛（Coney Island）海滨风景区、东河科技园（East River Science Park）[②]以及皇后区一号市政停车场（Ditmars 1 Municipal Parking Field）。这些开发工程改善了居民的生活环境，铲除了城市的一些渊薮地，在很大程度上减少了可能导致犯罪的因素。经过多年的努力，纽约终于甩掉了“犯罪之都”的帽子，并于 2004 年戴上了美国十大最安全大城市的桂冠。

光阴似箭，岁月如梭，我在纽约一年访学时间很快就过去了，我们家三个人身上的 20 美元“保命钱”还是完好无缺，我们都平安归来。虽然离开了纽约，但是纽约犯罪问题始终在我脑海里游荡，挥之不去：到底是什么原因

① Tavernise S. 2004-01-17. Watching big brother; on this tour, hidden cameras are hidden no more. New York Times, B. 1.

② 东河科技园是纽约市最先进的商业、生命科学实体科技园，位于曼哈顿东河畔，地处贝尔维尤医院（Bellevue Hospital）和纽约大学医学院之间，占地面积约 3.5 英亩，包括约 110 万平方英尺的未来办公室和实验室，以及一个冬季花园和 4.3 万平方英尺的公共开放空间，包括一个滨河滨海广场。这所世界级的科技园是“纽约市计划”的核心，该计划旨在大幅提高生命科学研发能力，促进生命科学领域各研究机构之间的合作。

导致纽约市犯罪率如此之高？后来又是什么原因导致的下降呢？有哪些因素直接或间接地影响到纽约社会治安的好转？这个问题有很强的现实意义。这是我研究纽约犯罪最初的缘由。

后来由于研究需要，我又于 2014 年、2016 年两次赴纽约考察，为本书的写作增补新的资料。从课题申报到本书出版，10 多个年头过去了，可谓十年磨一剑，个中甘苦自知，但由于本人学识有限，力有不逮，书中许多问题还有深入探讨的空间，有的论述可能欠妥，甚至谬误，敬请广大读者批评指正。

林　广

2021 年 12 月